立信会计系列精品教材

国家级特色专业教材
上海市会计学教育高地重点建设项目

《审计学》
学习指导书

主编 陈力生

LIXIN ACCOUNTING PUBLISHING HOUSE

图书在版编目(CIP)数据

《审计学》学习指导书/陈力生主编. —上海:立信会计出版社,2013.9
立信会计系列精品教材
ISBN 978-7-5429-3993-7

Ⅰ.①审… Ⅱ.①陈… Ⅲ.①审计学-高等学校-教学参考资料 Ⅳ.①F239.0

中国版本图书馆CIP数据核字(2013)第216130号

责任编辑　徐小霞
封面设计　周崇文

《审计学》学习指导书

出版发行	立信会计出版社
地　　址	上海市中山西路2230号　邮政编码　200235
电　　话	(021)64411389　传　真　(021)64411325
网　　址	www.lixinaph.com　电子邮箱　lxaph@sh163.net
网上书店	www.shlx.net　电　话　(021)64411071
经　　销	各地新华书店
印　　刷	上海肖华印务有限公司
开　　本	787毫米×960毫米　1/16
印　　张	23.5
字　　数	420千字
版　　次	2013年9月第1版
印　　次	2016年5月第3次
印　　数	6 201—9 300
书　　号	ISBN 978-7-5429-3993-7/F
定　　价	43.00元

如有印订差错,请与本社联系调换

前　　言

本书是"立信会计系列精品教材"《审计学》一书的配套学习指导书,目的是针对学生进行有效的学习指导、巩固所学知识、开阔专业视野。在内容结构上与《审计学》相一致,分23章,基本按概要解析、背景资料、复习思考题与练习题以及案例分析题4部分进行编写。概要解析部分,主要对教材中的重要概念和疑点难点问题作概括简练的解析;背景资料部分,主要对审计学涵盖的审计基本理论、方法与技术的发展背景、变化趋势以及有争议的问题或不同观点等作简要介绍,以拓展学生的视野;复习思考题与练习题部分,编入与教材类型相同的复习思考题与练习题,练习题包括单项选择题、多项选择题、判断题、简答题4种类型,目的是帮助学生透彻地理解和掌握审计学的基本理论、基本知识、基本方法和基本技能;案例分析题部分,主要编入了一些著名案例或其他案例,目的是培养学生的分析思维与提高综合判断能力。为便于学生的复习与自习,练习题和案例分析题都附有参考答案;为便于学生测试自己对审计学课程知识的掌握程度,本书最后附有3套模拟试卷及其参考答案。

本书由参与"立信会计系列精品教材"中《审计学》(第二版)编写的人员编写,由陈力生担任主编,何芹、高前善担任副主编。主编负责拟定编写大纲、设计体例和确定内容结构,并负责总纂、修改和定稿;副主编协助主编承担相应的工作。本书的第一、第二、第三和第二十三章由何芹执笔,第四、第五、第六和第七章由陈力生、陈皓执笔,第八、第九和第十九章由陈力生、何芹、陈皓执笔,第十一和第十二章由杨罡执笔,第十、第十三、第十七和第十八章由高前善执笔,第十四、第十五和第十六章由高圣荣执笔,第二十、第二十一和第二十二章由汪晓林执笔。

书中如有缺点和错误,恳请广大读者批评指正,以便再版时修订、完善和改进。

陈力生

2013年8月于立信校园

目 录

第一章 审计概述 ································ (1)
 一、概要解析 ································ (1)
 二、背景资料 ································ (5)
 三、复习思考题与练习题 ···················· (8)

第二章 审计目标和对象 ·························· (13)
 一、概要解析 ································ (13)
 二、背景资料 ································ (16)
 三、复习思考题与练习题 ···················· (18)
 四、案例分析题 ······························ (22)

第三章 审计独立性 ······························ (26)
 一、概要解析 ································ (26)
 二、背景资料 ································ (28)
 三、复习思考题与练习题 ···················· (29)
 四、案例分析题 ······························ (35)

第四章 审计方法 ································ (37)
 一、概要解析 ································ (37)
 二、背景资料 ································ (38)
 三、复习思考题与练习题 ···················· (40)
 四、案例分析题 ······························ (44)

第五章 抽样审计和审计程序 ······················ (46)
 一、概要解析 ································ (46)
 二、背景资料 ································ (48)
 三、复习思考题与练习题 ···················· (50)

四、案例分析题 ………………………………………………………… (55)

第六章 审计规范体系 ………………………………………………… (58)
    一、概要解析 …………………………………………………………… (58)
    二、背景资料 …………………………………………………………… (58)
    三、复习思考题与练习题 ……………………………………………… (60)
    四、案例分析题 ………………………………………………………… (68)

第七章 审计人员的法律责任 ………………………………………… (71)
    一、概要解析 …………………………………………………………… (71)
    二、背景资料 …………………………………………………………… (71)
    三、复习思考题与练习题 ……………………………………………… (73)
    四、案例分析题 ………………………………………………………… (81)

第八章 风险评估 ……………………………………………………… (82)
    一、概要解析 …………………………………………………………… (82)
    二、背景资料 …………………………………………………………… (84)
    三、复习思考题与练习题 ……………………………………………… (85)
    四、案例分析题 ………………………………………………………… (94)

第九章 风险应对 ……………………………………………………… (96)
    一、概要解析 …………………………………………………………… (96)
    二、背景资料 …………………………………………………………… (98)
    三、复习思考题与练习题 ……………………………………………… (99)
    四、案例分析题 ………………………………………………………… (108)

第十章 财务报表审计中对舞弊的责任 ……………………………… (112)
    一、概要解析 …………………………………………………………… (112)
    二、背景资料 …………………………………………………………… (113)
    三、复习思考题与练习题 ……………………………………………… (114)
    四、案例分析题 ………………………………………………………… (122)

第十一章 审计证据 …………………………………………………… (124)
    一、概要解析 …………………………………………………………… (124)

二、背景资料 ……………………………………………………… (127)
　　三、复习思考题与练习题 ………………………………………… (128)
　　四、案例分析题 …………………………………………………… (135)

第十二章　审计工作底稿 ……………………………………………… (139)
　　一、概要解析 ……………………………………………………… (139)
　　二、背景资料 ……………………………………………………… (141)
　　三、复习思考题与练习题 ………………………………………… (142)
　　四、案例分析题 …………………………………………………… (147)

第十三章　审计计划、审计风险和重要性 …………………………… (151)
　　一、概要解析 ……………………………………………………… (151)
　　二、背景资料 ……………………………………………………… (153)
　　三、复习思考题与练习题 ………………………………………… (154)
　　四、案例分析题 …………………………………………………… (160)

第十四章　销售与收款循环审计 ……………………………………… (163)
　　一、概要解析 ……………………………………………………… (163)
　　二、背景资料 ……………………………………………………… (164)
　　三、复习思考题与练习题 ………………………………………… (166)
　　四、案例分析题 …………………………………………………… (173)

第十五章　采购与付款循环审计 ……………………………………… (178)
　　一、概要解析 ……………………………………………………… (178)
　　二、背景资料 ……………………………………………………… (179)
　　三、复习思考题与练习题 ………………………………………… (180)
　　四、案例分析题 …………………………………………………… (186)

第十六章　生产与存货循环审计 ……………………………………… (189)
　　一、概要解析 ……………………………………………………… (189)
　　二、背景资料 ……………………………………………………… (190)
　　三、复习思考题与练习题 ………………………………………… (191)
　　四、案例分析题 …………………………………………………… (199)

第十七章　筹资与投资循环审计 (202)
- 一、概要解析 (202)
- 二、背景资料 (202)
- 三、复习思考题与练习题 (203)
- 四、案例分析题 (210)

第十八章　货币资金审计 (212)
- 一、概要解析 (212)
- 二、背景资料 (212)
- 三、复习思考题与练习题 (213)
- 四、案例分析题 (219)

第十九章　特殊项目审计 (221)
- 一、概要解析 (221)
- 二、背景资料 (221)
- 三、复习思考题与练习题 (222)
- 四、案例分析题 (229)

第二十章　审计报告、审阅报告与审核报告 (231)
- 一、概要解析 (231)
- 二、背景资料 (233)
- 三、复习思考题与练习题 (234)
- 四、案例分析题 (243)

第二十一章　验资与内部控制审计 (245)
- 一、概要解析 (245)
- 二、背景资料 (247)
- 三、复习思考题与练习题 (248)
- 四、案例分析题 (255)

第二十二章　非审计服务 (258)
- 一、概要解析 (258)
- 二、背景资料 (259)
- 三、复习思考题与练习题 (259)

四、案例分析题 …………………………………………………… (265)

第二十三章　计算机审计 ……………………………………… (268)
　　一、概要解析 ……………………………………………………… (268)
　　二、背景资料 ……………………………………………………… (270)
　　三、复习思考题与练习题 ………………………………………… (272)

模拟试卷 ……………………………………………………………… (276)
练习题参考答案 ……………………………………………………… (299)
模拟试卷参考答案 …………………………………………………… (356)

第一章 审计概述

一、概要解析

(一) 审计的产生和发展

1. 我国审计的产生和发展

审计是商品经济发展到一定时期的产物。按照审计的主体不同,可以分为国家审计、注册会计师审计和内部审计。

(1) 国家审计。我国审计历史源远流长,其中数国家审计起源甚早,我国国家审计的发展大体经历了古代审计、近代审计和现代审计三个阶段。

古代审计主要经历了夏禹时期审计的萌芽、西周时期审计的初步形成、秦汉时期审计的最终确立、隋唐至宋审计的日臻健全、元明清时期审计的停滞不前等过程。就审计的内容划分,大致可分为三种不同类型的审计活动:一是对财政财务收支的监督审计;二是对官吏在经济上的违法乱纪进行审计弹劾;三是对官吏经济政绩的审计考核。近代审计是指中华民国时期国家审计的不断演进;辛亥革命以后,民国政府颁布《审计法》等大量的专门的审计法规。新中国成立以后,国家审计步入现代审计阶段,但直到1978年中国共产党第十一届三中全会后,审计工作才又重新进入正轨。1983年9月,在国务院设立了审计署;1994年,第八届全国人民代表大会通过了《中华人民共和国审计法》;2006年,政府对《审计法》进行了修订。

(2) 注册会计师审计。北洋政府于1918年颁布了《会计师暂行章程》,标志着我国注册会计师审计的诞生。20世纪20年代后,在一些大城市相继成立了"正则会计师事务所"、"潘序伦会计师事务所"、"公信会计师事务所"和"徐永祚会计师事务所"(称为旧中国"四大"会计师事务所)。新中国成立以后,注册会计师曾经一度在经济恢复工作中发挥过积极作用,但后来由于推行苏联高度集中的计划经济模式,很长一段时间内取消了注册会计师审计。1980年,我国重建和恢复注册会计师制度。1993年10月31日,全国人大通过《中华人民共和国注册会计师法》。1995年至2005年,财政部陆续批准发布《中国注册会计师独立审计基本准则》、《独立审计具体准则》和《独立审计实务公告》。2006年,中国注册会计师协会又重新修订和拟订了《中国注册会计师执业准则》。2010年,为了适应国际趋同化及国内环境变化的需要,《中国注册会计师执业准则》又得以修订和补充。

(3) 内部审计。我国现代意义上的内部审计出现于民国时期,特别在铁路、银行系统,新中国成立前就有了较为健全的内部稽核制度。新中国时期,真正意义上的内部审计1983年才开始建立,1985年12月颁布《审计署关于内部审计工作的若干规定》,对内部审计中的问题予以明确。该规定又于1995年和2003年进行了修订。2003年起,中国内部审计协会陆续发布了《内部审计基本准则》、《内部审计具体准则》和《内部审计实务指南》等内部审计准则规范,为内部审计人员规范执业提供了参照标准。

2. 西方审计的产生和发展

(1) 国家审计。早在奴隶制度下的古埃及、古罗马和古希腊时代,就有了官厅审计的实践。在资本主义时期,国家审计也有了进一步发展。西方国家审计体制包括立法型审计体制、司法型审计体制和行政型审计体制。第二次世界大战以后,西方国家审计从传统的财务审计向现代的三E审计(即"经济性、效率性、效果性")、五E审计(在三E基础上增加了"环保性、公平性")方面发展。

(2) 注册会计师审计。西方国家注册会计师审计起源于意大利合伙企业制度,而真正形成则是18世纪英国股份制企业制度。1721年,查尔斯·斯奈尔对南海公司进行审计,以会计师名义出具了"查账报告书",宣告了注册会计师的诞生。1862年,英国《公司法》确定注册会计师为法定的破产清算人,奠定了注册会计师的法律地位。19世纪后半叶,随着英国资本的大量输入,英国的注册会计师审计也传入了美国,从此注册会计师制度在美国得到了繁荣发展。1933年《证券法》、1934年《证券交易法》,规定了上市公司必须向交易所提出经过公证会计师审查鉴证的财务报表(资产负债表和损益表),注册会计师审计的重点由资产负债表审计发展为以损益表为中心对整个财务报表进行审计(即财务报表审计)。第二次世界大战后,注册会计师审计实现了跨国式、国际趋同式的发展,注册会计师的业务也从传统的审计业务不断发展到鉴证业务和相关服务。

(3) 内部审计。在古代西方国家,由于受托经济责任关系的产生,经济组织中的内部经济监督也就有了必要,庄园审计、宫廷审计、行会审计、寺院审计等就是古代内部审计的体现。第二次世界大战以后,资本主义经济得到了空前的发展,竞争更激烈。企业更加重视加强内部经济监督,实行事前预防性控制,现代内部审计随着内部控制的加强而产生和发展起来。

(二) 审计环境

审计环境是指与审计有关的内外部因素的综合,是审计赖于存在的各种客观因素。概括来说,审计环境主要包括经济环境、政治环境、法律环境、科技环境和社会环境等。

(1) 经济环境是指一定时期的社会经济发展水平及其运动机制对审计工作的客观要求。经济环境是决定审计能否产生并以什么样的形式存在的物质条件。

(2) 政治环境是指在一定时期的社会政治制度下,国家权力机关对于这种审计法律地位的确认程度。政治环境体现着国家领导者或集团的意志、施政方针和措施等,它不仅是审计工作的基础,而且还在一定程度上制约着审计事业的发展和兴衰。

(3) 法律环境是指一定时期国家法律对审计工作的指导程度和对依法审计人员自身权益的保障程度。审计的基本职能是经济监督、经济鉴证和经济评价。实现基本职能的手段就是要在搜集审计证据的基础之上,对照审计标准,得出审计结论和意见。

(4) 科技环境是指一定时期科学技术发展水平所决定的技术手段对审计的影响。

除了上述四个方面以外,审计还受其他因素的影响,这些其他因素可全部纳入审计的社会环境。社会环境对审计的影响是多方面的,主要包括社会文化环境、职业教育环境以及国际社会环境等。

(三)审计的理论动因

审计动因就是审计产生、存在和发展的原因及其动力。审计动因的主要理论包括受托责任论、代理理论、信息理论、保险理论以及多因素决定论。

(1) 受托责任论认为,受托责任关系是资源占有人实现对资源有效管理与使用的必要手段和保证机制。

(2) 代理理论认为,审计是保持经理人与股东利益最大化的控制器,其本质在于促进股东利益和经理人的利益都达到最大化。代理理论主要回答了现代审计是否必要的问题。

(3) 信息理论认为,信息是降低不确定性的重要资源。财务信息生产的市场失败、信息的不对称分布与信息揭示的管制解释了审计需求,通过现代审计的制度安排,能增加财务信息的可信性。该理论假设审计过的信息能够增强信息使用者对信息信赖程度。

(4) 保险理论认为,风险是导致损失的可能性,保险能转嫁和分担投保人的风险。该理论认为审计也可被视为是一种保险行为,是一种对误述信息的保险手段。保险理论揭示了现代审计服务的防护与保险特性。

(5) 多因素决定论认为,审计动因包括以下四个方面:①利益的冲突;②因果关系;③复杂性;④远程性。

(四)审计的概念和本质

审计是独立的审计人员通过收集和评价证据,对特定经济实体的各种会计资料和其他资料及所反映的财务收支和其他有关经营管理活动进行审查并对其与既定标准符合程度进行比较然后提出结论,从而提高信息可信性的经济监督、鉴证和评价业务。

审计本质是审计区别于其他事物的根本属性。对审计本质的不同认识,主要有查账论、方法过程论、经济监督论和经济控制论。"查账论"认为审计就是"查账",就是对会计资料及财务报表进行的检查;"方法过程论"认为审计是一种系统的方法和过程;"经济监督论"认为审计是一种特殊的经济监督,它体现了我国学者对审计本质的独特见解;"经济控制论"审计在本质上应是一种特殊的经济控制。

(五)审计假设和判断

1. 审计假设

审计假设是审计工作的前提,是审计理论的基石。审计假设的研究起步于美英审计理论界,其代表性人物有毛茨和夏拉夫(美国)、托马斯·孝和戴维·弗林特(美国)。其中,莫茨和夏拉夫在1961年出版的《审计哲理》一书中提出了八条审计假设,内容包括:①财务报表和财务数据是可以验证的。②审计人员与被审计单位管理者之间没有必然的利害冲突。③送审的财务报表和其他资料不存在串通舞弊和其他不正当的舞弊行为。④完善的内部控制制度可以减少错弊发生的可能性。⑤公认会计原则的一致运用可使财务状况和经营成果得到公允表达。⑥如无确凿的反证,被审计单位过去被认为真实的情况将来仍为真实。⑦审计人员有能力独立地审查财务资料并发表意见。⑧独立审计人员的职业地位负有相应的职业责任。

20世纪80年代后,我国的审计学者也开始了对审计假设的研究,分别从审计必要性、可能性与目的性方面对审计基本假设提出了独到的见解。

2. 审计判断

审计判断是审计人员根据其专业知识和经验,通过识别和比较,对审计事项和自身的行为所作的估计、断定或选择审计判断。①审计判断系统的构成要素。基于系统论的视角,任何审计判断都是审计人员的判断,也是针对具体判断任务的判断,审计人员和审计判断任务是审计判断系统的构成要素。②审计判断模式。审计判断模式是审计人员描述审计判断过程或审计人员进行审计判断可以遵循的基本范式。审计判断模式主要包括审计判断的决策过程模式和审计判断的信息加工模式。

(六)审计的职能和作用

审计的职能是审计自身所具有的内在功能。审计职能不是一成不变的,它是随着客观环境的变化而发展变化的。审计的职能包括经济监督职能、经济鉴证职能和经济评价职能。其中经济监督是审计的基本职能,是指通过审计,监察和督促被审单位的经济活动在规定的范围内、在正常的轨道上进行;监察和督促有关经济责任者忠实地履行经济责任,同时借以揭露违法违纪,稽查损失浪费,查明错误弊端,判断管理缺陷和追究经济责任等。

审计发挥的作用可以概括为制约作用和促进作用,其中制约作用是指通过揭露、制止、处罚等手段,制约经济活动中各种消极因素,促进各种经济责任的正确履行和社会经济的健康发展;促进作用是指审计通过调查、评价、提出建议等手段,促进服务宏观经济调控和微观经济管理,促进国民经济管理水平和绩效的提高。

(七) 审计的分类

按照一定的标准,将性质相同或相近的审计活动归属于一种审计类型的做法,即为审计分类。①按照审计主体的分类,审计包括国家审计、内部审计和注册会计师审计。按照审计客体的分类,审计包括财政财务审计、财经法纪审计和经济效益审计;②按照实施审计的时间分类,审计包括事前审计、事中审计和事后审计;③按照审计是否有确定的时间分类,审计包括定期审计和不定期审计;④按照执行审计的地点分类,审计包括报送审计和就地审计;⑤按照审计的范围分类,审计包括全部审计、局部审计和专项审计;⑥按照审计工作是否受法律的约束分类,审计包括法定审计和非法定审计;⑦按照是否通知被审计单位分类,审计包括通知审计和不通知审计;⑧按照审计证据的检查范围或数量分类,审计包括详细审计和抽样审计。

二、背景资料

(一) 注册会计师审计的历史是一个审计方法重心不断前移的历程

在查尔斯时期(1844年到20世纪初),英国注册会计师审计是通过对会计账目进行详细审计,以实现查错防弊,保护企业资产安全和完整的目标,审计报告的使用人主要是企业股东。所谓的详细审计,是以经济业务为基础,通过审计所有经济业务、会计凭证、会计账簿和财务报表,以发现记账差错和舞弊行为的一种审计方法。详细审计又称为账项基础审计,审计人员没有明确的审计重点,适用于规模较小、账务处理比较简单的企业。

随着企业规模的扩大,账务处理的复杂,审计师需要采用更有效率的方法进行审计。于是在20世纪40年代以后出现了制度基础审计。所谓的制度基础审计,是指根据内部控制制度完善与否是决定审计工作重点。制度基础审计的审计目的是鉴证报表的合法性、公允性;审计方法是在评价内部控制基础上的抽样。其审计流程可归纳为:研究评价内部控制→确定样本→合理保证会计报表使用人确定已审报表的可靠程度。

从 20 世纪 80 年代开始,随着美国和英国一些大公司的倒闭,针对注册会计师的诉讼剧增,在这种情况下,注册会计师行业意识到在审计过程中,除了需要考虑被审计单位内部控制制度的有效性外,还需要对审计风险进行客观评价,在此背景下出现了风险导向审计。该审计方法认为,内部控制制度的不完善仅是企业风险来源之一,在审计过程中需要综合考虑引发审计风险的各个方面。风险导向审计的审计目的是鉴证报表的合法性、公允性;审计方法是在评估报表重大错报风险的基础上,设计并执行有针对性的测试程序,以合理发现重大错报。风险导向审计的核心是对重大错报风险的评估与应对。

(二) 注册会计师业务范围

根据《注册会计师法》的规定,注册会计师依法承办审计业务和会计咨询、会计服务业务。此外,还可以根据委托人的委托,从事审阅业务、其他鉴证业务和相关服务业务。

1. 审计业务

包括:(1) 审查企业会计报表,出具审计报告。随着我国社会主义市场经济体制的确立与发展,政府不再直接管理企业,逐渐将一些管理职能移交给社会中介机构。而且,随着财务报表使用者日渐增多,他们需要通过分析财务会计报告据以作出经济决策,因此最为关心财务会计报告的合法性、公允性。注册会计师的职能之一就是通过对财务报表进行审计,为社会提供鉴证服务。《公司法》要求各类公司依法接受注册会计师的审计。

(2) 验证企业资本,出具验资报告。根据《公司法》、《公司登记管理条例》等法律、法规的规定,公司及其他企业在设立审批及申请变更注册资本时,都必须提交注册会计师出具的验资报告。同审计报告一样,验资报告具有法定证明力。

(3) 办理企业合并、分立、清算事宜中的审计业务,出具有关的报告。

(4) 法律、行政法规规定的其他审计业务。在实际工作中,注册会计师法还可根据国家法律、行政法规接受委托,对一些特殊目的业务进行审计,如特殊基础编制的财务报表、财务报表的组成部分等。

2. 审阅业务和其他鉴证业务

注册会计师的业务范围经历了由法定审计业务向其他领域拓展的过程。从国内外有关注册会计师的法律看,法定审计业务是注册会计师的核心业务。由于注册会计师具有良好的职业形象和较强的专业能力,这使得其日益成为政府部门和社会公众信赖的专业人士。从目前的情况看,无论在国外,还是在我国,注册会计师承办的业务范围已经十分广泛。其中,审阅业务是指注册会计师在实施审阅程序的基础上,说明是否注意到某些事项,使其相信财务报表没有按照适用的会计准则和相关会计制度的规定编制,未能在所有重大方面公允反映被审阅单位的财务状况、经营成果和现金流量;其他鉴证业务包括财务信息审核业务、网域认证和系统鉴证等,这些鉴证业务可以增强使用者的信赖程度。

3 相关服务

相关服务是注册会计师承接的鉴证业务以外的其他业务,具体包括对财务信息执行商定程序、代编财务信息、税务服务、管理咨询以及会计服务等。

注册会计师的业务范围如图 1-1 所示。

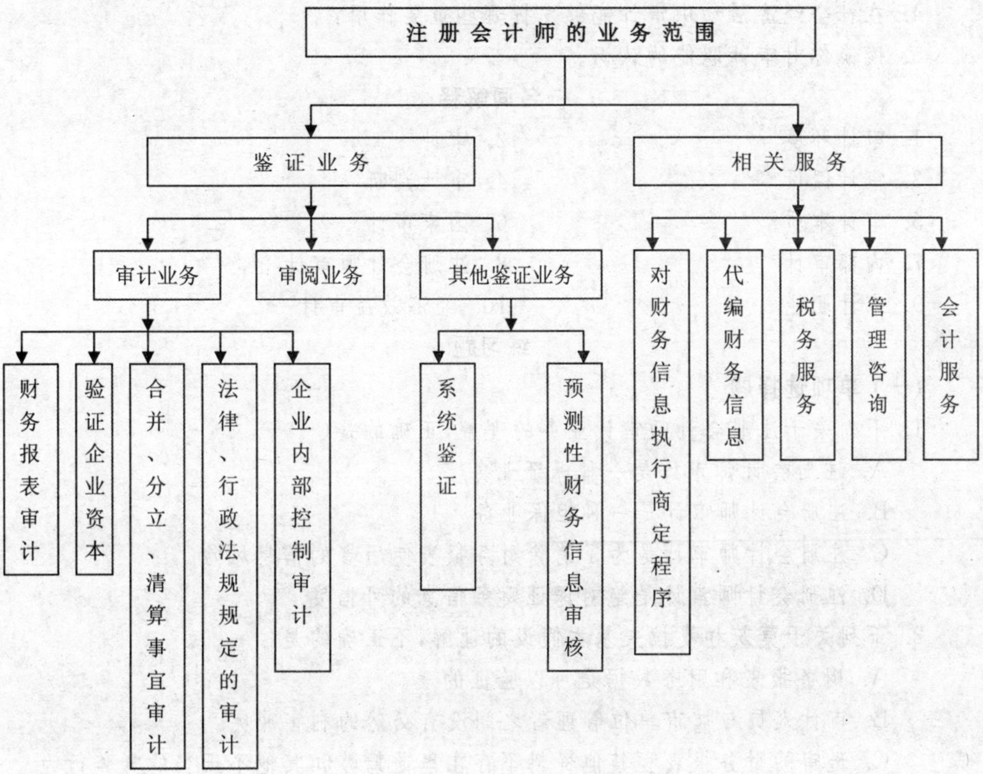

图 1-1 注册会计师的业务范围

阅读文献

1. 中国注册会计师协会/编,《审计》(第一章注册会计师审计概论),经济科学出版社 2012 年版。

2. 谢荣等:《审计研究前沿》(第四章审计理论框架结构),上海财经大学出版社 2011 年版。

3. 秦荣生、卢春泉:《审计学》(第一章总论),(第七版),中国人民大学出版社

2011年版。

三、复习思考题与练习题

复习思考题

1. 简述我国审计的产生和发展。
2. 简述西方注册会计师审计的起源和发展。
3. 什么是审计发展的理论动因？审计的理论动因的流行观点有哪些？
4. 在社会经济活动中审计能够发挥哪些重要作用？
5. 谈谈你对审计职能的认识。

名词解释

1. 审计环境　　　　　　　　2. 审计
3. 审计假设　　　　　　　　4. 审计判断
5. 审计本质　　　　　　　　6. 国家审计
7. 内部审计　　　　　　　　8. 注册会计师审计
9. 审计职能　　　　　　　　10. 经济效益审计

练习题

（一）单项选择题

1. 下列关于注册会计师审计业务的理解，正确的是（　　）。
   A. 注册会计师审计是一种保证业务
   B. 注册会计师审计是一种担保业务
   C. 注册会计师审计是为了消除财务报表使用者的信息风险
   D. 注册会计师审计是绝对保证财务信息的可信度

2. 下列关于莫茨和夏拉夫基本假设的理解，不正确的是（　　）。
   A. 财务报表和财务数据是可以验证的
   B. 审计人员与被审单位管理者之间没有必然的利害冲突
   C. 送审的财务报表和其他资料不存在串通舞弊和其他不正当的舞弊行为
   D. 完善的内部控制制度可以杜绝错弊发生的可能性

3. 关于审计本质的理解，不正确的是（　　）。
   A. "查账论"认为，审计是对会计资料及财务报表进行的检查
   B. "方法过程论"认为，审计是一种查账方法
   C. "经济监督论"认为，审计是一种特殊的经济监督
   D. "经济控制论"认为，审计在本质上应是一种特殊的经济控制

4. 审计的职能不包括（　　）。
   A. 经济监督职能　　　　　　B. 经济鉴证职能

C. 经济评价职能　　　　　　　D. 经济仲裁职能
5. 下列关于抽样审计的理解不正确的是(　　)。
   A. 对所有的会计资料逐笔进行审计
   B. 审计效率高
   C. 适用于规模较大、业务复杂、会计资料繁多
   D. 适用于管理基础工作好、内部控制制度较完善的单位
6. 下列不属于注册会计师审计业务的是(　　)。
   A. 审查企业财务报表出具审计报告
   B. 验证企业资本出具验资报告
   C. 办理企业合并、分立、清算事宜中的审计业务出具有关报告
   D. 审阅企业财务报表出具审阅报告
7. 下列不属于国家审计主体的是(　　)。
   A. 我国国务院审计署　　　　　B. 审计署派出机构
   C. 市审计局　　　　　　　　　D. 国有企业内部审计部
8. (　　)是以审查评价实现经济效益的程度和途径为内容,以促进经济效益提高为目的所实施的审计
   A. 经济效益审计　　　　　　　B. 财政财务审计
   C. 财经法纪审计　　　　　　　D. 政府审计
9. 根据美国会计学会关于审计的定义,下列表述中,不正确的是(　　)。
   A. 审计主体是具有专业胜任能力的独立审计人员
   B. 审计对象是经济活动与经济事项认定
   C. 审计目标是对经济活动和经济事项提供绝对保证
   D. 审计是一个系统化的过程
10. (　　)是指一定时期的社会经济发展水平及其运动机制对审计工作的客观要求。
    A. 经济环境　　B. 政治环境　　C. 法律环境　　D. 科技环境
11. (　　)是审计的基本职能。
    A. 经济监督　　B. 经济鉴证　　C. 经济评价　　D. 经济认证
12. (　　)是指根据特定需要或目的进行的审计。
    A. 专项审计　　　　　　　　　B. 特殊目的审计
    C. 非法定审计　　　　　　　　D. 报送审计
13. 按照(　　)的观点,审计是保持经理人与股东利益最大化的控制器,其本质在于促进股东利益和经理人的利益都达到最大化。
    A. 受托责任论　　B. 代理理论　　C. 信息论　　D. 保险论

14. 在( )下,审计被看作是一种保险行为,可以减轻投资者的风险压力。
   A. 受托责任论   B. 代理理论   C. 信息论   D. 保险论
15. 按照审计是否有确定的时间分类,审计可分为( )。
   A. 定期审计和不定期审计   B. 事前审计、事中审计和事后审计
   C. 通知审计和不通知审计   D. 报送审计和就地审计

（二）多项选择题
1. 审计环境主要包括( )。
   A. 经济环境   B. 政治环境   C. 法律环境   D. 科技环境
   E. 社会环境
2. 审计动因的主要理论有( )。
   A. 受托责任论   B. 代理理论   C. 信息论   D. 保险论
   E. 多因素决定论
3. 对审计本质的不同认识,主要有( )。
   A. 查账论   B. 方法过程论   C. 经济监督论   D. 经济控制论
   E. 经济检查论
4. 按实施审计的时间分类,审计可分为( )。
   A. 事前审计   B. 事中审计   C. 事后审计   D. 定期审计
   E. 不定期审计
5. 美国会计学会基本审计概念委员会发布的《基本审计概念公告》中,明确阐述审计动因包括( )。
   A. 利益的冲突   B. 因果关系   C. 风险性   D. 远程性
   E. 复杂性
6. 审计基本分类的标准是( )。
   A. 审计主体   B. 审计内容和目的   C. 审计时间   D. 审计地点
   E. 审计范围
7. 审计的制约作用体现在( )。
   A. 揭露背离社会主义方向的经营行为
   B. 揭露经济资料中的错误和舞弊行为
   C. 揭露经济生活中的各种不正之风
   D. 打击各种经济犯罪活动
   E. 促进经济管理水平和经济效益的提高
8. 我国国家审计发展过程大体经历了( )三个阶段。
   A. 古代审计   B. 近代审计   C. 现代审计   D. 当代审计
   E. 近现代审计

9. 西方国家的审计体制类型主要有(　　)。
   A. 立法型审计体制　　　　　　B. 司法型审计体制
   C. 行政型审计体制　　　　　　D. 3E型审计体制
   E. 5E型审计

10. 下列属于莫茨和夏拉夫基本假设的代表性观点的是(　　)。
    A. 财务报表和财务数据是可以验证的
    B. 审计人员与被审计单位管理者之间没有必然的利害冲突
    C. 公认会计原则的一致运用可使财务状况和经营成果得到公允表达
    D. 审计人员有能力独立地审查财务资料并发表意见
    E. 独立审计人员的职业地位负有相应的职业责任

11. 注册会计师能够提供的相关服务包括(　　)。
    A. 财务信息执行商定程序　　　B. 代编财务信息
    C. 税务服务　　　　　　　　　D. 管理咨询
    E. 会计服务

12. 我国审计界对审计假设的理解主要有(　　)。
    A. 审计必要性假设　　　　　　B. 审计对象可证实性假设
    C. 错误与弊端存在性假设　　　D. 行为衡量标准假设
    E. 无反证判定假设

13. 审计的职能主要有(　　)。
    A. 经济监督职能　　　　　　　B. 经济鉴证职能
    C. 经济评价职能　　　　　　　D. 会计服务职能
    E. 管理咨询职能

14. 按照审计的主体分类,审计可分为(　　)。
    A. 国家审计　　　　　　　　　B. 内部审计
    C. 注册会计师审计　　　　　　D. 中介审计
    E. 企业审计

15. 按实施审计的时间分类,审计可分为(　　)。
    A. 事前审计　　B. 事中审计　　C. 事后审计　　D. 定期审计
    E. 不定期审计

(三) 判断题

1. 不定期审计是指审计机构事先不通知被审计单位,而是出其不意地以突击形式的审计。(　　)
2. 审计环境是指与审计有关的内部因素的综合。(　　)
3. 按照代理理论的观点,审计是保持经理人与股东利益最大化的控制器,其本

质在于促进股东利益和经理人的利益都达到最大化。（   ）
4. 审计属于鉴证业务范畴。（   ）
5. "查账论"认为审计是一种系统的查账方法和过程。（   ）
6. 审计职能是审计本身固有的职能，是永恒不变的。（   ）
7. 审计能够正确处理各种经济利益关系，体现了审计的促进性作用。（   ）
8. 我国现有的审计准则体系是指《独立审计基本准则》、《独立审计具体准则》和《独立审计实务公告》。（   ）
9. 20世纪初期，英国创立了资产负债表审计。（   ）
10. 审计是审计人员对会计资料和其他资料进行审查并对其与既定标准符合程度进行比较并提出结论，从而提高信息可信性的经济监督、鉴证和评价业务。（   ）

（四）简答题

1. 概述审计的概念。
2. 你如何理解审计发展和环境的关系？
3. 谈谈你对审计本质的认识。
4. 谈谈你对不同主体审计的理解。

第二章 审计目标和对象

一、概要解析

(一) 审计目标

1. 审计目的

审计目的就是我们要利用审计去做什么,是指在一定的社会环境下,人们期望通过审计实践活动所要达到的境地或最终结果。它包括最终审计目的和直接审计目的两个层次。审计的直接目的就是通过降低信息风险以满足不同审计信息使用者的直接需求。

2. 审计目标

审计目标是用于指导审计主体实现审计直接目的的工作要求。它回答的是"审计应干什么"的问题。审计目的和审计目标是两个不同的概念。审计目的涉及的是审计信息使用者的需求问题,而审计目标回答的是审计主体(审计信息供给者)为满足审计信息使用者的要求应该做什么的问题,审计的目标分为总目标和具体目标两个层次。

3. 审计总目标

审计总目标是在基于一定审计环境所确立的,用以引导审计行为发生的,对审计行为结果的一种期望。不同审计主体的审计总目标各不相同:①国家审计总目标是对国务院各部门和地方各级人民政府及其各部门的财政收支、国有的金融机构和企业事业组织财务收支的真实、合法和效益进行审计监督;②内部审计总目标是独立监督和评价本单位及所属单位财政收支、财务收支、经济活动的真实、合法和效益,它和我国国家审计的总目标是基本一致的;③注册会计师审计总目标是对财务报表整体是否不存在由于舞弊或错误导致的重大错报获取合理保证,使得注册会计师能够对财务报表是否在所有重大方面按照适用的财务报告编制基础编制发表审计意见。简而言之,注册会计师应当评价财务报表的合法性和公允性。

4. 审计的具体目标

审计具体目标是审计总体目标的具体化,具体目标有助于审计人员收集充分、适当的审计证据,发表恰当的审计意见。国际惯例一般根据被审计单位管理层的认定和审计总目标来确定具体审计目标。

（1）认定。认定是指管理层在财务报表中作出的明确或隐含的表达。认定包括：与所审计期间各类交易和事项相关的认定；与期末账户余额相关的认定；与列报和披露相关的认定。

（2）具体审计目标。认定与审计目标密切相关，注册会计师了解了认定，就很容易确定具体审计目标。与各类交易和事项相关的认定及与期末账户余额相关的认定对应的具体审计目标分别如表2-1、表2-2所示。

表2-1　　与各类交易和事项相关的认定与具体审计目标

认定分类	各类认定的含义	具体审计目标（需要注册会计师确认）
(1)发生	记录的交易或事项已发生，且与被审计单位有关	已记录的交易是真实的
(2)完整性	所有应当记录的交易和事项均已记录	已发生的交易确实已经记录
(3)准确性	与交易和事项有关的金额及其他数据已恰当记录	已记录的交易是按正确金额反映的
(4)截止	交易和事项已记录于正确的会计期间	接近于资产负债表日的交易记录于恰当的期间
(5)分类	交易和事项已记录于恰当的账户	被审计单位记录的交易经过适当分类

表2-2　　与期末账户余额相关的认定与具体审计目标

认定分类	各类认定的含义	具体审计目标（需要注册会计师确认）
(1)存在	记录的资产、负债和所有者权益是存在的	记录的金额确实存在
(2)权利和义务	记录的资产由被审计单位拥有或控制，记录的负债是被审计单位应当履行的偿还义务	资产归属于被审计单位，负债属于被审计单位的义务
(3)完整性	所有应当记录的资产、负债和所有者权益均已记录	已存在的金额均已记录
(4)计价和分摊	资产、负债和所有者权益以恰当的金额包括在财务报表中，与之相关的计价或分摊调整已恰当记录	资产、负债和所有者权益以恰当的金额包括在财务报表中，与之相关的计价或分摊调整已恰当记录

(3) 具体审计目标与认定、程序之间的关系。认定是确定具体审计目标的基础,针对财务报表每一项目所表现出的各项认定,注册会计师相应地确定一项或多项审计目标,然后通过执行一系列审计程序获取充分、适当的审计证据以实现审计目标。认定、审计目标和审计程序之间的关系举例如表2-3所示。

表2-3　认定、审计目标和审计程序之间的关系举例

认定	审计目标	审计程序
(1)存在	资产负债表列示的存货存在	实施存货监盘程序
(2)完整性	销售收入包括了所有已发货的交易	检查发货单和销售发票的编号以及销售明细账
(3)准确性	应收账款反映的销售业务是否基于正确的价格和数量,计算是否准确	比较价格清单与发票上的价格、发货单与销售订购单上的数量是否一致,重新计算发票上的金额
(4)截止	销售业务记录在恰当的期间	比较上一年度最后几天和下一年度最初几天的发货单日期与记账日期
(5)权利和义务	资产负债表中的固定资产确实为公司拥有	查阅所有权证书、购货合同、结算单和保险单
(6)计价和分摊	以净值记录应收款项	检查应收账款账龄分析表、评估计提的坏账准备是否充足

(4) 特殊目的的审计业务。特殊目的的审计业务主要包括:①特殊目的财务报表审计;②单一财务报表和财务报表的特定要素、账户或项目的审计;③简要财务报表审计。

(二) 审计对象

1. 审计对象的概念和发展

审计对象或审计客体,即参与审计活动关系并享有审计权力和承担审计义务的主体所作用的对象,它是对被审计单位和审计范围所作的理论概括。审计对象包含两层含义:其一是外延上的审计实体,即被审计单位;其二是内涵的审计内容或审计内容在范围上的限定。

2. 审计对象的内容

不同审计主体审计对象的具体内容不同,主要表现在:①我国国家审计对象的实体即被审计单位是指所有作为会计单位的中央和地方的各级财政部门、中央银行和国有金融机构、行政机关、国家的事业组织、国有企业、基本建设单位等;审计对象的主要内容包括上述部门的财政预算、信贷、财务收支和决算,以及与财政财务收支有

关的经济活动及其经济效益。②我国内部审计的对象是本部门、本单位及其所属单位的会计账目、相关资产,以及所反映的财政收支和财务收支活动,同时还包括本部门、本单位与境内外经济组织兴办合资、合作经营企业以及合作项目等的合同执行情况,投入资金、财产的经营状况及其效益。③我国注册会计师审计的对象主要是国家机关、企事业单位的财务收支,注册资金以及经济案件的鉴证事项。

3. 审计对象内容的一般概括

尽管国家审计、内部审计、注册会计师审计具体的对象有所不同,但其审计对象都可以概括为被审计单位的会计资料、其他资料及其所反映的被审计单位的财务收支和有关经营管理活动。

二、背景资料

(一) 审计目标的演变历程

1. 揭弊查错为主的阶段

这一阶段是指从1721年英国南海公司案例催生注册会计师审计至20世纪30年代财务报表审计形成。社会对审计需求的主要原因是,公司股东需要通过审计来了解掌握公司管理人员履行其经营管理职能的情况,即是否忠诚老实地履行其职责。相应地,审计目标是揭露管理人员在业务经营管理过程中有无舞弊行为。

2. 以验证财务报表真实公允为主的阶段

这一阶段是指从20世纪30年代中期到80年代,随着揭弊查错被认为是企业管理部门的内部控制职责,整个社会对企业财务报表的关心超过了对揭弊查错的关心,而审计方法开始建立在对内部控制评价的基础之上,审计目标转向对财务报表是否真实公允地反映企业的财务状况和经营成果发表专家意见。1934年,美国的《证券交易法》规定,发行有价证券的企业必须向联邦贸易委员会进行证券发行登记,并报送由独立的注册会计师予以验证的财务报表,从而强制证券上市公司必须委托注册会计师对其财务报表进行审计。1936年,美国会计师协会与证券交易所合作的特别委员会发布了《独立注册会计师对财务报表的审查》,"财务报表审计"作为一个具有特定意义的专有名词正式形成。

3. 验证财务报表的真实公允和揭弊查错并重的阶段

这一阶段是指从20世纪80年代至今,出现了企业管理层舞弊增加和诉讼爆炸的局面,社会对独立的审计人员承担起揭弊查错责任的呼声越来越强烈。根据SEC 1987年至1997年的会计审计执行通告对上市公司舞弊案件的调查,72%的案件涉及CEO,43%的案件涉及CFO,合计共有83%的案件涉及CEO或者CFO。AICPA于1977年发布第16、第17号《审计准则公告》,开始将揭露舞弊、差错及非法行为作为审计人员对财务报表发表意见而进行审查的一个组成部分。1988年发布第53、第54号《审计准则公告》，正式将揭露舞弊、差错及非法行为看成是审计人员的直接职责。

审计目标的发展如图2-1所示。

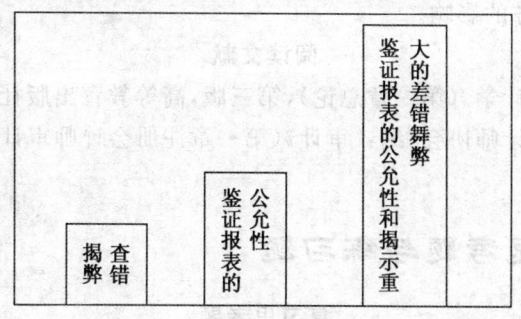

图2-1 审计目标的发展

（二）《中国注册会计师审计准则第1101号——注册会计师的总体目标和审计工作的基本要求》的变化

2010年，中国注册会计师协会根据国际审计准则ISA200《独立审计师的总体目标及根据国际审计准则执行审计》的变化，对2006年《中国注册会计师审计准则第1101号——财务报表审计的目标和一般原则》作出了实质性修订，形成了新的准则《中国注册会计师审计准则第1101号——注册会计师的总体目标和审计工作的基本要求》。与2006年准则相比，2010年该准则具体规定方面的重大变化主要是：

(1) 确定了注册会计师的总体目标。注册会计师的总体目标是，对财务报表整体是否不存在由于舞弊或错误导致的重大错报获取合理保证，使得注册会计师能够对财务报表是否在所有重大方面按照适用的财务报告发表审计意见。按照审计准则的规定，根据审计结果对财务报表出具审计报告，并与管理层和治理层沟通。注册会计师的总体目标的作用是统驭各项审计准则规定的目标，各项审计准则规定的目标是联系总体目标和准则要求之间的桥梁。为了实现总体目标，注册会计师在计划和实施审计工作时应当使用相关审计准则规定的目标。在使用规定的目标时，注册会计师应当认真考虑各项审计准则之间的相互关系，确定是否有必要实施除审计准则规定以外的其他审计程序，以实现审计准则规定的目标，并评价是否已获取充分、适当的审计证据。

(2) 强调了运用职业判断的重要性。为了实现总体目标和各项准则规定的目标，注册会计师需要更多地运用职业判断。准则中增加了"职业判断"的定义，明确指出注册会计师在计划和实施审计工作时应当运用职业判断。

（3）明确了注册会计师按照审计准则的规定执行审计工作的具体要求，包括应当遵守与审计工作相关的所有审计准则，掌握每项审计准则的全部内容。准则中还规定了注册会计师偏离某项审计准则的相关要求的限定条件，以及不能实现准则规定的目标对审计业务的影响。

阅读文献

1. 朱荣恩：《审计学》（第一章总论），第三版，高等教育出版社2009年版。

2. 中国注册会计师协会/编：《审计》（第一章注册会计师审计概论），经济科学出版社2012年版。

三、复习思考题与练习题

复习思考题

1. 如何理解审计的总目标？
2. 被审计单位管理层对财务报表的认定分为哪几类？其具体内容是什么？
3. 审计总目标与具体目标存在什么关系？
4. 以库存现金审计为例，分析库存现金审计的目标。
5. 审计对象是什么？应该包括哪些内容？

名词解释

1. 审计目标　　　　　　　　2. 审计总目标
3. 审计具体目标　　　　　　4. 一般审计目标
5. 项目审计目标　　　　　　6. 认定
7. 交易和事项　　　　　　　8. 期末账户余额
9. 特殊目的审计　　　　　　10. 审计对象

练习题

（一）单项选择题

1. 财务报表审计的目标是注册会计师通过执行审计工作对（　　）发表的审计意见。

    A. 会计资料及其他有关资料的真实性、合法性

    B. 经济活动

    C. 财务报表的合法性、公允性

    D. 财务状况、经营成果及现金流量

2. 被审计单位管理当局对会计报表的下列认定中，注册会计师通过分析存货周转率最有可能证实的是（　　）。

    A. 存在　　　　　　　　　　B. 权利和义务

C. 分类和可理解性　　　　　D. 计价或分摊
3. 甲公司将2012年度的主营业务收入列入2011年度的财务报表,则其2011年度财务报表存在错误的认定是(　　)。
   A. 截止　　B. 计价或分摊　　C. 发生　　D. 完整性
4. 注册会计师应当确认被审计单位的资产是否均按历史成本入账,这是为了证实资产的(　　)认定。
   A. 存在　　B. 完整性　　C. 计价和分摊　　D. 准确性
5. 通过实施(　　),发现认定层次的重大错报。
   A. 控制测试　　　　　　　　B. 风险评估程序
   C. 了解被审计单位的环境　　D. 实质性程序
6. 注册会计师的审计意见旨在(　　)。
   A. 为财务报表质量提供担保　　B. 解决受托者的经济责任
   C. 完成审计工作责任　　　　　D. 提高财务报表的可信赖程度
7. (　　)认定是指交易和事项已记录于正确的会计期间。
   A. 发生　　B. 完整性　　C. 截止　　D. 分类
8. 被审计单位管理层关于固定资产"完整性"的认定,与(　　)。
   A. 固定资产的低估和高估都有关　　B. 固定资产的高估有关
   C. 固定资产的低估有关　　　　　　D. 固定资产的低估和高估都无关
9. 管理层对财务报表的下列认定中,注册会计师通过分析存货周转率最有可能证实的是(　　)。
   A. 资产负债表　　B. 利润表
   C. 现金流量表　　D. 全部财务报表
10. 注册会计师确认存货以恰当的金额包括在财务报表中,与之相关的计价调整已恰当记录,这是为了证实存货的(　　)认定。
    A. 存在　　B. 完整性　　C. 计价和分摊　　D. 截止
11. 财务报表审计属于(　　)鉴证业务。
    A. 合理保证　　B. 部分保证　　C. 有限保证　　D. 全面保证
12. 如果主营业务收入明细账记录了一笔没有发生销售交易,则违反了交易和事项的(　　)认定。
    A. 完整性　　B. 准确性　　C. 计价　　D. 发生
13. 被审计单位管理层对各类交易和事项的认定不包括(　　)。
    A. 发生　　B. 完整性　　C. 分类　　D. 准确性和计价
14. 下列各项中,被审计单位(　　)违反了权利与义务认定。
    A. 未将作为抵押固定资产披露　　B. 将未发生的销售登记入账

C. 未计提固定资产减值准备　　　　D. 将原材料入账确定错误

15. 注册会计师在审查应收账款时,发现账上某笔记录"借:应收账款——A公司100,贷:主营业务收入100",通过函证 A 公司,检查销货记录等证实,根本未发生该笔销售业务。那么,注册会计师认为管理层对"主营业务收入"账户的(　　)认定存在问题。

　　A. 完整性　　　B. 发生　　　C. 准确性　　　D. 计价和分摊

(二) 多项选择题

1. 注册会计师通过执行审计工作对财务报表发表审计意见,注册会计师发表审计意见的内容是(　　)。

　　A. 财务报表是否符合适用的会计准则和相关会计制度的规定
　　B. 财务报表是否符合企业会计准则和国家其他有关法规的规定
　　C. 财务报表是否在所有方面公允地反映被审计单位的财务状况、经营成果和现金流量
　　D. 财务报表是否在所有重大方面公允地反映被审计单位的财务状况、经营成果和现金流量
　　E. 财务报表是否在所有重大方面真实地反映被审计单位的财务状况、经营成果和现金流量

2. 管理层对各类交易和事项运用的认定通常分为(　　)。

　　A. 发生　　　B. 完整性　　　C. 准确性　　　D. 截止
　　E. 分类

3. 特殊目的审计业务一般包括(　　)。

　　A. 按照企业会计准则和相关会计制度以外的其他基础编制的财务报表
　　B. 财务报表的组成部分　　　C. 合同的遵守情况
　　D. 简要财务报表　　　E. 中期财务报表

4. 与期末账户余额相关的审计目标有(　　)

　　A. 存在　　　B. 权利和义务
　　C. 完整性　　　D. 计价和分摊
　　E. 准确性

5. 我国国家审计的总目标是对财政收支和财务收支的(　　)进行审查和评价。

　　A. 真实　　　B. 经济　　　C. 合法　　　D. 效率
　　E. 效益

6. 我国部门、单位内部审计的总体目标是通过检查会计账目及其相关资产,监督财政收支和财务收支的(　　)。

　　A. 真实　　　B. 经济　　　C. 合法　　　D. 效率

E. 效益

7. 认定包括( )。
   A. 与各类交易和事项相关的认定
   B. 与期末账户余额相关的认定
   C. 与列报相关的认定
   D. 与资产负债表相关的认定
   E. 与损益表相关的认定

8. 与各类交易和事项相关的认定( )。
   A. 发生
   B. 完整性
   C. 准确性
   D. 截止
   E. 分类

9. 审计目标包括( )
   A. 审计总目标
   B. 审计一般目标
   C. 审计分目标
   D. 审计项目目标
   E. 审计具体目标

10. 注册会计师可能应委托人要求对被审计单位按照特殊基础编制的财务报表发表审计意见。特殊基础通常包括( )。
    A. 计税基础
    B. 收付实现制基础
    C. 监管机构的报告要求
    D. 生产基础
    E. 销售基础

11. 与列报相关的认定( )。
    A. 发生以及权利和义务
    B. 完整性
    C. 分类和可理解性
    D. 计价和分摊
    E. 准确性和计价

12. "存在"认定是指各项( )在财务报表日是存在的。
    A. 资产
    B. 负债
    C. 所有者权益
    D. 收入
    E. 利润

13. 财务报表合法性评价的内容包括( )。
    A. 评价选择和运用的会计政策是否符合适用的会计准则和相关会计制度
    B. 评价管理层作出的会计估计是否合理
    C. 评价财务报表反映的信息是否具有相关性、可靠性、可比性和可理解性
    D. 评价财务报表是否作出充分披露
    E. 评价财务报表的列报、结构和内容是否合理

14. 财务报表公允性评价的内容包括( )。
    A. 评价经管理层调整后的财务报表是否与注册会计师对被审计单位及其环境的了解一致
    B. 评价财务报表的列报、结构和内容是否合理

C. 评价财务报表是否真实地反映了交易和事项的经济实质
D. 评价财务报表反映的信息是否具有相关性、可靠性、可比性和可理解性
E. 评价财务报表是否作出充分披露

15. 对财务报表的组成部分进行审计,这里"财务报表的组成部分"包括(　　)。
A. 财务报表特定项目　　　　　　B. 特定账户
C. 特定账户的特定内容　　　　　D. 资产负债表
E. 利润表

(三) 判断题

1. 注册会计师的审计意见旨在提高财务报表可信赖程度,即是对被审计单位未来生存能力或管理经营效率、效果提供担保。　　　　　　　　　　　　　(　)
2. 计价和分摊是指相关账户、数字、计算、加总及勾稽关系的正确性。(　)
3. 如果不存在某顾客的应收账款,企业将该笔款项记入了财务报表的应收账款项目,则违反了完整性目标。　　　　　　　　　　　　　　　　　　(　)
4. 在财务报表审计中,被审计单位管理层在治理层的监督下对编制财务报表承担责任,并通过签署财务报表确认其责任。　　　　　　　　　　　　　(　)
5. 无论评估的重大错报风险结果如何,注册会计师均应当针对所有重大的各类交易、账户余额、列报实施实质性程序,以获取充分、适当的审计证据。(　)
6. 公允性是指被审计单位的财务报表在所有方面公允地反映了被审计单位的财务状况、经营成果及现金流量。　　　　　　　　　　　　　　　　　(　)
7. 如果没有发生某笔销售业务,但在销售日记账中记录了该笔销售业务,则违反了存在目标。　　　　　　　　　　　　　　　　　　　　　　　　　(　)
8. 各类交易和事项"完整性"认定所要解决的问题是管理层是否把那些不曾发生的项目列入财务报表,它主要与财务报表组成要素的高估有关。　　　(　)
9. 一般来说,具体审计目标根据被审计单位管理层的认定来确定。　(　)
10. 由截止认定推导出的审计目标是确认接近于资产负债表日的交易记录于恰当的期间。　　　　　　　　　　　　　　　　　　　　　　　　　　　(　)

(四) 简答题

1. 简述财务报表审计目标。
2. 如何理解认定?
3. 什么是特殊目的审计业务?主要有哪些类型?
4. 你如何理解审计对象?

四、案例分析题

1. 请根据认定的种类与具体审计目标的内容填写下表。

认定	各类认定的含义	各类认定对应的具体审计目标
发生		已记录的交易是真实的
准确性	与交易和事项有关的金额及其他数据已恰当记录	
截止	交易和事项已记录于正确的会计期间	
存在	记录的资产、负债和所有者权益是存在的	
权利和义务	记录的资产由被审计单位拥有或控制,记录的负债是被审计单位应当履行的偿还义务	
完整性	所有应当记录的资产、负债和所有者权益均已记录	
计价和分摊		资产、负债和所有者权益以恰当的金额包括在财务报表中,与之相关的计价或分摊调整已恰当记录

2. 假设 A 注册会计师在执行 ABC 公司财务报表审计时分别发现下表中的事项,请分别针对每一事项指明被审计单位违反了哪一项认定。要求:先写出认定的大类,再写出认定的名称,例如,"与各类交易和事项相关的认定:发生"。

财务报表审计时分别发现的事项	被审计单位违反的认定
将本期交易推迟至下期记账,或者将下期应当记录的交易提前到本期记录	
期末少计提累计折旧错误	
在销售明细账中记录了并没有发生的一笔销售业务	
不存在某顾客,在应收账款明细表中却列入了对该顾客的应收账款	
财务报表附注没有分别对原材料、在产品和产成品等存货成本核算方法做恰当的说明	
将不属于被审计单位的债务记入账内	
将出售某经营性固定资产(并非企业的日常交易事项)所得的收入记录为主营业务收入	
没有将一年内到期的长期负债列为一年内到期的非流动负债	

(续表)

财务报表审计时分别发现的事项	被审计单位违反的认定
发生了一项销售交易,但没有在销售明细账和总账中记录	
在销售交易中有如下情况:1.发出商品的数量与账单上的数量不符;2.开具账单时运用了错误的销售价格;3.账单中的乘积或加总有误;4.在销售明细账中记录了错误的金额	
存在对某客户的应收账款,在应收账款明细表中却没有列入对该客户的应收账款	
关联交易类型、金额没有在财务报表附注中作恰当披露	
关联方和关联交易,没有在财务报表中充分披露	
将现销记录为赊销	

3. XYZ会计师事务所接受ABC公司的委托,审计该公司的2012年度财务报表。会计师事务所委派A注册会计师担任项目合伙人,并将签署审计报告。经过审计预备调查,A注册会计师确定存货项目为重点审计领域,同时根据管理层的认定确定存货项目的具体审计目标如下表,并选择以下审计程序以保证审计目标的实现:

(1) 检查现行销售价目表。
(2) 审阅财务报表。
(3) 在监盘存货时,选择一定样本,确定其是否包括在盘点表内。
(4) 选择一定样本量的存货会计记录,检查支持记录的购货合同和发票。
(5) 在监盘存货时,选择盘点表内一定样本量的存货记录,确定存货是否在库。
(6) 测试直接材料、直接人工费用、制造费用的合理性。

认定	具体审计目标	审计程序
	公司对存货均拥有所有权	
	记录的存货数量包括了公司所有的在库存货	
	已按成本与可变现净值孰低法调整期末存货的价值	
	存货成本计算准确	
	存货的计价基础已在财务报表恰当披露	

要求:请代A注册会计师,确定与各具体审计目标最相关的认定(根据交易和事项、账户余额和列报分类)和最恰当的审计程序(根据提供的审计程序选择)。

4、假定下列具体审计目标已被审计人员选定,审计人员应当确定的与各具体审计目标最相关的认定和最恰当的审计程序分别是什么?将认定和审计程序分别填入

第二章 审计目标和对象

下表中。

序号	认定	具体审计目标	审计程序
(1)		销售收入的分类正确	
(2)		销售收入的入账时间正确	
(3)		销售收入确实已经发生	
(4)		销售收入没有隐瞒	

第三章 审计独立性

一、概要解析

(一) 审计独立性的含义

1. 审计独立性的内容

独立性是审计理论的基石,是审计执业的灵魂,也是审计取信于社会公众的首要条件。审计独立性有两层含义,即实质上的独立性和形式上的独立性。

(1) 实质上的独立性是指审计机关和审计人员内在精神上的独立,要求审计机构和审计人员与被审计单位之间必须实实在在地毫无利害关系,保持独立的精神态度和意志。

(2) 形式上的独立性是对第三者而言的,审计机构和审计人员必须在第三者面前呈现一种独立于被审计单位的身份,即在他人看来审计机构和审计人员是独立的。

2. 审计独立性的对象

审计独立性的对象即审计机构与审计人员对谁保持独立性。一种观点认为审计只需要保持单向独立,只对被审计单位保持独立;另一种观点认为审计需要保持双向独立,即需要对被审计单位和审计委托人保持独立。其中,对内部审计独立性的要求往往是只对被审计单位或部门独立,是单向独立,是一种相对独立,独立性较低。国家审计模式不同,审计的独立性也有差异。就我国国家审计机关现状来说,国家审计通常也只是单向独立,独立于被审计的单位,不过相对于内部审计来说,其独立性要高许多。

注册会计师审计独立性要求较高,无论在组织人事关系还是在经济利益上,都是独立于被审计单位与委托人的,因此它是双向独立,是三者中独立性最强的。

(二) 审计独立性的衡量尺度

审计独立性最终是由审计职业来实现的,因此审计的独立性包括职业团体的独立性和审计人员个人的独立性。

1. 审计组织独立

审计组织强调形式上的独立性,是有形的,容易衡量的,包括机构设置的独立性和经济上的独立性。

2. 审计人员独立

审计人员的独立包括精神上的独立性和形式上的独立性。在具体衡量方面,如何来衡量精神上的独立性,我们可以形式上的独立性来实现,主要包括审计人员人事上的独立性和经济上的独立性。

3. 注册会计师对独立性的特别关注

独立原则是对注册会计师职业的最重要的要求。《中国注册会计师职业道德守则第1号——职业道德基本原则》规定,"注册会计师执行审计和审阅以及其他鉴证业务时,应当从实质上和形式上保持独立性,不得因任何利害关系影响其客观性。"但是注册会计师审计独立性正面临着很多潜在的威胁,可以概括为五个方面:①自身利益;②自我评价;③过度推介;④密切关系;⑤外在压力。当识别出损害独立性的因素时,注册会计师应当评价这些因素不利影响的严重程度,并在必要时采取防范措施消除这些不利影响或将其降至可接受水平。而当维护措施不足以消除损害独立性因素的影响或将其降至可接受水平时,会计师事务所应当拒绝承接业务或解除业务约定。

(三) 最高审计机关的管理体制

最高审计机关管理体制是指最高审计机关的管理制度,包括的内容极为广泛,其中审计模式和审计机关领导体制是最重要的两个组成部分。

1. 审计模式

审计模式主要指国家审计机关的职能和隶属关系等方面的体系和制度。根据国家审计机关的职能和隶属关系,世界各国的政府审计模式主要划分为立法模式、司法模式、独立模式和行政模式。

(1) 立法模式下国家审计机关都隶属于立法部门,与政府保持独立,负责向立法部门报告工作。该模式最早产生于英国,此后在美国、加拿大、澳大利亚、埃及和以色列等国得到了应用和推广,审计机关的独立性较强。

(2) 司法模式下国家审计机关以审计法院的形式存在,拥有司法权,审计机关的独立性和权威性都很高。该模式起源于法国,此后意大利、西班牙、土耳其等国也采用了这一模式。

(3) 独立模式的主要特征是国家审计机关独立于立法、司法和行政部门,国家审计机关的独立性最强。采用独立模式的典型国家为德国和日本。

(4) 行政模式下国家审计机关隶属于政府或政府某一部门,根据政府所赋予的职责权限实施审计,国家审计机关的独立性较差。瑞典、瑞士、巴基斯坦、泰国和中国等都属于这一类型。

2. 政府审计机关领导体制

政府审计机关领导体制主要反映上下级审计机关的领导关系。世界各国审计机关的领导体制存在较大差异，主要分为以下四种：①只设国家最高审计机关，不设地方分支机构，如奥地利、西班牙；②国家设立最高审计机关，但最高审计机关和地方审计机关各自独立，没有任何领导关系，如美国、英国、加拿大；③国家设立最高审计机关，最高审计机关对地方审计机关实行垂直领导和管理，如印度和菲律宾等；④地方审计机关受本级政府和上一级审计机关的双重领导，如原匈牙利。

3. 我国政府审计管理体制

我国国家审计属于行政模式，最高国家审计机关中华人民共和国审计署成立于1983年9月5日。它是国务院所属部委的国家机关，在国务院总理领导下主管全国的审计工作。同时，我国审计机关的领导体制属于双重领导体制，具有三个基本特征：一是审计机关直接受本级人民政府行政首长领导；二是地方审计机关实行双重领导体制，同时受本级人民政府行政首长和上一级审计机关领导；三是地方审计机关的审计业务以上级审计机关领导为主。

二、背景资料

（一）现行审计收费方式对独立性的影响

我国现行的审计费用支付方式是由事务所直接向被审计单位收取审计费用。上市公司比较普遍的做法是，由董事会或其下属的审计委员会决定注册会计师的选聘和费用，并经股东大会批准。由于信息不对称，经营者往往拥有企业经营管理更为充分的信息，谁信息更充分谁就更有话语权，这样，董事会就受制于企业经营者，无论股权集中还是股权分散，大都如此。因此，注册会计师事实上就是由经营者选聘。

审计师要维持生存、谋求发展，就必须保持一定量的业务收入，然而，审计师的收入主要来自客户所支付的审计费用，在现行审计委托模式下，审计费用大都是被审计单位管理者说了算，因此，就造成了审计师对被审计单位的财务依赖。就财务报表审计来说，审计师一方面要对管理层编制的财务报表的合法性和公允性提供鉴证，另一方面审计收费多少又受制于客户管理层的决定，作为一个理性的经济人，必须维护与客户管理层之间的良好关系。对于被审计单位管理层来说，一方面要承担编制财务报表的会计责任，另一方面又扮演着审计委托人的角色。在一个高度竞争的审计市场，审计师为了获得高额报酬，常常会在不同程度上屈从于客户的要求，从而为维护审计独立性带来困难。

（二）会计师事务所的组织形式及其非审计业务对审计独立性的影响

会计师事务所本身由于业务的特殊性，资产构成单一，固定资产偏少，难以以一个独立法人的资格承担相应的法律责任。就我国来说，会计师事务所的组织形式有普通合伙制会计师事务所、有限责任公司制会计师事务所、有限责任合伙制会计师事务所。不同类型的事务所承担责任的方式不一样，普通合伙制下合伙人对事务所的债务承担连带责任；有限责任公司下合伙人以其认购股份对事务所承担有限责任，事务所以其全部资产对其债务承担有限责任；有限责任合伙制下合伙人承担有限责任，除非该合伙人参与了过失或不当执业行为。但是就目前来说，我国很多事务所虽然标有"合伙制事务所"或"有限责任合伙制事务所"的字样，但其实质依然是有限责任性质的公司。组织形式不当会造成审计收益与审计风险脱节，产生机会主义，损害审计独立性。

同时，审计业务与非审计业务的冲突也会影响审计独立性。审计业务原本是会计师事务所的主要业务，但是随着审计业务边际收益的逐步下降，事务所业务逐步扩大到税收筹划、管理咨询等方面，非鉴证的管理咨询业务收入所占比重越来越高。很多事务所一边忙于企业会计控制系统咨询服务，一边又忙于其所产生的会计信息的公正性；一边忙于企业的税收筹划，一边又忙于其税收稽查审计。事务所审计业务和非审计业务的冲突大大损害了审计的独立性。

阅读文献

1. 中国注册会计师协会编：《审计》（第一章注册会计师审计概论），经济科学出版社 2012 年版。
2. 秦荣生，卢春泉：《审计学》（第七版）（第一章总论），中国人民大学出版社 2011 年版。

三、复习思考题与练习题

复习思考题

1. 如何理解审计独立性？
2. 审计独立性的衡量尺度是什么？
3. 注册会计师应该从哪些方面对独立性予以特别关注？
4. 试分析不同政府审计模式的特点。
5. 谈谈你对我国政府审计管理体制的理解。

名词解释

1. 独立性   2. 精神独立
3. 形式独立   4. 审计组织独立

5. 政府审计模式 6. 立法模式
7. 司法模式 8. 独立模式
9. 行政模式 10. 政府审计机关领导体制

练习题

(一) 单项选择题

1. 我国政府审计模式属于( )。
   A. 立法模式　　B. 司法模式　　C. 独立模式　　D. 行政模式
2. 在立法模式下,国家审计机关包括最高审计机关和地方审计机关都隶属于( )。
   A. 立法部门　　B. 政府部门　　C. 财政部门　　D. 独立的机构
3. 法国的审计模式属于( )。
   A. 立法模式　　B. 司法模式　　C. 独立模式　　D. 行政模式
4. 注册会计师审计( )。
   A. 只独立于审计委托人
   B. 只独立于被审计单位
   C. 既独立于审计委托人又独立于被审计单位
   D. 既不独立审计委托人又不独立被审计单位
5. 下列提法中,表述正确的是( )。
   A. 政府审计是独立性最强的一种审计
   B. 财务报表的合法性是报表使用者最为关心的
   C. 注册会计师审计意见旨在提高财务报表的可信赖程度
   D. 内部审计是注册会计师审计的基础
6. 审计的主体是( )。
   A. 审计关系人　　B. 审计机构　　C. 被审计单位　　D. 审计委托人
7. 以下关于独立性的说法错误的是( )。
   A. 实质上的独立性是一种内心状态
   B. 形式上的独立性即在他人看来审计机构和审计人员是独立的
   C. 在执行审计业务时只需要保持形式上的独立即可
   D. 会计师事务所和审计项目组成员都应遵循独立性要求
8. ( )是审计的本质属性和重要特征,也是审计的精髓。
   A. 权威性　　B. 独立性　　C. 客观性　　D. 合法性
9. 注册会计师在第三者面前呈现出一种独立于委托单位的身份,即在他人看来注册会计师是独立的,这种独立称为( )。
   A. 经济独立　　　　　　　　B. 思想独立

C. 实质上的独立 D. 形式上的独立

10. 审计监督区别于其他经济监督的根本特征是（　　）。
 A. 及时性　　B. 广泛性　　C. 独立性　　D. 科学性

11. 在下列内部审计机构设置的不同体制中，独立性最弱的是（　　）。
 A. 监事会或审计委员会领导体制　　B. 总经理领导体制
 C. 财务副总经理领导体制　　D. 董事会领导体制

12. 以下各种情形中最有可能削弱注册会计师应有的独立性的是（　　）。
 A. 未按要求接受后续教育
 B. 按照审计后资产总额的1%或利润总额的5%收取审计费用
 C. 后任注册会计师未能与前任取得联系
 D. 向帮助取得审计业务的有关人员支付回扣

13. 出现以下（　　）情况时，鉴证业务的独立性将会受到"自我评价威胁"。
 A. 鉴证人员现在是或最近曾经是鉴证客户的董事或经理
 B. 鉴证人员的直系亲属或近缘亲属是鉴证客户的员工
 C. 在诉讼中作为鉴证客户的辩护人
 D. 从鉴证客户处接收礼品或招待

14. 在不考虑其他事项的情况下，下列事项中不影响注册会计师独立性的是（　　）。
 A. 注册会计师审计子公司的财务报表的同时为母公司设计内部控制
 B. 注册会计师曾经是被审计单位主管财务的经理，并于5年前辞职
 C. 注册会计师的妻子现在是被审计单位的财务主管
 D. 注册会计师持有被审计单位800股的股票

15. 甲注册会计师在审计乙公司期间从乙公司购买了大量的打折商品，以下说法中正确的是（　　）。
 A. 甲注册会计师的行为将会因为外在压力对独立性产生不利影响
 B. 甲注册会计师的行为是正常、公平交易，不会对独立性产生不利影响
 C. 甲注册会计师的行为相当于是变相收受审计客户的贿赂，对独立性产生了不利影响
 D. 甲注册会计师将会因为自我评价对独立性产生不利影响

（二）多项选择题

1. 注册会计师的独立性体现在（　　）。
 A. 单向独立　　B. 双向独立
 C. 精神上的独立　　D. 形式上的独立
 E. 实质上的独立

2. 注册会计师应该特别关注可能损害独立性的因素,包括(   )。
   A. 经济利益   B. 自我评价   C. 关联关系   D. 外在压力
   E. 审计收费

3. 根据国家审计机关的职能和隶属关系,世界各国的政府审计模式主要划分为(   )。
   A. 立法模式   B. 司法模式   C. 独立模式   D. 行政模式
   E. 财政模式

4. 我国政府审计机构的级别有(   )。
   A. 审计署
   B. 各省、自治区、直辖市审计(厅)局
   C. 省辖市、自治州、盟、行政公署(省人民政府派出机关)审计局
   D. 县、旗、县(市)级审计局
   E. 乡镇审计机构

5. 审计关系人是指(   )。
   A. 审计师   B. 审计委托人
   C. 被审计单位   D. 审计准则制定者
   E. 审计利害关系人

6. 如果会计师事务所或审计项目组成员接受审计客户的礼品或招待,可能因(   )产生不利影响。
   A. 自身利益   B. 过度推介   C. 外在压力   D. 密切关系
   E. 自我评价

7. 总结国内外审计实践,我国审计独立性应体现在(   )。
   A. 机构独立   B. 经济独立   C. 人事独立   D. 形象独立
   E. 目的独立

8. 在《利马宣言——审计规则指南》中专门提出的独立性问题,是指(   )。
   A. 最高审计机关的独立性
   B. 最高审计机关成员和官员的独立性
   C. 最高审计机关行为的独立性
   D. 最高审计机关报告的独立性
   E. 最高审计机关财政上的独立性

9. 下列关于审计三方关系人的说法中,正确的有(   )。
   A. 第一关系人是审计人
   B. 第二关系人是被审计人
   C. 第三关系人是审计授权人或委托人

D. 审计人独立于被审计人和审计授权人或委托人

E. 被审计人和审计授权人或委托人之间存在受托经济责任关系

10. 关于内部审计的下列论断中,正确的是( )。

   A. 其目标为对组织内部的经营活动及内部控制的适当性、合法性和有效性进行审计

   B. 其独立性较差,时间安排比较灵活

   C. 内部审计是被审计单位内部控制系统的重要组成部分

   D. 内部审计人员应当遵循独立审计准则

   E. 内部审计仅需要遵循单位内部的规定

11. 审计项目组成员甲的外祖父,持有审计客户30万元的股票,甲与其外祖父关系密切,在这种情形下,需要采取的防范措施有( )。

   A. 要求其外祖父处置全部的股票

   B. 由项目组之外注册会计师复核项目组成员已执行的工作

   C. 将甲调离审计项目组

   D. 没有任何防范措施可以将这种不利影响降至可接受水平

   E. 会计师事务所不能承接该项业务

12. "自我评价"是可能影响鉴证业务独立性的重要因素。在以下所列的各种情形中,属于"自我评价"因素的是( )。

   A. 接受鉴证客户或其董事、经理、其他关键管理人员或能够对鉴证业务产生直接重大影响的员工的贵重礼品或超出社会礼仪的款待

   B. 会计师事务所的高级管理人员或签字注册会计师与鉴证客户长期交往

   C. 为鉴证客户提供直接影响鉴证业务对象的其他服务

   D. 为鉴证客户编制属于鉴证业务对象的数据或其他记录

   E. 注册会计师配偶在委托单位担任董事

13. 会计师事务所和注册会计师应当考虑"密切关系"对独立性的损害。以下情形中,属于密切关系因素的是( )。

   A. 鉴证小组成员曾是鉴证客户的董事、经理、其他关键管理人员或能够对鉴证业务产生直接重大影响的员工

   B. 与鉴证小组成员关系密切的家庭成员是鉴证客户的董事、经理、其他关键管理人员或能够对鉴证业务产生直接重大影响的员工

   C. 鉴证客户的董事、经理、其他关键管理人员或能够对鉴证业务产生直接重大影响的员工是事务所的前高级管理人员

   D. 为鉴证客户提供直接影响鉴证业务对象的其他服务或为鉴证客户编制属于鉴证业务对象的数据或其他记录

E. 接受鉴证客户的委托为其代编年度财务报表

14. 下列情况中,影响注册会计师独立性的事项有(　　)。

A. 注册会计师担任鉴证客户的独立董事

B. 注册会计师的妻子在委托单位有经济利益

C. 注册会计师担任委托单位的公司董事会秘书

D. 商业银行贷款给事务所购买办公楼

E. 为被审计单位设计内部会计控制制度

15. 王某是中天恒信会计师事务所的注册会计师,其姐夫是S公司的财务人员,专门登记应收账款明细账。中天恒信事务所承接了S公司2012年度财务报表审计业务后,由于事务所人员严重短缺,决定派王某加入S公司审计小组,并要求项目经理对王某的工作做适当安排,以维护审计的独立性。项目经理对王某安排了如下的工作,其中你认为不影响独立性的工作是(　　)。

A. 审查累计折旧的计提项目

B. 函证银行存款,编制银行存款余额调节表

C. 审查当年发生的坏账损失

D. 审查实收资本、盈余公积、资本公积项目

E. 持有被审计单位发行的公司债券

(三) 判断题

1. 我国地方审计机关实行双重领导体制,同时受本级人民政府行政首长和上一级审计机关领导。　　　　　　　　　　　　　　　　　　　　　　(　　)

2. 审计机关在国务院总理领导下依照法律规定独立行使审计监督权,不受其他行政机关、社会团体和个人的干涉。　　　　　　　　　　　　　　(　　)

3. 在我国,无论政府审计、内部审计还是注册会计师审计,都是双向独立。
　　　　　　　　　　　　　　　　　　　　　　　　　　　　　(　　)

4. 内部审计具有权威性和独立性。

5. 注册会计师若与被审计单位的某位员工具有近亲属关系,就不得执行该客户的审计业务。　　　　　　　　　　　　　　　　　　　　　　　　(　　)

6. 在确定审计收费金额并写入业务约定书之后,即使发生了与预期情况不同的事项,收费金额也不得变动,否则就属于或有收费方式,将损害事务所的独立性。
　　　　　　　　　　　　　　　　　　　　　　　　　　　　　(　　)

7. 政府审计是独立性最强的一种审计。　　　　　　　　　　　　(　　)

8. 按照我国注册会计师职业道德准则的规定,执行审计或其他鉴证业务的注册会计师如与客户存在可能损害独立性的利害关系,应向所在的会计事务所声明并实行回避。　　　　　　　　　　　　　　　　　　　　　　　　　(　　)

9. 会计师事务所可以在为某上市公司提供编制财务报表服务的同时又提供审计服务，只要执行审计业务的注册会计师不是编制财务报表的注册会计师，就不会影响会计师事务所的独立性。（   ）

10. 我国审计长由国家主席提名，全国人民代表大会或其常务委员会决定人选，国务院总理任命。（   ）

（四）简答题

1. 什么叫独立性？你如何理解独立性？
2. 分别从内部审计、政府审计、注册会计师审计视角探讨审计独立性的对象。
3. 如何衡量审计独立性？
4. 可能损害独立性的因素有哪些？

四、案例分析题

1. ABC 会计师事务所负责审计甲公司 2012 年度财务报表，并指派 A 和 B 注册会计师为该审计项目合伙人。在审计过程中，审计项目组遇到下列与职业道德有关的事项：

（1）A 注册会计师的哥哥在甲公司财务部从事会计核算工作，但非财务部负责人。A 注册会计师认为无须回避。

（2）审计项目组成员 D 某的父亲，在甲公司担任董事。

（3）审计项目组合伙人 B 在 2012 年 3 月曾担任甲公司财务部门主管。

（4）ABC 会计师事务所合伙人 C 不属于项目组成员，其妻子继承父亲遗产，其中包括甲公司内部职工股 20 000 股。

（5）在审计过程中，甲公司要求审计小组成员协助调整会计分录。

要求：

针对上述事项（1）至（5），分别指出是否对审计项目组的独立性构成不利影响，并简要说明理由。

2. ABC 会计师事务所接受委托，对甲公司 2012 年度财务报表进行审计。A 注册会计师作为项目合伙人，根据审计业务的要求，组建了甲公司审计项目组。假定存在下列情形：

（1）A 注册会计师以市场价的八折购买甲公司开发的房产一套，一次性支付房款 150 万元。

（2）A 注册会计师的父亲于 2011 年购买甲公司发行的企业债券，面值 2 000 元，即将到期。

（3）接受委托后，项目组成员 B 被甲公司聘为独立董事。为保持独立性，在审计业务开始前，ABC 会计师事务所将其调离项目组。

(4) ABC 会计师事务所与甲公司签订的审计业务约定书约定:审计费用 50 万元,当年支付 40%,剩余部分根据报表审计结果作相应调整后支付。

(5) 项目组成员 D 的堂兄在甲公司担任后勤部副主任。

要求:针对上述情形,分别判断是否对审计独立性构成威胁,并简要说明理由。

3. ABC 会计师事务所负责审计甲公司 2012 年度财务报表,并委派 A 注册会计师担任审计项目组合伙人。在审计过程中,审计项目组遇到下列与独立性有关的事项:

(1) 审计过程中,A 注册会计师应甲公司要求协助制定公司财务战略。

(2) 丙公司系甲公司的母公司,甲公司审计项目组成员 E 的妻子在丙公司担任财务总监。

(3) 审计项目组成员 C 与甲公司财务经理 J 毕业于同一所财经院校。

(4) 审计项目组成员 D 的朋友于 2012 年 2 月购买了甲公司发行的公司债券 20 万元。

(5) ABC 会计师事务所原行政部经理 E 于 2008 年 10 月离开事务所,担任甲公司办公室主任。

要求:针对上述事项(1)至(6),分别指出是否对审计项目组的独立性构成威胁,并简要说明理由。

第四章 审计方法

一、概要解析

(一) 审计方法的含义

1. 审计方法的概念

审计方法是指在审计活动中,对完成审计任务、实现审计目标、发挥审计职能所涉及的有关信息,进行收集、加工、利用等各种专门手段的总称。简而言之,审计方法就是获取审计证据,并对照审计依据,形成审计结论的手段的总称,也是处理审计信息的手段总称。审计方法贯穿于整个审计工作过程,而不只存于某一审计阶段或某几个环节。审计工作从制订审计计划开始,直至出具审计意见书、依法作出审计决定和最终建立审计档案,都存在着运用审计方法的问题。

2. 审计方法的选用原则

审计方法的选用要适应审计的目的;审计方法的选用要适应审计的模式;审计方法的选用要适合审计人员的能力;审计方法的选用要有利于审计工作的开展;审计方法的选用要适合审计方式;审计方法的选用要联系被审计单位的实际。

(二) 审计模式

审计模式是审计导向性的目的、范围和方法等要素的组合,它规定了审计应从何处着手、如何着手以及何时着手等方面。随着审计环境的变化,审计目的、被审计单位的具体情况也在不断变化,审计模式也在不断发展。审计模式的发展主要经历了账项基础审计模式、制度基础审计模式和风险导向审计模式三个阶段。

1. 账项基础审计模式

账项基础审计是指以经济业务、会计事项和账目记录为基础,直接从会计资料的审查入手收集有关审计证据,从而形成审计意见和结论的一种审计取证模式。这种取证模式以凭证账目等记录为重心,以数据的可靠性为着眼点。可以直接取得具有实质性意义的审计证据,审计质量较高。但是在这种模式下,审计人员需要运用详细审计方法,对大量的凭证、账目、会计报表等进行逐笔审查。因此,要想保证审计结论的正确性和可靠性,审计成本非常高。

2. 制度基础审计模式

所谓制度基础审计,是指在重点审查内部控制制度各个控制环节基础上,借以发现内部控制制度的薄弱之处,找出问题发生的根源,然后针对这些环节扩大检查范围;对内部控制制度有效之处,则可缩小其检查范围或简化其审计程序的一种审计方法。近些年世界范围内市场竞争的加剧,企业的不稳定性进一步增强,社会对审计人员提出了更高的要求,审计人员的社会责任也随之加大,这就需要审计人员更加关注审计风险因素的评价。为了适应高度审计风险的存在,审计界开始在运用制度基础审计模式的基础上,逐步融入对审计风险因素的分析与评价方法,使制度基础审计模式得到了进一步发展,风险导向审计便应运而生了。

3. 风险导向审计模式

风险导向审计是指审计人员在对审计全过程中各种风险因素进行充分评价分析的基础上,将风险控制方法融入传统审计方法之中,进而获取审计证据,形成审计结论的一种审计取证模式。风险导向审计是一种有别于账项基础审计和制度基础审计的审计模式。它以量化的风险水平为重点,在确定的风险水平基础上,决定实质性测试的程度和范围。风险导向型审计是指注册会计师通过对被审计单位进行风险职业判断,评价被审计单位风险控制,确定剩余风险,执行追加审计程序将剩余风险降低到可接受水平。风险导向型审计的概念是针对会计师事务所的生存和发展提出的,事务所不仅仅是经济活动的监督者,它自身也是"经济人",在维护会计信息使用者利益的同时,使其获得最佳的收益是会计师事务所的目标所在。

(三) 审计方法体系

1. 审计方法体系的概念

审计方法体系是指为了完成审计任务,实现审计目标,由各种审计方法密切联系、相互结合,构成科学系统的一套完整方法的总称。

2. 审计方法体系的构成

审计工作不是毫无规律可言,审计方法有自己的体系,其主要内容应包括以下几个方面,如图 4-1 所示。

二、背景资料

(一) 关于审计方法概念表达的两种观点

一种是狭义的审计方法,即认为审计方法是审计人员为取得充分适当审计证据而采取的一种技术手段;另一种是广义的审计方法,即认为审计方法不应只是用来收

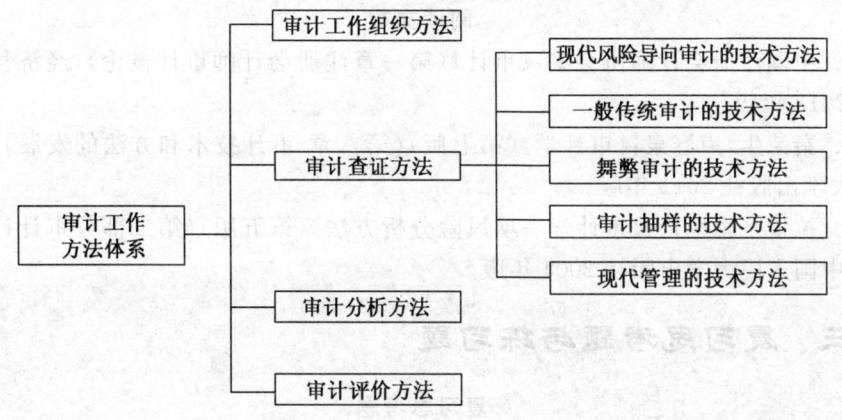

图 4-1 审计工作方法体系

集审计证据的技术,而应将整个审计过程中所运用的各种方式、方法、手段、技术都包括在审计方法的范畴之内。从系统论的观点看,审计方法体系是指为了完成审计任务,实现审计目标,由一组相互关联的审计方法共同构成的一个有机的整体。

我们认为广义的看法是可取的,因为要想完成审计任务,实现审计目标,仅仅依靠搜集审计证据是远远不够的,还需要运用规划的方法,科学地确定目标,组织证实目标,还需要运用记录、评价、报告的方法来反映、衡量反馈目标被证实的过程与结果;同时还需要运用各种管理手段控制审计过程、审计效率和质量,否则就很难取得满意的审计效果。

(二) 风险导向审计产生的背景

按照 Jensen 与 Meckling(1976)的论述,审计是为了降低企业代理成本而产生的。罗斯·L·瓦茨(Ross L. Watts)和杰罗尔德·L·齐默尔曼(Jerold L. Zimmerman)(1983)的证据表明,早在公元 14 世纪前后英国商人行会(merchant guilds)时期,审计就已经得到有效的运用。从技术层面来看,审计经历了早期的账项基础审计到 20 世纪四五十年代的制度基础审计,再到七八十年代逐渐发展为风险导向审计,特别是从制度基础审计转向风险导向审计,与日益增大的法律风险关系密切。近些年世界范围内市场竞争的加剧,企业的不稳定性进一步增强,社会对审计人员提出了更高的要求,审计人员的社会责任也随之加大,这就需要审计人员更加关注审计风险因素的评价。

现代风险导向审计是指审计人员在对审计全过程中各种风险因素进行充分评价分析的基础上,将风险控制方法融入传统审计方法之中,进而获取审计证据,形成审计结论的一种审计取证模式。

阅读文献

1. 中国注册会计师协会编:《审计》(第一章注册会计师审计概论),经济科学出版社 2013 年版。
2. 秦荣生,卢春泉:《审计学》(第七版)(第八章 审计技术和方法的发展),中国人民大学出版社 2011 年版。
3. 拉里·康里奇:《审计学—一项风险分析方法》(第五版)(第二部分审计计划编制),中国人民大学出版社 2004 年版。

三、复习思考题与练习题

复习思考题

1. 审计方法的意义是什么？
2. 为什么要研究审计方法？
3. 简述审计方法的概念及特征。
4. 审计方法的选用原则有哪些？
5. 什么是审计工作方法体系？你认为审计方法体系应包括哪些内容？
6. 审计查证方法包括哪些内容？
7. 审计模式发展经历了哪几个阶段？各有什么优缺点？
8. 审计模式各个阶段具体特点内容有哪些？
9. 审计查证方法的具体运用有哪些？
10. 顺查法和逆查法有哪些适用范围？各有什么优缺点？
11. 详查法与全部审计,抽查法与局部审计各有什么区别？
12. 舞弊审计的技术方法有哪几种？它与一般常规审计方法有什么区别？

练习题

(一) 单项选择题

1. 对凭证、账簿和报表等书面资料之间的有关数据进行相互对照检查,这种审计方法属于(　　)。
   A. 审阅法　　　B. 核对法　　　C. 分析法　　　D. 比较法
2. 审计人员通常使用面询法取得(　　)。
   A. 实物证据　　B. 书面证据　　C. 口头证据　　D. 环境证据
3. 对实物资产的监盘可以取得证明力较强的实物证据,从而(　　)。
   A. 证明资产的价值和完整性
   B. 证明资产购置的合理性
   C. 证明实物资产是否确实存在
   D. 证明被审计单位是否对实物资产拥有所有权

4. 选用的审计方法是否恰当（　　）。
   A. 直接影响审计工作效率,但不影响审计工作的效果
   B. 直接影响审计工作效果,但不影响审计工作的效率
   C. 只会影响注册会计师出具的审计意见类型
   D. 直接影响审计工作的效果和效率

5. 由于控制测试和交易业务实质性测试经常利用同一凭证或账项样本来完成,因此在实际工作中,它们常常结合在一起执行,这种测试方法称为（　　）的测试。
   A. 综合目的　　B. 双重目的　　C. 特殊目的　　D. 组合目的

6. 被审计单位经营管理良好,内部控制健全有效,就可以选用（　　）的方法。
   A. 分析程序　　B. 交易测试　　C. 详细余额测试　D. A 和 B

7. 审计人员为了实现审计目标,一直随着（　　）的变化调整着审计模式。
   A. 审计目的　　B. 审计方式　　C. 审计环境　　D. 审计任务

8. 审计过程中,审计步骤是否应该执行,是否必要,往往取决于（　　）。
   A. 审计人员的判断　　　　　B. 审计准则
   C. 内部控制评价　　　　　　D. 审计风险

9. 在实际工作中,往往把审阅法与（　　）结合起来,加以应用。
   A. 观察法　　　B. 鉴定法　　　C. 核对法　　　D. 盘点法

10. 被审计单位财务报表中错报的严重程度,是审计中所说的（　　）。
    A. 审计风险　　B. 审计错误　　C. 重要性水平　D. 固有风险

11. 审计人员在实施实质性程序时,对管理当局关于（　　）的认定进行再认定时常用顺查法,主要是关注验证各账户和交易有无低估错误。
    A. 存在和发生　B. 完整性　　　C. 准确性　　　D. 计价和分摊

12. 审计人员在实施实质性程序时,对管理当局关于（　　）的认定进行再认定时常用逆查法,主要是关注验证各账户和交易有无高估错误。
    A. 存在和发生　B. 完整性　　　C. 准确性　　　D. 计价和分摊

13. 审计过程中采用恰当的审计流程是十分重要的,如果审计人员忽略了必要的审计步骤,将直接影响到（　　）。
    A. 审计效率　　　　　　　　B. 审计效果
    C. 审计效果和效率　　　　　D. 审计经济性

14. 舞弊审计是指以审计人员始终保持（　　）态度为前提,通过信号侦查,实施舞弊分析,以揭露舞弊具体细节、损失金额、影响范围等为目标的审计。
    A. 职业谨慎　　B. 专业怀疑　　C. 高度职业怀疑　D. 合理保证

15. 风险分析法要把风险降到最低限度,就必须对风险价值进行（　　）

A. 定性分析 B. 定量分析
C. 定性和定量的分析 D. 概率分析和非概率分析

(二) 多项选择题

1. ( )是审计学科的两大组成部分,两者互为前提、互为条件,共同构成了审计学科。
   A. 审计方法 B. 审计理论 C. 审计模式 D. 审计准则
2. 审计人员在选用审计方法时,应遵循( )的原则。
   A. 要适应审计目的 B. 有利于缩短审计时间
   C. 适合审计人员能力 D. 适合审计方式或审计工作地点
   E. 要与审计收费水平相适应
3. 审计工作方法体系包括( )。
   A. 审计工作组织方法 B. 审计查证方法
   C. 审计分析方法 D. 审计评价方法
4. 审计查证方法可分为( )。
   A. 现代风险导向审计方法 B. 传统审计方法
   C. 舞弊审计方法 D. 审计抽样方法
5. 审计人员可采用( )和穿行测试等方法实施控制测试
   A. 询问 B. 观察 C. 检查 D. 重新执行
6. 审阅法在财务审计中运用最广泛,主要审阅( )。
   A. 工作底稿 B. 会计凭证 C. 工作账簿 D. 会计报表
7. 审阅法依靠审计人员的知识经验和技术,一般可以从资料的( )方面进行审查
   A 外观形式 B. 经济内容 C. 真实性 D. 合法性
8. 审计顺查法的优点是( )。
   A. 系统全面 B. 便于抓主要问题
   C. 可以避免遗漏 D. 可以节省人力和时间
9. 证实客观事物的方法包括( )。
   A. 盘存法 B. 调节法 C. 观察法 D. 鉴定法
10. 盘点方式可以分为突击盘点和通知盘点,下列物品不适用于突击盘点方式的有( )。
    A. 现金 B. 产成品 C. 有价证券 D. 固定资产
11. 一般来说,观察法结合( )使用会取得更好的效果。
    A. 盘点法 B. 调节法 C. 鉴定法 D. 询问法
12. 鉴定法是指邀请专门人员,运用专门技术,对( )进行辨认和确定的方

第四章 审计方法

法。

   A. 书面资料　　　　　　　　B. 实物
   C. 经济活动　　　　　　　　D. 内控执行情况

13. 环境因素影响法是指审计人员在实施审计作业时要考虑经济与社会发展的大环境以及审计客体自身环境的影响,对可能导致舞弊事件发生的(　　)因素进行分析判断的一种审计方法。
    A. 动机或压力　　B. 机会　　　　C. 借口　　　　D. 环境

14. 奇异分析法应特别关注有关财务资料中奇异的(　　)。
    A. 数字、时间、地点　　　　　B. 交易
    C. 例外的地方　　　　　　　　D. 不合常理的地方

15. 审计分析一般可分为(　　)。
    A. 单项分析　　B. 局部分析　　C. 全面分析　　D. 综合分析

(三) 判断题

1. 不同的审计方式,所需的审计证据不同,可以取证的途径不同,就要采取不同的审计方法。(　　)

2. 以审查账表上的会计事项为主线的审计,称为详细审计。(　　)

3. 经营风险导向审计目前已处于成熟阶段,它对现代审计的发展起到了极大的推动作用。(　　)

4. 风险导向审计能够满足审计人员降低成本的需要和缩小客户的期望差。(　　)

5. 风险导向审计不对内部控制系统进行评价,而是评价企业的生产经营等外部环境。(　　)

6. 对被审计单位进行财务审计采用报送审计方式时,可采用观察法进行审计。(　　)

7. 顺查法一般只用于审查业务不多,凭证较少的企业和对某些专项内容的审查。(　　)

8. 风险导向审计模式下开始强调审计战略,使用全面的风险分析方法并积极采用分析程序,减少了一些实质性程序方法,是现代审计方法的最新发展,迎合了高度风险环境的需要。(　　)

9. 审计人员亲自到现场盘点实物,证实书面资料与有关财产物资是否相符的方法是监督盘存。(　　)

10. 在审查某个项目时,通过调整有关数据,从而求得需要证实的数据的方法是鉴定法。(　　)

(四)简答题

1. 风险导向审计的基本程序包括哪些步骤?
2. 什么是分析程序?
3. 12月31日账面结存现金7 500元,通过审计核对没有发现错误。2010年1月1日到20日期间,收入现金12 600元,1月1日到20日期间,支出现金9 750元,1月1日,期初余额及收发数均经核对、审阅和核算无误,2010年1月20日,下班监督盘存现金存额为12 000元。

要求:确定2009年末现金账面结存额的真实性,并加以说明。

四、案例分析题

1. 假设某工业企业有应收销货款1 200户(户名、金额从略),该1 200户中有本市国有企业、本地乡镇企业、本市集体企业、外地国有企业、外地乡镇企业、外地集体企业。若以欠款时间划分,则70%的户数在3个月内,20%的户数在3个月至1年以上,另有10%的户数欠款在1年以上至今未还。若以销售内容划分,则产成品销售约占80%,受托加工、材料销售约20%;各户金额也大小不等。请问:如何运用审计方法进行审计?

2. 在对某企业银行存款进行审计时,发现以下情况:

6月30日,银行存款日记账账面余额是133 750元,开户银行送来的对账单中银行存款余额是127 000元,经查对发现以下几笔未达账项:

(1) 6月29日,委托银行收款125 000元,银行已入账该企业账户,收款通知单尚未送达企业。

(2) 6月30日,该企业开出现金支票一张,计400元,企业已减少存款,银行尚未入账。

(3) 6月30日,银行已代付企业电费250元,银行已经入账,企业尚未收到付款通知。

(4) 6月30日,企业收到外单位转账支票一张,计16 000元,企业收款入账,银行尚未记账。

要求:根据上述未达账项,编制银行存款余额调节表,并假定银行对账单所列企业银行存款余额正确无误。试问:在编制调节表时发现错误金额是多少?属于什么性质错误?6月30日企业银行存款日记账账面的正确余额是多少?

3. 审计人员在审查某厂在产品时,了解到如下情况:

(1) 该厂生产甲产品,开始加工时一次投料,每投入1千克A材料,可制成0.95千克甲产品,且在产品重量随加工程度变化而递减。

(2) 6月15日,经实地盘点,在产品盘存数为480千克(加工程度为80%)。

(3) 6月1日至15日,甲产品完工入库1 900千克。

(4) 6月1日至15日,领用A材料2 200千克。

要求:推算且验证5月31日在产品账面盘存数400千克(加工程度为40%)的正确性,并由此说明其可能对财务报表项目的影响。

第五章 抽样审计和审计程序

一、概要解析

(一) 抽样审计

1. 审计抽样的定义与种类

审计抽样法是指审计人员先对特定审计对象总体抽取部分样本进行审查,然后以其审计结果来推断总体的正确性的方法。在审计历史上,先后出现过任意抽样法、判断抽样法和统计抽样法三种类型。

2. 抽样风险与非抽样风险

抽样风险是指审计人员根据样本得出结论,与对总体全部项目实施与样本同样的审计程序得出结论存在差异超过可容忍误差的可能性。抽样风险与样本量成反比,样本量越大,抽样风险越低。

非抽样风险是指由于某些与样本规模无关的因素而导致审计人员得出错误结论的可能性。虽然在任何一种抽样方法中审计人员都不能量化非抽样风险,但通过采取适当的质量控制政策和程序,对审计工作进行适当的指导、监督与复核,以及对审计人员实务的适当改进,可以将非抽样风险降至能接受的水平。如表5-1所示。

表5-1　　　　抽样、非抽样风险对审计工作的影响

审计测试	抽样风险种类	对审计工作的影响
控制测试	信赖过度风险	效果
	信赖不足风险	效率
	误受风险	效果
	误拒风险	效率

注:两种测试中的非抽样风险对审计效果、效果都有影响。

3. 属性抽样法

属性抽样是指在精确度界限和可靠程度一定的条件下,为了测定总体特征的发生频率而采用的方法。属性抽样通过描述总体的质量特征,对总体进行定性评价。

属性抽样主要有固定样本量抽样、停-走抽样和发现抽样三种抽样方法。

4. 变量抽样法

由于在审计工作中存在大量的变量总体,因而变量抽样在审计实践中得以广泛运用。审计人员用来估计总体金额的统计抽样称为变量抽样,它适用于对企业存货、应收账款等的估计。变量抽样是用于细节测试方面的统计抽样方法,它通过检查会计报表各项目数据的真实性和正确性,来取得作出审计结论所需的直接证据。

5. 概率比例规模抽样法

概率比例规模抽样法(probability-proportional-size sampling,PPS)是属性抽样的一种变形,是用样本错报率来推断总体错报率进而推断总体错报金额的方法。

(二) 审计程序

审计程序是审计人员所承接的审计项目从开始到结束的整个过程中采取的系统性工作的先后顺序。

审计活动是一个有内在逻辑关系的监督控制活动过程。审计活动中先做什么,再做什么,最后做什么,必须按具体的顺序进行,这就是审计进程的具体工作程序。

审计程序如图5-1所示。

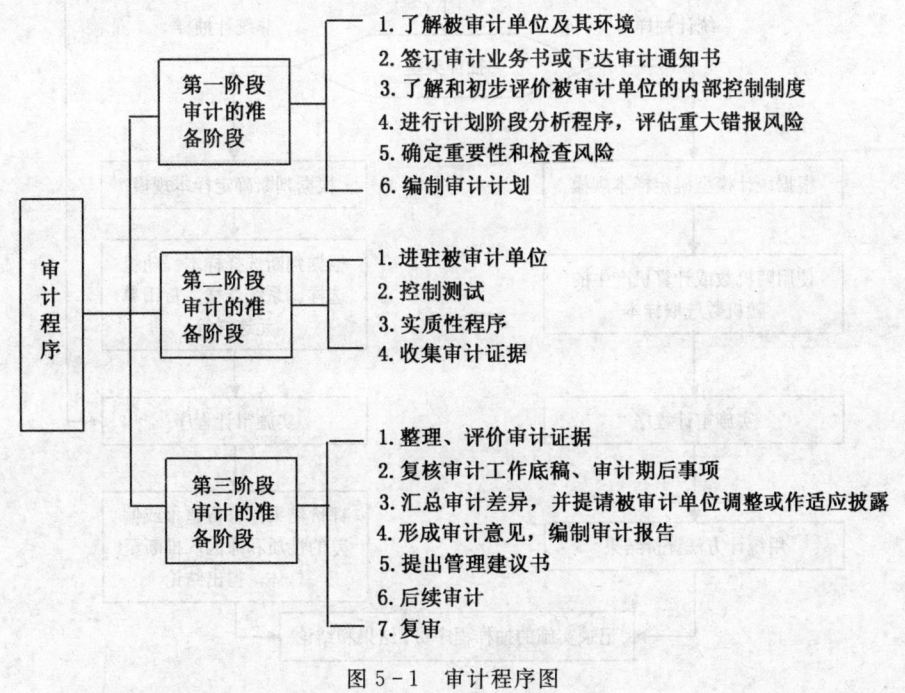

图5-1 审计程序图

二、背景资料

根据 1314 号——审计抽样准则精神进行部分整理归纳。

(一) 对样本实施审计程序

对样本实施审计程序如图 5-2 所示。

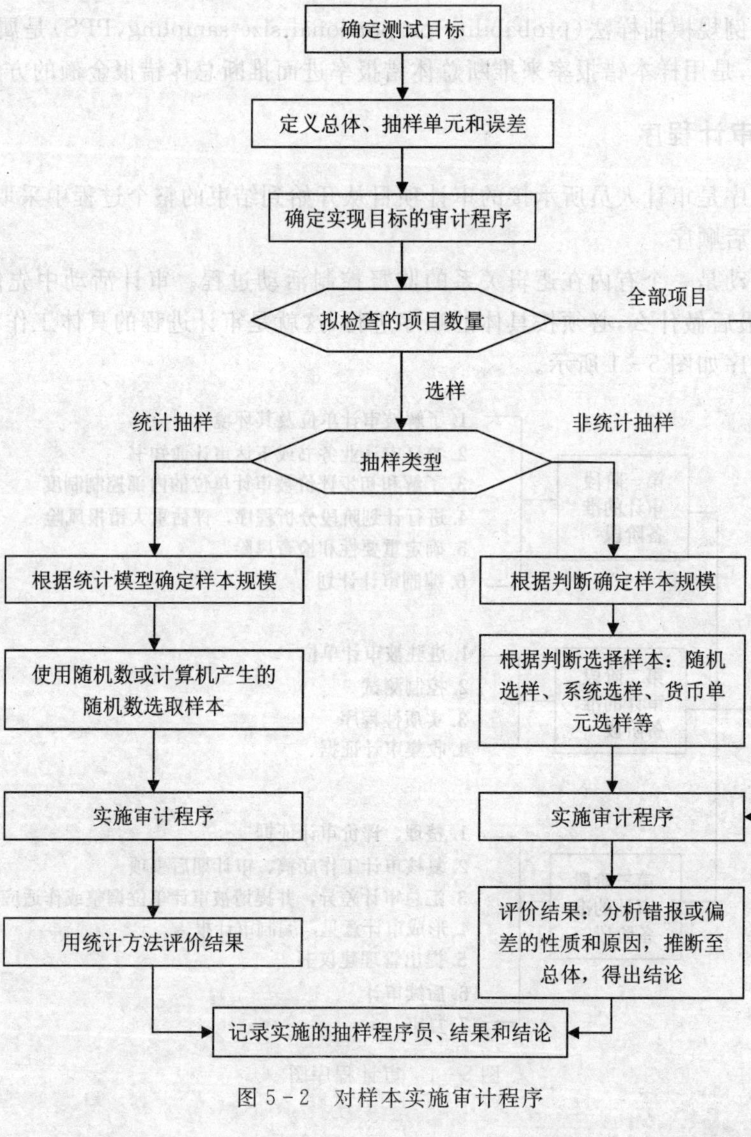

图 5-2 对样本实施审计程序

（二）关于评价样本结果

1. 控制测试中对样本结果评价

（1）如果注册会计师采用的是统计抽样，则评价的标准是"总体偏差率上限与可容忍偏差率的关系"。具体来说，两者的关系可能是：

其一，总体偏差率上限低于可容忍偏差率时，抽样结果可以接受。

其二，总体偏差率上限大于或等于可容忍偏差率时，抽样结果不能接受。

其三，总体偏差率上限低于但接近可容忍偏差率时，考虑是否接受总体，并考虑是否需要扩大测试范围。

（2）如果注册会计师采用的是非统计抽样，则评价的标准是"样本偏差率与可容忍偏差率的关系"，注册会计师根据经验和职业判断采用更加谨慎的态度评价抽样结果。具体来说，两者的关系可能是：

其一，样本偏差率大于可容忍偏差率，抽样结果不能接受。

其二，样本偏差率低于但接近可容忍偏差率，抽样结果不能接受。

其三，样本偏差率大大低于可容忍偏差率，抽样结果可以接受。

其四，样本偏差率与可容忍偏差率的关系是不大不小时，则应考虑是否扩大样本规模。

2. 细节测试中的样本结果评价

在细节测试中，注册会计师首先必须根据样本中发现的实际错报要求被审计单位调整账面记录金额。将被审计单位已更正的错报从推断的总体错报金额中减掉后，注册会计师应当将调整后的推断总体错报与该类交易或账户余额的可容忍错报相比较，但必须考虑抽样风险。

（1）如果注册会计师采用的是统计抽样，则依据下列原则判断：

其一，总体错报上限低于可容忍错报，不存在重大错报，可以接受。

其二，总体错报上限大于或等于可容忍错报，存在重大错报，不可以接受。

（2）如果注册会计师采用的是非统计抽样，则依据下列原则判断（根据经验和职业判断，要求更加谨慎）：

其一，调整后的总体错报大于可容忍错报，存在重大错报，不能接受。

其二，低于但两者很接近，存在重大错报，不能接受。

其三，调整后的总体错报远远小于可容忍错报，不存在重大错报，可以接受。

其四，两者之间不大不小，考虑能否接受，并考虑是否扩大细节测试范围。

阅读文献

1. 中国注册会计师协会编：《审计》（第十章审计抽样），经济科学出版社2012年版。

2. 秦荣生,卢春泉:《审计学》(第七版)(第二章抽样技术在审计中的应用、审计程序),中国人民大学出版社 2011 年版。

3. 拉里·康里奇:《审计学—项风险分析方法》(第五版)(第九、第十章统计抽样),中国人民大学出版社 2004 年 11 月版。

三、复习思考题与练习题

复习思考题

1. 审计抽样法与抽查有何不同?
2. 统计抽样与非统计抽样有何共同点和不同点?
3. 为什么说"信赖过度风险与误受风险"对注册会计师来说是最危险的风险?
4. 属性抽样与变量抽样有何区别?
5. 什么是概率比例规模抽样法?试述其优缺点和工作步骤。
6. 什么是审计程序?审计的全过程一般包括哪几个阶段?

练习题

(一) 单项选择题

1. 在审计过程中,如果审计人员执行了不必要的审计步骤,那么将会影响到审计的(   )。

    A. 审计效率　　　　　　　　B. 审计效果
    C. 审计效果和效率　　　　　D. 审计经济性

2. 下列因素中,构成统计抽样与非统计抽样方法的区别因素是(   )。

    A. 审计过程中运用职业判断
    B. 要求审计人员具有一定的工作经验
    C. 将抽样风险加以量化控制
    D. 存在抽样风险

3. 制度基础审计是建立在对内部控制制度的评审基础上,如果被审计单位内部控制制度较差,或者不能有效执行,审计人员就应扩大审计范围和抽样数量,直至采用(   )。

    A. 控制测试　　B. 实质性程序　　C. 详细审计　　D. 抽样审计

4. 下列说法中错误的是(   )。

    A. 审计计划应由审计项目负责人编制
    B. 审计计划的简繁取决于被审计工作的经营规模
    C. 控制测试和实质性测试都是审计必不可少的程序
    D. 重要性贯穿于整个审计过程中

5. (   )是从一定出发点上的数据着手,将已发生的正常业务进行增减调整,以求得需要证实的数据的方法。

　　A. 鉴定法　　　　B. 调节法　　　　C. 盘存法　　　　D. 证实法

6. (　　)的缺点是使用比较麻烦,不能发现余额为零项目的问题。

　　A. 随机数表法　　　　　　　　　B. 系统抽样法

　　C. 整群抽样　　　　　　　　　　D. 金额单位抽样法

7. 审计业务约定书具有(　　)的性质。

　　A. 契约　　　　B. 计划书　　　　C. 预约　　　　D. 策划

8. 从8 000张现金支出凭证中,抽取400张进行审计,采用系统抽样法,则抽样间隔为(　　)。

　　A. 10　　　　　B. 20　　　　　C. 30　　　　　D. 40

9. 记错账户是属于(　　)。

　　A. 原理性差错　　B. 技术性差错　　C. 舞弊　　　　D. 掩饰

10. 审计人员对被审计单位内部控制制度中存在的问题以书面形式提出的改进建议,称为(　　)。

　　A. 审计报告书　　　　　　　　　B. 管理建议书

　　C. 被审计单位管理当局声明书　　D. 审计处理建议书

11. 在审计实施阶段,(　　)这一审计程序或概念是必须应用的。

　　A. 了解内部控制　　　　　　　　B. 重要性水平测定

　　C. 实质性程序　　　　　　　　　D. 分析程序

12. 下列各项风险中,对审计工作的效率和效果都产生影响的是(　　)。

　　A. 信赖过度风险　　　　　　　　B. 信赖不足风险

　　C. 误受风险　　　　　　　　　　D. 非抽样风险

13. 在进行控制测试时,注册会计师如认为抽样结果无法达到预期信赖程度,则应当(　　)。

　　A. 增加样本量或执行替代审计程序

　　B. 增加样本量或执行追加审计程序

　　C. 增加样本量,扩大测试范围

　　D. 增加样本量或修改实质性测试程序

14. 变量抽样是注册会计师运用实质性测试方面的统计抽样方法,以下选项中(　　)属于变量抽样。

　　A. 固定样本量抽样　　　　　　　B. 停-走抽样

　　C. 比率估计抽样　　　　　　　　D. 发现抽样

15. 注册会计师运用分层抽样方法的主要目的是为了(　　)。

　　A. 减少样本的非抽样风险

B. 决定审计对象总体特征的发生率

C. 审计可能有较大错误的项目,并减少样本量

D. 无偏见地选取样本项目

(二)多项选择题

1. 注册会计师在定义抽样单元时,下列表述恰当的有(   )。

    A. 在控制测试中,抽样单元通常指控制活动流程

    B. 抽样单元可能是一个账户余额、一笔交易或交易中的一项记录

    C. 为每个货币单位

    D. 在细节测试中,抽样单元是指认定层次的错报金额

2. 统计抽样指同时具备下列特征的抽样的方法(   )。

    A、随机选取样本   B、运用概率论法则评估样本结果

    C、审查样本特征   D、根据样本特征推断总体特征

3. 变量抽样包括(   )。

    A. 平均值估计   B. 差错发生率估计

    B. 差异估计   D. 比率估计

4. 在下列审计工作中,(   )的工作应在报告阶段进行。

    A. 复核审计工作底稿   B. 测试内部控制制度

    C. 收集整理审计证据   D. 提出管理建议书

5. 在审计工作中应用的随机抽样法,主要有(   )。

    A. 随机数表法   B. 系统抽样法   C. 分层抽样法   D. 整群抽样法

    E. 间隔抽样法

6. 审计的准备阶段是整个审计过程的起点,其工作主要包括(   )。

    A. 了解被审计单位的基本情况

    B. 签订审计约定书或下达审计通知书

    C. 初步评价被审计单位的内部控制制度

    D. 分析审计风险和重要性水平

7. 审计结束阶段是实质性的项目审计工作的结束,其主要工作有(   )。

    A. 整理、评价审计证据   B. 复核审计工作底稿

    B. 编写审计报告   D. 提出管理建议书

8. 复审和后续审计是指在审计工作结束的若干时间内,对被审计单位进行再次复查,它们主要适用于(   )。

    A. 内部审计   B. 社会审计   C. 政府审计   D. 部门审计

9. 复审的原因,可能是(   )。

    A. 被审计单位对审计结论提出异议

B. 审计机关对审计小组的工作进行检查,以保证质量

C. 法律诉讼引

D. 审计业务约定书约定

10. 在有关审计抽样的下列表述中,注册会计师不能认同的有(   )。

　　A. 审计抽样适用于会计报表审计的所有审计程序

　　B. 统计抽样的产生并不意味着非统计抽样的消亡

　　C. 统计抽样可以减少审计过程中的专业判断

　　D. 对可信赖程度要求越高,需要选取的样本量就越大

11. 注册会计师在运用抽样技术进行审计时,影响审计工作效果的抽样风险类型有(   )。

　　A. 信赖过渡风险　　　　　　　B. 误受风险

　　C. 误拒风险　　　　　　　　　D. 信赖不足风险

12. 关于随机选样的下列要求中,正确的是(   )。

　　A. 根据抽样单位的编号确定选号范围

　　B. 选号起点不可随机确定

　　C. 根据抽样单位的编号确定选号位数

　　D. 选号方向可以任意确定

13. 审计 Y 公司 B 材料发出业务的计价准确性情况时,李敏需要从 Y 公司全部 7 500 笔 B 材料发出业务中抽取 20 笔业务构成样本实施抽样审计。由于这些业务记载在总计 150 页、每页 50 行的账簿中,李敏决定采用随机数表法选取样本。为此确定从下列随机数表的第一行第三列的数字开始选取,并将所选随机数的前 3 位与页码对应、后两位与行数对应,选号路线为每行从左至右,依次从第一行、第二行,……按照这些要求,李敏选取的前 2 个号码是(   )。

1	32044	69037	29655	92114	81034	40582	01584	77184	85762	46505
2	23821	96070	82592	81642	08971	07411	09037	81530	56195	98425
3	82383	94987	66441	28667	95961	78346	37916	09416	42438	48432
4	68310	21795	71635	86089	38157	95620	96718	79554	50209	17705
5	94856	76940	22165	01414	01413	37231	05509	37489	56459	52983

　　A. 09416　　　　B. 07411　　　　C. 37916　　　　D. 09037

14. 如果李敏确定的可容忍信赖过度风险为 5%,可容忍的偏差率为 8%,确定的预期总体偏差率为 2%。如果在选取的样本中发现两例偏差(相应的风

险系数为6.3),以下说法正确的是( )。

信赖过度风险为5％进控制测试中统计抽样本量表

预计总体偏差率	可容忍偏差率								
	4％	5％	6％	7％	8％	9％	10％	15％	20％
1.50	192(3)	124(2)	103(2)	66(1)	58(1)	51(1)	46(1)	30(1)	22(1)
1.75	227(4)	153(3)	103(2)	88(2)	77(2)	51(1)	46(1)	30(1)	22(1)
2.00	*	181(4)	127(3)	88(2)	77(2)	68(2)	46(1)	30(1)	22(1)
2.25	*	208(5)	127(3)	88(2)	77(2)	68(2)	61(2)	30(1)	22(1)

A. 根据上述统计抽样样本量表,选取的抽样方案为77(2)

B. 可以接受总体

C. 总体不能被接受

D. 估计的总体偏差率上限为7.7,可以接受总体

15. 为节省样本量,李敏决定采用停一走抽样方法,具体抽样方案如下表。在使用该抽样方案之前,李敏假定了若干可能出现的情况,并针对每种情况做出了下列相应的结论。在这些结论中,你不能认同的是( )。

组	抽样单元数量	累计抽样单元数量	如果累计偏差为下列数量,则		
			接受重大错报风险计划评估水平	继续抽样(转入下一步)	提高重大错报风险计划评估水平
1	50	50	0	1-3	4
2	51	101	1	2-3	4
3	51	152	2	3	4
4	51	203	3	不适用	4

A. 如果在检查第101个抽样单元时,发现了第一例偏差,则应接受其先前对重大错报风险的估计水平

B. 如果抽取到第50样本为止没有发现偏差,但在基于谨慎性而追加抽取的下一个样本时发现了偏差,则应当继续抽取50个样本

C. 如果在检查第150个抽样单元时,发现了第三例偏差,则应继续抽取53个抽样单元,并根据这些抽样单元中发现的偏差数做出进一步决定

D. 如果在抽取到50个样本时累计发现的偏差数为2,为了接受重大错报风险计划估计水平,在追加抽取102个样本中不能再出现偏差

(三) 判断题

1. 在95%的可靠程度下,精确度为1%的含义是:总体特征的真实性发生率在样本发生率1%的范围内的概率为95%。　　　　　　　　　　　　　　(　　)

2. 统计抽样具有许多优点,并解决了判断抽样法难以解决的问题,因此统计抽样法的产生意味着判断抽样法的消亡。　　　　　　　　　　　　　(　　)

3. 注册会计师采用任何一种抽样方法都不能量化抽样风险和非抽样风险。
　　　　　　　　　　　　　　　　　　　　　　　　　　　　　　(　　)

4. 审计程序一般包括进驻、实施和结束三个阶段。　　　　　　　　(　　)

5. 在审计抽样中,可靠程度的高低与风险度大小成正向。　　　　　(　　)

6. 在统计抽样和非统计抽样中,都会存在某种程度的抽样风险和非抽样风险。
　　　　　　　　　　　　　　　　　　　　　　　　　　　　　　(　　)

7. 审计抽样对控制测试和实质性测试中的所有程序都适用,但注册会计师应按照《中国注册会计师执业准则》的要求,做好各项与审计抽样相关的工作。(　　)

8. 审计抽样与抽样是同义语。　　　　　　　　　　　　　　　　　(　　)

9. 在控制测试和细节测试中,审计抽样风险只与审计风险中的控制风险和检查风险相关。　　　　　　　　　　　　　　　　　　　　　　　　　　(　　)

10. 注册会计师认为抽样结果有95%的可信赖程度,即可说明确定的可容忍误差为5%。　　　　　　　　　　　　　　　　　　　　　　　　　　　(　　)

11. 由于统计抽样有着充分的数据依据和健全的内部控制前提,因此采用非统计抽样所收集的审计证据不如采用统计抽样所搜集的审计证据更为充分、适当。
　　　　　　　　　　　　　　　　　　　　　　　　　　　　　　(　　)

(四) 简答题

1. 如何降低非抽样风险?

2. 导致非抽样风险的原因有哪些?

3. 可容忍误差、可接受的抽样风险、预期总体误差、预计总体偏差率与选取的样本量之间的关系是怎样的?

四、案例分析题

1. A公司银行存款支出凭证编号为1001~3800,审计人员打算从中随机抽出100张进行审查。

(1) 若利用随即数表,从每一行开始,从左至右选择,以各个数的前4位数为准,审计人员选择的最初5个样本的号码分别是哪些(随机数表的开始部分如下表

所示)?

(1)	71401	17964	50940	95753	34905	36318
(2)	38464	16750	61371	01523	14489	02086
(3)	59442	74955	98378	47870	01352	89906
(4)	11818	40951	32222	75433	46214	26536
(5)	05938	57402	35168	44850	46319	14199
(6)	93593	23664	16530	47491	58464	81090

(2) 若采用系统抽样法,并确定1个随机起点为1007,审计人员选择的最初5个样本的号码分别是哪些?

(3) 若采用(2)所选择的最初5个样本的号码为5个随机起点,继续采用系统抽样法,请问审计人员选择的随后5个样本的号码分别是哪些?

2. X注册会计师在对Y公司主营业务收入进行测试的同时,一并对应收账款进行了测试。假定Y公司2009年12月31日应收账款明细账显示其有2 000户顾客,账面余额为10 000万元。X注册会计师拟通过抽样函证应收账款的账面余额,计划抽样误差为±5万元,可信赖程度为95%(95%的可信赖程度下的可信赖程度系数为1.96),估计的总体标准离差为0.015万元。样本账户账面余额为500万元,审定后的余额为450万元。

要求:针对资料,确定应收账款函证的样本量,并根据样本结果采用差额估计抽样法推断应收账款的总体余额(要求列出计算过程,样本平均差额保留小数点后4位,推断的总体差额及总体余额保留小数点后1位)。

3. A和B注册会计师正在审计W公司2009年度的财务报表。在审计应收账款项目时,A和B注册会计师采用PPS抽样法从W公司账面总额为1 760万元的应收账款总体中抽取了容量为80的一组样本实施实质性程序。审计后发现了下表所示的8处错报。

债务人	应收账款账面金额	审定的应收账款金额	发现的错报金额
A	560	500	60
B	3 050	2 260	790
C	8 760	8 180	580
D	45 000	45 360	(360)

(续表)

债务人	应收账款账面金额	审定的应收账款金额	发现的错报金额
E	80 066	80 251	(185)
F	7 709	9 044	(1 335)
G	1 000	2 569	(1 569)
H	30 000	37 920	(7 920)

要求：假定注册会计师确定的误受风险为10%，可容忍错报为应收账款账面总额的5%，利用下表，请代A和B注册会计师实施具体的操作，以决定是否可以接受该应收账款总体。

控制测试中统计抽样结果评价
——信赖过度风险10%时的偏差率上限

样本规模	实际发偏差数										
	0	1	2	3	4	5	6	7	8	9	10
60	3.8	6.4	8.7	10.8	12.9	15.0	16.9	18.9	*	*	*
70	3.3	5.5	7.5	9.3	11.1	12.9	14.6	16.3	17.9	19.6	*
80	2.9	4.8	6.6	8.2	9.8	11.3	12.8	14.3	15.8	17.2	18.6
90	2.6	4.3	5.9	7.3	8.7	10.1	11.5	12.8	14.1	15.4	16.6
100	2.3	3.9	5.3	6.6	7.9	9.1	10.3	11.5	12.7	13.9	15.0

第六章 审计规范体系

一、概要解析

(一) 审计规范体系的含义及种类

审计规范体系则是各种有关审计的法律法规、准则及规则的总称,是指由审计法规体系、审计执业规范体系和审计标准体系等相互联系而构成的一个有机整体。

(二) 审计法律

审计法律是《中华人民共和国审计法》与《中华人民共和国注册会计师法》。

(三) 注册会计师审计准则

审计准则是审计理论的重要组成部分,是审计规范体系的核心。它对审计主体职业责任进行规范,是引导、控制、评价和考核审计行为活动的一把内在尺度。它反映了审计工作的客观规律和基本要求,成为指导审计工作的原则和规范。

审计准则是专业审计人员在实施审计工作时,必须恪守的最高行为准则,它是审计工作质量的判断标准。

(四) 质量控制准则

质量控制准则旨在规范会计师事务所建立并保持有关财务报表审计和审阅、其他鉴证和相关业务的质量控制制度。根据事务所质量控制准则,事务所应当从以下六个方面建立质量控制:①对业务质量承担的领导责任;②相关职业道德要求;③客户关系和具体业务的接受与保持;④人力资源;⑤业务执行;⑥监控。

二、背景资料

(一) 新审计准则体系

该体系于2012年1月1日起施行,实现了与国际审计准则的持续全面趋同,是注册会计师行业实施国际趋同战略取得的又一项重大成果,为加快推进行业国际化发展提供了重要的技术支撑。这次修改的审计准则体系,吸收借鉴了国际审计准则的最新成果,并充分考虑了我国审计实务中面临的一些新的需要解决的问题。修改后的新审计准则体系共51项:38项新准则和13项未作修改的准则,结构更加科学,内容更加全面,语言更加明晰,更加注重风险识别和应对,适用范围更加广泛,实现了国际审计准则的持续全面趋同。如图6-1所示。

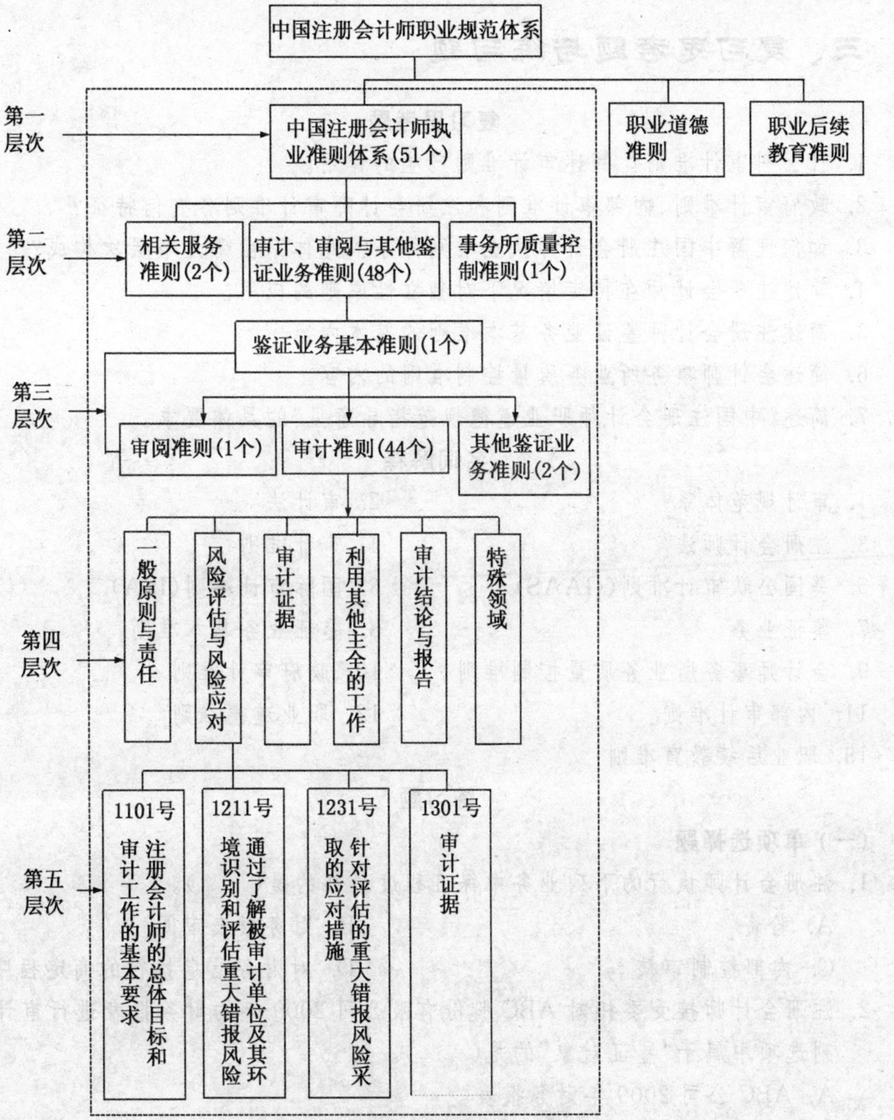

图6-1 中国注册会计师职业规范体系

(二) 中国注册会计师职业道德守则

为了规范中国注册会计师协会(简称中注协)会员的职业行为,进一步提高职业道德水平,维护职业形象,中注协制定了《中国注册会计师职业道德守则》(第1号至第5号),自2010年7月1日起执行。注册会计师职业道德是指注册会计师职业品德、职业纪律、专业胜任能力及职业责任等的总称。

三、复习思考题与练习题

复习思考题

1. 什么叫审计准则?简述审计准则产生的作用。
2. 政府审计准则、内部审计准则和注册会计师审计准则各有何特征?
3. 如何理解中国注册会计师执业准则体系?此体系由哪几个层次构成?
4. 简述注册会计师在特定情况下对独立性原则的应用。
5. 简述注册会计师鉴证业务基本准则的基本内容。
6. 简述会计师事务所业务质量控制准则的内容。
7. 简述《中国注册会计师职业道德规范指导意见》的具体要求。

名词解释

1. 审计规范体系
2. 审计法
3. 注册会计师法
4. 审计准则
5. 美国公认审计准则(GAAS)
6. 国际审计准则(ISA)
7. 鉴证业务
8. 鉴证业务基本准则
9. 会计师事务所业务质量控制准则
10. 政府审计准则
11. 内部审计准则
12. 职业道德准则
13. 职业后续教育准则

练习题

(一) 单项选择题

1. 注册会计师执行的下列业务中保证程度最高的是( )。
   A. 验资
   B. 财务报表审阅
   C. 内部控制审核
   D. 对财务信息执行的商定程序

2. 注册会计师接受委托对ABC股份有限公司2009年的财务报表进行审计,下列选项中属于"鉴证对象"的是( )。
   A. ABC公司2009年财务报表
   B. ABC公司2009年12月31日的财务状况和该年度的经营成果和现金流量

C. ABC 公司 2009 年度的财务状况、经营成果和现金流量

D. ABC 公司 2009 年利润表

3. 指导、监督与复核的总体要求是( )。

   A. 使项目组了解工作目标

   B. 会计师事务所应当要求项目负责人负责组织对业务执行实施指导、监督与复核

   C. 要求项目负责人在业务进行中适时实施必要的监督,以检查各成员是否能够顺利完成业务工作

   D. 考虑项目组各成员的素质和专业胜任能力,以及是否有足够的时间执行工作

4. 监督的具体要求不包括( )。

   A. 使项目组了解工作目标

   B. 考虑项目组各成员的素质和专业胜任能力,以及是否有足够的时间执行工作

   C. 解决在执行业务过程中发现的重大问题,考虑其重要程度并适当修改原计划的方案

   D. 识别在执行业务过程中需要咨询的事项,或需要由经验较丰富的项目组成员考虑的事项

5. 项目质量控制复核的时间是( )。

   A. 在出具报告前完成项目质量控制复核

   B. 与管理层沟通后完成质量控制复核

   C. 与治理层沟通后完成质量控制复核

   D. 与审计委员会沟通后完成质量控制复核

6. 中国注册会计师鉴证业务基本准则是鉴证业务准则的基本框架,是注册会计师执行鉴证业务的规范,但在以下所列的各准则中,( )不受该基本准则的制约。

   A. 中国注册会计师审计质量控制准则

   B. 中国注册会计师审计准则

   C. 中国注册会计师其他鉴证业务准则

   D. 中国注册会计师审阅准则

7. 在 W 会计师事务所承接的下列各种业务中,最可能属于直接报告的鉴证业务的是( )。

   A. 上市公司甲公司 2008 年度财务报表审计业务

   B. 未上市的乙公司 2008 年 12 月 31 日内部控制有效性的审核

   C. 丙绿洲拉面馆 2008 年度财务报表的审阅业务

D. 拟上市公司丁公司2009年度盈利预测审核业务

8. X银行是M公司的最大债权人。按照双方签订的借款协议,M公司每年年末向X银行提交关于其偿债能力的专题报告和相关财务资料。2009年1月,Q会计师事务所接受X银行委托,对M公司2008年12月31日的偿债能力是否符合双方所签的借款协议进行审计,并向X银行出具专题审计报告。该业务作为鉴证业务的下列说法中,你不认可的是(　　)。

　　A. 鉴证对象为M公司2008年年末的偿债能力专题报告以及财务报表的资产和负债项目

　　B. 三方关系分别是Q会计师事务所、M公司管理层、X银行

　　C. 鉴证标准包括M、X两方签署的借款协议和Q、X两方签订的业务约定

　　D. 该业务为基于责任方认定鉴证业务,资产负债表的资产和负债项目是鉴证对象信息

9. K公司按其与股东L、J公司商定的分利协议编制了本公司2007年度利润表,并委托Q会计师事务所对该利润表进行审计,作为K公司和L、J公司进行利润分配的依据。Q会计师事务所正考虑与承接这一业务相关的下列事项或情况,其中,Q会计师事务所应当首先考虑的是(　　)。

　　A. 包括是否能保持独立性、是否有足够的专业胜任能力等与职业道德要求

　　B. 按K、L、J公司商定的基础编制利润表是否适当,预期使用者能否获得该基础

　　C. 包括鉴证对象特征、使用的标准、预期使用者的要求在内的业务环境

　　D. 如果将该业务变更为非鉴证业务,将对尚未签订的业务约定产生何种影响

10. EFG公司2008年后半年陷入经营困境,当年年底无力偿还30家债权人的到期债务。2009年年初,经上述债权人协商决定,由最大的债权人H银行派本行专家对EFG公司偿还债务的能力进行审查,出具专题报告,并在请U会计师事务所对该专题报告进行审计后由H银行分发给EFG公司的全体债权人。在以下有关这一业务的各种说法中,正确的是(　　)。

　　A. EFG公司为责任方

　　B. 预期使用者为2008年年底债务到期的30家债权人

　　C. H银行派遣的专家为责任方

　　D. H银行对出具的专题报告负责

11. B会计师事务所正在考虑承接甲、乙、丙、丁四家公司的相关鉴证业务,并特别考虑鉴证对象信息与相应的鉴证对象之间的适当性。在以下列示的各组鉴证对象及其信息中,你认为鉴证对象信息适当的是(　　)。

　　A. 甲公司的鉴证对象:2008年度经营成果;鉴证对象信息:2008年12月

31日的资产负债表

B. 乙公司的鉴证对象:2008年年末内部控制有效性;鉴证对象信息:乙公司管理层出具的2008年年末内部控制有效性的认定报告

C. 丙公司的鉴证对象:2008年年末设备的生产能力;鉴证对象信息:2008年年末的生产设备

D. 丁公司的鉴证对象:2008年度运营情况;鉴证对象信息:2008年年末净利润与未分配利润

12. 标准的适当性和适用性都是影响鉴证业务质量的重要方面,但当鉴证业务的标准是( )时,注册会计师只需评价标准的适用性,无需对标准的适当性进行评价。

A. 财政部颁布的《企业会计准则》

B. 客户与银行签订的《借款协议》

C. 客户自行制定的《费用报销制度》

D. 董事会表决通过的《利润分配决议》

13. 会计师事务所质量控制准则适用于会计师事务所执行的各类鉴证业务和服务业务。按照这一准则,在会计师事务所的各类人员中,对质量控制制度承担最终责任的人员是( )。

A. 主任会计师 B. 项目负责人
C. 外勤审计人员 D. 质量督导人员

14. 在以下与业务执行中的指导、监督、复核、咨询相关的说法中,正确的是( )。

A. "指导"包括解决在执行业务过程中发现的重大问题

B. "监督"的目的在于核实每位职业人员是否了解工作的目的

C. "复核"的内容包括确定业务工作是否按照法律法规、职业道德和业务准则的规定执行

D. "咨询"是指项目经理及时解答项目组成员提出的各种技术问题

15. 在以下与项目质量控制复核相关的说法中,不正确的是( )。

A. 项目质量控制复核的性质包括复核人员与项目负责人讨论并选取适当的工作底稿进行复核

B. 小型事务所可以聘请外部人员或利用其他事务所对应当实施项目质量控制复核的业务进行项目质量控制复核

C. 项目质量控制复核应当在外勤工作结束但尚未出具业务报告的这段时间内进行,以免影响项目组工作的正常进行

D. 如果项目负责人不接受项目质量控制复核人员的建议且重大事项未得

到满意解决,项目负责人不得出具报告

16. 按照业务质量控制准则中有关项目质量控制复核的总体要求,在对上市公司、商业银行、非银行金融机构、国有大型企业财务报表审计业务实施项目质量控制复核时,下列内容中属于必须实施项目质量控制复核的是(   )。

   A. 所复核的审计工作底稿是否反映了针对重大判断执行的工作

   B. 项目组作出的重大判断以及在准备审计报告时得出的结论

   C. 在审计中识别的已更正和未更正的错误的重要性及处理情况

   D. 项目组就特定审计业务对会计师事务所独立性作出的评价

17. 事务所应当建立质量控制制度以规范事务所的业务质量。以下关于质量控制制度的目标和要素的陈述中,不恰当的是(   )。

   A. 注册会计师执行鉴证业务应当制定质量控制制度,如果执行相关服务则不需提出质量控制要求

   B. 事务所制定质量控制制度不能绝对保证业务质量,只能合理保证业务质量

   C. 事务所的主任会计师对业务质量承担最终责任

   D. 事务所的质量控制不仅对接受客户关系而且对保持具体业务提出要求

(二) 多项选择题

1. 鉴证业务要素包括(   )。

   A. 鉴证对象   B. 鉴证对象信息   C. 证据   D. 鉴证报告

2. 鉴证业务的目标可分为(   )。

   A. 合理保证   B. 绝对保证   C. 消极保证   D. 有限保证

3. 会计师事务所承接鉴证业务包括以下条件(   )。

   A. 鉴证对象适当

   B. 注册会计师能够获取充分、适当的证据以支持其结论

   C. 注册会计师的结论以书面报告形式表述,且表述形式与所提供的保证程度相适应

   D. 使用的标准适当且预期使用者能够获取该标准

4. 会计师事务所对已承接的鉴证业务变为非鉴证业务应当考虑以下原因(   )。

   A. 业务环境变化影响到预期使用者的需求

   B. 预期使用者对该项业务的性质存在误解

   C. 业务范围存在限制

   D. 独立性和专业胜任能力的限制

5. 职业怀疑态度有助于降低注册会计师在执业过程中可能遇到的下列风险(   )。

A. 忽略了可疑的情况

B. 在决定证据收集程序的性质、时间和范围时使用了不恰当的假设

C. 对证据进行了不恰当的评价

D. 业务范围的限制

6. 以下有关职业怀疑态度要求陈述恰当的有( )。

A. 如果管理层的某项声明与其他审计证据相矛盾,注册会计师应当调查这种情况

B. 如果从不同来源获取的审计证据或获取的不同性质的审计证据不一致时注册会计师应当追加必要的审计程序

C. 注册会计师不应将审计中发现的舞弊视为孤立发生的事项

D. 如果在审计过程中识别出异常情况,注册会计师应当作出进一步调查

7. 会计师事务所制定质量控制制度的目的是为了合理保证( )。

A. 会计师事务所及其人员遵守法律法规、职业道德规范以及审计准则、审阅准则、其他鉴证业务准则和相关服务准则的规定

B. 会计师事务所和项目负责人根据具体情况出具恰当的报告

C. 保持独立性和提高专业胜任能力

D. 评价注册会计师自身的执行能力

8. 会计师事务所的质量控制制度包括针对以下方面制度的政策和程序( )。

A. 对业务质量承担的领导责任　　B. 职业道德规范

C、客户关系和具体业务的接受与保持　D. 业务执行

9. 在复核项目组成员已执行的工作时,复核人员应当考虑( )。

A. 工作是否已按照法律法规、职业道德规范和业务准则的规定执行

B. 重大事项是否已提请进一步考虑

C. 是否需要修改已执行工作的性质、时间和范围

D. 已执行的工作是否支持形成的结论,并得以适当记录

10. 会计师事务所制定的项目质量控制复核政策和程序应当包括下列要求( )。

A. 对符合适当标准的所有业务实施项目质量控制复核

B. 规定适当的标准,据此评价上市公司财务报表审计以外的历史财务信息审计和审阅、其他鉴证业务及相关服务业务,以确定是否应当实施项目质量控制复核

C. 对所有上市公司财务报表审计实施项目质量控制复核

D. 在某项业务或某类业务中已识别的异常情况或风险

11. 会计师事务所应当制定下列政策和程序,以防范同一高级人员由于长期执

行某一客户的鉴证业务可能对独立性造成的威胁(   )。
   A. 对所有的上市公司财务报表审计,按照法律法规的规定定期轮换项目负责人
   B. 高级管理人员提供该项鉴证业务的服务年限
   C. 鉴证业务的性质,包括涉及公众利益的范围
   D. 建立适当的标准,以便确定是否需要采取防护措施,将由于关系密切造成的威胁降至可接受的水平

12. 会计师事务所可以通过下列途径提高人员素质和专业胜任能力(   )。
   A. 由经验更丰富的员工提供辅导   B. 工作经验
   C. 职业教育   D. 职业发展;包括培训

13. 以下关于中国注册会计师审计准则的各种说法中,你认为不正确的是(   )。
   A. 审计准则规范注册会计师执行历史性财务信息的审计业务
   B. 审计准则要求对历史性财务信息是否存在重大错报提供合理保证
   C. 审计准则以消极的方式表述所形成的审计结论和意见
   D. 审计准则对历史性财务信息是否不存在重大错报提供有限保证

14. 在基于责任方认定的鉴证业务中,注册会计师的鉴证结论可以采用下列(   )表述形式。
   A. 明确提及责任方认定
   B. 直接提及鉴证对象但不提及标准
   C. 直接提及鉴证对象及其标准
   D. 明确提及责任方认定、鉴证对象及其标准

15. 在鉴证业务中,基于责任方认定的业务和直接报告业务两种鉴证业务的主要区别表现在以下(   )几个方面。
   A. 预期使用者获取鉴证对象信息的方式不同
   B. 注册会计师提出鉴证结论的对象不同
   C. 管理层对鉴证对象所承担的责任不同
   D. 所出具的鉴证报告的内容和格式不同

(三) 判断题

1. 鉴证对象是按照标准对鉴证对象信息进行评价的计量的结果。(   )
2. 如果注册会计师在审计过程中识别出的情况使其认为文件记录可能是伪造的或文件记录中的某些条款已发生变动,则应当作出进一步调查,包括直接向第三方询证,或考虑利用专家的工作以评价文件记录的真伪。(   )
3. 在整个审计过程中,职业怀疑态度十分必要。例如,它有助于降低注册会计

第六章 审计规范体系

师疏忽异常情况的风险,有助于降低注册会计师在确定审计程序的性质、时间、范围及评价由此得出的结论时采用错误假设的风险,有助于注册会计师避免根据有限的测试范围过度推断总体实际情况。 （ ）

4. 有限保证的鉴证业务的目标是注册会计师将鉴证业务风险降至该业务环境下可接受的水平,以此作为以消极方式提出结论的基础,合理保证的鉴证业务的目标是注册会计师将鉴证业务风险降至该业务环境下可接受的低水平,以此作为以积极方式提出结论的基础。 （ ）

5. 会计师事务所应当要求项目负责人负责组织对业务执行实施指导、监督与复核。 （ ）

6. 会计师事务所应当制定政策和程序,以合理保证会计师事务所及其人员,包括聘用的专家和其他需要满足独立性要求的人员,保持职业道德规范要求的独立性。 （ ）

7. 业务执行是指会计师事务所委派项目组按照法律法规、职业道德规范和业务准则的规定具体执行所承接的某项业务,使会计师事务所和项目负责人能够根据具体情况出具恰当的报告。 （ ）

8. 在业务执行中,时常可能会出现项目组内部、项目组与被咨询者之间以及项目负责人与项目质量控制复核人员之间的意见分歧,只有意见分歧问题得到解决,项目负责人才能出具报告。 （ ）

9. 如果决定接受或保持客户关系和具体业务,会计师事务所应与客户就相关问题达成一致理解,并形成书面业务约定书,将对业务的性质、范围和局限性产生误解的风险降至最低。 （ ）

10. 在我国注册会计师鉴证业务准则中,审计准则与审阅准则主要用于规范历史性财务信息的鉴证,只有个别准则规范了非历史性财务信息的鉴证。 （ ）

（四）简答题

1. 简述注册会计师提供的合理保证鉴证业务的证据收集程序。
2. 注册会计师对鉴证业务为什么不能绝对保证？
3. 什么是职业怀疑态度？职业怀疑态度有助于降低注册会计师哪些风险？
4. 会计师事务所的质量控制制度包括哪些内容？
5. 为了合理保证能够获知违反独立性要求的情况会计师事务所应当制定怎样的政策和程序,采取行动维护独立性？
6. 会计师事务所承接鉴证业务的条件有哪些？
7. ABC会计师事务所正在制订业务质量控制制度,经过领导层集体研究,确立了下列重大质量控制程度：

(1) 合伙人的晋升与考核以业务量为主要考核指标,同时考虑遵循质量控制制度和职业道德规范的情况。

(2)对员工介绍的客户,由员工所在部门经理根据收费的高低自行决定是否承接。

(3)所有审计工作底稿应当在业务完成后 90 日内整理归档。

(4)由于尚未取得上市公司审计资格,不予执行项目质量控制复核制度。

(5)无论审计项目组内部的分歧是否得到解决,审计项目组必须保证按时出具审计报告。

(6)以每 3 年为一个周期,选取已完成业务进行检查,检查对象为当年度考核等级位列后 3 名的项目负责人。

要求:针对上述(1)至(6)项,分别指出 ABC 会计师事务所可能违反质量控制准则的情形,并简要说明理由。

四、案例分析题

1. ABC 会计师事务所定期组织执业人员系统学习中国注册会计师执业准则。下面执业人员在学习中提出的几个涉及执业准则框架结构的问题,请代为解答:

(1)中国注册会计师执业准则体系包含哪些组成部分?简述各组成部分规范的主要业务范围以及它们之间的关系。

(2)鉴证业务准则在中国注册会计师执业准则体系中处于何种地位?由哪个准则统领?如按向鉴证业务提供的保证程度和鉴证对象的不同,鉴证业务准则可以分为哪些主要的类别?其中哪个类别属于鉴证业务准则乃至整个执业准则的核心部分?

(3)在审计准则体系中,哪一类审计准则是整个审计准则体系的核心准则?这类审计准则具体包括哪些内容?

(4)按要求填列下表。

执业准则体系的组成部分		规范的业务对象	提出结论的方式和提供的保证程度
鉴证业务准则			

第六章 审计规范体系

2. M公司系ABC会计师事务所的常年审计客户。2008年11月,ABC会计师事务所与M公司续签了审计业务约定书,审计M公司2008年度财务报表。假定存在以下情形:

(1) M公司由于财务困难,应付ABC会计师事务所2007年度审计费用100万元一直没有支付。经双方协商,ABC会计师事务所同意M公司延期至2009年年底支付。在此期间,M公司按银行同期贷款利率支付资金占用费。

(2) M公司由于财务人员短缺,2008年向ABC会计师事务所借用一名注册会计师,由该注册会计师将经会计主管审核的记账凭证录入计算机信息系统。ABC会计师事务所未将该注册会计师包括在M公司2008年度财务报表审计项目组。

(3) 甲注册会计师已连续5年担任M公司年度财务报表审计的签字注册会计师。根据有关规定,在审计M公司2008年度财务报表时,ABC会计师事务所决定不再由甲注册会计师担任签字注册会计师。但在成立M公司2008年度财务报表审计项目组时,ABC会计师事务所要求其继续担任外勤审计负责人。

(4) 由于M公司降低2008年度财务报表审计费用近1/3,导致ABC会计师事务所审计收入不能弥补审计成本,ABC会计师事务所决定不再对M公司下属的2个重要的销售分公司进行审计,并以审计范围受限为由出具了保留意见的审计报告。

(5) M公司要求ABC会计师事务所在出具审计报告的同时,提供内部控制审核报告。为此,双方另行签订了业务约定书。

(6) ABC会计师事务所针对审计过程中发现的问题,向M公司提出了会计政策选用和会计处理调整的建议,并协助其解决相关账户调整问题。

要求:请根据中国注册会计师职业道德规范有关独立性的规定,分别判断上述六种情形是否对ABC会计师事务所的独立性造成损害,并简要说明理由。

3. ABC会计师事务所是一家新成立的事务所,最近制定了业务质量控制制度,有关内容摘录如下:

(1) 合伙人考核和晋升制度规定,连续3年业务收入额排名前3位的高级经理晋级为合伙人,连续3年业务收入额排名后3位的合伙人降级为高级经理。

(2) 内部业务检查制度规定,以每3年为一个周期,选取已完成业务进行检查,如果事务所当年接受相关部门的外部检查,则当年暂停对所有业务的内部检查。

(3) 项目质量控制复核制度规定,除上市公司审计业务外,其他需要实施质量控制复核的审计业务由审计项目组负责人执行项目质量控制复核。

(4) 工作底稿保管制度规定,推行业务档案电子化,将纸质工作底稿经电子扫描后,存为业务电子档案,同时销毁纸质工作底稿。

(5) 独立性政策规定,每年需要保持独立性的人员提供关于独立性要求的培训,并要求高级经理以上(含高级经理)的人员每年签署遵守独立性要求的书面确认函。

(6) 分所管理制度规定，分所可以根据自身的实际情况，自行制定业务质量控制制度。

要求：针对上述(1)至(6)项，分别指出 ABC 会计师事务所业务质量控制制度是否符合会计师事务所质量控制准则的规定，并简要说明理由。

第七章 审计人员的法律责任

一、概要解析

(一) 审计责任概述

(1) 审计责任的含义。审计责任是指审计机构和审计人员在承办审计业务中应履行的职业义务和职责,以及因履行职责不当可能会承担的法律、行政、工作甚至道德压力等方面的责任。

(2) 会计责任与审计责任。在被审计单位治理层的监督下,按照适用的会计准则和相应会计制度的规定编制财务报表是被审计单位管理层的责任;对财务报表发表审计意见是民间审计人员的责任。

(二) 审计的法律责任

民间审计人员因违约、过失或欺诈对被审计单位或第三者造成损失的,按照有关法律和规定,可能被判行政责任、民事责任或刑事责任。这三种责任可单处,也可并处。

(1) 行政责任。由国家有关部门分别情况予以处罚。对民间审计人员来说,包括警告、没收违法所得、罚款、暂停执业部分或全部业务、吊销有关执业许可证、吊销证书等处分;对民间审计组织而言,包括警告、没收违法所得、罚款、暂停执业部分或全部业务、撤销等处罚。

(2) 民事责任。由法院作出的裁决,赔偿受害人的损失。

(3) 刑事责任。由法院作出的裁决,按有关法律程序判处一定的徒刑。

一般来说,因违约和过失可能使民间审计人员负行政责任和民事责任,因欺诈可能使民间审计人员民事责任和刑事责任。

二、背景资料

最高人民法院《关于审理涉及会计师在审计业务活动中民事侵权赔偿案件的若干规定》(《司法解释》十三条)。最高人民法院2007年6月15日施行,对虚假陈述民事赔偿中的会计责任和审计责任作了法律区分,完善了审计业务及其后果的法律责任界定,使得我国证券侵权法律制度与国际保持一致。

(一) 归责原则和举证责任分配

1. 归责原则

(1) 过错推定原则下,采取举证责任倒置模式。

(2) 会计师事务所因在审计业务活动中对外出具不实报告给利害关系人造成损失的,应当承担侵权赔偿责任,但其能够证明自己没有过错的除外。

2. 举证分配

会计师事务所可以通过向人民法院提交相关执业准则以及审计工作底稿等证明自己没有过错。

(二) 连带责任的认定

注册会计师在审计业务活动中存在下列情形之一,出具不实报告并给利害关系人造成损失的,人民法院应当认定会计师事务所与被审计单位承担连带赔偿责任。具体情形包括:

(1) 与被审计单位恶意串通。

(2) 明知被审计单位对重要事项的财务会计处理与国家有关规定相抵触而不予指明。

(3) 明知被审计单位的财务会计处理会直接损害利害关系人的利益而予以隐瞒或者作不实报告。

(4) 明知被审计单位的财务会计处理会导致利害关系人产生重大误解而不予指明。

(5) 明知被审计单位的财务报表的重要事项有不实的内容而不予指明。

(6) 被审计单位示意其作不实报告而不予拒绝。

(三) 过失责任的情形

(1) 违反《注册会计师法》第二十条第(二)、第(三)项的规定。

(2) 负责审计的注册会计师以低于行业一般成员应具备的专业水准执业。

(3) 制订的审计计划存在明显疏漏。

(4) 未依据执业准则、规则执行必要的审计程序。

(5) 在发现可能存在错误和舞弊的迹象时,未能追加必要的审计程序予以证实或者排除。

(6) 未能合理地运用执业准则和规则所要求的重要性原则。

第七章 审计人员的法律责任

(7) 未根据审计的要求采用必要的调查方法获取充分的审计证据。

(8) 明知对总体结论有重大影响的特定审计对象缺少判断能力,未能寻求专家意见而直接形成审计结论。

(9) 错误判断和评价审计证据。

(10) 其他违反执业准则、规则确定的工作程序的行为。

三、复习思考题与练习题

复习思考题

1. 简述审计责任对审计职业的重要性。审计责任的内容包括哪些?
2. 什么是会计责任?什么是审计责任?
3. 为什么说注册会计师的审计责任不能代替、减轻或免除被审计单位管理层和治理层的责任?
4. 简述国外民间审计人员的法律责任。
5. 中国民间审计人员的法律责任主要包括哪些?
6. 民间审计人员应如何避免法律诉讼?

名词解释

1. 审计责任
2. 工作责任
3. 法律责任
4. 会计责任
5. 治理层责任
6. 管理层责任
7. "深口袋"理论
8. "风险社会化"理论
9. 诉讼爆炸
10. 保险危机
11. 错误、舞弊和违反法规行为
12. 经营失败
13. 审计失败
14. 违约
15. 普通过失
16. 重大过失
17. 推定欺诈
18. 实际欺诈
19. 共同过失
20. 比较过失
21. 民事责任
22. 行政责任
23. 刑事责任
24. 习惯法
25. 成文法

练习题

(一) 单项选择题

1. 注册会计师法律责任正在逐步扩展,以下有关注册会计师职业受到影响甚至受到阻碍或冲击的原因的表述不恰当的是( )。
   A. 消费者利益的保护主义兴起

B. 诉讼爆炸
C. 有关保险的新概念得到运用在
D. 所有商业领域注册会计师的参与日益剧增
2. 关于经营失败与审计失败的下列表述中不恰当的是(　　)。
   A. 经营失败是指企业由于经济或经营条件的变化,如经济衰退、不当的管理决策或出现意料之外的行业竞争等而无法满足投资者的预期
   B. 审计失败则是指注册会计师由于没有遵守审计准则的要求而发表了错误的审计意见
   C. 审计风险是指财务报表中存在重大错报,而注册会计师发表不恰当审计意见的可能性
   D. 经营失败必然会导致审计失败
3. 以下关于注册会计师过失的说法中不正确的是(　　)。
   A. 过失是指在一定条件下,缺少应具有的合理的谨慎
   B. 普通过失是指注册会计师没有完全遵循专业准则的要求
   C. 重大过失是指注册会计师根本没有遵循专业准则或没有按专业准则的基本要求执行审计
   D. 注册会计师一旦出现过失就要赔偿损失
4. 注册会计师减少过失和防止欺诈的基本要求不包括(　　)。
   A. 强化执业监督　　　　　　　　B. 保持职业谨慎
   C. 签订业务约定书　　　　　　　D. 增强执业独立性
5. 以下关于注册会计师避免法律诉讼的具体措施中不能认同的是(　　)
   A. 会计师事务所在承担审计业务时,应当按照业务约定书准则的要求与委托人签订约定书,但在验资业务时可以不要求签约
   B. 如果一个会计师事务所质量管理不严,很有可能因某一个人或一个部门的原因导致整个会计师事务所遭受灭顶之灾
   C. 不能苛求注册会计师对于财务报表中的所有错报事项都要承担法律责任,注册会计师是否应承担法律责任,关键在于注册会计师是否有过失或欺诈行为
   D. 我国《注册会计师法》规定了会计师事务所应当按规定建立职业风险基金,办理职业保险
6. 如果被审计单位的财务报表中存在重大错报,则在下列何种情况下很可能在诉讼中被判为重大过失(　　)。
   A. 注册会计师运用常规审计程序通常能够发现该错报但未发现
   B. 审计人员确实遵守了审计准则,但提出错误的审计意见

C. 注册会计师明知道存在重大错报却出具无保留意见的审计报告

D. 注册会计师基本上遵循了审计准则的相关要求

7. 注册会计师在对 ABC 股份有限公司 2009 年度会计报表进行审计时,按照函证具体准则对有关应收账款进行了函证,并实施了其他必要的审计程序,但最终仍有应收账款业务中的错报未能查出。你认为注册会计师的行为属于( )。

    A. 没有过失   B. 普通过失   C. 重大过失   D. 欺诈

8. 陈华、周琳对中天科技股份有限公司 2009 年度财务报表实施了审计,出具了保留意见的审计报告。事后中天科技公司以陈华、周琳实施的审计程序不符合独立审计准则、审计工作有缺陷为由,对两位注册会计师进行起诉。在以下起诉理由中,法院可以认可的是( )。

    A. 中天科技公司已对其存在的重大不确定事项在财务报表附注中进行了充分披露,但陈华、周琳并未在其所出具的审计报告的意见段后增加强调事项段

    B. 中天科技公司对其存在的影响持续经营假设的事项已按照陈华、周琳的要求进行了充分的披露,但陈华、周琳却在审计报告的意见段后增加了强调事项段

    C. 对存货实施抽查程序时,陈华、周琳仅仅从存货盘点记录中选取项目追查至存货实物,而没有从存货实物中选取项目追查至存货盘点记录

    D. 观察固定资产时,仅仅从固定资产明细分类账中选取部分项目追查至固定资产实物,而没有从固定资产实物中选取项目追查至固定资产明细分类账

9. 根据《司法解释》,即使会计师事务所能够证明存在下列( )情形,仍不能免于民事责任。

    A. 已遵守执业准则、规则确定的工作程序并保持必要的职业谨慎,但仍未能发现被审计单位的资料错误

    B. 因开户银行提供了虚假或不实的对账单等证明文件,尽管会计师事务所保持了必要的职业谨慎,仍未能发现证明文件的虚假或不实

    C. 已对被审计单位的舞弊迹象提出警告并与比舞弊嫌疑人员层级更高的管理层或治理层人员专门沟通,但被审计单位仍未能加以纠正

    D. 已经遵照验资程序进行审核并出具报告,但被审验单位在登记之后抽逃资金

10. A 公司是一家上市公司,其年度财务报表一直由 B 会计师事务所实施审计。2009 年公司因债务纠纷及发生巨额亏损,导致股民遭到巨大亏损,股民 C

认为注册会计师在 2008 年审计报告未对其可持续经营进行说明而向法院提起诉讼,要求赔偿其巨额损失。以下判断正确的是( )。

A. 注册会计师可作为利害关系人提起诉讼

B. 股民 C 可单独对 B 会计师事务所提出控告

C. 注册会计师不需要承担民事赔偿

D. 应先由 A 公司赔偿股民 C 的损失

11. 下列能作为会计师事务所免责的事由是( )。

A. 在报告中注明:本报告仅供工商登记使用

B. 在报告中注明:本报告仅供工商年检使用

C. 在报告中注明:本报告仅供贵公司内部使用

D. 在报告中注明:对舞弊迹象提出警告

12. 如果会计师事务所与被审计单位承担连带责任,则( )。

A. 应由被审计单位先赔偿,不足部分由会计师事务所赔偿

B. 应由会计师事务所先赔偿,不足部分由被审计单位赔偿

C. 应由被审计单位先赔偿,不足部分以不实审计金额为限由会计师事务所赔偿

D. 由会计师事务所和被审计单位按比例同时赔偿

13. 利害关系人明知会计师事务所出具的报告为不实报告而仍然使用的,会计师事务所可以( )。

A. 免除赔偿责任 B. 减轻赔偿责任

C. 赔偿责任不变 D. 加重赔偿责任

14. 由于 Q 会计师事务所下属的各个分所均可以 Q 事务所的名义独立承揽业务,导致某分所为 P 公司出具虚假审计报告而 Q 所尚不知晓,给 Q 所带来严重影响。为避免类似情况的再次发生,Q 会计师事务所应采取的针对性措施是( )。

A. 严格遵循职业道德、专业标准的要求

B. 建立健全会计师事务所的质量控制制度

C. 与委托人签订审计业务约定书

D. 提取风险基金或购买责任保险

15. 注册会计师减少过失和防止欺诈的基本要求中不包括( )。

A. 签订业务约定书 B. 增加职业独立性

C. 强化职业监督 D. 保持职业谨慎

(二) 多项选择题

1. 注册会计师法律责任是由于以下( )方面相关联的结果。

A. 违反合约条款 B. 民事侵权
C. 应有职业谨慎 D. 犯罪

2. 注册会计师在法律责任的表现形式方面有（　　）。
A. 诉讼爆炸 B. 共同过失 C. 涉嫌欺诈 D. 保险危机

3. 注册会计师因为以下（　　）原因可能导致承担法律责任。
A. 重大过失 B. 欺诈 C. 行政责任 D. 违约

4. 以下（　　）法律因素要求注册会计师承担相应的法律责任。
A. 成文法律 B. 习惯法 C. 过失 D. 合约

5. 会计师事务所有可能承担以下（　　）的行政责任。
A. 暂停执业 B. 没收违法所得并罚款
C. 撤销 D. 警告

6. 一般而言，如果注册会计师在执业过程中存在以下情况，则有可能导致承担刑事责任的情况是（　　）。
A. 在证券交易活动中就资产评估报告弄虚作假的
B. 给委托人、其他利害关系人造成损失的
C. 因过失提供有重大遗漏的审计报告的
D. 在代理记账过程中故意提供虚假证明文件的

7. 在下列情形中，应认定会计师事务所与被审计单位承担连带责任的是（　　）。
A. 与被审计单位恶意串通
B. 明知被审计单位对重要事项的财务会计处理与国家有关规定相抵触，而不予指明
C. 明知被审计单位示意作不实报告，而不予拒绝
D. 未根据执业准则、规则执行必要的审计程序

8. 根据最高任命法院的《司法解释》，如果出现以下（　　）情形，人民法院应当认定会计师事务所存在过失。
A. 负责审计的注册会计师以低于行业一般成员应具备的专业水准执业
B. 未根据职业准则和规定执行必要的审计程序
C. 未能寻求专家意见对特定审计对象直接形成审计结论
D. 未能合理利用执业准则和规则所要求的重要性原则

9. 对存货实施监盘属于审计准则的基本要求。注册会计师周琳在审计某公司财务报表时，没有对存货项目实施监盘程序，并出具了无保留意见审计报告。如果注册会计师协会在例行业务抽查中注意到了这一情况，但并没有认定周琳违反审计准则，你认为原因是（　　）。

A. 周琳不知道准则中有关监盘的要求而没有实施监盘
B. 未实施监盘可能是受到被审计单位的限制,周琳并无过失
C. 被审计单位的存货余额占资产总额的比例很低
D. 周琳可能使用了用于替代监盘的其他满意的替代程序

10. 中天华信会计师事务所的注册会计师周琳和陈华在对蓝海科技股份有限公司 2009 年的年度财务报表进行审计时,发生的下列事项中,通常认为注册会计师负有过失责任的包括( )。

　　A. 由于事先预计的审计时间与实际时间发生重大偏差,致使注册会计师没有按照约定的时间向蓝海科技公司董事会提交审计报告

　　B. 在审计过程中,由于是对蓝海科技公司进行连续审计,周琳和陈华没有对期初余额进行详细审计,只是周琳询问了管理层有关人员在 2008 年 12 月 31 日至上次审计报告公布日之间是否存在重大的会计政策变更、日后事项等情况,蓝海科技公司董事会的相关人员的答复是没有重大会计政策变更和日后事项等情况,于是周琳和陈华根据其会计记录对其期初余额进行了确认。然而事实上,该公司基于调节利润考虑,对其固定资产报废制度进行了重大变更,从而使得 2008 年的净利润为正数。由于 2008 年财务报表是由中天华信会计师事务所的另外两名注册会计师实施的审计,这一事项未得到周琳和陈华的重视

　　C. 在对蓝海科技公司 2009 年度财务报表进行审计时,通过简单了解内部控制,发现蓝海科技公司的各项内部控制政策和程序都比较健全有效,于是将其重大错报风险评估为低水平,并实施了相对简略的实质性程序,抽取的样本量也大为减少,致使蓝海科技公司一项虚构的销售业务没有查出来

　　D. 由于蓝海科技公司预计将于 2010 年 5 月份发行可转换债券,因此董事会请求周琳和陈华审计不要太严格,基于中天华信会计师事务所和蓝海科技公司之间长期友好的合作关系,两人没有太过为难蓝海科技公司,出具了标准的无保留意见审计报告。于是蓝海科技公司按照正常程序发行了可转换债券,但发行可转换债券后不过 1 年却发生了蓝海科技公司大量负债,无法持续经营的情况,事实是蓝海科技公司在 2009 年向其关联企业取得了大量借款,但未予入账。这一情况周琳和陈华都从审计过程中获取了相关信息,但由于立刻得到了董事会的特别提请而没有实施进一步的审计程序

11. 会计师事务所出具不实报告给利害关系人造成损失应承担侵权赔偿责任,事务所如果要证明自己没有过错则应向人民法院提交下列证明( )。
　　A. 与该案件相关的执业准则、规则　　B. 审计工作底稿

第七章 审计人员的法律责任

　　C. 诚信公约　　　　　　　　　　　D. 收费标准明细指引

12. 下列事项认为会计师事务所在审计业务活动中因过失出具不实报告,并给利害关系人造成损失的,人民法院应当根据其过失大小确定其赔偿责任有( )。
    A. 未依据执业准则、规则执行必要的审计程序
    B. 在发现可能存在错误和舞弊的迹象时,未能追加必要的审计程序予以证实或者排除
    C. 明知对总体结论有重大影响的特定审计对象缺少判断能力,未能寻求专家意见而直接形成审计结论
    D. 明知被审计单位的财务会计处理会导致利害关系人产生重大误解,而不予指明

13. 事务所违反法律法规、中国注册会计师协会依法拟定并经国务院财政部门批准后施行的执业准则和规则以及诚信公允的原则,下列情形中,应认定为不实报告的有( )。
    A. 出具的具有虚假记载、误导性陈述或者重大遗漏的审计报告
    B. 出具的具有虚假记载、误导性陈述或者重大遗漏的内部控制审核报告
    C. 出具的具有虚假记载、误导性陈述或者重大遗漏的管理建议书
    D. 出具的具有虚假记载、误导性陈述或者重大遗漏的验资报告

14. 会计师事务所能够证明以下情形之一时,可以不承担责任的有( )。
    A. 已经遵守执业准则、规则确定的工作程序并保持必要的职业谨慎,但仍未能发现被审计单位的会计资料错误
    B. 审计业务所必须依赖的金融机构等单位提供虚假或不实的证明文件,注册会计师未能发现虚假或不实
    C. 已对被审计单位的舞弊迹象提出警告并在审计报告中予以指明
    D. 为登记时未出资或者未足额出资的出资人出具不实报告,但出资人在登记时已补足出资

15. 下列关于注册会计师审计的说法中,正确的有( )。
    A. 财务报表审计中用到的标准通常是审计准则
    B. 财务报表审计出具的审计报告也可以供管理层进行内部决策
    C. 从某种意义上说,经营审计更像是管理咨询
    D. 合规性审计的结果通常报送给被审计单位管理层或者外部特定使用者

16. 会计师事务所在违反以下( )法律、法规并且出具的审计业务报告中存在虚假记载、误导性陈述或者重大遗漏,这样的审计业务报告可能被界定为不实报告。
    A. 《注册会计师法》　　　　　　　　B. 《注册会计师执业准则》

C.《企业内部控审计指引》　　　　　D. 诚信公允原则

17. 注册会计师在执行下列审计业务活动中,如果存在以下(　　)情形则可能以出具不实报告给利害关系人造成损失为由追究连带责任。

A. 与被审计单位恶意串通

B. 被审计单位示意作不实报告而不予拒绝

C. 明知被审计单位的财务会计处理直接损害利害关系人的利益而予以隐瞒或作不实报告

D. 明知被审计单位对重要事项的财务会计处理与国家有关规定相抵触而不予指明

(三) 判断题

1. 法律责任的出现,经常是因为注册会计师在执业时没有保持应有的职业谨慎,并因此导致了对其他人权利的损害。(　　)

2. 应有的职业谨慎指的是注册会计师应当具备足够的专业知识和业务能力,按照执业准则的要求执业。在执业谨慎方面出现问题就构成了过失。(　　)

3. 注册会计师在执业谨慎方面出现问题就构成了过失。(　　)

4. 在绝大多数情况下,当注册会计师未能发现重大错报并出具了错误的审计意见时,就可能产生注册会计师是否恪守应有的职业谨慎的法律问题。(　　)

5. 由于审计中的固有限制影响注册会计师发现重大错报的能力,注册会计师不能对财务报表整体不存在重大错报获取绝对保证。特别是,如果被审计单位管理层精心策划和掩盖舞弊行为,注册会计师尽管完全按照审计准则执业,有时还是不能发现某项重大舞弊行为。(　　)

6. 对民间审计人员违约责任的认定是以合同为依据的,对欺诈责任的认定需要有故意行为的证据。而考虑过失责任时主要以合理的职业谨慎和审计准则为标准来判断。(　　)

7. 一般来说,因违约和过失可能使民间审计人员负行政责任和民事责任,因欺诈可能使民间审计人员民事责任和刑事责任。(　　)

8. 加强社会公众与审计人员的沟通、理解,以避免和控制审计人员遭受诉讼的审计风险,缩小"期望偏差"的差距,完善相关的法律规范,加强民事制裁。(　　)

9.《注册会计师法》的规定,会计师事务所有欺诈行为的,由省级以上人民政府的财政部门给予警告、没收违法所得,并可处违法所得1~5倍的罚款;注册会计师有欺诈行为的,由省级以上人民政府的财政部门给予警告,情节严重的,暂停执业资格,吊销注册会计师证书。(　　)

10.《公司法》的规定。会计师事务所在验资等工作中提供虚假材料的,由公司登记机关没收违法所得,并处违法所得1~5倍的罚款;因过失提供重大遗漏报告的,

由公司登记机关处所得收入1~5倍的罚款,并可由主管部门责令停业、吊销直接责任人员的资格证书,吊销营业执照。（   ）

11.《刑法》规定,承担资产评估、验资、会计、审计、法律服务等职责的中介组织的人员故意提供虚假证明文件,情况严重的,处5年以下有期徒刑或拘役,并处罚金。（   ）

12. 在很多审计失败案件中,审计人员之所以未能发现比较明显的舞弊和虚假,一个根本原因就是他们未能深入生产经营实务现场,未能真实地了解客户的经营过程,而是仅仅凭借事后审核原始资料和翻阅财务报表,就轻易作出错误的审计结论。（   ）

13. 重要审计项目以及那些容易发生重大错误、舞弊和违法行为的委托项目,更要分派具备相应知识和技能的人员或利用专家的工作,并进行相应的督导。（   ）

14. 签订业务约定书一方面能有利于保护审计人员缩小其承担责任范围;另一方面也有利于审计人员明确自己的责任所在,提高依法审计的质量和水平,尽可能地减少审计风险,还能在发生法律诉讼时将一切口舌争辩减少到最低限度。（   ）

15. 投保充分的责任保险也是会计师事务所一项极为重要的预防措施,这项措施能防止或减少诉讼失败时会计师事务所所发生的经济损失。（   ）

（四）简答题

1. 注册会计师涉及法律诉讼呈上升趋势的原因有哪些?
2. 注册会计师的违约、过失和欺诈会使其承担什么法律责任?
3. 中天华信会计师事务所因利害关系人指控,注册会计师正在积极准备抗辩,请列举可能的抗辩事由来证明自己,从而不承担民事赔偿责任。

四、案例分析题

1. 请运用"重要性"和"内部控制"这两个概念,列表阐析如何区分普通过失和重大过失。

2. 注册会计师在对被审计单位的存货审计时提出监盘,但被审计单位年终前已经作过盘点,并向注册会计师提供了盘点的全部记录。注册会计师审查了盘点记录后,便认可了存货的真实性。然而,后来存货被证实存在大量虚构情况,请对注册会计师进行责任认定,并说明理由。

3. 注册会计师李民在对ABC公司2010年度财务报表审计时,通过与该公司治理层、管理层和前任注册会计师的沟通,察觉到可能存在导致该公司年度财务报表失实的重大错误与舞弊,请回答:
（1）李民对查明ABC公司财务报表可能存在的重大错误与舞弊的责任。
（2）李民对ABC公司存在的重大错误与舞弊的报告责任。

第八章 风险评估

一、概要解析

(一) 风险评估的总体要求

为了解被审计单位及其环境,以识别和评估财务报表层次和认定层次的重大错报风险而实施的程序,称为风险评估程序。注册会计师了解被审计单位及其环境,目的是为了识别和评估财务报表中的重大错报风险。但风险评估程序本身并不能为形成审计意见提供充分、适当的审计证据。同时,了解被审计单位及其环境是一个连续、动态的过程,注册会计师需要根据信息量的获取及时地更新认识,并运用适当的职业判断来确定需要了解被审计单位及其环境的程度。

注册会计师应当通过实施询问、分析程序以及观察和检查程序,来了解被审计单位及其环境。具体来说,注册会计师询问的对象主要是管理层和财务负责人,还包括被审计单位内部其他人员,如内部审计人员、采购人员、生产人员、销售人员等。同时,注册会计师实施分析程序,有助于识别异常的交易或事项,以及对财务报表和审计产生影响的金额、比率和趋势;观察和检查程序则可以印证对管理层和其他相关人员的询问结果,并可提供有关被审计单位及其环境的信息。如果根据职业判断认为从被审计单位外部获取的信息有助于识别重大错报风险,注册会计师应当实施其他审计程序以获取这些信息,如询问被审计单位的外部法律顾问、专业评估师等。注册会计师应当组织项目组成员对财务报表存在重大错报的可能性进行讨论,并运用职业判断确定讨论的目标、内容、人员、时间和方式。

(二) 了解被审计单位及其环境

注册会计师应当实施下列风险评估程序从六个方面了解被审计单位及其环境:①相关行业状况、法律环境和监管环境及其他外部因素;②被审计单位的性质;③被审计单位对会计政策的选择和运用;④被审计单位的目标、战略以及可能导致重大错报风险的相关经营风险;⑤被审计单位财务业绩的衡量和评价;⑥被审计单位的内部控制。

具体来说,行业状况、法律环境和监管环境以及其他外部因素会对被审计单位的经营活动乃至财务报表产生影响,因此注册会计师应当对这些外部因素进行了解。被审计单位的性质包括经营活动、所有权和治理结构、正在实施和计划实施的投资(包括对特殊目的实体的投资)的类型、组织结构和筹资方式。了解被审计单位的性质有助于注册会计师理解预期在财务报表中反映的各类交易、账户余额和列报。注册会计师应当了解被审计单位对会计政策的选择和运用,是否符合适用的会计准则和相关会计制度,是否符合被审计单位的具体情况。注册会计师应当了解被审计单位的目标和战略,以及可能导致财务报表重大错报的相关经营风险。被审计单位内部或外部对财务业绩的衡量和评价可能对管理层产生压力,促使其采取行动改善财务业绩或歪曲财务报表,注册会计师应当了解被审计单位财务业绩的衡量和评价情况,考虑这种压力是否可能导致管理层采取行动,以至于增加财务报表发生重大错报的风险。

《企业内部控制基本规范》(2008)将内部控制定义为"由企业董事会、监事会、经理层和全体员工实施的、旨在实现控制目标的过程",其中目标包括合理保证企业经营管理合法合规、资产安全、财务报告及相关信息真实完整、提高经营效率效果、促进企业实现发展战略。注册会计师应当了解与审计相关的内部控制。需要说明的是,虽然大部分与审计相关的控制可能与财务报告相关,但并非所有与财务报告相关的控制都与审计相关。因此,在确定一项控制单独或连同其他控制是否与审计相关时,需要注册会计师作出职业判断。在对被审计单位的内部控制进行了解和评价时,注册会计师需要从被审计单位整体层面、业务流程层面两个角度展开。

(三) 评估重大错报风险

注册会计师应当利用实施风险评估程序获取的信息,包括在评价控制涉及和确定是否得到执行时获取的审计证据,作为支持风险评估结果的审计证据。注册会计师应当根据风险评估结果,确定实施进一步审计程序的性质、时间和范围。在对重大错报风险进行识别和评估后,注册会计师应当确定,识别的重大错报风险是与特定的某类交易、账户余额、列报的认定相关,还是与财务报表整体广泛相关,进而影响多项认定。

财务报表层次的重大错报风险很可能源于薄弱的控制环境。薄弱的控制环境带来的风险可能对财务报表产生广泛影响,难以限于某类交易、账户余额、列报,注册会计师应当采取总体应对措施;同时在评估重大错报风险时,注册会计师应当将所了解的控制与特定认定相联系,这是由于控制有助于防止或发现并纠正认定层次的重大错报。如果识别出被审计单位未加控制或控制不当的重大错报风险,或认为被审计单位的风险评估过程存在重大缺陷,注册会计师应当就此类内部控制缺陷与治理层沟通。

需要特别注意的是,注册会计师应当运用职业判断,确定哪些识别的风险是需要特别考虑的重大错报风险。具体来说,在确定风险的性质时,注册会计师应当从下列几个方面判断是否存在特别风险:①风险是否属于舞弊风险;②风险是否与近期经济环境、会计处理方法和其他方面的重大变化相关,因而需要特别关注;③交易的复杂程度;④风险是否涉及重大的关联方交易;⑤财务信息计量的主观程度,特别是对计量结果是否具有高度不确定性;⑥风险是否涉及异常或超出正常经营过程的重大交易。如果认为存在特别风险,注册会计师应当了解被审计单位与该风险相关的控制(包括控制活动)。

同时,作为风险评估的一部分,如果注册会计师认为仅通过实质性程序获取的审计证据无法将认定层次的重大错报风险降至可接受的低水平,注册会计师应当评价被审计单位针对这些风险设计的控制,并确定其执行情况。

注册会计师对认定层次重大错报风险的评估应以获取的审计证据为基础,并可能随着不断获取审计证据而作出相应的变化。如果通过实施进一步审计程序获取的审计证据与初始的评估获取的审计证据相矛盾时,注册会计师应当修正风险评估结果,并相应修改原审计计划实施的进一步审计程序。

二、背景资料

(一) 国际审计风险准则的出台

国内外一系列财务舞弊案件的爆发严重危及资本市场的健康发展,也使审计职业界面临前所未有的信用危机。为防范审计失败,各国监管机构、审计准则制定机构出台了各种管制政策或措施,其中之一就是重构审计模式。在传统的风险导向审计模式下,审计风险模型为"审计风险=固有风险×控制风险×检查风险"。在这种模式下,由于难以对固有风险作出准确评估,审计师往往将固有风险简单地确定为高水平,不注重对企业宏观环境的了解。由于目前企业舞弊大多是管理层舞弊,因此,整体审计风险较高。

为了应对行业危机,国际大型会计师事务所在20世纪90年代初就已经在研究各种新的审计方法。早在1998年,加拿大、英国、美国的准则制定机构就与学者们组成了联合工作组,了解和研究审计实务的发展情况,并为准则制定机构对审计准则作出必要的修订提供建议。研究认为,审计风险基本模型并没有被废弃,但需要作出适当的调整。理论界的研究也引起了实务界的重视,国际审计与鉴证准则理事会(IAASB)和美国的审计准则委员会(ASB)都确定了有关项目以应对审计环境的变化,并考虑联合工作组和公共监督理事会的研究建议。联合风险评估工作组于2002年10月发布了审计准则征求意见稿,包括《财务报表审计的目标和一般原则》、《审计证据》《了解被审计单位及其环境并评估重大错报风险》和《针对评估的重大错报风险实施的程序》。2003年10月,国际审计与鉴证准则理事会在东京会议上对征求意见稿进行了最后修订,获得委员会通过,审计风险准则在2004年12月15日之后正式实施。

(二) 我国审计风险准则的发布与修订

为了应对经济环境的变化和审计实务的发展,尤其是适应审计准则国际趋同的需要,我国的注册会计师协会采取积极措施加快审计准则建设,并于2006年2月发布了48个审计准则,以推进审计准则国际趋同。新发布的审计准则中,有关审计风险的准则包括《中国注册会计师审计准则第1101号——财务报表审计的目标和一般原则》《中国注册会计师审计准则第1301号——审计证据》《中国注册会计师审计准则第1211号——了解被审计单位及其环境并评估重大错报风险》和《中国注册会计师审计准则第1231号——针对评估的重大错报风险实施的程序》。2010年11月,财政部发布关于印发《中国注册会计师审计准则第1101号——注册会计师的总体目标和审计工作的基本要求》等38项准则的通知(财会[2010]21号),自2012年1月1日起施行,同时废止了财会[2006]4号文中的35项准则。新的准则要求注册会计师通过了解被审计单位及其环境,包括内部控制,以充分识别和评估财务报表层次和认定层次的重大错报风险,并针对评估的重大错报风险设计和实施控制测试和实质性程序。

阅读文献

1. 中国注册会计师协会编:《审计》(第十三章风险评估),经济科学出版社2012年版。

2. 邓川,郭志英,聂曼曼等编著:《国际审计准则——阐释与应用》,立信会计出版社2010年版。

三、复习思考题与练习题

复习思考题

1. 风险评估的总体要求有哪些?
2. 为了解被审计单位及其环境,注册会计师应当实施哪些风险评估程序?
3. 注册会计师了解被审计单位及其环境内容有哪些?
4. 在识别和评估重大错报风险时,注册会计师应当实施哪些审计程序?
5. 什么叫内部控制重大缺陷?哪些情况表明被审计单位存在内部控制重大缺陷?

练习题

(一) 单项选择题

1. 了解被审计单位及其环境一般在下列( )进行。
   A. 在承接客户和续约时 B. 在进行审计计划时
   C. 在进行期中审计时 D. 贯穿于整个审计过程的始终

2. 在确定与那些适当人员沟通特定事项时,注册会计师应当利用在了解被审计单位及其环境时获取的有关( )信息。
   A. 财务报告过程 B. 治理结构和治理过程
   C. 业务约定条款 D. 经营活动和业务流程

3. 下列各项中,与公司财务报表层次重大错报风险评估最相关的是( )。
   A. 公司应收账款周转率呈明显下降趋势
   B. 公司持有大量高价值且易被盗窃的资产
   C. 公司的生产成本计算过程相当复杂
   D. 公司控制环境薄弱

4. 在进行风险评估时,注册会计师通常采用的审计程序是( )。
   A. 将财务报表与其所依据的会计记录相核对
   B. 实施分析程序以识别异常的交易或事项,以及对财务报表和审计产生影响的金额、比率和趋势
   C. 对应收账款进行函证
   D. 以人工方式或使用计算机辅助审计技术,对记录或文件中的数据计算准确性进行核对

5. 内部控制无论如何设计和执行只能对财务报告的可行性提供合理保证,其原因是( )。
   A. 建立和维护内部控制是公司管理层的职责
   B. 内部控制的成本不应超过预期带来的收益
   C. 在决策时人为判断可能出现错误
   D. 对资产和记录采取适当的安全保护措施是公司管理层应当履行的经管责任

6. 在了解控制环境时,注册会计师通常考虑的因素是( )。
   A. 内部控制的人工成分
   B. 内部控制的自动化成分
   C. 公司董事会对内部控制重要性的态度和认识
   D. 会计信息系统

7. 职责分离要求将不相容的职责分配给不同员工。下列职责分离做法中,正确的是( )。

A. 交易授权、交易执行、交易付款分离

B. 交易授权、交易记录、交易保管分离

C. 资产保管、交易执行、交易报告分离

D. 交易授权、交易付款、交易记录分离

8. 持续监督活动应当贯穿于日常经营活动与常规管理工作。下列活动中,属于持续监督活动的是( )。

A. 审计委员会定期了解财务数据

B. 相应级别的员工复核采购业务流程中控制的执行情况

C. 注册会计师对年度财务报表进行审计

D. 内部审计人员对控制实施风险评估

9. 在下列各项中,不属于内部控制要素的是( )。

A. 控制风险   B. 控制活动   C. 对控制的监督   D. 控制环境

10. 在确定控制活动是否能够防止或发现并纠正重大错误时,下列审计程序中可能无法实现这一目的的是( )。

A. 询问员工执行控制活动的情况

B. 使用高度汇总的数据实施分析程序

C. 观察员工执行的控制活动

D. 检查文件和记录

11. 了解被审计单位及其环境是注册会计师评估被审计单位的重大错报风险的基础性工作。以下与此相关的各种说法中,你不认可的是( )。

A. 注册会计师应当从六个方面了解被审计单位及其环境,以评估重大的错报风险

B. 不论了解哪方面,注册会计师均应询问被审计单位管理层及其他内部相关人员

C. 审计准则要求注册会计师在了解被审计单位及其环境时必备实施分析程序

D. 不论了解被审计单位及其环境的哪个方面,注册会计师均应实施分析程序

12. 注册会计师对行业状况、法律环境与监管环境以及其他外部因素了解的范围和程度会因被审计单位所处行业、规模以及其他因素的不同而不同。对从事计算机硬件制造的被审计单位,注册会计师可能更关心( )。

A. 宏观经济走势以及货币、财政等方面的宏观经济政策

B. 环保法规

C. 资本充足率

D. 市场和竞争以及技术进步的情况

13. 被审计单位的关联方及其交易始终是注册会计师执行财务报表审计业务时特别关注的重要问题。为提高审计的效率,注册会计师最好在了解被审计单位的(　　)这一重要性质时一并了解关联方及其交易的情况。

　　A. 所有权结构　　　　　　　　B. 治理结构

　　C. 组织结构　　　　　　　　　D. 劳动用工情况

14. 注册会计师在执行财务报表审计业务时,应当重视被审计单位对衍生金融工具的运用。为此,最好在其了解被审计单位的性质时,结合(　　)方面加以了解。

　　A. 经营活动　　B. 投资活动　　C. 筹资活动　　D. 生产活动

15. 为了解被审计单位及其环境,注册会计师需要了解被审计单位的业绩衡量与评价情况。为此,注册会计师将被审计单位的业绩与同行业其他企业的业绩进行了比较。比较结果显示,被审计单位的利润增长率及净利润均明显高于其他企业。在此情况下,注册会计师决定进一步与被审计单位内部的其他财务信息进行比较,以期发现重大错报风险的迹象。假定单独存在下列一种情况,则最能表明被审计单位存在与经营业绩相关的重大错报风险的是(　　)。

　　A. 销售人员的业绩奖金比上年下降

　　B. 营业收入较上年有小幅上升

　　C. 营业成本较上年有大幅度下降

　　D. 仓储部门的职工人数增加了30%

(二) 多项选择题

1. 注册会计师应当根据具体情况判断某一事项是否属于重大事项,重大事项包括(　　)。

　　A. 引起特别风险的事项

　　B. 导致注册会计师难以实施必要审计程序的情形

　　C. 导致出具非标准审计报告的事项

　　D. 实施审计程序的结果,该结果表明财务信息可能存在重大错报,或需要修正以前对重大错报风险的评估和针对这些风险拟采取的应对措施。

2. 内部控制的要素包括(　　)。

　　A. 控制环境、控制活动　　　　B. 风险评估过程

　　C. 信息系统与沟通　　　　　　D. 对控制的监督

3. 注册会计师负责对 A 公司 20×9 年度财务报表进行审计。在了解 A 公司控制环境时,注册会计师应当关注的内容有(　　)。

　　A. A 公司治理层相对于管理层的独立性

第八章 风险评估

B. A公司管理层的理念和经营风格

C. A公司员工整体的道德价值观

D. A公司对控制的监督

4. 在了解被审计单位内部控制时,注册会计师通常采用的程序有( )。

 A. 查阅内部控制手册

 B. 追踪交易在财务报告信息系统中的处理过程

 C. 重新执行某项控制

 D. 现场观察某项控制的运行

5. 在测试内部控制的运行有效性时,注册会计师应当获取的审计证据有( )。

 A. 控制是否存在

 B. 控制在所审计期间不同时点是如何运行的

 C. 控制是否得到一贯执行

 D. 控制由谁执行

6. 在确定控制测试的范围时,注册会计师正确的做法有( )。

 A. 在风险评估时对控制运行有效性的拟信赖程度较高,通常应当考虑扩大实施控制测试的范围

 B. 如果控制的预期偏差率较高,通常应当考虑扩大实施控制测试的范围

 C. 对于一项持续有效运行的自动化控制,通常应当考虑扩大实施控制测试的范围

 D. 如果拟信赖控制运行有效性的时间长度较长,通常应当考虑扩大实施控制测试的范围

7. 风险导向审计是当今主流的审计方法。如果将风险导向审计概括为三句话,你认为是( )。

 A. 评估财务报表的重大错报风险

 B. 设计和实施进一步审计程序以应对评估的错报风险

 C. 根据应对结果形成恰当的审计结论

 D. 根据审计结果出具恰当的审计报告

8. "观察和检查"是注册会计师了解被审计单位及其环境而必须执行的程序,它不仅可以印证注册会计师对管理层和其他相关人员的询问结果,而且还可提供有关被审计单位及其环境的信息。注册会计师应当实施的观察和检查程序包括( )。

 A. 将预期的结果与被审计单位记录的金额、依据金额计算的比率、趋势比较

 B. 检查文件、记录和整理内部控制手册,阅读由管理层和治理层编制的报告

C. 追踪交易在财务报告信息系统中的处理过程,实施穿行测试

D. 实地察看被审计单位的生产经营场所和设备

9. 在评估重大错报风险时,注册会计师应当(　　)。

　A. 识别所了解的情况与以前期间相比发生的重大变化

　B. 侧重了解上一会计期间的被审计单位及其环境

　C. 侧重了解所审计期间的被审计单位及其环境

　D. 识别所了解的情况与以前期间相比是否一致

10. 注册会计师了解被审计单位的性质,包括了对被审计单位经营活动的了解。为此应当了解的内容有(　　)。

　A. 劳动用工情况以及与生产产品或提供劳务相关的市场信息

　B. 营业的性质,生产设施、仓库的地理位置及办公地点

　C. 从事电子商务的情况,技术研究与产品开发活动及其支出

　D. 联合经营与业务外包,地区与行业分布,固定资产的租赁

11. 以下有关经营风险的说法中,正确的是(　　)。

　A. 任何经营风险均与财务报表相关,注册会计师均应识别与评估

　B. 注册会计师没有职责识别或评估与财务报表没有影响的经营风险

　C. 一般而言,多数经营风险都会产生财务后果,从而影响财务报表

　D. 注册会计师了解经营风险有助于识别财务报表的重大错报风险

12. 在编制审计计划时,应当了解被审计单位的内部控制。了解重要内部控制时,通常实施以下风险评估。其中,不需要与其他程序结合即可足以评价内部控制设计是否合理以及是否得以执行的是(　　)。

　A. 询问被审计单位的有关人员

　B. 检查被审计单位的文件和报告

　C. 选择若干具有代表性的交易和事项进行穿行测试

　D. 观察被审计单位的特定内部控制的运用

13. 内部控制存在固有局限性,无论如何设计和执行,只能对财务报告的可靠性提供合理的保证。内部控制存在的固有局限性包括(　　)。

　A. 在决策时出现的人为判断和执行出现的人为失误

　B. 管理人员之间的串通

　C. 管理层凌驾于内部控制之上

　D. 大量重复发生的业务导致控制的枯燥和单调性

14. 注册会计师在测试控制运行有效性之前进行的对控制的评价,一般难以得出(　　)的结论。

　A. 控制设计合理

第八章 风险评估

B. 控制设计不合理或缺乏必要的控制
C. 控制设计虽然不合理,但执行有效
D. 控制设计合理且执行无效

15. 被审计单位的信息处理控制包括信息技术的一般控制和应用控制。其中,信息系统是指与多个应用系统有关的政策和程序,通常包括(　　)控制。
A. 数据中心和网络运行　　　　B. 系统软件的购置、修改和维护
C. 检查数据计算的准确性　　　D. 应用系统的购置、开发及维护

(三) 判断题

1. 注册会计师对内部控制的了解可以替代对控制有效性的测试。(　　)
2. 注册会计师不需了解被审计单位的所有内部控制,而只需了解与审计相关的内部控制。(　　)
3. 重大错报风险评估结果一旦确定,不应当再予以更新。(　　)
4. 对于一项自动化的应用控制,注册会计师可以利用该项控制得以执行的审计证据和信息技术一般控制运行有效的审计证据,作为支持该项控制在相关期间运行有效性的重要审计证据。(　　)
5. 了解被审计单位及其环境是一个连续和动态的收集、更新与分析信息的过程,其贯穿于整个审计过程的始终,注册会计师应当运用职业判断确定需要了解被审计单位及其环境的程度。(　　)
6. 评价对被审计单位及其环境了解的程度是否恰当,关键是看注册会计师对被审计单位及其环境的了解是否实施了风险评估程序。(　　)
7. 经营风险可能对各类交易、账户余额以及列报认定层次或财务报表层次产生间接影响。(　　)
8. 注册会计师应当运用职业判断,考虑一项控制单独或连同其他控制是否与评估重大错报风险以及针对评估的风险设计和实施进一步审计程序有关。(　　)
9. 对内部控制了解的深度,是指在了解被审计单位及其环境时对内部控制了解的程度。包括评价控制的设计,并确定其是否得到执行。(　　)
10. 评价控制的设计是指考虑一项控制单独或连同其他控制是否能够有效防止或发现并纠正重大错报。控制得到执行是指某项控制存在且被审计单位正在使用。设计不当的控制可能表明内部控制存在重大缺陷,注册会计师在确定是否考虑控制得到执行时,应当首先考虑控制的设计。如果控制设计不当,不需要再考虑控制是否得到执行。(　　)
11. 在了解控制活动时,注册会计师应当重点考虑一项控制活动单独或连同其他控制活动,是否能够以及如何防止或发现并纠正各类交易、账户余额、列报存在的重大错报。(　　)

12. 注册会计师应当了解与被审计单位监督活动相关的信息来源,以及管理层认为信息具有可靠性的依据。如果拟利用被审计单位监督活动使用的信息(包括内部审计报告),注册会计师应当考虑该信息是否具有可靠的基础,是否足以实现审计目标。 ( )

13. 如果认为仅通过实质性程序获取的审计证据无法将认定层次的重大错报风险降至可接受的低水平,注册会计师应当评价被审计单位针对这些风险设计的控制,并确定其执行情况。 ( )

14. 被审计单位对日常交易采用高度自动化处理的情况下,审计证据可能仅以电子形式存在,其充分性和适当性通常取决于自动化信息系统相关控制的有效性,注册会计师应当考虑仅通过实施实质性程序不能获取充分证据的可能性。 ( )

15. 在实施实质性程序后,如果通过实施进一步审计程序获取的审计证据与初始评估获取的审计证据相矛盾,注册会计师应当修正风险评估结果,并相应修改原计划实施的进一步审计程序。 ( )

(四)简答题

1. 简要阐述注册会计师如何在被审计单位整体层面了解内部控制。

2. 在了解被审计单位及其环境时,注册会计师决定了解被审计单位的行业状况,以识别与行业有关的重大错报风险;同时,还决定了解被审计单位是否存在与下列内容有关的目标和战略,以考虑相应的经营风险。

请简要回答:

(1)注册会计师主要应从哪些方面了解被审计单位的行业状况?

(2)针对被审计单位目标与战略所涉及的下列每项内容,指出其可能导致被审计单位需要面临的相应的经营风险,填列在下面相应空格中。

目标与战略涉及的内容	可能导致被审计单位面临的经营风险的种类
(1)行业发展	
(2)开发新产品或提供新服务	
(3)业务扩张	
(4)新颁布的会计法规	
(5)监管要求	
(6)本期及未来的融资条件	
(7)信息技术的运用	

(3)在上表列示的各项内容中,指出最直接影响财务报表的一项。

3. A和B注册会计师在了解被审计单位Z公司的内部控制时,发现该公司相关的内部控制同时含有自动控制和人工控制两种控制方式。由于A和B注册会计师基于以往执业经验认为控制效果受所采用的控制方式的影响,决定在评价控制效果前先对Z公司针对业务特点和控制目的所采用的控制方式的适当性进行评价。

下表是A和B注册会计师罗列的Z公司相关业务的特点及控制目的。

(1) 请指出,哪些情形更适用于实施自动控制?哪些情形更适用于进行人工控制?你认为适用于自动控制的,请在相应的业务的特点或控制的目的后的空格中填列"自动";你认为更适用于进行人工控制的,请在相应空格中填列"人工"。

业务的特点或控制的目的	适用的控制方式
存在大额、异常或偶发的交易	
在处理大量交易或数据时,一贯运用确定的规则进行复杂的运算	
提高信息的及时性、可获得性及准确性	
监督控制的有效性	
有助于对信息的深入分析	
存在难以定义、防范或预见的错误	
加强对政策和程序执行情况的监督	
降低控制被规避的风险	
为应对情况的变化,经常需要对控制进行调整	
通过实施安全控制,提高不相容职务分离的有效性	

(2) 请指出,注册会计师应当从哪些方面了解人工控制产生的特定风险?

(3) 通常情况下,注册会计师应当实施哪些程序,以获取有关控制设计和执行的审计证据?

4. A和B注册会计师在了解W公司的内部控制时,需要从不同的角度考虑与内部控制相关的风险。以下是A和B注册会计师根据W公司具体情况罗列的与内部控制风险相关的事项或情形,请分别针对下表所列的每种事项或情形,简要解释其对控制风险的影响。

事项或情形	对影响控制风险的简要解释
监管及经营环境变化	
招聘新员工	
使用新的信息系统	
业务快速发展	

（续表）

事项或情形	对影响控制风险的简要解释
引进新技术	
生产新产品	
进行企业重组	
发展海外经营	
颁布新的会计准则	

四、案例分析题

1. A 和 B 注册会计师在编制 C 公司 2010 年度财务报表的审计计划前，按审计准则的要求对被审计单位 C 公司及其环境进行了全面了解和记录。相关的工作底稿显示，C 公司 2010 年度存在以下具体情况：

(1) 2010 年 6 月 30 日，C 公司于 2008 年 6 月 30 日从 P 银行借入金额为 6 000 万元期限为 2 年的长期借款到期。虽然 C 公司最高管理人员多次与 P 银行信贷部协商，希望延长还款期半年，但 P 银行在委托 K 会计师事务所对 C 公司进行专项审计后，于 2010 年 7 月份收回了款项。

(2) 为扩展业务，C 公司出资 1 000 万元于 2010 年 6 月 30 日成功兼并了西部某省的两家公司，此举增加了 C 公司在西部市场的立足点，降低了在西部市场的竞争程度。

(3) 2010 年 10 月，为开拓国际市场，C 公司董事会决定中东地区设立分公司。由于该地区除伊拉克以外的各国商家云集，均难以获得市场准入，公司董事会决定投入 500 万美元在伊拉克设立分公司。到 2010 年年底，该分公司已正式开始营业，虽然该地区时常发生绑架等刑事案件，但分公司的经营基本未受影响。

(4) 直到 2010 年 11 月底，C 公司一直采用手工记账。为提高财务工作效率和质量，C 公司投资 500 万元于 2010 年 12 月份实现了会计电算化。考虑到这一变化对财务人员的影响，财务部门分期分批对全体财务人员进行了培训，同时还聘请了外部专家进行经常性业务指导。至 2010 年年底，相关的培训工作和计算机信息系统调试工作均已进行完毕。

(5) 2010 年 11 月起，C 公司将原存放于 Q 银行的 2 000 万元款项全部转入 3 名高级管理人员及财务经理的信用卡，与所有客户的往来以及公司职员薪酬的发放均通过信用卡结算。

要求：(1) 逐一针对上述各种情况，指出是否会导致 C 公司产生重大错报风险，

第八章 风险评估

简要说明理由。

(2) 上述情况中,哪一种情况很可能会导致 C 公司的财务报表产生重大错报?对此,A 和 B 注册会计师应当如何应对?

(3) 上述情况中,哪一种情况很可能意味着 C 公司存在特别风险?A 和 B 注册会计师应当如何应对?

(4) 上述情况中,哪两种情况最可能导致 C 公司的经营风险增加?

2. 甲公司财务科有 A、B、C3 个会计人员,他们要完成的会计工作主要包括:①记录总账;②记录应付款明细账;③记录应收款明细账;④开具支票,以便主管人员签章,并记载现金日记账;⑤开具退货拒付通知书;⑥调节银行对账单;⑦处理并送存所收入的现金。

现已知 3 个会计人员均具有相当的业务处理能力,除了调节银行对账单、签发拒付通知书工作量较小外,其他几项会计工作量基本相等。问:如何将上述几项工作分配给 A、B、C3 个会计人员,使会计工作起到较好的内部牵制作用,形成合理分工。

3. ABC 会计师事务所注册会计师 A 和 B 接受事务所的委派对 XYZ 公司 20X8 年度会计报表进行审计。在预备调查阶段,通过调查问卷等形式了解到 XYZ 公司销售与收款循环的内控会计制度,具体描述如下:

(1) 销售部门收到顾客的订单后,由经理甲对品种、规格、数量、价格、付款条件、结算方式等详细审核后签章,交仓库办理发货手续。

(2) 仓库在发运商品出库时,均必须由管理员乙根据经批准的订单,填制一式四联的销售单。在各联上签章后,第一联作为发运单,由工作人员配货并随货交顾客;第二联送会计部;第三联送应收账款专管员丙;第四联则由乙按编号顺序连同订单一并归档保存,作为盘存的依据。

(3) 会计部收到销货单后,根据单中所列资料,开具统一的销售发票,将顾客联寄送顾客,将销售联交应收账款专管员丙,作为记账和收款的凭证。

(4) 应收账款专管员丙收到发票后,将发票和销货单核对,如无错误,据以登记应收账款明细账,并将发票和销货单按顾客顺序归档保存。

要求:

(1) 指出 XYZ 公司在销售与收款循环内部会计控制中存在的缺陷。

(2) 针对上述存在的缺陷,提出改进完善措施。

第九章 风险应对

一、概要解析

（一）总体应对措施

针对评估的财务报表层次重大错报风险，注册会计师应当确定下列总体应对措施：①向审计项目组强调，在收集和评价审计证据的过程中保持职业怀疑态度的必要性；②分派更有经验或具有特殊技能的审计人员，或利用专家的工作；③提供更多的督导；④在选择进一步审计程序时，应当注意使某些程序不被管理层预见或实现了解；⑤对拟实施审计程序的性质、时间和范围作出总体修改。

在内部控制中，控制环境的影响非常广泛，当被审计单位的控制环境存在缺陷时，注册会计师需要考虑对拟实施的审计程序的性质、时间和范围作出总体修改。同时为了提高审计程序的效果，避免被审计单位预先了解或熟悉审计程序而进行人为的操纵以掩盖财务信息的错误和舞弊，注册会计师通常会在实务中增强审计程序的不可预见性：①对某些以前未测试的低于设定的重要性水平或风险较小的账户余额和认定实施实质性程序；②调整实施审计程序的时间，使其超出被审计单位的预期；③采取不同的审计抽样方法，使当年抽取的测试样本与以前有所不同；④选取不同的地点实施审计程序，或预先不告知被审计单位所选定的测试地点。

（二）进一步审计程序

进一步审计程序是指注册会计师针对评估的各类交易、账户余额、列报认定层次重大错报风险实施的审计程序，包括控制测试和实质性程序。

进一步审计程序的性质是指进一步审计程序的目的和类型。进一步审计程序的目的包括通过实施控制测试以确定内部控制运行的有效性；通过实施实质性程序以发现认定层次的重大错报。进一步审计程序的类型包括检查、观察、询问、函证、重新计算、重新执行和分析程序。

进一步审计程序的时间是指注册会计师何时实施进一步审计程序，或审计证据适用的期间或时点。注册会计师应当权衡期中与期末实施审计程序的关系，并权衡期中审计证据与期末审计证据的关系，以及权衡以前审计获取的审计证据与本期审计获取的审计证据的关系。当评估的重大错报风险较高时,注册会计师应当考虑在期末或接近期末实施实质性程序,或采取不通知的方式,或在管理层不能预见的时间实施审计程序。

进一步审计程序的范围是指实施进一步审计程序的数量,包括抽取的样本量,对某项控制活动的观察次数等。注册会计师在确定审计程序的范围时,需要确定的重要性水平、评估的重大错报风险、计划获取的保证程度等因素。

(三) 控制测试

用于评价内部控制在防止或发现并纠正认定层次重大错报方面的运行有效性的审计程序称为控制测试。当存在下列情形之一时,注册会计师应设计和实施控制测试,针对相关控制的有效性,获取充分、适当的审计证据:①在评估认定层次重大错报风险时,预期控制的运行是有效的,即在确定实质性程序的性质、时间安排和范围时,注册会计师拟信赖控制运行的有效性;②仅实施实质性程序并不能提供认定层次充分、适当的审计证据。注册会计师在实施控制测试后,需依据所获取的审计证据对控制运行的有效性进行评价。如果认定控制是有效的,则可以减少进一步审计程序的性质、时间和范围。

具体到控制测试的性质、时间和范围,其中,控制测试的性质是指执行测试将使用什么样的审计程序,可选用的控制测试程序有:检查交易或者事项的凭证;询问并实地观察未留下审计轨迹的内部控制的运行情况;重新执行相关内部控制程序。注册会计师从最经济有效地实现审计目标的总体需要出发,合理确定测试的范围。控制测试的范围主要受到财务报表重大错报风险估计水平以及被审计单位内部控制有效性的影响。注册会计师执行控制测试的时间,通常在期中工作中执行,而控制测试很可能在审计年度结束前几个月里进行,因为从审计有效性的角度看,控制测试应尽可能安排在期中的后期进行。

(四) 管理建议书

管理建议书是指注册会计师针对审计过程中注意到的、可能导致被审计单位财务报表产生重大错报的内部控制重大缺陷提出的书面建议。根据有关规定,注册会计师对审计过程中发现的内部控制重大缺陷,应当告知被审计单位有关人员,必要时,可出具管理建议书;对审计过程中注意到的内部控制的一般问题,可以口头或其他适当方式向被审计单位有关人员提出。

管理建议书通常会说明审查的范围、发现的内部控制缺陷,提出关于内部控制重大缺陷对财务报表重大错报风险影响的判断意见以及改进建议。通常来说,管理建议书水平的高低,在一定程度上能够衡量审计服务的质量。但是需要注意的是,管理建议书仅是一种增值服务,不具有公正性和强制性。

(五)实质性程序

实质性程序是指注册会计师用于发现认定层次重大错报的审计程序。无论评估的重大错报风险结果如何,注册会计师都应当针对所有重大类别的交易、账户余额和披露,设计和实施实质性程序。

实质性程序的具体程序包括对各类交易、账户余额、列报的细节测试以及实质性分析程序。细节测试是对各类交易、账户余额、列报的具体细节进行测试,目的在于直接识别财务报表认定是否存在错报;细节测试适用于对各类交易、账户余额、列报认定的测试,尤其是对存在、发生、计价和分摊等认定的测试。实质性分析程序从技术特征上讲仍然是分析程序,主要是通过研究数据间关系评价信息,用于识别各类交易、账户余额、列报及相关认定是否存在错报。注册会计师在针对一段时期内存在可预期关系的大量交易,可以考虑实施实质性分析程序。如果认为评估的认定层次重大错报风险是特别风险,注册会计师应当专门针对该风险实施实质性程序。

实质性程序的时间是指注册会计师何时实施实质性程序,或审计证据适用的期间或时点。注册会计师在考虑实质性程序的时间时,需要关注如何考虑是否在期中实施实质性程序、如何考虑期中审计证据以及如何考虑以前审计获取的审计证据。

注册会计师在确定实质性程序的范围时,需要考虑评定的认定层次重大错报风险以及实施控制测试的结果,评估的认定层次重大错报风险越高,需要实施实质性程序的范围越广;注册会计师对控制测试的结果越不满意,就越应当考虑扩大实质性程序的范围。

二、背景资料

(一)国际审计准则的修订

随着审计环境的变化,审计方法也必须作相应调整。从账项基础审计、制度基础审计发展到风险导向审计,都是审计师为了适应审计环境的变化而作出的调整。原国际审计准则是建立在传统审计风险模型基础上,存在很大缺陷。审计师往往不注重从宏观层面上把握财务报表存在的重大错报风险,而直接实施控制测试和实质性测试,容易产生审计失败。

安然事件后,美国国会 2002 年通过了《萨班斯-奥克斯利法案》,对包括国际审计和鉴证准则理事会(IAASB)在内的准则制定机构影响很大。为此,IAASB 紧紧围绕如何提高审计师评估风险、发现舞弊的能力,适时地对现行审计风险准则作了一系列的重大修订,于 2003 年 10 月发布了 ISA315"了解被审计单位及其环境并评估重大错报风险"、ISA330"针对评估的重大错报风险实施的程序"和ISA500"审计证据"三个新准则,并要求自2004年12月15日或之后正式生效。美国、英国、加拿大等国的审计准则制定机构也均制定和出台了一系列风险审计准则。根据明晰化项目的安排,IAASB按新的明晰化起草体例对ISA330进行了重新编排,并于2006年12月正式发布了格式重排后的ISA330。

(二)《中国注册会计师审计准则第1231号——针对评估的重大错报风险采取的应对措施》(2010)的修订

国际审计准则趋同的要求以及国内审计环境变化的需要,2006年,财政部根据风险导向审计的要求对中国审计准则进行了修订,其中包括《中国注册会计师审计准则第1231号——针对评估的重大错报风险实施的程序》。2010年,根据国际审计准则的明晰化项目的要求,在2006年准则的基础上,又对原准则按照新体例的要求进行了修改,发布了《中国注册会计师审计准则第1231号——针对评估的重大错报风险采取的应对措施》(2010)。与2006年准则相比较,在具体规定方面有以下三方面的变化:①新准则在设计进一步审计程序时应当考虑的五项因素概括为两个方面:一是考虑各类交易、账户余额和披露的认定层次重大错报风险评估结果的形成原因;二是明确提出评估的风险越高,注册会计师就需要获取更有说服力的审计证据。②鉴于通过外部函证程序获取的审计证据比被审计单位内部产生的审计证据更可靠,新准则突出了外部函证程序的作用,规定注册会计师应当考虑是否将外部函证程序用作实质性程序。③新准则补充了对审计工作记录的要求,规定注册会计师的工作记录应当能够证明财务报表与其所依据的会计记录是一致的或调节相符的。

阅读文献

1. 中国注册会计师协会编:《审计》(第十四章 风险应对),经济科学出版社2012年版。

2. 邓川,郭志英,聂曼曼等编著:《国际审计准则—阐释与应用》,立信会计出版社2010年版。

三、复习思考题与练习题

复习思考题

1. 注册会计师针对评估的财务报表层次重大错报风险,应确定哪些总体应对措施?
2. 注册会计师通常会在实务中怎样增强审计程序的不可预见性?
3. 在设计进一步审计程序时,注册会计师应当考虑哪些因素?
4. 什么叫控制测试?如何进行控制测试?

5. 管理建议书的特征和内容有哪些?

6. 什么叫实质性程序?针对特别风险采用的实质性程序有哪些?

练习题

(一) 单项选择题

1. 下列关于特别风险的说法中,不正确的是(   )。

    A. 针对特别风险,注册会计师实施进一步审计程序仅应采取实质性方案

    B. 舞弊导致的重大错报风险属于特别风险

    C. 特别风险通常与重大的非常规交易和判断事项相关

    D. 对于舞弊导致的特别风险,注册会计师应当专门针对该风险实施实质性程序

2. 如果控制环境存在缺陷,注册会计师在对拟实施审计程序的性质、时间和范围做出总体修改时,应当考虑在(   )实施更多的审计程序。

    A. 期初　　　　　　　　　　B. 期中

    C. 期末　　　　　　　　　　D. 期中或期末

3. 针对评估的财务报表层次的重大错报风险,注册会计师应当恰当选择拟实施的进一步审计程序的总体应对方案。在下列(   )情况下,注册会计师最应当选择综合性方案作为总体应对方案。

    A. 被审计单位采用高度自动化系统处理和记录重要交易

    B. 注册会计师认为实施控制测试不符合成本效益的原则

    C. 注册会计师被审计单位不存在与特定认定相关的内部控制

    D. 被审计单位广泛存在管理层凌驾于主要的内部控制

4. 注册会计师应当针对评估的财务报表层次重大错报风险确定总体应对措施,这类措施不包括(   )。

    A. 向项目组强调在收集和评价审计证据过程中保持职业怀疑态度的必要性

    B. 分派更有经验或具有特殊技能的审计人员,或利用专家的工作

    C. 审计项目组该级别的人员向其他成员提供更多的督导并加强项目质量复核

    D. 在选择进一步审计程序时,应加强与被审计单位管理层的沟通

5. 进一步审计程序是指注册会计师针对评估的各类交易、账户余额、列报认定层次重大错报风险实施的审计程序。以下关于进一步审计程序的说法中,不正确的是(   )。

    A. 风险的后果越严重,就越需要注册会计师关注和重视,越需要精心设计有针对性的进一步审计程序

    B. 重大错报发生的可能性越大,同样越需要注册会计师精心设计进一步审计程序

第九章 风险应对

    C. 不同性质的控制(尤其是人工控制还是自动化控制)对注册会计师设计进一步的审计程序具有重要影响

    D. 不同的交易、账户余额和列报产生的认定层次的重大错报风险的差异越大,适用的审计程序的性质的差别越大

6. 考虑如何在期末审计中利用期中审计获取的证据时,注册会计师的下列观点中,你不能认同的是( )。

    A. 期中实施实质性程序获取的审计证据不能直接作为期末财务报表认定的审计证据

    B. 在内部控制有效性较高的情况下,期中实施实质性程序获取的审计证据才可以直接作为期末财务报表认定的审计证据

    C. 注册会计师需要消耗审计资源使期中审计证据能够合理延伸至期末

    D. 期中及期末审计资源的总和是否能够显著小于完全在期末实施实质性程序所需消耗的审计资源

7. 注册会计师可以使用计算机辅助审计技术对电子化的交易和账户文档进行更广泛的测试,但不包括以下( )情况。

    A. 从主要电子文档中选取交易样本

    B. 按照某一特征对交易进行分类

    C. 对总体进行详细的测试

    D. 对小规模样本进行测试

8. 询问程序一般不足以测试控制运行的有效性,注册会计师应将询问与其他审计程序结合使用,以获取有关控制运行有效性的审计证据。相对而言,将询问程序与下列( )程序相结合所获取的审计证据在证实控制运行有效性方面的保证程序最低。

    A. 观察   B. 检查   C. 重新执行   D. 穿行测试

9. 如果注册会计师拟信赖针对特别风险的控制,那么( )。

    A. 不得利用上期审计进行控制测试的证据,可以利用期中测试的证据

    B. 所有关于该控制运行有效性的审计证据必须来自当年的控制测试

    C. 主要利用本期控制测试获得证据,辅之以期中和上期获得的少量证据

    D. 所有关于该控制运行有效性的审计证据必须来自当年年末的控制测试

10. 注册会计师通常应当考虑下列因素,以确定一项控制的测试范围时。一般来说,控制测试的范围与下列( )因素成反向变动关系。

    A. 控制的执行频率   B. 对控制的信赖程度

    C. 控制的预期偏差   D. 所需证据的可靠性

11. 细节测试和实质性分析程序的目的和技术手段存在一定差异,因此各自有不

同的适用领域。一般而言,实质性分析程序更适宜于针对( )进行测试。
   A. 交易量大的账户　　　　　　　B. 账户余额的认定
   C. 交易量小但金额较大的计价认定　D. 存在或发生

12. 为应对P公司应收账款项目可能存在的重大错报风险,H注册会计师正在针对应收账款的计价认定确定进一步审计程序。在以下列示的进一步审计程序中,你认为最有效的是( )。
   A. 检查应收账款账龄和期后收款情况
   B. 对赊销审批、发货、开票等环节进行控制测试
   C. 以积极式方式向债务人函证应收账款
   D. 计算坏账准备占应收账款的比例,并与上年比较

13. 在确定审计程序的范围时,注册会计师应当考虑下列因素( )。
   A. 计划获取的保证程度越高,对测试结果可靠性要求越高,注册会计师实施的进一步审计程序的范围越广
   B. 评估的重大错报风险越高,注册会计师实施的进一步审计程序的范围也越广
   C. 确定的重要性水平越低,注册会计师实施进一步审计程序的范围越广
   D. 确定的重要性水平越高,注册会计师实施进一步审计程序的范围越广

14. 下列关于实质性程序的结果时对控制测试结果的影响表述中,不正确的是( )。
   A. 如果通过实施实质性程序未发现某项认定存在错报,这本身并不能说明与该认定有关的控制是有效运行的
   B. 如果通过实施实质性程序发现某项认定存在错报,注册会计师可以得出控制运行有效的结论
   C. 如果实施实质性程序发现被审计单位没有识别的重大错报,通常表明内部控制存在重大缺陷,注册会计师应当就这些缺陷与管理层和治理层进行沟通
   D. 如果通过实施实质性程序发现某项认定存在错报,注册会计师应当在评价相关控制的运行有效性时予以考虑

15. 实质性程序的下列表述中,不恰当的是( )。
   A. 细节测试是对各类交易、账户余额、列报的具体细节进行测试,目的在于直接识别财务报表认定是否存在错报
   B. 质性分析程序从技术特征上讲仍然是分析程序,主要是通过研究数据间关系评价信息,只是将该技术方法甩作实质性程序,即用以识别各类交易、账户余额、列报及相关认定是否存在错报

C. 细节测试适用于对各类交易、账户余额、列报认定的测试,尤其是对存在或发生、计价认定的测试;对在一段时期内存在可预期关系的大量交易,注册会计师可以考虑实施实质性分析程序

D. 注册会计师需要根据不同的认定层次的重大错报风险设计有针对性的细节测试,针对完整性认定设计细节测试时,注册会计师应当选择包含在财务报表金额中的项目,并获取相关审计证据

(二) 多项选择题

1. 如果控制环境存在缺陷,注册会计师应当对你实施审计程序的性质、时间和范围作出总体修改时应考虑下列内容(   )。

   A. 在期末而非期中实施更多的审计程序
   B. 主要依赖实质性程序获取审计证据
   C. 修改审计程序的性质,获取更具说服力的审计证据
   D. 扩大审计程序的范围

2. 针对财务报表层次重大错报风险的总体应对措施有(   )。

   A. 提供更多的督导
   B. 向项目组强调在收集和评价审计证据过程中保持职业谨慎态度
   C. 选择实质性方案实施进一步审计程序
   D. 只在期末实施实质性程序

3. 在设计进一步审计程序时,注册会计师需要考虑下列因素(   )。

   A. 风险的重要性、重大错报发生的可能性
   B. 注册会计师是否拟获取审计证据,以确定内部控制在防止或发现并纠正重大错报方面的有效性
   C. 涉及的各类交易、账户余额和列报的特征
   D. 被审计单位采用的特定控制的性质

4. 下列与控制测试有关的表述中,正确的有(   )。

   A. 如果控制设计不合理,则不必实施控制测试
   B. 如果在评估认定层次重大错报风险时预期控制的运行是有效的,则应当实施控制测试
   C. 如果认为仅实施实质性程序不足以提供认定层次充分、适当的证据,则应当实施控制测试
   D. 对特别风险,即使拟信赖的相关控制没有发生变化,也应当在本次审计中实施控制测试

5. 在确定控制测试的范围时,注册会计师通常考虑的因素有(   )。

   A. 总体变异性

B. 在分险评估时拟信赖控制运行有效性的程度

C. 控制的预期偏差

D. 控制的执行频率

6. 假设注册会计师对被审计单位20×9年财务报表进行审计的过程中,已经对20×9年1~10月某项控制的运行有效性进行了测试。为了得出该项控制在20×9年度是否均运行有效的结论,注册会计师可以实施的审计程序有(　　)。

A. 对该项控制在20×9年11~12月的运行有效性进行补充测试

B. 获取该项控制在20×9年11~12月变化情况的审计证据

C. 测试已公司对控制的监督

D. 向公司管理层询问20×9年11~12月该项控制的运行情况

7. A公司某项应用控制由计算机自动执行,且在20×9年度未发生变化。注册会计师测试该项控制在20×9年度运行有效性时,正确的做法有(　　)。

A. 同时考虑信息技术一般控制运行有效性

B. 利用该项控制得以执行的审计证据和信息技术一般控制运行有效性的审计证据,作为支持该项控制在20×9年度运行有效性的重要审计证据

C. 确定的测试范围与该项控制由手工执行时的测试范围相同

D. 一旦确定正在执行该项控制,则无须扩大控制测试的范围

8. 实质性程序是指注册会计师针对评估的重大错报风险实施的直接用以发现认定层次重大错报的审计程序。注册会计师实施的实质性程序应当包括下列(　　)。

A. 将财务报表与其所依据的会计记录相核对

B. 实质性分析程序

C. 对各类交易、账户余额、列报的细节测试

D. 检查财务报表编制过程中作出的重大会计分录和其他会计调整

9. H公司200×年度财务报表审计小组的项目负责人在了解H公司状况后,针对评估的财务报表层次的重大错报风险,可以选择的总体应对措施包括(　　)。

A. 向项目组强调在收集和评价审计证据过程中保持职业怀疑态度的必要性

B. 分派更有经验或技能的审计人员,提供更多的督导或利用专家的工作

C. 对拟实施审计程序的性质、时间和范围作出总体修改

D. 在选择进一步审计程序时,注意某些程序不能被管理层预见或事先了解

10. 注册会计师在执行财务报表审计业务时,应当执行恰当的审计程序。以下所列程序中,(　　)是每次审计时均必须实施的。

第九章 风险应对

  A. 将财务报表与其所依据的会计记录相核对
  B. 检查报表编制过程中作出的重大会计分录
  C. 专门针对重大错报风险实施的实质性程序
  D. 针对内部控制执行的有效性实施控制测试

11. 在应对评估的认定层次的重大错报风险时,合理确定审计程序的性质是最重要的。审计程序的性质是指审计程序的目的和类型。其中,审计程序的类型包括(　　)。
  A. 用以确定内部控制运行有效性的控制测试
  B. 检查、观察、询问、函证、分析程序
  C. 用以发现认定层次重大错报的实质性程序
  D. 重新计算、重新执行

12. 审计程序的范围是指实施某项审计程序的数量或次数。在确定审计程序的范围时,注册会计师应当考虑下列(　　)因素。
  A. 设计的审计程序的时间　　　　B. 确定的审计重要性水平
  C. 评估的重大错报风险　　　　　D. 计划获取的保证程度

13. 控制测试主要是为了评价内部控制执行的有效性。在进行控制测试时,注册会计师单独使用下列(　　)程序获取的证据不足以证实内部控制的有效性。
  A. 询问　　　　B. 检查　　　　C. 重新执行　　　　D. 观察

14. 注册会计师用来了解内部控制的程序与用以进行控制测试的程序大都是相同的。以下程序中,既可用以了解内部控制、又可用以控制测试的程序是(　　)。
  A. 穿行测试　　　B. 检查　　　　C. 重新执行　　　　D. 询问、观察

15. 如果注册会计师因在期中已识别出被审计单位的某项认定存在中存在故意出错和操纵记录的可能性,确认该项认定存在舞弊导致的重大错报风险,则下列有关实质性程序的(　　)说法或做法是不可取的。
  A. 针对剩余期间实施进一步实质性程序,以便将期中的结论延伸到期末
  B. 考虑主要在期末或接近期末实施实质性程序
  C. 将实质性程序与控制测试结合运用,以便将期中的结论延伸到期末
  D. 将期中结论延伸至期末而实施的审计程序通常是无效的

(三) 判断题

1. 如果被审计单位的控制在剩余期间发生了变化,注册会计师可以决定信赖期中获取的审计证据。(　　)
2. 无论评估的重大错报风险结果如何,注册会计师都应当针对所有重大的各类

105

交易、账户余额、列报实施实质性程序。（　　）

3. 注册会计师设计和实施的控制测试和实质性程序的性质、时间、范围,应当与评估的认定层次重大错风险具有明确的对应关系。（　　）

4. 注册会计师应当针对评估的财务报表层次重大错报风险确定总体应对措施,并针对评估的认定层次重大错报风险设计和实施进一步审计程序,以将审计风险降至可接受的低水平。（　　）

5. 在财务报表重大错报风险的评估过程中,注册会计师应当确定识别的重大错报风险是与特定的某类交易、账产余额、列报的认定相关,还是与财务报表整体广泛相关,进而影响多项认定。（　　）

6. 注册会计师对控制环境的了解影响其对财务报表层次重大错报风险的评估。有效的控制环境可以使注册会计师增强对内部控制和被审计单位内部产生的证据的信赖程度。（　　）

7. 进一步审计程序相对风险评估程序而言,是指注册会计师针对评估的各类交易、账户余额、列报认定层次重大错报风险实施的审计程序,包括控制测试和实质性程序。（　　）

8. 注册会计师应当根据对认定层次重大错报风险的评估结果,恰当选用实质性方案或综合性方案。（　　）

9. 注册会计师可以在期中或期末实施控制测试或实质性程序,当重大错报风险较高时,注册会计师应当考虑在期末或接近期末实施实质性程序,或采用不通知的方式,或在管理层不能预见的时间实施审计程序。（　　）

10. 评价控制设计和确定控制是否得到执行而实施的某些风险评估程序并非专为控制测试而设计,但可能提供有关控制运行有效性的审计证据,注册会计师可以考虑在评价控制设计和获取其得到执行的审计证据的同时调试控制运行有效性,以提高审计效率;同时注册会计师应当考虑这些审计证据是否足以实现控制测试的目的。（　　）

(四) 简答题

1. 注册会计师在实务中增强审计程序的不可预见性的方法有哪些?

2. A注册会计师负责对甲公司20×8年度财务报表进行审计。在识别、评估和应对特别风险时,A注册会计师遇到下列事项,请代为作出简要正确的专业判断。

(1) 在确定特别风险时,A注册会计师的下列做法正确的有(　　)。

　　A. 直接假定甲公司收入确认存在特别风险

　　B. 将甲公司管理层舞弊导致的重大错报风险确定为特别风险

　　C. 直接假定甲公司存货存在特别风险

　　D. 将甲公司管理层凌驾于控制之上的风险确定为特别风险

第九章 风险应对

(2) 在了解和测试与特别风险相关的内部控制时,A 注册会计师的下列做法正确的有(   )。

A. 评价相关控制的设计情况,并确定其是否已经得到执行

B. 如果拟信赖相关控制,每年测试控制的有效性

C. 如果拟信赖相关控制,且相关控制自上次测试后未发生变化,每两年测试一次控制的有效性

D. 如果相关控制不能恰当应对特别风险,应当就该事项与丙公司治理层沟通

(3) 在针对特别风险计划和实施进一步审计程序时,A 注册会计师可能采取的做法有(   )。

A. 实施控制测试和实质性程序

B. 实施细节测试和实质性分析程序

C. 仅实施控制测试

D. 仅实施实质性分析程序

3. B 注册会计师负责对乙公司 20×8 年度财务报表进行审计。在确定进一步审计程序的性质、时间和范围时,B 注册会计师遇到下列事项,请代为作出简要正确的专业判断。

(1) 在确定进一步审计程序的性质时,B 注册会计师应当考虑的主要因素有(   )。

A. 不同的审计程序应对特定认定错报风险的效力

B. 认定层次重大错报风险的评估结果

C. 认定层次重大错报风险的产生的原因

D. 各类交易、账户余额、列报的特征

(2) 在确定进一步审计程序的时间时,B 注册会计师应当考虑的主要因素有(   )。

A. 评估的认定层次重大错报风险

B. 审计意见的类型

C. 错报风险的性质

D. 审计证据适用的期间或时点

(3) 在确定进一步审计程序的范围时,B 注册会计师应当考虑的主要因素有(   )。

A. 审计程序与特定风险的相关性

B. 评估的认定层次重大错报风险

C. 计划获取的保证程度

D. 可容忍的错报或偏差率

107

四、案例分析题

1. U公司为我国A地一家生产和销售瓷器的股份制企业。该公司2007年年末未经审计的财务报表显示的产总额为35 543万元,销售收入为12 560万元,利润总额为2 300万元。

自2002年以来,U公司的年度财务报表一直由ABC会计师事务所审计。2007年3月,在执行完U公司2006年度财务报表审计业务并提交了无保留意见审计报告后,ABC会计师事务所与U公司签订了其2007年度财务报表的审计业务约定书,并指派执行2006年度财务报表的A和B注册会计师继续负责该项审计业务。

基于U公司2007年度的经营计划,该公司在本年度将进行全方位的改革。新的管理层上任时,向公司治理层及股东代表大会凭什么出了力争5年上市、将本年度销售收入比上年增加20%,否则将扣发全体高层管理人员全年奖金的承诺。

ABC会计师事务所的业务负责人要求A和B注册会计师对U公司及其环境进行全面、深入的了解,并根据了解的情况于2007年年末制定U公司2007年度财务报表的审计计划。

A和B注册会计师于2007年11月1日至7日对U公司的内部控制制度进行了解和测试,并在相关审计工作底稿中记录了了解和测试的事项,摘录如下:

(1) 收到经管理部门审核的顾客赊购订单后,由销售部填制一式四联的销售单,并交信用管理部门审查客户信用。审批后,销售单的一联由信用管理部门留底,其余三联返还给销售部门。销售部门将其中一联留底,其余两联交仓库。仓库在根据经审核销售单组织产品出库后,将其中一联作为出库单留存并登记存货明细账,另一联交发运部门传递给开具销售发票的部门并最终交会计部门登记入账。其中,出纳人员乙负责登记产成品总账和明细账。

(2) 会计人员丙负责开具连续编号的销售发票。在开具销售发票之前,先核对装运凭证和相应的经批准的销售单,并根据已授权批准的商品价目表填写销售发票的单价,根据装运凭证上的数量填写销售发票的数量。填写完成的销售发票经独立复核无误后将正联交顾客,第二联留底,第三联返还给发运部门附在留底的发运凭证后,第四联在附上销售单后传递给财务部门作为入账的依据。

(3) U公司规定,所采购的货物运抵公司后,验收部门根据定购单验收货物,并编制一式4联连续编号的验收单,验收单上有数量、品名、规格等内容,但没有单价。仓储部门职员在验收单第四联上签字后保留第一联作为入库凭证并登记材料明细账。验收单第二联返还采购部门作为实物移交凭证,应付凭单部门根据收到的第三联验收单和订购单编制付款单,并据以登记应付账款明细账第四联由验收部门留存。

付款单连续编号,经批准后附上相应的订购单、验收单,据以登记应付账款明细账和总账。次月月初编制上月应付凭单汇总表并附上当月编制的付款凭单交财务部,财务主管审核并独立人员复核无误后交出纳员办理付款手续。

(4) 财务部在批准付款凭单后开具支票支付采购款项。总经理授权财务经理签署支票,财务经理将空白支票及财务专用章授权给会计人员丁负责,但保留了支票印章。丁根据已复核无误的付款凭单,在确定支票授权人名称与凭单内容一致后签署支票,财务人员戊在核对当日签发的支票总额与当日支付的付款凭单总额一致后在凭单上加盖"已支付"印章,并将丁开具的支票交出纳员在办理付款业务后及时登记银行存款日记账。

(5) 生产计划部负责签发预先编号的生产通知单。生产部门根据生产通知单填写一式三联的领料单。仓库发料后,第二联留存作为出库凭据并据以登记材料明细账,第一联连同材料交还领料的生产部门,第三联送财务部门进行材料收发核算和成本核算。

(6) 2007年年初,股票价格直线攀升。U公司于3月份设置了投资部门,主要从事交易性金融资产、可供出售金融资产等投资业务。投资部门设专职投资交易员10名。投资交易发生后,由投资交易员在投资登记簿中加以登记,并在交易当日将相关原始凭证交给财务部门的投资记账员。投资记账员根据投资交易员交来的原始凭证编制记账凭证并据以登记相应的账簿。

(7) 每月末,每位投资交易员与相对应的投资记账员依据各自当月登记的投资交易登记簿与投资明细账就投资类别进行核对,并由双方根据核对结果共同编制投资核对表。对于发现差异的核对表,交由投资经理与财务经理共同进行调查。

(8) U公司设立内部审计部,并直接对董事长负责,每年对子公司和各业务部进行审计,并出具内部审计报告。

(9) U公司设立现金出纳员和银行出纳员。银行出纳员负责到银行办理业务,并登记银行存款日记账。每月初,银行出纳员根据取得的上月的银行对账单,编制银行存款余额调节表,并将调节结果向财务经理汇报。

(10) U公司各部门员工根据公司的批准手续报销各种费用。报销前需到财务部填写费用报销单,由财务部门专门负责费用报销审核的财务主管审核,现金出纳员见到加盖该主管的审核印章后办理支付业务。

要求:

(1) 根据资料,假定未描述的其他内部控制不存在缺陷,请指出U公司内部控制在设计与运行方面的缺陷。

(2) 针对要求(一)中对U公司内部控制的评价,分别指出所述的缺陷影响财务报表的哪些项目或科目(至多两个),以及直接影响何种认定。

将你对上述问题的答案直接填在下表中

2. ABC会计师事务所的A和B注册会师负责审计甲公司2008年度财务报表。2008年11月,A和B注册会计师对甲公司的内部控制进行了初步了解和测试。

通过对甲公司内部控制的了解,A和B注册会计师注意到下列情况:

(1) 甲公司主要生产和销售电视机。

(2) 甲公司生产的电视机全部发往各地办事处和境外销售分公司销售。办事处除自行销售外,还将一部分电视机寄销在各商场。各月初,办事处将上月的收、发、存的数量汇总后报甲公司财务部门和销售部门,财务部门作相应财务处理;甲公司生产的电视机约有30%出口,出口的电视机先发往境外销售分公司,再分销到世界各地。境外销售分公司历年未经审计,2007年度也计划不安排审计。

(3) 鉴于各年年末均处于电视机销售旺季,为保证各办事处和境外销售分公司货源,甲公司本部仓库在各年年末不保留产成品。

通过对甲公司内部控制的测试,A和B注册会计师注意到,除下列情况表明存货相关内部控制可能存在缺陷外,其他内部控制均健全、有效:

(1) 甲公司以前年度未对存货实施盘点,但有完整的存货会计记录和仓库记录。

(2) 甲公司发出电视机时未全部按顺序记录。

(3) 甲公司生产电视机所需的零星C材料由XYZ公司代管,但甲公司未对C材料的变动进行会计记录。

(4) 甲公司每年12月25日后发出的存货在仓库的明细账上记录,但未在财务部门的会计账上反映。

(5) 甲公司发出材料存在不按既定计价方法核算的现象。

(6) 甲公司财务部门的会计记录和仓库明细账均反映了代XYZ公司保管的E材料。

要求:A和B注册会计师通过内部控制测试所注意到的各种情况是否实际构成存货内部控制的缺陷?简要说明理由。

3. 某公司是一家生产和销售高端清洁用品的外商独资公司,其产品主要用于星级酒店宾馆和大型饭店。公司提供的财务报表显示:20×8年度销售收入为112 655 260元,比上一年增长21%(董事会制定的当年预算目标为增长20%)。20×8年12月31日应收账款余额为39 560 810元,组成情况如下:共226个客户,其中9个客户的余额在100万元以上,占应收账款总额的38%,其余客户的余额均小于30万元。此外,余额为10万元以上且账龄超过1年的应收账款客户有15家。

20×8年12月31日坏账准备余额为1 879 830元。公司采用账龄分析法和个别认定法相结合的方法计提坏账准备,其中账龄分析法为:账龄6个月以上1年以下:10%;1年以上2年以下:50%;2年以上:100%。

第九章 风险应对

	20×8 年	20×7 年
应收账款	39 560 810	27 765 338
坏账准备	(1 879 830)	(1 707 400)
销售收入	112 655 260	93 103 520
应收账款周转天数	108 天	92 天

该公司 20×8 年度的税前利润为 8 475 623 元,总体重要性水平为 423 781 元(税前利润的 5%)。

要求:考虑到销售业务的重要性及其固有风险,注册会计师认为销售收入和应收账款层次的"发生或存在"和"准确性"认定存在重大错报风险,请问注册会计师如何对销售业务流程实施进一步审计程序?

第十章 财务报表审计中对舞弊的责任

一、概要解析

(一) 舞弊的含义

舞弊是指是指被审计单位的管理层、治理层、员工或第三方使用欺骗手段获取不当或非法利益的故意行为。在财务报表审计中，注册会计师关注的是导致财务报表发生重大错报的舞弊。与财务报表审计相关的故意错报，包括编制虚假财务报告导致的错报和侵占资产导致的错报。

(二) 治理层、管理层的责任和注册会计师对舞弊的责任

(1) 被审计单位治理层和管理层对防止或发现舞弊负有主要责任有：①管理层在治理层的监督下，高度重视对舞弊的防范和遏制是非常重要的；②对舞弊进行防范可以减少舞弊发生的机会；③对舞弊进行遏制，即发现和惩罚舞弊行为，能够警示被审计单位人员不要实施舞弊。

(2) 注册会计师对发现舞弊方面的责任界定：①在按照审计准则的规定执行审计工作时，注册会计师有责任对财务报表整体是否存在由于舞弊或错误导致的重大错报获取合理保证；②由于审计的固有限制，即使注册会计师按照审计准则的规定恰当计划和执行了审计工作，也不可避免地存在财务报表中的某些重大错报未被发现的风险，因此，注册会计师不能对财务报表整体不存在重大错报获取绝对保证。

(三) 风险评估程序和应对

注册会计是通过询问、分析性程序、项目组内的讨论等分析企业舞弊的动机（压力）、机会和借口，评估舞弊风险。注册会计师在财务报表审计中考虑舞弊时，同样需要采用风险导向审计的总体思路，即首先识别和评估舞弊风险，然后采取恰当的措施有针对性地予以应对。同时由于舞弊的隐蔽性，注册会计师实在对与财务报表相关舞弊实施审计程序时，应特别保持执业怀疑态度。在识别和评估舞弊导致的重大错报风险后，注册会计师需要采取适当的应对措施，以将审计风险降至可接受的低水平。注册会计师应注重评价收入和报表各项目等认定层次舞弊的风险。注册会计师

第十章 财务报表审计中对舞弊的责任

通常从三个方面应对舞弊风险：①总体应对措施；②针对舞弊导致的认定层次重大错报风险实施的审计程序；③针对管理层凌驾于控制之上的风险实施的程序。

二、背景资料

审计师财务报表查错揭弊责任的历史演变。

审计师负有查错揭弊的责任可谓是由来已久。从民间审计产生伊始，会计职业界便被赋予了揭露舞弊的历史使命。但在审计发展的过程中，是否承担查错揭弊责任，如何面对这一责任，审计界对此的态度一直处于变化之中。这种摇摆不定的态度一方面与各个历史时期的社会背景相关，另一方面也与审计技术、审计准则的发展密不可分。无论社会如何施压，会计职业界承担的压力如何巨大，只有会计职业界自身认可、承认、接受其负有的查错揭弊责任，才能真正有助于实现审计目标。

最初，社会公众包括会计职业界自身均认为查错揭弊是审计师财务报表审计的主要目标。如早期的蒙哥马利《审计学》列示了审计的三大目标，其中第一项就是侦查舞弊。然而，在20世纪40年代，会计职业界的态度发生了明显变化，审计师更倾向于接受查错揭弊只是财务报表审计目的之一，而不是全部责任。这种变化集中表现在SAP（审计程序公告）．No.1《审计程序的扩展》。它首次将查错揭弊定义为独立审计可能的目标之一，而不是全部目标。SAP．No.1对审计师查错揭弊责任范围的界定对于会计职业界产生了巨大影响，由此产生的审计期望差距问题愈发突出和尖锐。

20世纪50年代末期，SAP．No.1连同会计职业界一起受到了激烈攻击。强大的社会压力迫使行业协会不得不重新考虑会计职业界的观念和立场。1960年，美国注册会计师协会（AICPA）专门发布了新准则SAP．No.30《独立审计师在检查财务报表中的责任和职能》。SAP．No.30否认审计师承担查错揭弊的责任，因此多数人士认为，该准则并没有增加查错揭弊责任的任何新内容，未能恰当回应审计报告使用者的需求和呼声，如著名的Cohen报告便认为审计师应当承担适当的责任，特别是承担发现舞弊的责任。

1977年的SAS（审计准则公告）．No.16《独立审计师在发现错误或违规中的责任》承认，审计师在财务审计中负有搜索舞弊方面的某些责任。尽管该准则要求审计师"搜索"舞弊，但它并未要求审计师发现舞弊。SAS．No.16还包含了SAS．No.1．SAS．No.30共有的"防御性、定性语言"等会计职业界特有的自我保护语言，这在一定程度上表明会计职业界仍未接受或承认其负有发现舞弊的实质责任。

1997年，美国注册会计师协会公布了SAS．No.82《财务报表审计中对舞弊的考虑》，SAS．No.82界定了审计师的舞弊发现责任，并提供了相应指南，包括了应有的职业关注、计划审计、评价内部控制、收集充分适当的证据事项支持审计师的意见等方面内容。和以往的舞弊准则相比,SAS. No. 82 对审计实务的指导更具综合性。尽管该准则并未改变 GAAS 对于审计责任的认定"合理保证财务报表中不存在重大误述",但它更多地阐述了发现舞弊的方法。更重要的是,与以往准则相比,SAS. No. 82 是第一份单独提及舞弊的审计准则,而此前的准则是将"错误"和"违规"一同提及。该准则第一次使用了"舞弊"一词,而以前在提及舞弊事项时更多地使用"违规"一词。SAS. No. 82 将审计师审查舞弊的责任明确为审计全过程,而不仅仅局限于计划阶段;而以前准则未明确审计计划阶段后审查舞弊的责任。SAS. No. 82 要求审计师应书面记录其确定舞弊风险的过程;而以前准则并无具体规定。SAS. No. 82 要求审计师书面记录其如何应对发现的舞弊风险;而以前准则极少提及舞弊风险应记录、评估。SAS. No. 82 强调审计师应以"职业怀疑"与客户打交道,并提供了需要审计师考虑的各类风险的具体指南。该准则还要求审计师应专就舞弊风险询问管理当局,以从舞弊产生的源头开始审察。

2002 年,AICPA 综合理论界、实务界的多方建议,发布了 SAS. No. 99,全面取代了 SAS. No. 82。和 SAS. No. 82 相比,SAS. No. 99 围绕审计师如何提高发现舞弊的能力、审计师应在多大程度上承担发现舞弊的责任等方面进行了重大修改。具体而言,变化主要包括以下方面:第一,进一步强化了职业怀疑对审计师审计工作的重要性,要求审计师由"合理怀疑"到"怀疑一切"。第二,要求审计小组直面舞弊。从审计计划阶段开始,就应集中审计项目小组的智慧、重点研究客户财务报告可能在哪些方面产生舞弊以及舞弊的情况、性质。在审计实施阶段执行舞弊审计程序。第三,要求审计师实施非常规审计策略,包括对被审计单位不曾预料到的地区、场所、账户进行测试,询问对象既应包括管理层也应包括其他单位或者个人。第四,对管理当局凌驾于控制程序之上的,应明确实施相关审计程序,测试管理当局凌驾控制的程度。总之,SAS. No. 99 体现出的审计思想已经是不折不扣的舞弊审计。

阅读文献

1. 中国注册会计师协会编:《审计》(第一章注册会计师审计概论),经济科学出版社 2012 年版。

2. 秦荣生,卢春泉:《审计学》(第一章总论),(第七版),中国人民大学出版社 2011 年版。

三、复习思考题与练习题

复习思考题

1. 舞弊有哪些种类?
2. 与财务报表审计相关的舞弊是什么?
3. 如何评价财务报表的舞弊风险?

4. 如何应对财务报表舞弊风险?

名词解释

1. 舞弊
2. 舞弊三角理论
3. 串谋
4. 错误
5. 舞弊风险
6. 舞弊防范

练习题

(一) 单项选择题

1. 在注册会计师应对舞弊导致的认定层次重大错报风险时,应当考虑的措施不包括(　　)。
   A. 改变审计程序的范围
   B. 改变拟实施审计程序的性质
   C. 改变审计小组成员
   D. 改变实质性程序的时间

2. 如果客户的舞弊行为影响到公众利益,注册会计师就需要根据法律法规的要求,考虑是否(　　)。
   A. 及时告知被审计单位治理层
   B. 及时告知被审计单位管理层
   C. 及时与当事人进行沟通
   D. 向监管机构报告管理层和治理层的重大舞弊

3. 注册会计师在审计甲股份有限公司 2010 年财务报表时,知悉该公司可能存在重大舞弊行为,则应采取的措施是(　　)。
   A. 向证券监督部门报告,并要求通知广大股民
   B. 以职业谨慎态度,就这一情况与被审计单位管理层进行沟通
   C. 运用专业知识判断该公司是否确实存在舞弊行为
   D. 与该公司管理层讨论,并详细记录于审计工作底稿

4. 注册会计师应当针对评估的舞弊导致的财务报表层次重大错报风险确定总体应对措施,不属于总体应对措施的是(　　)。
   A. 实施风险评估程序
   B. 评价被审计单位对会计政策的选择和运用
   C. 在选择进一步审计程序的性质、时间和范围时,增加审计程序的不可预见性
   D. 考虑人员的适当分派和督导

5. 如果注册会计师在审计过程中,发现被审计单位确实存在导致财务报表严重失实的错误和舞弊,则注册会计师首先作出的反应是(　　)。
   A. 取消业务约定
   B. 提请被审计单位作出适当的处理
   C. 发表保留意见或否定意见的审计报告

D. 发表保留意见或无法表示意见的审计报告

6. 在应对舞弊导致的重大错报风险时,注册会计师常常需要与被审计单位的相关人员沟通。以下有关此类沟通的说法中,正确的是( )。

   A. 如果发现在内部控制中承担重要职责的员工以及其舞弊行为可能对财务报表产生重大影响的其他人员,注册会计师应当尽早将此类事项与管理层沟通

   B. 如果注意到旨在防止或发现舞弊的内部控制在设计或执行方面存在重大缺陷,注册会计师应当尽早告知适当层次的管理层

   C. 如果认为被审计单位的风险评估过程存在重大缺陷,注册会计师应当就此类内部控制缺陷与管理层沟通

   D. 通常情况下,拟沟通的管理层应当比涉嫌舞弊人员至少高出一个级别

7. 甲注册会计师在审计中发现被审计单位有可能存在重大错误与舞弊,则为了查明导致被审计单位财务报表严重失实的错误与舞弊,应主要实施的程序是( )。

   A. 分析程序　　　B. 控制测试　　　C. 实质性程序　　　D. 重新执行

8. 下列关于特别风险的说法中,不正确的是( )。

   A. 针对特别风险,仅实施实质性分析程序就可获取充分适当的审计证据
   B. 舞弊导致的重大错报风险属于特别风险
   C. 特别风险通常与重大的非常规交易和判断事项相关
   D. 对于舞弊导致的特别风险,注册会计师在期末或者接近期末实施实质性程序更有效

9. 了解被审计单位对业绩衡量和评价的最重要的目的是( )。

   A. 了解被审计单位的业绩趋势
   B. 确定被审计单位的业绩是否达到预算
   C. 将被审计单位的业绩预同行业作比较
   D. 考虑是否存在舞弊风险

10. 在评估舞弊导致的重大错报风险时,如果注册会计师注意到被审计单位存在下列( )情况,应当着重考虑该客户的资产被侵占的舞弊风险大大增加。

    A. 公司管理层或治理层存在违反证券或其他方面法律法规的不良记录,或是因涉嫌舞弊或违反法律法规而遭起诉

    B. 管理层由一人或少数人,如控股股东代表,也可能是股东以外的经理人掌控,缺乏共同决策或制衡措施

    C. 在免税区或税收优惠地区设置重要的银行账户或组成部分,往往难以判

断此类业务或交易是否具有正当的商业理由
　　D. 存在大量单位价值高、体积小、易于变现且不易识别所有权归属的存货、固定资产或其他资产
11. 舞弊发生时通常存在舞弊风险因素,下列不属于舞弊风险因素的是(　　)。
　　A. 动机或压力　　B. 借口　　C. 手段　　D. 机会
12. 有关财务报表审计中对舞弊的考虑,下列说法中,不正确的是(　　)。
　　A. 当识别和评估舞弊导致的重大错报风险时,注册会计师应当假定被审计单位在收入确认方面存在舞弊风险
　　B. 注册会计师应当假定被审计单位在收入确认方面存在舞弊风险,并应当考虑哪些收入类别以及与收入有关的交易或认定可能导致舞弊风险
　　C. 了解被审计单位对业绩衡量和评价的最重要的目的是考虑是否存在舞弊风险
　　D. 小型被审计单位拥有的员工通常较少,限制了其职责分离的程度,被审计单位管理层凌驾于内部控制之上的可能性较大,因而注册会计师无须了解小型被审计单位的内部控制
13. 下列不属于侵占资产手段的是(　　)。
　　A. 将个人费用在单位列支
　　B. 某职工或挪用货币资金、实物资产或无形资产
　　C. 采购员在为单位购买钢材时收取回扣
　　D. 对交易、事项或其他重要信息在财务报表中的不真实表达或故意遗漏
14. 下列与编制虚假财务报告相关的舞弊风险因素中不属于舞弊的"机会"因素的是(　　)。
　　A. 内部控制存在缺陷
　　B. 管理层为满足外部预期或要求而承受过度的压力
　　C. 对管理层的监督失败
　　D. 被审计单位所从事业务或所处行业的性质提供了编制虚假财务报告导致的错报的机会
15. 如果注册会计师未能查出被审计单位财务报表中的舞弊,注册会计师(　　)。
　　A. 不应承担审计责任
　　B. 应承担审计责任
　　C. 是否承担责任取决于其执行审计准则的情况
　　D. 是否承担责任取决于是有意还是无意

(二) 多项选择题

1. 下列说法中,正确的有(   )。
   A. 注册会计师针对舞弊导致的财务报表层次的重大错报风险所采取的应对措施取决于注册会计师已发现的舞弊风险因素类型以及各类具体的交易、账户余额相关认定
   B. 注册会计师针对舞弊导致的认定层次重大错报风险所采取的具体应对措施,取决于已发现的舞弊风险因素类型以及各类具体的交易、账户余额相关认定
   C. 在抽查甲公司的工资费用时,注册会计师发现该公司维修车间负责人代被检查的一位已辞职回家的职员领取了本月工资。经查这笔工资属于冒名顶替。注册会计师将此事项记录在工作底稿中并报告给相关负责人之后结束了对工资项目的审查
   D. 舞弊包括编制虚假财务报告导致的错报和侵占资产两大类。其中,第一类直接导致财务报表产生错报,第二类通常伴随着虚假或误导性的文件记录,因此,注册会计师应当合理保证发现导致财务报表产生重大错报的舞弊

2. 在选择进一步审计程序的性质、时间和范围时,注册会计师应当注意使某些程序不为被审计单位预见或事先了解。为此,可以采取的应对措施包括(   )。
   A. 对确定的营业外收支等低风险项目实施实质性程序
   B. 调整审计程序的时间,使之有别于预期的时间安排
   C. 核对银行存款对账单和银行存款余额调节表
   D. 对不同地理位置的多个组成部分实施审计程序

3. 注册会计师应对舞弊导致认定层次的重大错报风险的基本思路,在于通过适当调整或改变拟实施审计程序的性质、时间和范围,提高审计效果和审计证据的说服力。以下属于注册会计师对审计程序性质有意调整的有(   )。
   A. 原先只准备针对某项资产的账面记录实施询问程序,现在更加重视观察和检查
   B. 原先对某财务指标采用年度汇总数据的趋势分析,现在决定增加各月份数据的趋势分析
   C. 原先主要通过手工实施某重要账户的重新计算程序,现在更侧重计算机辅助审计技术进行该账户的数据分析
   D. 原先对期末发生的某类交易实施测试,现在决定对所审计期间的期初发生的该类交易进行测试

4. 如果发现某项错报,认为可能是舞弊导致的,注册会计师应当采取的措施有(　　)。
   A. 向监管机构报告
   B. 考虑修改审计程序的性质、时间和范围
   C. 考虑错报所涉及的人员的职位
   D. 重新考虑有关人员所作陈述的可靠性

5. 注册会计师应当针对评估的舞弊导致的认定层次重大错报风险实施审计程序,其中恰当的有(　　)。
   A. 改变审计程序的范围,包括扩大样本规模,采用更详细的数据实施分析程序等
   B. 考虑被审计单位采用的会计政策
   C. 改变实质性程序的时间,包括在期末或接近期末实施实质性程序,或针对本期较早时间发生的交易事项或贯穿于整个本期的交易事项实施测试
   D. 改变拟实施审计程序的性质,以获取更为可靠、相关的审计证据,或获取其他佐证性信息,包括更加重视实地观察或检查,在实施函证程序时改变常规函证内容,询问被审计单位的非财务人员等

6. 管理层凌驾于控制之上导致的重大错报通常涉及对财务报告过程的操纵,这种操纵行为可能体现为(　　)。
   A. 在整个期间的日常会计核算过程中记录不恰当或未经授权批准的会计分录
   B. 在接近期末的日常会计核算过程中记录不恰当或未经授权批准的会计分录
   C. 在编制财务报表过程中作出不恰当的合并抵销分录
   D. 在编制财务报表过程中作出不恰当的重分类分录

7. 在了解被审计单位及其环境时,注册会计师应当向管理层询问下列事项(　　)。
   A. 管理层对舞弊承受能力
   B. 管理层对舞弊风险的识别和应对过程
   C. 管理层对治理层监督的防备措施
   D. 管理层就其经营理念及道德观念与员工沟通的情况

8. 当表明存在舞弊或可能表明存在舞弊的错报涉及较高级别的管理层时,注册会计师应当采取的措施包括(　　)。
   A. 重新考虑错报涉及的人员在被审计单位中的职位
   B. 重新评估舞弊导致的检查风险,考虑是否需要扩大实质性程序的范围
   C. 重新考虑此前获取的审计证据的可靠性,包括管理层声明的完整性和可信性,以及作为审计证据的文件和会计记录的真实性,并考虑管理层与员

工或第三方串通舞弊的可能性

D. 重新评估舞弊导致的重大错报风险,并考虑重新评估的结果对审计程序的性质、时间安排和范围的影响

9. 针对与侵占资产相关的销售活动重大错报风险,审计人员通常实施的审计程序包括(   )。

A. 向第三方确证销售合同的具体条款

B. 对存在的存货短缺现象,按照存货存放地点和货物类型分类并加以分析

C. 分析销售折扣和销售退回等项目,识别出异常的折扣、退货模式或异常趋势

D. 实施审计程序,以获取销售合同是否按照规定条款得到执行

10. A注册会计师在对东方公司2010年财务报表实施审计的过程中,发现东方公司可能存在与编制虚假财务报告导致的错报相关的收入确认方面的重大错报风险,针对此风险,A注册会计师拟实施的下列审计程序中与应对此类风险相关的有(   )。

A. 于期末或接近期末时在被审计单位的一处或多处销售及发货现场实地观察销售及发货情况

B. 按照月份和产品线(或业务分部)比较当期与以往期间的收入

C. 通过函证和更直接的沟通方式(如询问、走访)向被审计单位的顾客确证销售合同的部分或全部条款以及是否存在附加协议

D. 按标签号分类排序以测试存货的标签控制,或按照存货的编号顺序检查是否存在漏计或重复编号

11. 下列与编制虚假财务报告导致的错报相关的舞弊风险因素中,不属于舞弊的"动机或压力"因素的有(   )。

A. 内部控制存在缺陷

B. 管理层或治理层的个人经济利益受到被审计单位财务业绩或状况的影响

C. 管理层与注册会计师的关系异常或紧张

D. 管理层或业务人员受到更高职级管理层或治理层对财务或经营指标过高要求的压力

12. 下列属于与侵占资产相关的舞弊风险机会因素的有(   )。

A. 不相容职务的分离不充分

B. 管理层缺乏对信息技术的了解

C. 单位价值高、体积小、易于变现且不易识别所有权归属的存货

D. 晋升结果或所获经济报酬严重偏离员工的预期

13. 下列可能表明管理层有编制虚假财务报告的"动机或压力"的有(   )。

A. 盈利能力受到经济环境恶化的影响

B. 管理层为满足外部预期而承受过度的压力
C. 被审计单位所从事行业的性质提供了编制虚假财务报告的便利
D. 管理层受治理层对财务指标过高要求的压力

14. 下列与编制虚假财务报告导致的错报相关的舞弊风险因素中,属于舞弊的"机会"因素的有(   )。
    A. 管理层态度   B. 组织结构复杂或不稳定
    C. 对管理层的监督失败   D. 内部控制存在缺陷

15. 在审计过程中,如果发现被审计单位有错误或舞弊的可能性,则注册会计师应作出的反应包括(   )。
    A. 对其重要性进行评估   B. 修改审计程序
    C. 追加审计程序   D. 出具无法表示意见的审计报告

(三) 判断题

1. 注册会计师应查出被审计单位的所有舞弊。   (   )
2. 尽管注册会计师可能怀疑被审计单位存在舞弊,甚至在极少数情况下识别出发生的舞弊,但注册会计师并不对舞弊是否已实际发生作出法律意义上的判定。
                                                                              (   )
3. 与财务报表审计相关的故意错报,包括编制虚假财务报告导致的错报和侵占资产导致的错报。   (   )
4. 被审计单位治理层和管理层对防止或发现舞弊负有主要责任。   (   )
5. 管理层舞弊导致的重大错报未被发现的风险,小于员工舞弊导致的重大错报未被发现的风险。
6. 在讨论过程中,项目组成员不应假定管理层和治理层是正直和诚信的。
                                                                              (   )
7. 存在舞弊风险因素必然表明发生了舞弊。   (   )
8. 注册会计师应当针对评估的由于舞弊导致的认定层次重大错报风险确定总体应对措施。   (   )
9. 管理层处于实施舞弊的独特地位,其原因是管理层有能力通过凌驾于控制之上操纵会计记录并编制虚假财务报表,而这些控制却看似有效运行。   (   )
10. 管理层凌驾于控制之上的行为发生方式不可预见,这种风险属于由于舞弊导致的重大错报风险,但不是一种特别风险。   (   )

(四) 简答题

1. 针对舞弊导致的认定层次的重大错报风险实施的审计程序有哪些?
2. 注册会计师在财务报表审计中考虑舞弊时,应当获取管理层和治理层(如适用)在哪些方面作出的书面声明?

3. 被审计单位治理层和管理层对防止或发现舞弊负有哪些主要责任?
4. 如何界定注册会计师对发现舞弊方面的责任?

四、案例分析题

1. 紫鑫药业主要从事中成药的研发、生产、销售和中药材的种植业务。1998年5月25日,由敦化市康平保健食品有限公司、敦化市吉泰经贸有限公司共同发起设立。1998年11月,新增柳河沈飞合联工贸有限责任公司、吉林省霄峰广告有限公司、柳河日新餐饮有限责任公司3家股东。2007年3月2日,紫鑫药业在深圳证券交易所成功上市。2010年,紫鑫药业实现6.4亿元的营业收入,同比增长151%,而净利润也高达1.73亿元,同比增长184%。仅2011年上半年,公司就创造了1.11亿元的净利润。2011年,因公共传媒传出相关舞弊信息而两次停牌,多家公司大幅对其减持。

2011年8月,紫鑫药业(002118)因涉嫌关联交易舞弊和信息披露违规,证监会公告对其立案调查,导致公司股价连续跌停,众多投资者损失惨重。经调查,紫鑫药业假借人参贸易之名,大肆注册空壳公司,使之成为关联公司,不仅隐藏关联交易,更是连关联方都未披露,从而进行自买自卖。按采购金额占全年营业收入的百分比排列,排名第一的四川平大生物制品有限责任公司已受紫鑫药业全盘控制;排名第二的亳州千草药业是紫鑫药业的全资子公司吉林草还丹药业的子公司,即孙公司;排名第三的吉林正德药业有限公司的中方股东的实际控制人正是紫鑫药业董事长郭春生。可以看出,紫鑫药业的下游客户关系错综复杂。此外,2010年年报中应收账款的第一大客户通化致远、第二大客户通化鸿雅、第四大客户通化立发和第五大客户通化文博不管是从名称、注册地、注册时间、注册资金等都有惊人的相似性,疑似紫鑫药业一手操纵的皮包公司。并且,紫鑫药业的上游客户延边嘉益、延边耀宇、延边欣鑫、延边劲辉也与紫鑫药业有着关联关系。这样,一条上游、中游、下游均由郭氏家族或其相关方所控制的内部交易链形成,以操纵利润、抬高股价。

要求:
(1) 该案例中紫鑫药业财务舞弊的动机可能是什么?
(2) 写出三条注册会计师识别出该案例中关联方的方法。
(3) 指出该案例中其中三个方面的舞弊迹象。

2. 山东济南市投保人王先生称,从2004年至2008年购买了某保险公司《国寿永泰团体险》,每次交费2 000元共交费8 000元。当时没有银行划款,都是给业务员现金。2009年,王先生发现有2年险费业务员没上交,并找了各种理由推脱。从2010年9月至今,王先生多次打电话和到寿险售后服务部要求处理此事,可一直没有结果。现在该业务员去向不明,保险公司借口找不到业务员无法核对此事,不给赔

第十章 财务报表审计中对舞弊的责任

偿,还以老大自居称可以去法院告。王先生表示看过《保险法》第 127 条的规定,这种情况理应赔付。

要求:

(1) 用舞弊三角理论解释保险公司业务员的舞弊行为。

(2) 注册会计师审计有无责任发现此类舞弊?

3. 注册会计师审计某企业时,假设发现以下情况:

(1) 为了避免违反债务契约中的净收益金额的规定,公司的首席财务官将存货计价方法由先进先出改为加权平均法。

(2) 虽有证据表明账上部分存货的可变现净值已经降低,应进行冲销,管理层却拖延到下一个报告期间才予以冲销。

(3) 设备管理员经常将工具带到自己的家中使用,并且大多数没有还回厂里。

(4) 财务副总经理说服首席执行官不向董事会披露债券投资组合价值下降的详细情况。

要求:针对上述各种情况,确定是否可能发生雇员舞弊或管理层舞弊;并指出防范这类舞弊的防范措施及其审计应对措施。

第十一章 审计证据

一、概要解析

(一) 审计证据的含义

审计证据是注册会计师在执行审计业务中为证明审计事项，形成审计意见而获取的各种凭据。

(二) 审计证据的作用

审计目的就某种意义来讲，就是为了取得充分、适当的审计证据，因为没有审计证据就没有发言权，审计意见也就无从谈起，所以说审计实施的过程，实质上就是收集和评价审计证据的过程。只有通过审计证据的收集和评价，才能证明被审计单位财务报表的合法性和公允性，才能证明其经济活动的合法性和效益性，从而证明审计人员所作结论和所提意见的正确性。

(三) 审计证据的种类及效果

审计证据分类的目的，在于找出更合理、更有效、更具有证明力的证据，以达到较好的证明效果，从而有利于审计工作的顺利完成。审计证据可按不同划分标准进行分类。

(1) 审计证据按外表形式分类，可以分为实物证据、书面证据、口头证据和环境证据。

实物证据是指以实物的外部特征和内含性能来证明事物真相的各种财产物资。实物证据主要用于证明实物的客观存在、数量的正确性。实物证据对某项实物资产是否存在的证明力最强，效果最为显著。它可以对该实物的状态、数量、特征给予有力的证明。但是其对质量好坏及所有权难以有效认定。

书面证据是注册会计师所获取的各种以书面文件为形式的一类证据。它包括与审计有关的各种原始凭证、会计记录（记账凭证、会计账簿和各种明细表）、各种会议记录和文件、各种合同、通知书、报告书及函件等。在审计过程中，注册会计师往往要大量地获取和利用书面证据。书面证据是审计证据的主要组成部分，故可称之为基

第十一章 审计证据

本证据。书面证据按其获取途径不同,可以分为外部证据和内部证据两类。其可靠性依据其是否容易被涂改来确定。

口头证据一般而言本身并不足以证明事情的真相,但注册会计师往往可以通过口头证据发掘出一些重要的线索,从而有利于对某些需审核的情况作进一步的调查,以收集到更为可靠的证据。例如,注册会计师在对应收账款进行账龄分析后,可以询问应收账款负责人对收回逾期应收账款的可能性的意见。如果其意见与注册会计师自行估计的坏账损失基本一致,则这一口头证据就可成为证实注册会计师有关坏账损失判断的重要证据。

环境证据一般不属于基本证据,但它可帮助注册会计师了解被审计单位及其经济活动所处的环境,是注册会计师进行判断所必须掌握的资料。

(2)审计证据按相关程度分类,可以分为直接证据和间接证据。直接证据的证明力比间接证据强。

(3)按获取审计证据来源分类,可以分为自然证据和加工证据。

(4)按审计证据的重要性进行分类,可以分为基本证据、辅助证据和矛盾证据。

(四)审计证据的充分性——定量(数量特征)

审计证据的充分性又称为足够性。它是指审计证据的数量足以支持注册会计师的审计意见。因此,它是注册会计师为形成审计意见所需审计证据的最低数量要求。

注册会计师判断审计证据是否充分,应当考虑下列主要因素:
(1)审计风险。
(2)具体审计项目的重要性。
(3)注册会计师及其业务助理人员的审计经验。
(4)审计过程中是否发现错误或舞弊。
(5)审计证据的类型与获取途径。

(五)审计证据的适当性——定性(质量特征)

审计证据的适当性是对审计证据质量的衡量,即审计证据在支持各类交易、账户余额、列报(包括披露,下同)的相关认定,或发现其中存在错报方面所具有的相关性和可靠性。

相关性和可靠性是审计证据适当性的核心内容,只有相关且可靠的审计证据才是高质量的。相关性是指审计证据与审计目标相关联;可靠性是指审计证据应能如实地反映客观事实。

审计证据的可靠性受其来源和性质的影响,并取决于获取审计证据的具体环境。

注册会计师在判断审计证据的可靠性时,通常会考虑下列原则:

(1) 从外部独立来源获取的审计证据比从其他来源获取的审计证据更可靠。

(2) 内部控制有效时内部生成的审计证据比内部控制薄弱时内部生成的审计证据更可靠。

(3) 直接获取的审计证据比间接获取或推论得出的审计证据更可靠。

(4) 以文件、记录形式(无论是纸质、电子或其他介质)存在的审计证据比口头形式的审计证据更可靠。

(5) 从原件获取的审计证据比从传真件或复印件获取的审计证据更可靠。

(6) 越及时的证据越可靠。

(7) 客观证据比主观证据可靠。

(六) 审计证据的充分性与适当性的关系

充分性和适当性是审计证据的两个重要特性,两者缺一不可,只有充分且适当的审计证据才是有证明力的。审计证据的充分性和适当性密切相关,审计证据的适当性会影响其充分性。一般而言,审计证据的相关与可靠程度越高,则所需审计证据的数量就可减少;反之,审计证据的数量就要相应增加。两者密切相关,适当性会影响充分性,但并不是说充分性也会影响适当性。尽管审计证据的充分性和适当性相关,但如果审计证据的质量存在缺陷,注册会计师仅靠获取更多的审计证据,也可能无法弥补其质量上的缺陷。

(七) 审计证据的收集

注册会计师可以采用检查记录或文件、检查有形资产、观察、询问、函证、重新计算、重新执行和分析程序等具体审计程序来获取审计证据。

在实施风险评估程序、控制测试或实质性程序时,注册会计师可根据需要单独或综合运用上述程序,以获取充分、适当的审计证据。

(八) 审计证据的鉴定

审计证据的鉴定,贯穿于审计工作的始终,从制订审计计划开始到发表审计意见、提出审计报告都有一个审计证据的鉴定问题。在制订审计计划时,审计人员首先应该了解审计目标,明确需要证明哪些事项,要证明这些事项需要什么类型的审计证据,需要多少审计证据,这样才能决定为收集这些审计证据应办理哪些审计手续,采取哪些审计程序。这种鉴定虽然是事前的,但仍然是必不可少的。审计的实施过程就是审计证据的收集和鉴定过程。当审计人员实施一定的审计程序并已经收集到关于审计事项的所有审计证据后,就应从充分性、证明力、可信性和经济性等各方面作

第十一章 审计证据

出鉴定。鉴定的结果如果未达到上述标准，则应采取补充的审计程序和更改审计技术或扩大审计范围，直到取得具有足够证明力来支持审计结论的审计证据为止。在审计报告阶段，在对审计证据进行鉴定的基础上，通过综合鉴定，取得对被审计单位会计报表评价的客观依据。

二、背景资料

（一）审计证据含义与相关审计准则

《中国注册会计师审计准则第1301号——审计证据》第三条至第五条对审计证据的含义进行了规定。准则指出，审计证据是指注册会计师为了得出审计结论、形成审计意见而使用的所有信息，包括财务报表依据的会计记录中含有的信息和其他信息。

国际会计师联合会颁发的《国际审计准则——审计证据》将审计证据分为：会计报表所依据的原始凭证与会计记录、其他来源的佐证信息。美国注册会计师协会颁布的《审计准则第32号说明书》，把审计证据分为所依据的会计资料和佐证信息两大类，并且规定佐证信息又包括以下七种形式：实物证据、文书证据、声明书、函证、口头证据、数学性证据和分析性证据。以上所述审计证据种类的不同，是由于其内容不一致、形式不相同和取得的来源不尽相同所造成的。

（二）审计准则关于审计证据获取的相关规定

1. 获取审计证据的总体要求

（1）《中国注册会计师审计准则第1101号——财务报表审计的目标和一般原则》第十一条规定：在计划和实施审计工作时，注册会计师应当保持职业怀疑态度，充分考虑可能存在导致财务报表发生重大错报的情形。

（2）《中国注册会计师审计准则第1301号——审计证据》第七条规定：注册会计师应当保持职业怀疑态度，运用职业判断，评价审计证据的充分性和适当性。

2. 职业怀疑态度

《中国注册会计师审计准则第1101号——财务报表审计的目标和一般原则》第十二条规定：职业怀疑态度是指注册会计师以质疑的思维方式评价所获取的审计证据的有效性，并对相互矛盾的审计证据，以及引起对文件记录或管理层和治理层提供的信息的可靠性产生怀疑的审计证据保持警觉。

职业怀疑态度并不要求注册会计师假设管理层是不诚信的，而是要求注册会计师凭证据说话。要求注册会计师在整个审计过程中，应该以职业怀疑态度计划和实施审计工作，要充分考虑由于舞弊导致财务报表发生重大错报的可能性，而不应依赖以往审计中对管理层、治理层的诚信形成的看法。

3. 审计证据与法律证据异同的研判

审计证据与法律证据并不完全相同,两者在证据取得与鉴定方面均有所区别:

法律证据由诉讼双方提供,裁决者并不参与证据的收集;审计证据则需注册会计师收集,并由其根据审计证据作出判断。

法律上通常以最直接、最有力的证明材料作为证据来证实所起诉的内容,在审计过程中,什么可作为证据,如何取得适当的证据,均需由注册会计师根据审计目标与专业判断能力加以判定。

阅读文献

1. CPA:《审计》教材,经济科学出版社 2011 年版。
2. 中国注册会计师协会编:《中国注册会计师执业准则指南》(上下册),中国财政经济出版社 2011 年版。
3. 刘明辉:《审计》,东北财经大学出版社 2011 年版。
4. 陈淑芬:《审计学》,立信会计出版社 2011 年版。
5. 宋良荣:《审计学教程》,立信会计出版社 2009 年版。

三、复习思考题与练习题

复习思考题

1. 什么是审计证据?审计证据的主要类型有哪些?
2. 获取审计证据有哪些方法?
3. 审计证据的充分性与适当性之间的关系是什么?
4. 如何鉴定审计证据?
5. 口头证据的可信度如何?如何有效利用口头证据判断审计事项?
6. 如何考虑审计证据的成本效益原则?

练习题

(一)单项选择题

1. 下列与管理层声明相关的表述中,错误的是( )。
  A. 如果合理预期不存在其他充分、适当的审计证据,注册会计师就应当对财务报表具有重大影响的事项向管理层获取书面声明
  B. 如果管理层的某项声明与其他审计证据相矛盾,注册会计师应当调查这种情况
  C. 如果管理层拒绝提供注册会计师认为必要的声明,注册会计师应当出具保留或否定意见的审计报告
  D. 注册会计师不应以管理层声明替代能够合理预期获取的其他审计证据

第十一章 审计证据

2. 在以下情况中,你认为审计证据最可能不满足充分性的是( )。
   A. 为证实赊销审批制度执行的有效性,从全年各月选取3张销售单进行测试
   B. 为证实存货计价认定,仅对年末存货进行监盘并对年末财务资料进行检查
   C. 为证实应收账款的存在认定,仅针对年末尚未还款的债务人寄发询证函
   D. 为证实银行存款的计价认定,仅在年末向有过业务往来的银行寄发询证函

3. 下列与审计证据相关的描述中,正确的是( )。
   A. 如果审计证据数量足够多,就可以弥补审计证据的质量缺陷
   B. 审计工作通常不涉及鉴定文件的真伪,对用作审计证据的文件记录,只需考虑相关内部控制的有效性
   C. 不应考虑获取审计证据的成本与获取信息有用性之间的关系
   D. 会计记录中含有的信息本身不足以提供充分的审计证据作为对财务报表发表审计意见的基础

4. A注册会计师通过实施下列审计程序获取的与X公司固定资产相关的审计证据中,难以证明固定资产所有权的是( )。
   A. 检查本期外购办公设备的卖方发票
   B. 检查所有建筑物的产权证明文件
   C. 检查融资租入生产设备的租赁合同
   D. 检查所有运输车辆的维护保养记录

5. 下列各项中,为获取适当审计证据所实施的审计程序与审计目标最相关的是( )。
   A. 从甲公司销售发票中选取样本,追查到对应的发货单,以确定销售的完整性
   B. 实地观察甲公司固定资产,以确定固定资产的所有权
   C. 对已盘点的甲公司存货进行检查,将检查结果与盘点记录核对,以确定存货的计价正确性
   D. 复核甲公司编织的银行存款余额调节表,以确定银行存款余额的正确性

6. A注册会计师依据评估的重大错报风险,将X公司应付账款的完整性列为主要审计目标,并针对该项目设计和实施进一步审计程序。在下列审计程序中,与应付账款完整性目标最为相关的是( )。
   A. 以应付账款明细账记录为总体,向材料供应商实施函证,获取的函证回函
   B. 以接近年末的材料验收单为总体,实施100%检查程序,获取的检查记录
   C. 以最近三年有过往来的所有供应商为总体,实施询问程序,获取的询问记录
   D. 从资产负债表日到审计报告日的全部付款单为起点,追查到材料入库凭证

7. 在获取的下列审计证据中,可靠性最强的是( )。
   A. 甲公司连续编号的采购订单　　B. 甲公司编制的成本分配计算表

C. 甲公司提供的银行对账单　　　　　D. 甲公司管理层提供的声明书

8. 按审计证据可靠性"由高到低"的顺序,在注册会计师所获取的下列审计证据中,你认可的顺序排列是(　　)。

   A. 银行函证回函、购货发票、销货发票副本应收账款明细账
   B. 购货发票、应收账款明细账、银行存款函证回函、销货发票副本
   C. 销货发票副本、购货发票、银行存款函证回函、应收账款明细账
   D. 应收账款明细账、银行存款函证回函、销货发票副本、购货发票

9. 在验证应付账款余额不存在漏报时,D注册会计师获取的以下审计证据中,证明力最强的是(　　)。

   A. 供应商开具的销售发票　　　　　B. 供应商提供的月对账单
   C. 丁公司编制的连续编号的验收报告　D. 丁公司编制的连续编号的订货单

10. 实质性程序一般是在审计的实施阶段使用的,但在下列实质性程序中,(　　)是在审计的计划阶段和报告阶段必须使用的,而不一定在实施阶段运用。

    A. 分析程序　　B. 检查　　C. 重新计算　　D. 询问

11. A注册会计师向X公司生产负责人询问的以下事项中,最有可能获取审计证据的是(　　)。

    A. 固定资产的抵押情况　　　　　B. 固定资产的报废或毁损情况
    C. 固定资产的投保与其变动情况　D. 固定资产折旧的计提情况

12. 下列审计证据都是注册会计师通过实际观察或清点取得的、用于确定×公司相关的实物资产是否确实存在的证据,但对于取得(　　)证据的账资产,还应就其价值情况另行审计。

    A. 库存现金盘点表　　　　　B. 固定资产盘点表
    C. 应收票据盘点表　　　　　D. 有价证券盘点表

13. 下列程序中,专供注册会计师实施控制测试的审计程序有(　　)。

    A. 重新计算　　B. 检查　　C. 函证　　D. 重新执行

14. 根据函证程序的特性,这一程序最易发现下列(　　)存在的问题。

    A. 应收账款　　B. 账户记录中　　C. 应付账款　　D. 账户记录外

15. 在下列各项项目及其认定中,注册会计师最适宜采用函证程序加以证实的是(　　)。

    A. 应付账款的存在认定　　　　　B. 应收账款的完整性认定
    C. 固定资产的存在认定　　　　　D. 主营业务成本的计价认定

(二) 多项选择题

1. 注册会计师所需获取的审计证据数量受各种因素的影响。以下关于审计证

第十一章 审计证据

据数量的说法中,正确的有( )。
   A. 评估的重大错报风险越大,需要的审计证据可能越多
   B. 审计证据质量越高,需要的审计证据可能越少
   C. 证据存在的质量缺陷越多,所需的证据越多
   D. 获取的原件证据可能比获取的复印件证据少

2. 以下有关短期借款审计证据可靠性的论述中,正确的有( )。
   A. 从第三方获取的有关短期借款的证据比直接从被审计单位获得相关证据更可靠
   B. 短期借款的控制风险为低水平时产生的会计数据比控制风险为高水平时产生的会计数据更为可靠
   C. 短期借款的控制风险为高水平时产生的会计数据比控制风险为低水平时产生的会计数据更为可靠
   D. 被审计单位提供的短期借款合同尽管有借贷双方的签章,但如果没有其他证据佐证也不可靠

3. 注册会计师通常认为从外部独立来源获取的证据比从其他来源获取的证据更可靠。除此之外,还可以运用下列( )原则考虑证据的可靠性。
   A. 直接获取的证据比间接获取或推论得出的证据更可靠
   B. 内部控制有效时内部生成的证据比内部控制薄弱时内部生成的证据更可靠
   C. 从原件获取的证据比从传真或复印件获取的证据更可靠
   D. 以文件记录形式存在的证据比口头形式的证据更可靠

4. 在以下有关内部控制与审计证据充分性和适当性的说法中,正确的有( )。
   A. 内部控制健全、有效性影响审计证据的充分性。确切地说,内部控制的健全、有效程度与审计证据的数量成反向变动关系
   B. 通常,注册会计师应当从控制测试与实质性程序两方面考虑审计证据的相关性,内部控制健全、有效性影响审计证据的相关性
   C. 内部控制健全、有效性影响审计证据的可靠性。一般而言,来自健全、有效的内部控制的审计证据具有更高的可靠性
   D. 内部控制健全、有效性影响审计证据的可靠性,不影响审计证据的相关性

5. 注册会计师为了证明四个问题,获取了四组不同的证据。在不考虑相关性的情况下,依据可靠性由强到弱排列不正确的是( )。
   A. 律师声明书、购货发票、销货发票、管理层声明书
   B. 注册会计师自行编制的计算表、销货合同、明细账、支票存根
   C. 发货凭证、销售发票、销售单、应收账款函证回函

D. 银行存款收款凭证、银行存款对账单、银行存款日记账、银行存款余额调节表

6. 在财务报表审计业务中,注册会计师用来获取证据的审计程序包括(　　)。
   A. 风险评估程序   B. 了解内部控制的程序
   C. 控制测试程序   D. 实质性程序

7. 注册会计师可以运用观察程序来获取下列与(　　)有关的审计证据。
   A. 被审计单位经营场所   B. 内部控制的设计
   C. 实物资产   D. 有关业务活动

8. 在审计程序中,"监盘"是"检查"中的一种重要审计程序。对于下列资产来说,监盘程序只能证实被审计单位对(　　)的"存在"认定,但不能证实"所有权"认定。
   A. 库存现金   B. 固定资产   C. 存货   D. 无记名证券

9. 注册会计师应当确定是否有必要实施函证以获取认定层次的充分、适当的审计证据。在作出决策时,注册会计师应当考虑以下(　　)两个主要因素。
   A. 评估的认定层次的重大错报风险
   B. 评估的财务报表层次的重大错报风险
   C. 函证程序所审计的认定
   D. 根据认定推论得出的审计目标

10. X 公司委托 Y 公司代销其生产的 K 产品,双方约定 X 公司在接到代销清单后按清单上列示的销售量向 Y 支付劳务费,具体费用在 Y 公司向 X 公司支付销售款项(协议约定 X 公司此时向 Y 公司开具相关的销售发票)时扣除。注册会计师针对该事项向 Y 公司函证可能为(　　)认定提供相关、可靠的审计证据,但是不能为所列的其他认定提供证据。
    A. 销售收入的发生   B. 存货的权利与义务
    C. 营业成本的准确性   D. 销售费用的截止

11. 除非有特别证据或存在特殊理由,注册会计师应当对下列(　　)实施函证程序。
    A. 零余额借款账户   B. 在本期内注销的银行存款账户
    C. 应收账款   D. 由其他单位代为保管的存货

12. 注册会计师基于下列原因没有实施函证程序。其中,你认可的有(　　)。
    A. 注册会计师认为被询证者很可能不回函
    B. 有充分证据表明应收账款对财务报表不重要
    C. 注册会计师认为即使被询证者回函,其回函也不可信
    D. 注册会计师评估的应收账款的重大错报风险很低

第十一章 审计证据

13. 注册会计师向被询证者寄发消极方式的询证函后,如果在合理的时间内未收到回函,则可以据此认为被审计单位的记录不存在错报,但一般认为这样形成审计结论可靠性较低,其原因是注册会计师无法排除(   )等情况。
   A. 被询证者可能不存在
   B. 被询证者可能尚未收到询证函
   C. 被询证者因双方信息一致认为不必回函
   D. 被询证者发现双方记载不一致后可能不回函

14. 在实施函证程序时,注册会计师应当恰当确定函证的方式,以提高函证程序的有效性。以下有关函证方式的说法中,你认可的有(   )。
   A. 如果在询证函中列明拟函证账户的余额或其他信息,要求被询证者确认所函证的款项是否正确,难以避免被询证者对所列示信息不加以核实就回函确认
   B. 如果要求被询证者仅在不同意询证函列示信息的情况下才予以回函,收到的回函能够为财务报表认定层次存在的重大错报提供说服力强的审计证据
   C. 如果在询证函中不列明账户余额或者其他信息,要求被询证者填写有关信息或提供进一步信息,可能因被询证者需要作出更多的努力而导致回函率降低
   D. 在采用积极的函证方式时,如果在合理的期限内没有收到回函,注册会计师必须再次寄发询证函,否则无法证明所函证的信息是否正确

15. 注册会计师正在考虑如何使用分析程序了解被审计单位及其环境。下列观点正确的有(   )。
   A. 尽量将分析程序与询问、检查、观察等程序结合应用
   B. 尽量使用汇总性强的数据分析关键账户余额、趋势和财务比率
   C. 尽量关注财务报表中主要账户余额及其相互之间关系
   D. 尽量使用趋势分析和比率分析并辅之以对账户余额的变化分析

(三) 判断题

1. 分析程序具有很强的预期性,它不仅可以帮助注册会计师发现财务报表中的已发生的异常变化,或者预期发生而未发生的变化,还可以帮助注册会计师发现财务状况或盈利能力发生变化的信息和征兆,识别那些表明被审计单位持续经营能力问题的事项。(   )

2. 分析程序中运用趋势分析法进行分析的数额可以是被审计单位若干期财务报表中同一项目的金额。(   )

3. 分析程序中比率分析法是指注册会计师将被审计单位财务报表中的某一数

额与上期财务报表中的同一项目数额进行对比,并求出其比值进行分析。（　）

4. 在总体复核阶段实施的分析程序往往集中在财务报表层次,主要强调并解释财务报表项目自上个会计期间以来发生的重大变化。（　）

5. 审计证据的适当性是对审计证据质量的衡量,即审计证据在支持各类交易、账户余额、列报的相关认定,或发现其中存在错报方面具有相关性和可靠性。
（　）

6. 如果在审计过程中识别出的情况使其认为文件记录可能是伪造的,或文件记录中的某些条款已发生变动,注册会计师应当作出进一步调查,包括直接向第三方询证,或考虑利用专家的工作以评价文件记录的真伪。（　）

7. 实施控制测试的目的是测试内部控制在防止、发现并纠正认定层次重大错报方面的运行有效性,从而支持或修正重大错报风险的评估结果,据以确定实质性程序的性质、时间和范围。（　）

8. 风险评估程序中运用的分析程序主要目的在于识别那些可能表明财务报表存在重大错报风险的异常变化。（　）

9. 在总体复核阶段实施的分析程序主要在于强调并解释财务报表项目自上个会计期间以来发生的重大变化,以证实财务报表中列报的所有信息与注册会计师对被审计单位及其环境的了解一致、与注册会计师取得的审计证据一致。（　）

10. 在运用分析程序进行总体复核时,如果识别出以前未识别的重大错报风险,注册会计师应当重新考虑对全部或部分各类交易、账户余额、列报评估的风险是否恰当,并在此基础上重新评价之前计划的审计程序是否充分,是否有必要追加审计程序。（　）

11. 注册会计师应当考虑获取审计证据的成本与所获取信息的可靠性之间的关系,但不应将获取审计证据的成本高低和难易程度作为减少不可替代的审计程序的理由。（　）

12. 了解被审计单位及其环境本身并不足以为发表审计意见提供充分、适当的审计证据,注册会计师还应当实施进一步审计程序,包括在必要时或决定测试内部控制时实施的控制测试,以及实施的实质性程序。（　）

13. 注册会计师在审计应付账款时,只是取得了购货发票原件并且发了应付账款询证函,但没有实施一定的程序去鉴别购货发票的真伪。（　）

14. 无论评估的重大错报风险结果如何,注册会计师均应当针对所有重大的各类交易、账户余额、列报实施测试性程序,以获取充分、适当的审计证据。（　）

15. 注册会计师只能利用与审计目的相关联的审计证据来证明和否定被审计单位所认定的事项,而不能考虑利用其他不同性质的审计证据。（　）

四、案例分析题

1. 目的:练习根据审计目标收集审计证据,并且能对审计证据的可靠性进行比较。

资料:注册会计师执行审计业务,应按审计准则的要求获取充分、适当的审计证据,以证实管理层相关认定。下面是注册会计师针对既定审计目标获取的五组审计证据。

第一组,审计目标:应收账款是存在的;审计证据:应收账款函证汇总表(a)与应收账款明细表(A)。

第二组,审计目标:记录的关联方交易确实是已发生的;审计证据:直接从被审计单位的关联方获得的关于销售交易的函证回函(b)与从被审计单位获得的包括关联方交易金额的开户银行对账单(B)。

第三组,审计目标:原材料的计价正确;审计证据:通过实施监盘程序获得的存货盘点清单(c)与从被审计单位购买的原材料的卖方发票(C)。

第四组,审计目标:所有应付账款均已入账;审计证据:对被审计单位采购业务内部控制执行情况的观察记录(d)与对采购业务相关内部控制执行情况的询问记录(D)。

第五组,审计目标:交易性金融资产与可供出售金融资产的分类正确;审计证据:注册会计师与被审计单位管理层就被审计单位持有股票、债券等有价证券的目的进行沟通的记录(e)与通过函证金融机构获取的相关交易流水单复印件(E)。

要求:

(1) 指出每组审计证据中可靠性较强的证据,并请在附表相应空格中填列标识"√"。

(2) 针对既定的审计目标,在每组证据中,指出相关性较强的证据,并请在附表相应空格中填列标识"√"。

证据代码	第一组		第二组		第三组		第四组		第五组	
	a	A	b	B	c	C	d	D	e	E
可靠性高的证据										
相关性高的证据										

2. 目的:掌握根据相关审计目标选取最恰当的审计程序及获取关键证据。

资料:A注册会计师是U会计师事务所指派X公司(上市公司)2009年度财务报表审计业务的项目经理。在根据风险评估结果编制具体审计计划时,需要对该公司的主要账户拟定恰当的审计程序,以获取充分、适当的审计证据。现已拟定针对固定资产的存在目标实施的审计程序和拟获取的主要审计证据。

要求:除下表中已列示审计程序和审计证据以外,请代 A 注册会计师针对表中其他情形拟定最恰当的审计程序和所能获取的最主要审计证据,将答案直接填入下表相应空格中。

项目	审计目标	最恰当的审计程序	获取的关键证据
固定资产	存在	从明细账中追查到实物	检查、观察、询问记录
	计价和分摊		
存货	存在		
	权利和义务		

3. 目的:熟悉对相关认定实施函证程序以获取必要审计证据。

资料:A 注册会计师是 X 公司 2009 年度财务报表审计业务的项目合伙人。在审计过程中,需要对某些认定实施函证程序,以获取充分适当的审计证据。相关情况如下:

(1) 在编制具体审计计划时,A 注册会计师拟通过函证程序获取的审计证据证实 X 公司应收账款的存在认定、存货的计价认定、交易性金融资产与可供出售金融资产项目的分类认定,以及营业收入项目的发生认定、营业成本项目的完整性认定。

(2) 因为控制测试表明,X 公司与应收账款相关的内部控制能够有效防止、发现和纠正重大错报,A 注册会计师决定在 2009 年 12 月 15 日之前向 X 公司的客户寄发消极式询证函。要求客户在认为 X 公司年末应收账款余额正确的情况下及时回函说明。

(3) 处于保守商业机密的考虑,部分债务人接到积极式方式的询证函后对询证函中要求直接向会计师事务所回函持有顾虑,A 注册会计师同意这些债务人将询证函直接寄回给 X 公司,但要求 X 公司直接转交给会计师事务所。

(4) 为提高函证程序的不可预见性,以应对关联方交易存在的特别风险,A 注册会计师没有以 X 公司的名义向关联方寄发积极式询证函时,而是直接以会计师事务所的名义发函。

(5) 客户甲公司回函表明其 2009 年 10 月 15 日收到 X 公司生产的 100 吨 Y 产品,但由于合同约定在 3 个月内可以无条件退货,故不认可年末欠 X 公司 200 万元货款的说法。A 注册会计师进一步查明,X 公司已于 2010 年 1 月 20 日收到了甲公司于 1 月 15 日汇来的 200 万元货款,故认可了 X 公司的账簿记录。

(6) 寄发给应收金额很大的客户乙公司的积极式询证函直到审计报告日都没有

第十一章 审计证据

收到回函。A 注册会计师按审计范围受到限制决定对 X 公司的财务报表发表保留意见。

要求：请逐一针对上述每种情况，指出注册会计师的函证决策是否存在不当之处，简要说明理由并提出改进建议。

4. 目的：进一步熟练掌握函证程序中审计证据的获取步骤。

资料：B 注册会计师是乙公司 2009 年度财务报表审计业务的项目合伙人。根据对乙公司风险评估的结果，B 注册会计师决定将以下认定列为重大错报风险高的领域：

(1) 银行存款的计价与分摊认定。
(2) 营业收入的发生认定。
(3) 应收账款的存在认定。
(4) 应付账款的完整性认定。

为获取充分、适当的审计证据，B 注册会计师决定以积极的方式向乙公司的所有开户银行、交易频繁的客户以及应付余额为零的供应商函证。

要求：根据风险评估结果和你对积极的函证方式下两种具体方式（要求被函证者提供信息、要求被函证者确认信息）的理解，代 B 注册会计师确定适当的积极式函证方式（直接在下表相应的空格内画"√"）。

账户	银行存款	应收账款	营业收入	应付账款
认定	计价与分摊	存在	发生	完整性
要求被函证者提供信息				
要求被函证者确认信息				

5. 目的：掌握审计证据类型及对其可靠性进行排序。

资料：注册会计师在审查蓝色海洋公司 2011 年度财务报表时，按照审计准则的要求，形成了大量的审计证据，其中包括管理建议书副本、应收账款函证回函、购货发票复印件和审计调整分录汇总表。记载的内容分别是：

管理建议书副本：蓝色海洋公司的银行存款、银行借款、投资等业务的规章制度存在严重影响财务报表的缺陷。

应收账款函证回函：蓝色海洋公司应收账款明细账所记载的内容与该客户记录的金额、日期、商品名称等均一致。

购货发票复印件：由于漏记了两种材料采购，蓝色海洋公司的应付账款户期末余额低于期末尚未偿还的实际余额，低估的金额接近本账户的可容忍误差。

审计调整分录汇总表：如被审计单位拒绝调整，财务报表错报总额将远远超过其重要性。

要求:根据上述信息,逐一确定相应的审计证据类型(包括来源和表现形式),四种证据的可靠性排序以及每种证据最适宜证实的两个管理层认定(如果有)。将你的结论填列在下表中。

底稿序号	审计证据的类型	证据可靠性排序	适宜证实的管理层认定
(1)			
(2)			
(3)			
(4)			

6. 目的:掌握实质性程序运用。

资料:阅读教材关于实质性程序的阐述。

要求:简述实质性分析程序运用的步骤。

第十二章 审计工作底稿

一、概要解析

(一)审计工作底稿的含义

审计工作底稿是指注册会计师对制订的审计计划、实施的审计程序、获取的相关审计证据,以及得出的审计结论作出的记录。审计工作底稿是审计证据的载体,是注册会计师在审计过程中形成的全部审计工作记录和获取的资料。它形成于审计过程,并反映整个审计过程。

(二)审计工作底稿的编制目的

注册会计师应当及时编制审计工作底稿,以实现下列目的:① 提供充分、适当的记录,作为审计报告的基础;② 提供证据,证明其按照中国注册会计师审计准则的规定执行了审计工作。

(三)审计工作底稿的存在形式

审计工作底稿可以以纸质、电子或其他介质形式存在。随着信息技术的广泛运用,审计工作底稿的形式从传统的纸质形式扩展到电子或其他介质形式。但无论审计工作底稿以哪种形式存在,会计师事务所都应当针对审计工作底稿设计和实施适当的控制。以实现下列目的:
(1) 使审计工作底稿清晰地显示其生成、修改及复核的时间和人员。
(2) 在审计业务的所有阶段,尤其是在项目组成员共享信息或通过互联网将信息传递给其他人员时,保护信息的完整性和安全性。
(3) 防止未经授权改动审计工作底稿。
(4) 允许项目组和其他经授权的人员为适当履行职责而接触审计工作底稿。

(四)审计工作底稿的内容

审计工作底稿通常包括总体审计策略、具体审计计划、分析表、问题备忘录、重大事项概要、询证函回函、管理层声明书、核对表、有关重大事项的往来信件(包括电子邮件),以及对被审计单位文件记录的摘要或复印件等。

(五) 审计工作底稿的作用

审计工作底稿是注册会计师审计业务中普遍使用的专业工具。编制或取得审计工作底稿是注册会计师最主要的审计工作。审计工作底稿的主要作用表现在以下几个方面:
(1) 审计工作底稿是联结整个审计工作的纽带。
(2) 审计工作底稿是注册会计师形成审计结论、发表审计意见的直接依据。
(3) 审计工作底稿是明确注册会计师的审计责任、评价或考核注册会计师专业能力与工作业绩的依据。
(4) 审计工作底稿为审计质量控制与质量检查提供了可能。
(5) 审计工作底稿对未来的审计业务具有参考备查价值。

(六) 审计工作底稿的要素

通常,审计工作底稿包括下列全部或部分要素:① 被审计单位名称。② 审计项目名称。③ 审计项目时点或期间。④ 审计过程记录。⑤ 审计结论。⑥ 审计标识及其说明。⑦ 索引号及编号。⑧ 编制者姓名及编制日期。⑨ 复核者姓名及复核日期。⑩ 其他应说明事项。

(七) 审计工作底稿分级复核制度

会计师事务所应当建立完善的审计工作底稿分级复核制度。如前所述,对审计工作底稿的复核可分为两个层次:项目组内部复核和独立的项目质量控制复核。

项目组内部复核又分为两个层次:审计项目经理的现场复核和项目合伙人的复核。

(八) 审计工作底稿归档的期限

注册会计师应当按照会计师事务所质量控制政策和程序的规定,及时将审计工作底稿归整为最终审计档案。审计工作底稿的归档期限为审计报告日后 60 天内。如果注册会计师未能完成审计业务,审计工作底稿的归档期限为审计业务中止后的 60 天内。

(九) 审计工作底稿的保存期限

会计师事务所应当自审计报告日起,对审计工作底稿至少保存 10 年。如果注册会计师未能完成审计业务,会计师事务所应当自审计业务中止日起,对审计工作底稿

第十二章 审计工作底稿

至少保存 10 年。

二、背景资料

(一) 审计工作底稿控制程序与相关审计准则

会计师事务所应当按照《会计师事务所质量控制准则第 5101 号——业务质量控制》的规定,对审计工作底稿实施适当的控制程序,以满足下列要求:

(1) 安全保管审计工作底稿并对审计工作底稿保密。
(2) 保证审计工作底稿的完整性。
(3) 便于对审计工作底稿的使用和检索。
(4) 按照规定的期限保存审计工作底稿。

为了保证审计工作底稿的完整性,注册会计师不得对其进行不当删除、废弃和改动。

(二) 审计工作底稿的归类整理的相关规定

对每项具体审计业务,注册会计师应当按照事务所质量控制政策和程序的规定,及时将审计工作底稿归整为最终审计档案。

《会计师事务所质量控制准则第 5101 号——业务质量控制》和《中国注册会计师审计准则第 1131 号——审计工作底稿》对审计工作底稿的归档作出了具体规定,涉及归档工作的性质和期限、审计工作底稿保管期限等方面。审计档案分为永久性档案和当期档案。这一分类主要是基于具体实务中对审计档案使用的时间而划分。

(三) 审计工作底稿关于例外情况的规定

例外情况可能在审计报告日后发现,也可能在财务报表报出日后发现,注册会计师应当按照《中国注册会计师审计准则第 1332 号——期后事项》第四章"财务报表报出后发现的事实"的相关规定,对例外事项实施新的或追加的审计程序。

阅读文献

1. CPA:《审计》教材,经济科学出版社 2011 年版。
2. 中国注册会计师协会编:《中国注册会计师执业准则指南》(上下册),中国财政经济出版社 2011 年版。
3. 刘明辉:《审计》,东北财经大学出版社 2011 年版。
4. 陈淑芬:《审计学》立信会计出版社 2011 年版。
5. 宋良荣:《审计学教程》立信会计出版社 2009 年版。

三、复习思考题与练习题

复习思考题

1. 审计工作底稿有何作用？
2. 审计工作底稿的编制是如何完成的？
3. 审计工作底稿有哪些种类？
4. 审计工作底稿的格式及主要内容有哪些？
5. 如何进行审计工作底稿的分级复核？
6. 如何处理例外情况的发生？

练习题

(一) 单项选择题

1. 以下有关审计工作底稿的说法中，不正确的是（　　）。
   A. 注册会计师所获取的每个重要的审计证据都要通过审计工作底稿加以记载
   B. 每一张工作底稿都为证明财务报表是否不存在重大错报提供了直接的证据
   C. 审计工作底稿是注册会计师对被审计单位的财务报表出具审计报告的基础
   D. 审计工作底稿为注册会计师执业过程中是否遵循审计准则提供直接证据

2. 会计师事务所应当针对审计工作底稿设计和实施适当的控制，以实现预定的目的。在下列关于此类目的的陈述中，不正确的是（　　）。
   A. 使审计工作底稿清楚地显示其生成、修改、复核的时间和人员
   B. 便于审计项目组成人员随时修改审计工作底稿
   C. 在审计业务的所有阶段，保护信息的完整性和安全性
   D. 允许相关人员为履行职责而接触审计工作底稿

3. 在审查 X 公司 2010 年度 K 材料采购业务时，A 注册会计师通过检查 K 材料订货单发现 X 公司 2010 年度共采购同一型号的 K 材料 500 批，其中 95% 以上均由 Y 公司供货，经办此类采购业务的人员均为 B。根据上述情况，在编制相应的审计工作底稿时，A 最后以订购单上记载的（　　）作为采购业务的识别特征。
   A. 订货编号　　　B. 验收日期　　　C. 材料型号　　　D 经办人员

4. 根据审计准则的规定，在记录实施审计程序的性质、时间和范围时，应当记录测试的特定项目或事项的识别特征。在记录识别特征时，下列做法正确的是（　　）。
   A. 对乙公司生成的订购单进行测试，将供货商作为主要识别特征
   B. 对需要选取既定总体内一定金额以上的特定项目进行测试，将该金额以上的所有会计分录作为主要识别特征

C. 对运用系统化抽样的审计程序,将样本来源作为主要识别特征

D. 对询问程序,将询问时间作为主要识别特征

5. 当注册会计师利用计算机编制审计工作底稿时,应当合理设计审计标识,方便对审计工作底稿的利用和复核。以下相关说法中,你认为不正确的是(   )。

   A. 审计工作底稿需要注明索引号及顺序编号

   B. 相关审计工作底稿之间需要保持清晰勾稽关系

   C. 采用电子索引和链接时,应确保链接不随审计工作的推进而更新

   D. 可以将风险评估结果与审计计划中针对该风险领域设计的审计程序链接

6. 会计师事务所应当制定政策和程序,使对业务工作底稿的管理满足下列要求。其中,你认为最重要的要求是(   )。

   A. 安全保管工作底稿并对业务工作底稿保密

   B. 保证业务工作底稿的完整性

   C. 便于使用和检索业务工作底稿

   D. 按照规定的期限保存业务工作底稿

7. 下列有关审计工作底稿归档期限的表述中,正确的是(   )。

   A. 如果完成审计业务,归档期限为审计报告日后60天内

   B. 如果完成审计业务,归档期限为外勤审计工作结束日后60天内

   C. 如果未能完成审计业务,归档期限为外勤审计工作中止日后30天内

   D. 如果未能完成审计业务,归档期限为审计业务中止日后3天内

8. 按照审计工作底稿相关准则的规定,对于审计档案,会计师事务所应自(   )起至少保存10年。

   A. 审计报告签署日   B. 审计报告定稿日
   C. 财务报表公布日   D. 后续审计中止日

9. 注册会计师对被审计单位的关联方进行调查所形成的工作底稿应属于(   )。

   A. 当期档案   B. 业务类工作底稿
   C. 永久性档案   D. 综合类工作底稿

10. B注册会计师对乙公司20×7度财务报表出具审计报告的日期为20×8年2月15日,乙公司对外报出财务报表的日期为20×8年2月20日。在完成审计档案的归整工作后,可以变动审计工作底稿的是(   )。

    A. 20×8年5月5日,乙公司发生火灾,烧毁一生产车间,导致生产全部停工

    B. 20×8年5月10日,法院对乙公司涉讼的专利侵权案作出最终判决,乙公司赔偿原告2 000万元。20×7年12月31日,该案件尚在审理过程

中,由于无法合理估计赔偿金额,乙公司在20×7年度财务报表中对这一事项作了充分披露,未确认预计负债

C. 20×8年5月15日,B注册会计师知悉乙公司20×7年12月31日存在的可能导致修改审计报告的舞弊行为

D. 20×8年5月20日,乙公司收回一笔20×6年已经注销的应收账款,金额为1 000万元

11. A注册会计师及审计项目组其他成员于2010年3月6日完成了X公司2009年度财务报表的审计业务,3月7日将审计工作底稿归整为最终审计档案。在归整时对工作底稿进行了如下变动,其中需要说明理由并说明对审计意见影响的是(　　)。

A. 将3月5日获取并在项目组内部达成一致意见的审计证据添加到工作底稿中

B. 在全部工作底稿上添加索引号及页次

C. 将3月8日获取的审计证据补充到审计档案中

D. 废弃已被取代的原材料监盘工作底稿

12. U会计师事务所的审计项目组于2×09年2月15日对X公司2×08年度财务报表出具了审计报告,审计报告上签署的日期为2×09年2月10日。该审计报告副本作为审计档案应(　　)。

A. 归入永久性档案,永久保存　　B. 至少保存至2×19年2月15日

C. 归入当期档案,至少保存10年　　D. 至少保存至2×19年2月10日

(二) 多项选择题

1. 按照审计准则对审计工作底稿概念的描述,审计工作底稿是指注册会计师对(　　)作出的记录。

A. 制定的审计计划　　B. 实施的审计程序

C. 获取的审计证据　　D. 收取的审计费用

2. 注册会计师按审计计划实施了对应收账款的审计程序后,需要形成相应的审计工作底稿。确定审计工作底稿的格式、内容、范围时,应当遵循以下(　　)原则。

A. 如识别出应收账款项目存在重大错报风险,工作底稿应更加详细

B. 如根据凭证检查程序和获取的审计证据能够得出结论,应记录结论

C. 如根据函证程序和获取的函证回函不能得出结论,应记录原因

D. 已获取的审计证据重要性越高,工作底稿的范围越大

3. 在确定审计工作底稿的格式、要素和范围时,注册会计师应当考虑下列(　　)因素。

A. 被审计单位的规模和复杂程度
B. 识别出的重大错报风险
C. 在执行审计工作和评价审计结果时需要作出判断的程度
D. 审计方法和使用的工具

4. 对于被审计单位提供的合同、章程等复印件,必须( )方能形成审计工作底稿。
   A. 注明资料来源
   B. 将复印件与原件核对
   C. 形成审计结论
   D. 编制人、复核人签名

5. 注册会计师在编制审计工作底稿时,应根据具体情况判断某一事项是否属于重大事项。如果实施一项审计程序的结果表明( ),则应将该项结果归入重大事项。
   A. 以前对重大风险的评估正确
   B. 审计报告的意见类型需要修正
   C. 无需修正应对重大风险的措施
   D. 财务报表可能存在重大错报

6. 以下与审计工作底稿复核相关的说法中,正确的有( )。
   A. 对工作底稿的复核工作应当由至少与编制工作底稿的人员具备同等专业胜任能力的人员来实施
   B. 对工作底稿的复核必须留下证据,一般由复核者在所复核的工作底稿上签名、盖章并说明复核的日期
   C. 在项目组内部复核的基础上,必须指定独立人员对工作底稿实施项目质量控制复核,否则不能出具审计报告
   D. 复核范围因审计规模、审计复杂程度以及工作安排的不同而存在显著差异

7. 审计档案有当期档案与永久性档案之分。以下有关当期档案的说法中,不正确的有( )。
   A. 当期档案是指主要供本期和下期使用的审计档案
   B. 记录企业规章制度的审计档案属于当期档案
   C. 在控制测试中形成的审计档案属于当期档案
   D. 记录在实质性程序的审计档案属于永久性档案

8. 注册会计师形成或获取的有关下列( )内容的工作底稿时,应当归入永久性档案。
   A. 工商营业执照
   B. 土地使用权证明文件
   C. 存货监盘
   D. 应收账款函证

9. U会计师事务所在执行X公司2010年度财务报表审计业务的过程中需要按照审计准则的规定编制并形成审计工作底稿。以下与审计工作底稿相关的说法中,正确的有( )。

A. 如果X公司提出复印与固定资产相关的审计工作底稿,U会计师事务所不得拒绝

B. 如果审计小组提出复印X公司与营业收入相关的账簿资料,X公司管理层不得拒绝

C. 如果审计小组的专家提出复印利用其工作形成的相关工作底稿,审计小组不得拒绝

D. 如果审计小组要求X公司财务人员代编部分审计工作底稿,X公司管理层不得拒绝

10. 在U会计师事务所执行的以下审计业务中,不符合归档期限要求的有( )。

A. 2010年2月28日确定了对A公司2009年度财务报表的审计报告,所形成的审计工作底稿于2010年4月30日归档

B. 由于各种原因会计师事务所2010年3月9日中止了审计业务,相关的审计工作底稿于2010年5月9日归档

C. 按照时间预算的规划,审计项目组应于2010年3月1日至10日实施对C公司2009年度财务报表的外勤审计工作。3月6日,因发现C公司存在重大舞弊事项后会计师事务所决定终止该项审计业务,同时,将已形成的审计工作底稿全部作废

D. 2010年2月10日出具了审计报告,3月10日将D公司2009年度财务报表审计业务的相关工作底稿整理归档

11. 在完成最终审计档案的归整工作后,如果发现有必要修改现有审计工作底稿或增加新的审计工作底稿,无论修改谨增加的性质如何,注册会计师均应当记录下列( )事项。

A. 修改或增加审计工作底稿的时间和人员

B. 修改或增加审计工作底稿的具体理由

C. 修改或增加审计工作底稿对审计结论产生的影响

D. 修改或增加的审计工作底稿的法律责任

12. U会计师事务所于2011年3月20日提交了对X公司2010年度财务报表的审计报告,4月20日将相关的工作底稿归档。6月20日,U事务所基于某种原因按规定替换了原已归档的相关工作底稿,则( )。

A. 替换后新的工作底稿应从6月20日起至少保管10年

B. 全部工作底稿都应当从6月20日起保管10年

C. 替换后旧的工作底稿都从4月20日起保管10年

D. 未替换的工作底稿仍然从审计报告日开始计算保管期

第十二章 审计工作底稿

(三) 判断题

1. K会计师事务所在向G公司管理层提交了关于G公司2011年度财务报表的审计报告后，G公司提出复印审计小组成员形成的与固定资产相关的审计工作底稿，K会计师事务所不得拒绝。（ ）

2. 注册会计师在审计报告日后60天内应该将审计工作底稿归档，必要时应追加实施新的审计程序。（ ）

3. 注册会计师在审计时如果识别出某些信息与针对某重大事项得出的结论不一致，应形成相应的审计记录。（ ）

4. 审计工作底稿的归档期限为审计报告日后60天内。如果注册会计师未能完成审计业务。审计工作底稿的归档期限没有限制。（ ）

5. X会计师事务所已连续多年执行Y公司的年度财务报表审计业务。2012年3月，在执行Y公司2011年度财务报表审计业务过程中，需要利用本所2004年审计X公司2003年度财务报表时所形成审计工作底稿以支持对Y公司一项长期股权投资业务的审计结论。根据审计准则中有关审计档案保管期限的规定，X事务所应从2012年起重新计算其所保管的关于Y公司2003年度财务报表的审计档案。（ ）

6. 审计工作底稿的保管，一般都属于永久性保管。（ ）

7. 有些审计工作底稿同时也是审计证据。（ ）

8. 审计工作底稿的内容对编制审计报告非常重要，因而其内容越具体，越详细就越好。（ ）

9. 对于审计工作底稿中内容的复核，可以考核编制者的业务能力。（ ）

10. 在一般情况下，审计人员不得向其他人提供审计工作底稿。（ ）

11. 审计工作底稿作为审计人员的业务记录，不必进行复核。（ ）

12. 审计工作底稿的内容经常变动，可不列为审计档案。（ ）

13. 审计工作底稿是审计人员在审计工作中所作的各种记录。（ ）

四、案例分析题

1. 目的：了解并掌握应收账款函证分析工作底稿的编制。

资料：1在对H公司2011年度财务报表进行审计时，N注册会计师负责审计应收账款。N注册会计师对截止日为2011年12月31日的应收账款实施了函证程序，并于2012年2月15日编制了以下应收账款函证分析工作底稿。

H公司应收账款函证分析工作底稿

资产负债表日:2011年12月31日

	索引号	B-3
编制人		日期
复核人		日期

一、函证	笔数(万元)	金额	百分比
2011年12月31日	4 000	4 000 000 √★	100%
其中:积极函证	108	520 000	13%
消极函证	280	40 000	10%
寄发询证函小计	388	560 000	23%
选定函证但客户不同意函证的应收账款	12		
选择函证合计	400		
二、结果			
(一)函证未发现不符			
积极函证:确认无误部分 W/PB-4	88C	360 000	9%
消极函证:未回函或回函确认无误部分 W/PB-4	240C	32 000	0.8%
函证未发现不符小计	328	392 000	9.8%
(二)函证发现不符			
积极函证 W/PB-5	4C×	20 000	0.5%
消极函证 W/PB-5	40C×	8 000	0.2%
函证发现不符小计	44	28 000	0.7%
(三)选定函证但客户不同意函证的应收账款	12		
标识说明 √ 与应收账款明细账核对相符 ★ 与应收账款总账核对相符 C 回函相符 C× 回函不符			

总体结论:回函不符金额28 000元低于可容忍错报,应收账款得到公允反映

第十二章 审计工作底稿

要求:请指出 N 注册会计师编制的上述工作底稿中存在哪些缺陷?

2. 目的:了解审计工作底稿的业务质量控制复核流程。

资料:A 注册会计师是 U 会计师事务所的业务质量控制负责人。目前正在对本所近期执行的审计项目进行业务检查。

(1) 在检查过程中 A 注册会计师注意到以下情况:

① 在 X 公司 2010 年度财务报表审计项目组中,注册会计师 I 负责对索引号为 L-3-1,L-3-2,L-3-3,…,L-3-20 全部 20 张应收账款函证回函工作底稿进行复核。在完成复核工作后,I 只在应收账款函证核对表及 L-3-1 号工作底稿上签名,但未在其余 19 张工作底稿上签名。

② 在 Y 公司 2010 年度财务报表的审计工作工作底稿中,项目组成员 J 针对同一事项先后编制了 2 张结论相互矛盾的工作底稿。其中 1 张工作底稿上特别注明 Y 公司根据审计结论进行调整后矛盾已经解决。

(2) 根据检查中发现的普遍性问题,A 注册会计师建议在本所原有规定的基础上增加以下与审计工作底稿相关的规定,以完善本所的业务质量控制制度:

① 如是审计客户采用计算机处理业务,应直接获取以电子信息形式存在的资料。为便于复核,应将相关信息打印,形成纸质工作底稿,以代替原电子形式的工作底稿。

② 对于直接从审计工作客户获取的有关合同、章程等重要文件的原件,凡需要形成审计工作底稿的,执行业务的审计小组成员必须亲自复印,并将复印件与原件相核对。

③ 在审计工作中,如果注册会计师向客户管理层出具了内部控制存在重大缺陷的管理建议书,应作为重要的审计工作底稿归档,保存期限不得少于 5 年。

要求:请根据审计准则中与审计工作底稿相关的规定指出 I 和 J 注册会计师的做法是否符合规定并指出 A 注册会计师提出的 3 条建议是否存在问题,简要说明理由。

3. 目的:熟悉审计准则对审计工作底稿的各项规定。

资料:U 会计师事务所为保证审计工作质量,结合本所的实际情况对审计工作底稿进行了规范,结合近期执行的审计业务对审计工作进行的检查。具体情况如下:

(1) 在编制控制测试工作底稿时,应当格式统一、语言精练,至少能使执行项目组内部复核的人员清楚地了解所执行的控制测试程序的性质、时间和范围。

(2) 对实施项目质量控制复核的审计业务,不仅编制人、复核人要在每张审计工作底稿上签字,还要求项目质量控制复核人员在每张工作底稿上签字。

(3) 项目质量控制复核人对审计工作底稿复核的主要内容是:实施的审计程序是否适当,获取的审计证据是否足以支持审计结论。

(4) 因对 X 公司 2010 年末末应收账款实施审计抽样时将所有贷方余额的应收账款从总体中剔除并单独实施审计程序，项目组在编制审计工作底稿时以贷方余额作为识别特征。

(5) 对 Y 公司 2010 年度财务报表的某项认定实施实质性程序的结果表明：先前重大错报风险的评估结论不完全正确，项目组将该结果作为重大事项列入工作底稿。

(6) Z 公司项目组负责人不仅要求项目组成员及时记录与管理层、治理层和其他人员对重大事项的讨论内容和参加讨论的人员，而且要记录讨论的时间、地点。

要求：请逐一针对上述每种情况，指出 U 会计师事务所的规定和各项目组的做法是否符合审计准则对审计工作底稿的相关规定，并简要说明理由。

4. 目的：了解并熟悉审计工作底稿的基本要素。

资料：参考教材关于审计工作底稿的基本要素的内容。

要求：简述审计工作底稿的基本要素。

5. 目的：了解并掌握审计工作底稿的保管年限。资料：教材中关于审计工作底稿的保管年限的有关规定。

要求：说明审计工作底稿的保管年限是如何规定的。

6. 目的：了解并掌握审计报告日后对审计工作底稿的变动规定。

资料：教材中关于审计报告日后对审计工作底稿的变动规定。

要求：简述审计报告日后对审计工作底稿的变动规定。

第十三章 审计计划、审计风险和重要性

一、概要解析

(一) 审计计划

1. 审计计划的含义与作用

审计计划是注册会计师为了完成预定的审计业务,达到预期的审计目的,而对审计的内容、程序、时间、进度和范围制订的一个总体战略和一套详细的方案。审计计划的具体作用是:①审计计划有利于审计工作按步骤进行,掌握审计工作进度;②审计计划有利于对所进行的审计工作实行监督和检查;③审计计划有利于审计人员与被审计单位协调工作,避免误解;④通过制订和实施审计计划,可使注册会计师能根据具体情况收集充分、适当的证据。

2. 计划审计工作

计划审计工作包括初步业务活动、总体审计策略和具体审计计划的制订、审计计划的审核。初步业务活动的内容包括:针对保持客户关系和具体审计业务实施相应的质量控制程序;评价遵守职业道德规范的情况;及时签订或修改审计业务约定书。总体审计策略的内容应当包括:被审计单位的基本情况;审计范围;报告目标;审计方向;审计资源的分配等。具体审计计划是依据总体审计策略制订的,对实施总体审计策略所需要的审计程序的性质、时间、范围所作的详细规划与说明。项目合伙人和项目组其他关键成员应当参与计划审计工作,包括参与项目组成员的讨论。为了保证审计计划的合理和完善,对审计计划的审核是一项必不可少的工作程序。审计计划的审核和批准应当具有更高的专业水平,通常由审计机构的有关业务负责人审核和批准。

3. 首次接受委托是对审计计划的补充考虑

首次接受委托审计的情况比较复杂,注册会计师的审计风险相对来说较大,因此,首次接受委托的目的是计划审计工作的质量和风险控制。

4. 审计过程对审计计划的更改

计划审计工作是一个持续的、不断修正的过程,贯穿于整个审计业务的始终。由于未预期事项、条件的变化或在实施审计程序中获取的审计证据等原因,注册会计师应当在审计过程中对总体审计策略和具体审计计划作出必要的更新和修改。

(二) 审计重要性

1. 对审计重要性概念的理解

重要性是审计学中一个非常重要的概念。我国注册会计师审计准则认为:"重要性取决于在具体环境下对错报金额和性质的判断。如果一项错报单独或连同其他错报可能影响财务报表使用者依据财务报表作出的经济决策,则该项错报是重大的。"重要性概念的错报包括漏报,重要性是从财务报表使用者角度,应从金额和性质两方面来考虑。

2. 重要性的初步判断

重要性水平的确定贯穿于审计整个过程,审计各阶段重要性的运用具有不同的意义。在审计的计划阶段,重要性的初步判断是编制审计计划的重要依据;在审计实施阶段,重要性影响着审计程序性质和范围;在审计报告阶段,重要性是确定错报是否要调整及审计意见的依据。

重要性水平分为财务报表层次重要性水平和认定层次重要性水平。注册会计师首先应当综合考虑各方面的因素,初步确定财务报表层次的重要性,然后再分配到认定层次,确定各类交易、账户余额、列报等认定层次的重要性,认定层次重要性水平即"可容忍误差"。

3. 审计重要性和审计风险、审计证据数量的关系

审计重要性水平、审计风险和审计证据数量三者之间两两互为反向关系。

4. 评价错报的影响

(1) 尚未更正错报汇总数高于重要性水平。注册会计师应当考虑通过扩大审计程序的范围或要求管理层调整财务报表降低审计风险。在任何一种情况下,注册会计师都应当要求管理层就已识别的错报调整财务报表。如果管理层拒绝调整财务报表,并且扩大审计程序范围的结果不能使注册会计师认为尚未更正错报的汇总数不重大,注册会计师应当考虑出具非无保留意见的审计报告。

(2) 尚未更正错报汇总数接近重要性水平。注册会计师应当考虑该汇总数连同尚未发现的错报是否可能超过重要性水平,并考虑通过实施追加的审计程序,或要求管理层调整财务报表降低审计风险。

(3) 错报从性质上看是重大的。考虑到某些错报发生的环境,即使其金额低于计划的重要性水平,注册会计师仍可能认为其单独或连同其他错报从性质上看是重大的。

(三) 审计风险

1. 审计风险的构成要素及其相互关系

审计风险是指财务报表存在重大错报而注册会计师发表了不恰当审计意见的可

能性。财务报表层次的审计风险由重大错报风险和检查风险构成。认定层次的重大错报风险又可以进一步细分为固有风险和控制风险。

2. 审计风险的评估

注册会计师只能控制检查风险,对重大错报风险只能评估,以进一步确定审计程序的性质、时间和范围。注册会计师通过询问、分析性程序、观察和检查等对被审计单位财务报表整体重大错报风险和认定层次的固有和控制风险进行评估。

3. 审计风险的应对

注册会计师通过实施风险评估程序,针对识别和评估的财务报表层次的重大错报风险,确定总体应对措施;针对认定层次的重大错报风险,设计和实施进一步审计程序,以将审计风险降至可接受的低水平。

二、背景资料

(一)财务报表层次重要性水平的分配

注册会计师量化了会计报表层次的重要性之后,就必须要将会计报表层次的重要性水平分配到各账户中去。目前,在审计实务中存在两种分配的方法:一种是在没有考虑错误金额与审计成本的情况下,将会计报表层次的重要性水平按同一比例分配给各账户,叫平均分配法;另一种是考虑到特定账户发生错账漏报的可能性和审计策略或资源的限制,将会计报表层次的重要性水平不按同一比例分配给各账户,叫不平均分配法。平均分配方法,其优点是操作简单易行,但是其没有考虑到成本效益原则,也没有考虑各项目的具体情况,因而是不科学的。不平均分配法按照具体问题具体分析的思路,根据各项目审查的难易程度确定各账户的重要性水平,对难查的,分配了较高的重要性水平;对易查的,分配了较低的重要性水平。这样,在不降低整个报表审计质量的前提下使审计成本的降低超过了审计成本的增加额,使审计总成本下降,从而体现了"成本效益原则"。在实践工作中,不平均分配法比较受到注册会计师的推崇。总的来说,注册会计师在分配重要性水平时,应该从质量和成本两个方面来考虑。从质量的角度来考虑,对重要性的账户,对报表使用人特别关注特别敏感的账户,重要性水平应定得低一些;对一些不太重要的账户则可以定得高一些。从成本的角度考虑,业务交易较大的账户,可以将重要性水平定得高一些,这样就可以降低审计成本。在决定重要性水平的分配时,注册会计师要充分利用自己的专业知识作出专业的判断,寻找到成本和质量的最佳结合。

(二)审计风险模型的发展

传统审计风险模型是由美国注册会计师协会(AICPA)1983年提出的。该模型

（审计风险＝固有风险×控制风险×检查风险）可以解决交易类别、账户余额、披露和其他具体认定层次的错报，发现经济交易和事项本身的性质和复杂程度发生的错报，发现企业管理当局由于本身的认知和技术水平造成的错报，以及企业管理当局局部和个别人员舞弊和造假导致的错报，从而将审计风险（此时体现为检查风险）控制在比较满意的水平。但如果存在企业高层通同舞弊、虚构交易，也就是战略和宏观层面的风险，运用该模型便会捉襟见肘了。现代风险导向审计以被审计单位的战略经营风险分析为导向进行审计，因此又被称为经营风险审计，或被称为风险基础战略系统审计。现代风险导向审计按照战略管理论和系统论，将由于企业的整体经营风险所带来的重大错报风险作为审计风险的一个重要构成要素进行评估，是评估审计风险观念、范围的扩大与延伸，是传统风险导向审计的继承和发展。在该理论的指导下，国际审计和鉴证准则委员会（IAASB）发布了一系列新的审计风险准则，对审计风险模型重新描述为：审计风险＝重大错报风险×检查风险（IAASB，2003）。

阅读文献

1. 中国注册会计师协会/编：《审计》（第一章注册会计师审计概论），经济科学出版社2012年版。

2. 秦荣生、卢春泉：《审计学》（第七版）（第一章总论），中国人民大学出版社2011年版。

三、复习思考题与练习题

复习思考题

1. 什么是审计计划？它有何作用？
2. 审计人员在计划审计工作前，应该做好哪些初步业务活动？
3. 什么是重要性？为什么说重要性贯穿着整个审计过程？
4. 简述审计风险的概念及其组成要素。
5. 注册会计师如何进行风险评估以及采取相应的风险应对措施？
6. 说明审计重要性水平、审计风险水平和审计证据数量两两之间的关系。

名词解释

1. 总体审计策略　2. 两个层次的重要性水平　3. 具体审计计划　4. 错报　5. 审计风险　6. 重大错报风险　7. 查风险　8. 审计风险评估　9. 审计风险应对措施

练习题

（一）单项选择题

1. 注册会计师在评价错报影响时应汇总错报不包括（　　）。

　　A. 对事实的错报　　　　　　　　B. 推断误差

第十三章　审计计划、审计风险和重要性

　　C. 涉及主观决策的错报　　　　　　D. 已调整错报
2. 如果尚未更正错报汇总数低于重要性水平较大,注册会计师可以发表(　　)的审计报告。
　　A. 保留意见　　　　　　　　　　　B. 无保留意见
　　C. 无保留意见加强调事项段　　　　D. 保留意见加强调事项段
3. 重要性取决于在具体环境下对错报金额和性质的判断。以下关于重要性的理解不正确的是(　　)。
　　A. 重要性的确定离不开具体环境
　　B. 重要性包括对数量和性质两个方面的考虑
　　C. 重要性概念是针对管理层决策的信息需求而言
　　D. 对重要性的评估需要运用职业判断
4. 下列有关检查风险的观点不能认同的是(　　)。
　　A. 检查风险取决于审计程序逻辑设计的合理性和执行的有效性
　　B. 在既定的审计风险水平下,可接受的检查风险水平与认定层次重大错报风险的评估结果是反向关系。评估的重大错报风险越低,可接受的检查风险越高
　　C. 注册会计师应当合理设计审计程序的性质、时间和范围,并有效执行审计程序,以控制检查风险
　　D. 检查风险与注册会计师所需的审计证据是同向关系
5. 在对财务报表进行分析后,确定资产负债表的重要性水平为 200 万元,利润表的重要性水平为 100 万元,则注册会计师应确定的财务报表层次重要性水平为(　　)万元。
　　A. 100　　　　B. 150　　　　C. 200　　　　D. 300
6. 在特定审计风险水平下,检查风险同评估的重大错报风险之间的关系是(　　)。
　　A. 同向变动关系　　　　　　　　　B. 反向变动关系
　　C. 有时同向变动,有时反向变动　　D. 不明显的
7. 总体审计策略的基本内容不应包括(　　)。
　　A. 被审计单位的基本情况　　　　　B. 审计范围
　　C. 报告目标　　　　　　　　　　　D. 审计工作底稿索引号
8. 若审计人员经过实施有关实质性测试后,还认为与某一重要账户的认定有关的检查风险不能降低至可接受的水平,应当发表(　　)的审计报告。
　　A. 无保留意见　　　　　　　　　　B. 保留意见
　　C. 否定意见　　　　　　　　　　　D. 无法表示意见

9. 如果同一期间不同会计报表的重要性水平不同,注册会计师应取其(　　)作为会计报表层次的重要性水平。
   A. 最高者　　　　B. 最低者　　　　C. 平均数　　　　D. 加权平均数
10. 如果注册会计师认为利润表可接受的重要性水平为60 000元,而资产负债表可接受的重要性水平为110 000元,则财务报表层次的重要性水平为(　　)元。
    A. 110 000　　　B. 60 000　　　C. 80 000　　　D. 40 000
11. 审计计划通常是由(　　)于现场审计工作开始之前起草的。
    A. 会计师事务所主要负责人　　　　B. 审计项目参与人
    C. 审计项目负责人　　　　　　　　D. 会计师事务所的法人代表
12. 注册会计师在对重要性水平初步判断时,不应考虑的因素是(　　)。
    A. 以往的审计经验
    B. 会计报表各项目的性质及相互关系
    C. 可能引起履行合同义务的错报或漏报
    D. 会计报表各项目的金额及其波动幅度
13. 注册会计师应当根据审计风险及其要素与审计中其他因素的关系决定审计的导向。有关这些关系的下列论断中,不正确的是(　　)。
    A. 对于不重要的财务报表项目,其错报的可能性越高,相应的重要性水平就越高,以便降低成本
    B. 账户余额或交易错报的可能性越高,其重大错报风险就越高
    C. 账户余额或交易错报的可能性越高,其相应的重要性水平就越低,这样可以提高审计的效率
    D. 重要性水平与审计风险是反向关系,即重要性水平越低,审计风险就越高;反之,重要性水平越高,审计风险就越低
14. 注册会计师可以根据被审计单位的性质和环境来具体确定重要性的基准。以下说法中,注册会计师不认同的是(　　)。
    A. 由于销售收入和总资产具有相对稳定性,注册会计师经常将其用作确定计划重要性水平的基准
    B. 而对于收益不稳定的被审计单位或非营利组织来说,选择税前利润或税后净利润作为判断重要性水平的基准可能比较合适
    C. 对于以营利为目的的被审计单位而言,来自经常性业务的税前利润或税后净利润可能是一个适当的基准
    D. 对于资产管理公司来说,净资产可能是一个适当的基准
15. 以下说法中,不正确的是(　　)。

A. 重要性水平与审计风险之间存在反向关系

B. 重要性水平和审计证据的数量之间存在反向变动关系

C. 可接受的审计风险与审计证据的数量之间存在反向变动关系

D. 注册会计师可以通过调高重要性水平来降低审计风险

(二) 多项选择题

1. 财务报表层次重要性水平确定的基准,可以是(　　)。

   A. 资产总额　　　B. 净资产　　　C. 销售收入　　　D. 负债总额

   E. 净利润

2. 审计计划的内容包括(　　)。

   A. 总体审计策略　　　　　　　　B. 具体审计计划

   C. 总体审计计划　　　　　　　　D. 一般审计计划

   E. 项目审计计划

3. 总体审计策略的内容应当包括(　　)。

   A. 被审计单位的基本情况　　　　B. 审计范围

   C. 报告目标　　　　　　　　　　D. 审计方向

   E. 审计资源的分配

4. 根据COSO发布的内部控制框架,被审计单位的内部控制包括(　　)。

   A. 控制环境　　　　　　　　　　B. 风险评估

   C. 信息系统与沟通　　　　　　　D. 控制活动

   E. 对控制的监督

5. 风险评估程序主要包括(　　)。

   A. 询问被审计单位管理层　　　　B. 询问内部其他相关人员

   C. 分析程序　　　　　　　　　　D. 检查

   E. 观察

6. 如果审计人员所确定的尚未更正错报累计额是接近重要性水平的,审计人员应考虑(　　)相加后是否可能超过重要性水平。

   A. 尚未查出的错报　　　　　　　B. 尚未更正错报累计额

   C. 已查出的错报　　　　　　　　D. 已更正错报累计额

7. 审计业务负责人审核具体审计计划,具体内容应包括(　　)。

   A. 审计程序能否达到审计目标

   B. 重点审计领域中各审计项目的审计程序是否恰当

   C. 重点审计程序的制定是否恰当

   D. 时间预算是否合理

   E. 审计程序是否适合各审计项目的具体情况

8. 对重要性水平作初步判断应考虑的因素有( )。
   A. 被审单位的经营规模及业务性质
   B. 有关法规对财务会计的要求
   C. 财务报表各项目的性质及其相互关系
   D. 内部控制和审计风险评估结果
   E. 财务报表项目的金额及其波动幅度

9. 下列说法中,正确的有( )。
   A. 重要性水平越高,审计风险越低
   B. 重要性水平越低,应当获取的审计证据越多
   C. 样本量越大,抽样风险越大
   D. 可容忍误差越小,需选取的样本量越大

10. 初步业务活动的内容包括( )。
    A. 针对保持客户关系和具体审计业务实施相应的质量控制程序
    B. 评价遵守职业道德规范的情况
    C. 及时签订或修改审计业务约定书
    D. 制定总体审计策略
    E. 制订具体审计计划

11. 重大错报风险是审计风险的组成部分。以下关于重大错报风险的说法中,正确的是( )。
    A. 财务报表层次重大错报风险难以界定于某类交易、账户余额、列报的具体认定
    B. 财务报表层次重大错报风险与财务报表整体存在广泛联系,可能影响多项认定
    C. 重大错报风险与审计项目组人员的学识、技术和能力有关
    D. 财务报表层次重大错报风险通常与控制环境有关,但也可能与其他因素有关

12. 在制定W公司2006年度财务报表审计的总体策略时,审计项目组应当考虑影响审计业务的下列( )重要因素,以确定审计项目组的工作方向。
    A. 识别W公司及其所在行业最近发生的重大变化
    B. 项目组人员的选择和工作分工
    C. 管理层重视设计和实施健全的内部控制的相关证据,包括这些内部控制得以适当记录的证据
    D. 预期与W公司管理层和治理层沟通的关键日期

13. 重要性取决于在具体环境下对错报金额和性质的判断。在以下关于重要性

第十三章 审计计划、审计风险和重要性

的说法中,正确的是( )。

A. 财务报表错报包括财务报表金额的错报和财务报表披露的错报

B. 重要性的确定离不开具体环境

C. 不同的注册会计师在确定同一被审计单位财务报表层次和认定层次的重要性水平时,得出的结果可能不同

D. 如果财务报表中的某项错报足以改变或影响被审计单位管理层或治理层的相关决策,则该项错报就是重要的

14. 进一步审计程序的总体方案主要是指注册会计师针对各类交易、账户余额和列报决定采用的总体方案,包括( )。

A. 风险评估程序　B. 综合性方案　C. 实质性方案　D. 函证

15. 在确定审计程序后,如果注册会计师决定接受更低的重要性水平,审计风险将增加。注册会计师应当选用下列( )方法将审计风险降至可接受的低水平。

A. 如有可能,通过实施追加的控制测试,降低评估的重大错报风险,并支持降低后的重大错报风险水平

B. 如有可能,通过扩大控制测试范围,降低评估的重大错报风险,并支持降低后的重大错报风险水平

C. 提高重要性水平来降低审计风险

D. 通过修改计划实施的实质性程序的性质、时间和范围,降低检查风险

(三) 判断题

1. 计划审计工作并非审计业务的一个孤立阶段,而是一个持续的、不断修正的过程,贯穿于整个审计业务的始终。( )

2. 交易、账户余额、列报的重要性水平是指允许某交易、账户余额、列报出现重要错报的上限规定。( )

3. 注册会计师在计划审计工作后,需要开展初步业务活动。( )

4. 总体审计策略用以确定审计范围、时间和方向,并指导制定具体审计计划。( )

5. 在既定的审计风险水平下,可接受的检查风险水平与认定层次重大错报风险的评估结果是反向关系。评估的重大错报风险越低,可接受的检查风险越高。( )

6. 在任何情况下,注册会计师都应当要求管理层就已识别的错报调整财务报表。如果管理层拒绝调整财务报表,并且扩大审计程序范围的结果不能使注册会计师认为尚未更正错报的汇总数不重大,注册会计师应当考虑出具非无保留意见的审计报告。( )

7. 注册会计师在审计过程中必须按审计计划执行审计业务,并随时根据具体情况修订和补充审计计划,但在完成外勤审计工作后就不必再对审计计划作修订了。
(   )

8. 注册会计师可以同被审计单位就总体审计策略进行讨论,并协调工作,因此,审计计划可以由注册会计师同被审计单位共同编制。(   )

9. 在审计实施阶段,注册会计师可以将分析程序直接作为实质性测试程序,以收集与账户余额和各类交易相关的各类特殊认定的证据。(   )

10. 初步业务活动的目的是确定财务报表的重大错报风险较高的领域。(   )

(四)简答题

1. 注册会计师需要从哪个方面理解重要性的概念?
2. 什么是审计风险?其具体内容有哪些?
3. 为什么说注册会计师需要关注小金额的错报?
4. 简述注册会计师尚未更正错报的汇总数对审计程序或审计意见的影响。

四、案例分析题

1. A 和 B 注册会计师对 XYZ 股份有限公司 2008 年度财务报表进行审计,其未经审计的有关财务报表项目金额如下(单位:人民币万元)。

财务报表项目名称	金额	财务报表项目名称	金额
资产总额	360 000	利润总额	72 000
净资产	176 000	净利润	48 240
营业收入	480 000		

要求:

(1) 如果以资产总额、净资产、营业收入和净利润作为判断基础,并假定固定百分比的数值分别为 0.5%、1%、0.5% 和 5%,请代 A 和 B 注册会计师计算确定 XYZ 公司 2008 年度财务报表层次的重要性水平。

(2) 简要说明财务报表层次的重要性水平与报表项目重要性水平作用的关系。

2. A 和 B 注册会计师对 XYZ 股份有限公司 2008 年度财务报表进行审计,其未经审计的有关财务报表项目金额如下(单位:人民币万元):

财务报表项目名称	金额
资产总计	180 000
股东权益合计	88 000
主营业务收入	240 000

第十三章　审计计划、审计风险和重要性

利润总额	36 000
净利润	24 120

要求：(1) 如果以资产总额、净资产（股东权益）、主营业务收入和净利润作为判断基础，采用固定比率法，并假定资产总额、净资产、主营业务收入和净利润的固定百分比数值分别为 0.5%、1%、0.5% 和 5%，请代 A 和 B 注册会计师计算确定 XYZ 股份有限公司 2008 年度会计报表层次的重要性水平（请列示计算过程）。

(2) 简要说明重要性水平与审计风险之间的关系。

(3) 简要说明重要性水平与审计证据之间的关系。

3. 注册会计师对 B 公司 2008 年的财务报表进行审计，确定报表层次的重要性水平为 15 万元。B 公司的总资产构成如下表所示。

项　目	金额（万元）
货币资金	20
应收账款	300
存　货	700
固定资产	800
无形资产	180
总　计	2 000

要求：按各项资产占总资产的比例确定各报表项目的重要性水平，指出这种确定方法有无缺陷，并分析理由。

4. XYZ 会计师事务所正在准备接受 B 公司的委托审计 2008 年度的财务报表。B 以前年度是由 DEF 会计师事务所审计的，并对 2007 年的财务报表出具了带强调事项段的无保留意见。在接受委托之前，主管此项业务的 XYZ 会计师事务所合伙人 X 注册会计师经 B 公司的允许与 DEF 会计师事务所进行了沟通，了解到一些它对这个客户的审计经验。以下是 X 注册会计师了解到的一些主要信息：

(1) B 公司是一家集团公司，有多个子公司从事药品生产，同时也投资房地产、服装、酒店、软件等产业。

(2) 日益激烈的竞争和我国对药品市场的管制，使公司受到变现能力和盈利能力恶化的压力。

(3) B 公司的管理层最大限度的"挤压利润"，竭尽全力地使报告的收入和每股收益最大化。在 2007 年度，经 B 公司同意，收入被 DEF 会计师事务所的注册会计师调减了 1200 万元，占原报告收入的 30%。

(4) B 公司董事会中缺少审计委员会，致使审计人员的工作开展得比较困难。

（5）B公司大多数交易采用计算管理系统进行核算，核算系统内部控制政策和程序是比较健全的，但对存货的控制很差。最近实现的电算化系统中的永续盘存记录并不是很准确，而且，该公司没有内部审计人员，银行账户也没有定期调整。

（6）B公司2007年财务报表附注中提到了一起由该公司药物使用者所提起的诉讼，该药物被检查发现有可能导致癌症。DEF会计师事务所在2007年度审计报告中增加了一个强调事项段，表示了对B公司持续经营能力的怀疑。

（7）B公司2005年、2006年和2007年3年的收入水平持续下降，但2008年度未经审计的收入比2007年有大幅上升。

要求：

（1）评估B公司的财务报表层次重大错报风险水平（高、中、低），并说明理由。

（2）指出B公司认定层次的重大错报风险集中的领域。

第十四章 销售与收款循环审计

一、概要解析

(一) 销售与收款循环的特性

1. 销售与收款循环是重要的业务循环

财务报表审计由此向采购与付款循环,存货循环层层推进。销售与收款循环的最主要的审计目标是防高估。

2. 销售业务职能部门

销售业务按职能部门可以分为销售部门、信用部门、仓储部门、运输部门、会计部门、内审部门这六个不相容的基本部门,正确授权批准是销售业务内部控制的关键。

(二) 营业收入的审计

销售与收款业务循环首要环节是营业收入的确认。

1. 营业收入的审计目标

最主要的审计目标是发生、完整性与截止,其次是分类与准确性。违反了正确认定目标的主要错误有两类:一类是单纯的发生与完整性的认定错误;另一类是由违反销售截止导致的复合错误,即违反截止错误,也会导致发生与完整性认定的连带错误。

2. 营业收入的实质性程序

由于收入对于利润的敏感性远高于其他因素,因此一般假定财务报表中的收入存在相当的舞弊风险。针对销售发生目标的审计程序有专用审计程序与通用审计程序之分,专用审计程序的效果性高于应收账款贷方发生额的通用审计程序,但审计成本也高。营业收入实施截止测试,其目的主要在于确定被审计单位主营业务收入的会计记录归属期是否正确,应计入本期或下期的主营业务收入有否递延至下期或提前至本期。注册会计师在审计中应该充分关注三个与主营业务收入确认有着密切关系的日期:一是发票开具日期或者收款日期;二是记账日期;三是发货日期(服务业则是提供劳务的日期)。三日一期是确认收入正确截止的必要条件。围绕截止目标的审计程序又有逆查与顺查之分。

（三）应收账款的审计

应收账款是与营业收入对应的财务报表项目。对于应收账款的审计，不仅可以查证应收账款确认的正确性，还可以进一步验证营业收入确认的正确性。

1. 应收账款的审计目标

应收账款的审计目标一般包括：确定应收账款是否存在；确定应收账款是否归被审计单位所有；确定应收账款及其坏账准备的记录是否完整；确定应收账款是否可收回，坏账准备的计提方法和比例是否恰当，计提是否充分；确定应收账款及其坏账准备期末余额是否正确；确定应收账款及其坏账准备的列报是否恰当。

2. 应收账款的实质性审计程序

对应收账款实施实质性分析程序，主要是检查应收账款账龄是否正确。对于应收账款的细节测试，主要是函证程序与未函证的检查程序。函证是查证应收账款存在、权利义务目标的首选程序，而检查未函证的是次选程序。

二、背景资料

（一）销售交易的测试方向

了解从原始凭证追查至日记账、明细账或总账，以及从日记账、明细账或总账逆查至原始凭证之间的差别，对审计师来说是至关重要的。前者用于测试遗漏的交易（完整性目标），而后者则用于测试虚构的交易（存在性目标）。

在测试存在性目标中，起点是日记账、明细账或总账。从日记账中选取销售发票号码样本并追查至销售发票副本、发货单和顾客订单。在测试完整性目标中，可能的起点是发货单。选取发货单样本，然后追查至销售发票副本及销售日记账以测试遗漏的交易。

为存在性和完整性目标设计审计程序时，确认审计的起点是基本的。这就是所谓的测试方向。例如，如果审计师主要关注存在性目标，但以错误的方向（从发货单至日记账）追查，那么就会产生严重的审计效率问题。

（二）收入舞弊的手段

财务报表舞弊的手段多种多样。要了解公司如何利用收入进行财务报表舞弊，应当首先识别能给公司带来收入的交易类型。绘制公司与客户的交易业务图对分析交易所涉及的账户以及确定错报如何发生是很有帮助的。

在绘制了公司收入交易图后，为了识别财务报表舞弊手段，应当将涉及的账户与典型的舞弊手段联系起来。如表14-1所示。

表 14-1　　　　涉及的账户与典型的舞弊手段

业务活动	涉及的账户	可能运用的手段
1. 向客户销售商品或提供劳务	应收账款、收入（如销售收入）	1. 记录虚构的销售收入（关联方销售、虚假销售、附带条件的销售、寄销等） 2. 提早确认收入（不恰当的截止、不恰当使用完工百分比法等） 3. 高估销售收入（涂改合同、虚增销售金额等）
2. 估计应收账款的坏账损失	资产减值损失、坏账准备	4. 低估坏账准备，从而高估应收账款
3. 接收客户退回的商品	销售退回、应收账款	5. 对客户退回的商品未作记录 6. 在会计期末之后记录退回的商品
4. 将应收账款作为坏账注销	坏账准备、应收账款	7. 未注销坏账 8. 拖延注销坏账
5. 在折扣期后收款	现金、应收账款	9. 将银行转账业务作为客户交来的现金予以记录 10. 操纵从关联方收到的现金
6. 在折扣期内收款	现金、销售折扣、应收账款	11. 未记录给予客户的折扣

显然，表 14-1 中提及的 11 种财务报表舞弊手段都会高估收入和净利润。当然，公司也可能通过舞弊来低估收入和净利润。当然，这种舞弊通常只有在公司希望少交所得税时才可发生。

了解公司可能运用的舞弊手段有助于识别舞弊迹象、进行事前审计或调查，并进一步追查已识别的舞弊迹象，以确定舞弊是否存在。

（三）应收账款账龄分析的审计技巧

应收账款账龄问题其实是由赊销业务引发的，对应收账款账龄分析可以从应收账款账户的四要素审起，期初余额，本期借贷发生额，期末余额。可以利用 T 字型账户加以递推实证：期初余额反映了期初的原始账龄，本期的借方发生额则反映了本期赊销的收入与销项税合计，本期的贷方发生额则反映了银行存款的收到数，分别来自期初收到与本期收到，因此期末余额中 1 年内的账龄必来自本期赊销未收到的金额，期末余额中 1～2 年的账龄,来自期初余额中的 1 年内的金额,且金额只会小于等于期初数,以此类推。

阅读文献

1. 中国注册会计师协会编:《审计》(第十三章销售与收款循环的审计),经济科学出版社 2012 年版。

2. 秦荣生、卢春泉:《审计学》(第七版)(第九章销售与收款循环的审计),中国人民大学出版社 2011 年版。

3 阿尔文·A·阿伦斯:《审计与保证服务》(第十三章审计销售与收款循环),东北财经大学出版社 2005 第 9 版。

4. W. Steve Albrecht:《舞弊检查》(第十一章 收入和存货舞弊),中国财政经济出版社 2005 年版。

三、复习思考题与练习题

复习思考题

1. 销售交易的职责分离的基本要求有哪些?
2. 针对销售交易发生的实质性程序有哪些?
3. 论述营业收入的实质性分析程序具体要求。
4. 销售交易的截止认定的基本要求。
5. 应收账款函证的方式有哪几种?
6. 对应收账款函证不符事项的处理要求是什么?

名词解释

1. 坏账备查登记 2. 销售截止测试
3. 积极式函证 4. 消极式函证
5. 应收账款与预收款项重分类调整 6. 跨期账项

练习题

(一) 单项选择题

1. 下列说法中不正确的是(   )。

   A. 检查是否向所有装运的货物都开具了账单,可以实现"真实性"目标

   B. 销售发票需要事先连续编号

   C. 开具账单部门职员在开具每张销售发票前,独立检查是否存在装运凭证和相应的经批准的销售单

   D. 仓库只有在收到经过批准的销售单时才能供货

2. 设计信用批准控制与应收账款账面余额最相关的认定是(   )。

   A. 存在   B. 完整性   C. 计价和分摊   D. 权利和义务

3. 为证实所有销售交易均已登记入账,注册会计师在执行审计程序时,常用的交易实质性程序是(　　)。
   A. 检查证明销售交易分类正确的原始证据
   B. 将发运凭证与相关的销售发票和主营业务收入明细账及应收账款明细账中的分录进行核对
   C. 追查主营业务收入明细账中的分录至销售单、销售发票副联及发运凭证
   D. 将主营业务收入明细账中的分录与销售单中的赊销审批和发运审批进行核对

4. 对询证函的处理恰当的方法是(　　)。
   A. 将询证函以被审计单位的名义发出,可交由被审计单位填写,然后由注册会计师亲自寄发
   B. 注册会计师认为对方会认真对待询证函的,采用消极式函证方式
   C. 注册会计师应在函证时,对某一账户50万元的应收账款,在函证中故意多写为80万元
   D. 注册会计师先根据10封询证函的传真件回函得出的相应的审计结论,但要求被询证者将原件盖章后寄至会计师事务所

5. 选择以下项目作为函证对象,主要是为了证实应收账款的真实性,但下列函证对象属于例外的是(　　)。
   A. 交易频繁但期末余额为零的项目
   B. 关联方项目
   C. 与债务人发生纠纷的项目
   D. 主要客户项目及非正常项目

6. 注册会计师在对被审计单位营业收入进行审计时,运用了实质性分析程序,即将本期与上期的主营业务收入进行比较,主要是为了实现(　　)。
   A. 是否符合被审计单位季节性、周期性的经营规律,并查明异常现象和重大波动原因
   B. 分析产品销售的结构和价格的变动是否正常,并分析异常变动原因
   C. 注意收入与成本是否配比,并查清重大波动和异常情况的原因
   D. 分析销售业务的分类是否正确

7. 在确认商品房销售收入时,不是必要条件的是(　　)。
   A. 商品房已经有关部门验收合格,商品房的钥匙已交付给了购买方
   B. 与商品房相关的主要风险和报酬已经转移给了购买方
   C. 已经收到了房款或对方已经取得了收取房款的权力
   D. 办理完毕房屋所有权证书及土地使用权证书

8. 注册会计师核对资产负债表日前后的销货发票的日期与登记入账的日期是否一致,其主要目的是为了( )。
   A. 实现发生目标   B. 实现完整性目标
   C. 实现分类和可理解性目标   D. 确认收入入账时间是否正确

9. 对应收账款函证,通常难以获取( )认定的证据。
   A. 可变现净值   B. 存在性
   C. 准确性   D. 权利或义务

10. 被审计单位销售与收款循环中"授权"控制活动中,存在缺陷的是( )。
    A. 在赊销发生之前,已经信用部门正确审批
    B. 未经批准的销货一律不准发货
    C. 销售价格、销售条件、运费、折扣由销售人员根据客户情况进行谈判并签订合同
    D. 对于超过既定销售政策和信用政策规定范围的特殊销售业务,采用集体决策方式

11. 预防员工贪污、挪用销货款的最有效的控制措施为( )。
    A. 记录应收账款明细账的人员不得兼任出纳
    B. 收取客户支票与收取客户现金由不同人员担任
    C. 请客户将货款直接汇入公司所指定的银行账户
    D. 公司收到客户支票后立即寄送收据给客户

12. 注册会计师对被审计单位应收账款账龄分析的目的主要是为了确认( )。
    A. 坏账准备的计提充分性   B. 赊销业务的审批情况
    C. 应收账款的可收回性   D. 应收账款的真实性

13. A注册会计师计划对X公司2011年度销售交易中形成的应收账款实施账龄分析,属于恰当判断是( )。
    A. 应收甲公司账款自2010年起发生,2011年借方发生额等于贷方发生额,贷方发生额含收回的2010年度发生的债权。X公司将应收甲公司账款账龄确定为1~2年
    B. 应收乙公司款项发生于2010年度,并于当年贴现。2011年度到期后,乙公司未能如期偿还。X公司将该笔应收款项账龄确定为1年以内
    C. 应收丙公司账款系X公司2011年度从K公司购买,K公司对丙公司的该笔债权发生于2010年度。X公司将该笔应收账款账龄确定为1~2年
    D. 应收丁公司账款发生于2010年度,该笔债务系戊公司于2011年度根据债务转移协议转由丁公司承担。X公司将该笔应收账款账龄确定为1

年以内

14. 针对应收账款函证过程控制中,恰当的做法是(   )。

   A. 在粘封询证函时进行统一编号

   B. 寄发询证函,并将重要的询证函复制给X公司进行催收货款

   C. 有10封询证函直接交给X公司的业务员,由其到被询证单位盖章后取回

   D. 有10封询证函要求被询证单位传真至X公司

15. 对应收账款函证执行相应的替代审计程序中最有效的是(   )。

   A. 重新测试相关的内部控制

   B. 检查有关原始凭据,如检查客户订购单、销售单、销售合同、发运凭证及销售发票副本等

   C. 实施实质性分析程序

   D. 审查资产负债表日后的收款情况

(二) 多项选择题

1. 收入交易和余额存在的固有风险可能包括(   )。

   A. 管理层凌驾于控制之上的风险

   B. 管理层对收入造假的偏好和动因

   C. 款项无法收回的风险

   D. 低估应收账款坏账准备的压力

2. 在销售与收款授权审批关键点控制中,能够做到恰当控制的有(   )。

   A. 销售价格、销售条件、运费、折扣等必须经过审批

   B. 对于超过既定销售政策和信用政策规定范围的特殊销售业务,被审计单位采用集体决策方式

   C. 在销售发生之前,赊销已经正确审批

   D. 非经正当审批,不得发出货物

3. 下列关于被审计单位收入确认,注册会计师认为正确的表述有(   )。

   A. 销售商品涉及商业折扣的,应当按照扣除商业折扣后的金额确定销售商品收入金额

   B. 合同或协议价款的收取采用递延方式,如分期收款销售商品,实质上具有融资性质的,应当按照应收的合同或协议价款确定销售商品收入金额

   C. 根据收入和费用配比原则,与同一项销售有关的收入和成本应在同一会计期间予以确认。成本不能可靠计量,相关的收入也不能确认

   D. 卖方仅仅为了到期收回货款而保留商品的法定产权,则销售成立,相应的收入应予以确认

4. 注册会计师在对主营业务收入实施分析程序时,下列正确的做法有(   )。

A. 根据增值税发票申报表或普通发票,分析产品销售的结构和价格变动是否异常,并分析异常变动的原因

B. 将本期重要产品的毛利率与同行业进行对比分析,估算全年收入,与实际收入金额比较

C. 将本期重要产品的毛利率,与上期比较,检查是否存在异常,各期之间是否存在重大波动,查明原因

D. 比较本期各月各类主营业务收入的波动情况,分析其变动趋势是否正常,是否符合被审计单位季节性、周期性的经营规律

5. 注册会计师应增加函证数量及范围的有( )。

   A. 应收账款账户的重要性水平较高
   B. 应收账款在全部资产中所占比重较大
   C. 相关的内部控制是有效的
   D. 相关的内部控制是无效的

6. 销售与收款循环中,按销售单装运商品的控制活动恰当陈述有( )。

   A. 将发运凭证与销售单核对一致的控制与营业收入"发生"认定有关
   B. 发运凭证与营业收入"完整性"认定有关
   C. 发运部门与仓库部门应当职责分离
   D. 发运部门必须按照经批准的销售单装运商品

7. 销售与收款循环的控制环节中,与提取坏账准备、注销坏账的授权控制的控制活动的恰当陈述有( )。

   A. 注销坏账授权控制与应收账款"存在"认定相关
   B. 注销坏账授权控制与应收账款"计价和分摊"认定相关
   C. 提取坏账准备授权控制与应收账款"计价和分摊"认定相关
   D. 提取坏账准备授权控制与资产减值损失"准确性"认定相关

8. 注册会计师计划获取被审计单位营业收入"是否均已登记入账"相关的内部控制运行有效的审计证据,能够达标的审计程序有( )。

   A. 检查发运凭证连续编号的完整性
   B. 检查赊销业务是否经过授权批准
   C. 检查销售发票连续编号的完整性
   D. 观察已经寄出的对账单的完整性

9. 注册会计师对"登记入账的销售是否真实"实施实质性程序,应当关注的事项包括( )。

   A. 未曾发货却已登记入账
   B. 销售交易重复入账

C. 向虚构的客户发货并登记入账

D. 已经发货但未曾入账

10. 注册会计师拟获取被审计单位"登记入账的销售交易真实性"相关的内部控制运行有效审计证据,能够实现该审计目标的控制测试有( )。

   A. 检查销售发票副联是否附有发运凭证及顾客订货单

   B. 检查顾客的赊购是否经授权批准

   C. 检查发运凭证连续编号的完整性

   D. 观察是否寄发对账单,并检查顾客回函档案

11. 注册会计师计划测试销售交易是否完整。下列控制活动中与这一控制目标直接相关的有( )。

   A. 对销售发票进行顺序编号并复核当月开具的销售发票是否均已登记入账

   B. 检查销售发票是否经适当的授权批准

   C. 发运凭证均经事先编号并已登记入账

   D. 定期与客户核对应收账款余额

12. 注册会计师计划测试被审计单位收款环节内部控制制度是否健全、各项规定是否得到有效执行,其中注册会计师应特别关注以下有关收款环节的内部控制的内容有( )。

   A. 公司应当按客户设置应收账款台账,及时登记每一客户应收账款余额变动情况和信用额度使用情况,对长期往来客户应当建立起完善的客户资料,并对客户资料实行动态管理,及时更新

   B. 公司对于可能成为坏账的应收账款应当报告有关决策机构,由其进行审查,确定是否确认为坏账。单位发生的各项坏账,应查明原因,明确责任,并在履行规定的审批程序后作出会计处理

   C. 公司应当定期与往来客户通过函证等方式核对应收账款、应收票据、预收账款等往来款项。如有不符,应查明原因,及时处理

   D. 公司应当建立应收账款账龄分析制度和逾期应收账款催收制度,销售部门应当负责应收账款的催收,财会部门应当督促销售部门加紧催收。对催收无效的逾期应收账款可通过法律程序予以解决

13. 一般情况下,注册会计师应选择( )作为应收账款的函证对象。

   A. 账龄较长且金额较大的项目

   B. 与债务人发生纠纷的项目

   C. 交易频繁但期末余额较小甚至余额为零的项目

   D. 可能产生重大错报或舞弊的非正常项目

14. 注册会计师确定应收账款函证数量的大小、范围时,说法正确的有( )。

A. 应收账款在全部资产中越重要,应收账款函证数量越多

B. 被审计单位内部控制的越弱,应收账款函证数量越少

C. 以前年度的回函差异越大,应收账款函证数量越多

D. 欠款纠纷越多,应收账款函证数量越多

15. 属于注册会计师对应收账款实施的实质性分析程序的有(   )。

A. 复核应收账款借方累计发生额与营业收入是否配比,如存在不匹配的情况应查明原因

B. 在明细表上标注重要客户,并编制对重要客户的应收账款增减变动表,与上期比较分析是否发生变动,必要时,收集客户资料分析其变动合理性

C. 计算应收账款周转率、应收账款周转天数等指标,与被审计单位上年指标、同行业同期相关指标对比分析,检查是否存在重大异常

D. 审查坏账准备计提依据是否恰当

(三)判断题

1. 应收账款函证目的在于证实应收账款账户余额的真实性、完整性　(   )。

2. 在询证函中列明拟函证的账户余额或其他信息,要求被询证者确认所函证的款项是否正确,其缺点是被询证者可能对所列示信息根本不加以验证就予以回函确认。　(   )

3. 注册会计师会遇到采用积极的函证方式实施函证而未能收到回函的情况。对此,注册会计师应当直接实施替代审计程序。　(   )

4. 注册会计师实施主营业务收入截止测试时应当以该年度的销售发票为起点,以检查主营业务收入是否多计。　(   )

5. 应收账款询证函回函的所有权归属被审计单位。　(   )

6. 应收账款的函证效果低于应付账款的函证。　(   )

7. 违反销售业务截止的认定会导致收入高估或低估。　(   )

8. 对坏账转销进行备查登记是一种预防性控制。　(   )

9. 通常情况下,注册会计师倾向于假定被审计单位的收入确认存在舞弊的风险。　(   )

10. 发货的日期、发票的日期、记账的日期显示属于同一会计期间,表明被审计单位收入截止认定正确。　(   )

(四)简答题

1. 被审计单位高估销售收入主要的三类情形是什么?并简要设计相应的应对程序,填入下表。

第十四章 销售与收款循环审计

高估收入主要的三类情形	相应的程序

2. 注册会计师拟对被审计单位实施营业收入截止测试。填写下表,分别回答截止测试三条审计路线中的起点是什么?每条路线的截止测试程序是什么?每条路线主要测试的目的是什么?

截止测试路线	测试起点	实施的截止测试程序	实施的主要目的
1			
2			
3			

3. A 注册会计师负责对甲公司 2010 年 12 月 31 日的财务报告内部控制进行审计。A 注册会计师了解到,甲公司将客户验货签收作为销售收入确认的时点。部分与销售相关的控制内容摘录如下:

(1) 每笔销售业务均需与客户签订销售合同。
(2) 赊销业务需由专人进行信用审批。
(3) 仓库只有在收到经批准的发货通知单时才能供货。
(4) 负责开具发票的人员无权修改开票系统中已设置好的商品价目表。
(5) 财务人员根据核对一致的销售合同、客户签收单和销售发票编制记账凭证并确认销售收入。
(6) 每月末,由独立人员对应收账款明细账和总账进行调节。

要求:
(1) 针对上述(1)至(6)项所列控制,逐项指出是否与销售收入的发生认定直接相关。
(2) 从所选出的与销售收入的发生认定直接相关的控制中,选出一项最应当测试的控制,并简要说明理由。

四、案例分析题

1. 被审计单位的应收账款账龄分析表如下,要求运用分析程序,指出其中可能存在的错误。

单位:元

账　龄	年初数	年末数
≤1Y	8 392	10 915
1～2Y	1 186	1 399
2～3Y	1 161	1 365
>3Y	1 421	2 874
合　计	12 160	16 553

2. ABC会计师事务所接受委托,审计X公司2012年度的财务报表。A注册会计师了解和测试了与应收账款相关的内部控制,并将控制风险评估为高水平。A注册会计师取得2012年12月31日的应收账款明细表,并于2013年1月15日采用积极式函证方式对所有重要客户寄发了询证函。A注册会计师将与函证结果相关的重要异常情况汇总于下表。要求:针对下面各种异常情况,请问A注册会计师应分别相应实施哪些重要审计程序?

异常情况	函证编号	客户名称	询证金额(元)	回函日期	回函内容
(1)	22	甲	300 000	2013年1月22日	购买X公司300 000元货物属实,但款项已于2012年12月25日用支票支付
(2)	56	乙	500 000	2013年1月19日	因产品质量不符合要求,根据购货合同,于2012年12月28日将货物退回
(3)	64	丙	640 000	2013年1月19日	2012年12月10日收到X.公司委托本公司代销的货物640 000元,尚未销售
(4)	134	丁	600 000		因地址错误,被邮局退回

3. 会计师事务所的注册会计师对Y公司2011年度进行审计,经审计发现该公司存在以下两种情况:

(1) Y公司采用备抵法核算坏账,坏账准备按期末应收款项、其他应收款余额的6%计提。2011年未经审计的资产负债表反映的应收账款项目为借方余额21 000万元,其他应收款项目的余额为1 692万元,应付账款项目为贷方余额8 080万元,预收款项(全部为预收账账项目)为贷方余额1 350万元。"坏账准备"账户为贷方余额

1 266万元,其中应收账款计提数为 1 260 万元,其他应收计提数为 6 万元。应付账款项目和预收账款项目的明细项目列示如下(金额单位:万元)。

应付账款明细	金额
A	6 000
B	－1 500
C	2 080
D	1 000
E	500
合　　计	8 080

预收账款明细	金额
F	2 100
G	1 000
H	－2 000
I	190
j	60
合　　计	1 350

如果不考虑重要性水平,请直接列示审计调整分录(审计调整分录均不考虑对 Y 公司 2011 年度的企业所得税、期末结转损益及利润分配的影响,分录金额以万元表示)。

(2)注册会计师在对 Y 公司主营业务收入实施实质性测试程序时,抽查到一笔 Y 公司对 N 公司确认的销售收入计 1000 万元(不含税,增值税税率为 17%),其相关记录确切显示:销售给 N 公司的产品系 Y 公司生产的半成品,其成本为 900 万元,Y 公司已开具增值税专用发票且已经收到货款;N 公司对其购进的上述半成品进行加工后又以 1100 万元的价格(不含税,增值税税率为 17%)销售给 Y 公司,N 公司已开具增值税专用发票且已收到货款,Y 公司已作存货购进处理。

4. Y 注册会计师负责对 X 公司 2008 年度财务报表进行审计。相关资料如下。

资料一:X 公司主要从事 A 产品的生产和销售,无明显产销淡旺季。产品销售采用赊销方式,正常信用期为 20 天。在 A 产品生产成本中,a 原材料成本占重大比重。a 原材料在 20×8 年的年初、年末库存均为零。A 产品的发出计价采用移动加权平均法。

资料二:2008 年度,X 公司所处行业的统计资料显示,生产 A 产品所需 a 原材料主要依赖进口,汇率因素导致 a 原材料采购成本大幅上涨;替代产品面市使 A 产品的市场需求减少,市场竞争激烈,导致销售价格明显下跌。

资料三:X 公司 2008 年度未经审计财务报表及相关账户记录反映。

(1) A产品2007年度和2008年度的销售记录。

产品名称	2008年度（未审数）			2007年度（已审数）		
	数量（吨）	营业收入（万元）	营业成本（万元）	数量（吨）	营业收入（万元）	营业成本（万元）
A产品	900	50 000	40 000	800	40 000	34 000

(2) A产品2008年度收发存记录。

日期及摘要	入库			出库			库存		
	数量（吨）	单价（万元）	金额（万元）	数量（吨）	单价（万元）	金额（万元）	数量（吨）	单价（万元）	金额（万元）
年初余额							0	0	0
1月3日入库	80	60	4 800				80	60	4 800
1月4日出库				70	60	4 200	10	60	600
2月9日入库	80	55	4 400				90	55.56	5 000
（略）									
11月30日出库				75	52	3 900	75	52	3 900
12月2日入库	75	48	3 600				150	50	7 500
12月9日出库				150	50	7 500	0	0	0
年末余额							0	0	0

(3) 与销售A产品相关的应收账款变动记录。

日期及摘要	借方（万元）	贷方（万元）	余额（万元）
2008年年初余额			3 000
2008年1月2日收款		2 700	300
2008年1月4日赊销	5 000		5 300
（略）			
2008年11月30日收款		2 500	600
2008年12月9日赊销	9 000		9 600
2008年年末余额			9 600

第十四章 销售与收款循环审计

（续表）

日期及摘要	借方（万元）	贷方（万元）	余额（万元）
2009 年年初余额			9 600
2009 年 1 月 25 日赊销	3 000		12 600
2008 年 1 月 31 日余额			12 600

要求：根据上述资料，假定不考虑其他条件，运用分析程序识别 X 公司 2008 年度财务报表是否存在重大错报风险，并列示分析过程和分析结果。

第十五章 采购与付款循环审计

一、概要解析

(一) 采购与付款循环的特性

(1) 采购与付款循环是涉及资产与负债的业务循环。采购与付款循环的最主要的审计目标是防应付账款被低估。

(2) 采购与付款业务职能部门与岗位。采购与付款的业务不相容岗位至少包括：请购与审批；询价与确定供应商；采购合同的订立与审批；采购与验收；采购、验收与相关会计记录；付款审批与付款执行。

(二) 应付账款的审计

采购与付款业务循环中核心业务是赊购交易，应结合赊购业务进行应付账款审计。

(1) 应付账款的审计目标。主要的审计目标首先是完整性与义务，其次的审计目标是存在、计价与分摊。

(2) 应付账款的实质性程序。应付账款实质性分析程序最关键的是结合存货、营业收入、营业成本的联动分析。细节测试中重要的程序是函证，以及对未入账、未函证的检查程序。

(三) 固定资产的审计

(1) 固定资产的审计目标。固定资产的审计目标包括存在、权利与义务，计价与分摊（累计折旧与固定资产减值准备尤其关注），适当关注完整性。

(2) 固定资产的实质性审计程序。对固定资产实施实质性分析程序，主要是将固定资产与累计折旧进行联动审计，根据固定资产的期初数、本期增减变化数来研判累计折旧计提数的正确与否。在针对计价与分摊的审计认定时，还可以将固定资产、累计折旧、固定资产减值准备三者结合分析。对于固定资产的细节测试，主要有实地检查程序，从明细账为起点逆查可以查证固定资产的存在，以固定资产实地为起点顺查，可以查证固定资产的完整性。检查固定资产的所有权或控制权是固定资产一项

第十五章 采购与付款循环审计

重要的实质性程序,尤其针对不同类型的固定资产,如外购的机器设备、房产、汽车运输设备、融资租入固定资产,获取不同的审计证据。

二、背景资料

(一) 应收账款函证与应付账款函证的比较

应收账款函证与应付账款函证是有区别的。

应收账款的审计目的在于存在性,应付账款的审计目的在于完整性。从审计程序的必要性看,应收账款函证程序的性质是重要很有必要,应付账款的函证程序的性质是重要非必要。从审计的方式看,应收账款函证既可以是积极式,也可以是消极式,而应付账款最好是积极式。从审计对象来看,应收账款函证应选择大额或账龄较长的、存在纠纷的、涉及关联方的、主要客户、交易频繁但余额较小、可能产生重大错报或舞弊的非正常项目,应付账款函证应选择较大金额的、或者金额不大甚至为零、重要供应商作为函证对象。最后,由于从账面资料出发函证,无益于寻找未入账的交易事项与项目,因此,应收账款高估目标的函证效果要优于应付账款低估目标函证效果。

(二) 固定资产增加与减少需要细分为上年12月份与本年1~11月的增减

由于目前固定资产折旧是沿用手工核算(往往达不到及时性要求)的规定,本月"累计折旧"的计提是根据上月末"固定资产"余额作为基准的,因此,在累计折旧计提的增减与固定资产的增减之间存在1个月的时差。所以,需要在本年固定资产的增减之前,增列去年12月份增减项目,在本期增减的内容里,又需要区分1~11月增减和12月增减。这是人为制造的会计与审计的时差烦恼。随着会计电算化程度的不断提高,有学者乐观估计,该陈规陋习终将被刷新:月末计提固定资产折旧,就按月末的固定资产的余额,可以达到简化同步。

(三) 结合累计折旧、固定资产减值准备对固定资产实施计价与分摊的分析程序

会计科目固定资产反映了固定资产的原值,反映与计量固定资产磨损值与贬值的账户有累计折旧与固定资产减值准备。如果一项固定资产正常使用届满转入清理,结果出现高额的营业外支出,可能意味着在过去的固定资产的使用过程中被审计单位少提了折旧与固定资产减值准备,造成了固定资产价值虚高、前期利润虚高和当期利润虚低的现象。被审计单位的既有会计处理,势必导致跨年度调整利润,且人为

179

影响利润的具体构成,因此对固定资产、累计折旧、固定资产减值准备实施分析程序势在必行。

阅读文献

1. 中国注册会计师协会编:《审计》(第十四章采购与付款循环的审计),经济科学出版社 2012 年版。

2. 秦荣生、卢春泉:《审计学》(第七版)(第十章销售与收款循环的审计),中国人民大学出版社 2011 年版。

三、复习思考题与练习题

复习思考题

1. 采购交易完整性目标的关键内控有哪些?
2. 采购交易的职责分离的基本要求是什么?
3. 试述固定资产内控的主要内容。
4. 试述工程项目不相容岗位的基本内容。
5. 试述应付账款函证与应收账款函证的主要区别。
6. 试述检查未入账的应付账款的审计程序。
7. 如何利用固定资产和累计折旧分类汇总表进行实质性分析?

名词解释

1. 付款凭单   2. 替代程序
3. 固定资产和累计折旧分类汇总表   4. 应付账款与预付款项的重分类调整
5. 交叉复核   6. 长期挂账

练习题

(一) 单项选择题

1. 采购与付款循环中,编制订购单环节的控制活动的不当陈述是(   )。

    A. 订购单与请购单从业务流程的角度分析具有对应关系

    B. 订购单必须连续编号

    C. 追查存货的采购至存货永续盘存记录与存货的"完整性"认定有关

    D. 连续编号的订购单与应付账款的"完整性"认定有关

2. 采购与付款循环中,执行采购环节的控制活动的不当陈述为(   )。

    A. 采购业务员根据核准的订购单安排供应商发货、开具采购发票以及仓储验收等事宜

    B. 财务部门应付账款记账员应当定期汇总本期间内生成的所有"采购订单"并与请购单核对,编制采购信息报告

    C. 采购信息报告与应付账款的计价和分摊认定有关

第十五章 采购与付款循环审计

　　D. 采购信息报告与订购单、请购单从业务流程的角度分析具有对应关系
3. 采购与付款循环中,验收商品环节的控制活动的不当陈述为(　　)。
　　A. 验收单、请购单都需要连续编号控制
　　B. 验收单与应付账款的存在认定有关
　　C. 验收单与采购信息报告、订购单、请购单从业务流程的角度分析具有对应关系
　　D. 验收管理员需要比较所收商品与订购单上的要求是否相符、盘点商品并检查商品有无损坏
4. 采购与付款循环中,编制付款凭单环节的控制活动的不当陈述是(　　)。
　　A. 编制付款凭单环节的一个重要工作是确定供应商发票的内容与相关的验收单、订购单三者的一致性
　　B. 编制付款凭单时应当确保付款凭单预先连续编号,并附上支持性凭证包括如订购单、验收单和供应商发票等
　　C. 连续编号的付款凭单与外购固定资产或存货"计价和分摊"认定最相关
　　D. 编制付款凭单时应当在付款凭单上填入应借记的资产或费用账户名称
5. 采购与付款循环中,付款环节的控制活动不当陈述是(　　)。
　　A. 申请付款时,费用支出部门需填写付款申请单,并经部门经理审批
　　B. 定期将银行存款日记账中的付款记录与银行对账单进行核对,与应付账款"完整性"相关
　　C. 已签发的支票与应付账款的"存在"认定有关
　　D. 应付账款记账会计编制附上诸如采购订单、采购发票及验收单等凭证的付款凭证后提交会计主管审批,会计主管审批签字并在所有单证上加盖"核销"印戳,这些控制程序与应付账款"计价和分摊"认定相关
6. 属于采购与付款循环的"发生"认定的控制测试程序是(　　)。
　　A. 检查验收单是否连续编号
　　B. 检查有无未记录的供应商发票
　　C. 检查付款凭单是否附有购货发票
　　D. 审核批准采购价格和折扣的授权签字
7. 可能表明采购业务内部控制存在缺陷的是(　　)。
　　A. 公司建立了退货管理制度,对退货条件、退货手续、货物出库、退货货款回收等作出明确规定
　　B. 公司定期与供应商核对应付账款、应付票据、预付账款等往来款项
　　C. 公司对已到期的应付款项由会计主管负责办理付款的审批与支付
　　D. 公司财务部门在办理付款业务时,对供应商发票、结算凭证、验收单、订购

单等相关凭证进行核对

8. 最有可能获取有关应付账款存在认定的审计程序是（　　）。
   A. 以应付账款明细账为起点,追查至采购相关的原始凭证,如采购订单、供应商发票和入库单等
   B. 检查采购订单文件以确定是否预先连续编号
   C. 从采购订单、供应商发票和入库单等原始凭证,追查至应付账款明细账
   D. 向采购供应商函证零余额的应付账款

9. 注册会计师从被审计单位的订购单、验收单、供应商发票,追查至应付账款明细账,主要是为了获取应付账款的（　　）认定的审计证据。
   A. 存在　　　　B. 完整性　　　　C. 计价和分摊　　D. 准确性

10. 注册会计师最有可能获取的被审计单位未入账负债的审计证据是（　　）。
    A. 审查财务报表日后货币资金支出情况
    B. 审查批准采购价格和折扣标记
    C. 审查应付账款、应付票据的函证回函
    D. 审查供应商发票与债权人名单

11. 针对完整性认定证明力最强的审计证据是（　　）。
    A. 供应商发票
    B. 供应商提供的月末对账单
    C. 被审计单位编制的连续编号的验收单
    D. 被审计单位编制的连续编号的订购单

12. 注册会计师在向生产负责人询问固定资产的相关情况时,最可能了解到固定资产的相关事项是（　　）。
    A. 固定资产的抵押情况　　　　　　B. 固定资产的报废或毁损情况
    C. 固定资产的投保情况　　　　　　D. 固定资产折旧的计提情况

13. 与固定资产存在认定最相关的实质性程序是（　　）。
    A. 观察经营活动,并将固定资产本期余额与上期余额进行分析比较
    B. 询问被审计单位的管理层和生产部门固定资产闲置情况
    C. 以固定资产实物为起点,追查至固定资产明细账和相关凭证
    D. 以固定资产明细账为起点,追查至固定资产实物和相关凭证

14. 注册会计师在应对固定资产提前报废但其账面价值未进行冲减的错报风险的审计程序为（　　）。
    A. 以固定资产实物为起点,追查至固定资产明细账
    B. 以固定资产明细账为起点,追查至固定资产实物
    C. 以分析折旧费用为起点,追查至固定资产实物

D. 以固定资产实物为起点,追查至固定资产维修和保养费用
15. 下列事项表明固定资产折旧或减值准备计提不足的是( )。
   A. 经常发生大额的固定资产清理损失
   B. 累计折旧与固定资产原值比率不断增大
   C. 本年固定资产账面价值增加幅度很大
   D. 固定资产保费递增

(二) 多项选择题
1. 对采购与付款循环中,编制订购单环节的控制程序陈述恰当的包括( )。
   A. 采购部门只对经过批准的请购单编制订购单
   B. 采购部门编制的订购单与生产或仓库部门编制的请购单从业务流程的角度分析具有对应关系
   C. 采购环节中的询价与确定供应商的职责应当分离,而且对于大额、重要的采购项目,应采取竞价方式来确定供应商
   D. 采购部门对收到的请购单均要求采购经理审批

2. 采购与付款循环中,储存商品环节的控制活动陈述恰当的包括( )。
   A. 储存岗位与验收岗位的职责分离可以降低存货舞弊风险
   B. 限制无关人员接近储存的商品存货可以降低存货舞弊风险
   C. 验收管理员将商品送交仓库时在验收单副联上签收与固定资产、存货"存在"认定有关
   D. 储存管理员应当定期检查、比较所收储存商品与采购发票、订购单、请购单的一致性,并且检查所储存商品是否损坏

3. 采购与付款循环中,编制付款凭单的控制活动恰当陈述包括( )。
   A. 独立检查付款凭单计算的正确性
   B. 确定供应商发票的内容与相关的验收单、订购单的一致性
   C. 付款凭单的连续编号与外购固定资产或存货"计价和分摊"认定最相关
   D. 付款凭单必须由被授权人员签字,否则不能执行付款

4. 采购与付款循环中,确认与记录负债环节的控制活动的恰当陈述包括( )。
   A. 记录现金支出的人员可以经手现金
   B. 定期独立检查应付账款总账余额与应付凭单部门未付款凭单档案中的总金额是否一致
   C. 定期核对编制付款记账凭证的日期与付款凭单副联的日期,监督付款入账的及时性
   D. 应付账款部门在收到供应商发票时应将发票上所记载的品名、规格、价

格、数量、条件及运费与订货单上的有关资料核对,如有可能,还应与验收单上的资料进行比较

5. 采购与付款循环中,记录支出环节的控制程序的恰当陈述包括(　　)。
   A. 会计主管应独立检查记入银行存款日记账和应付账款明细账的金额的一致性,以及与支票汇总记录的一致性
   B. 会计主管通过定期比较银行存款日记账记录的日期与支票副本的日期,以确保付款入账的及时性
   C. 会计主管应当在核准付款前复核支持性文件,在签发支票后注销相关文件,以确保仅对已记录的应付账款办理支付
   D. 出纳员应当在月末编制银行存款余额调节表,并提交财务经理复核签字,以确保付款记录期间的恰当性

6. 注册会计师获取采购交易记录的完整性认定审计程序包括(　　)。
   A. 从连续编号的订购单追查至相应的验收单
   B. 从连续编号的验收单追查至应付账款明细账
   C. 从连续编号的付款凭单追查至相应的供应商发票
   D. 从供应商发票追查至应付账款明细账

7. 注册会计师认为需要对固定资产账面价值进行调整事项的有(　　)。
   A. 对固定资产进行日常修理发生的费用
   B. 对办公楼进行装修符合资本化的部分
   C. 对融资租赁租入固定资产进行改变发生的费用
   D. 计提固定资产减值准备

8. 针对收到的商品可能未被记录的风险,应当实施的人工控制有(　　)。
   A. 由采购部门复核和追踪未完成的订购单报告
   B. 由会计部门员工追踪遗失的发票
   C. 定期将报表余额调至应付账款余额
   D. 只有采购部门的高级员工才被授权在供应商主文档中增加供应商信息

9. 针对应付账款未入账的审计程序有(　　)。
   A. 检查财务报表日后现金支出的主要凭证
   B. 检查财务报表日后未付购货款项的主要原始凭证
   C. 追查财务报表日前签发的验收单、相关的供应商发票
   D. 以截止至12月31日的应付账款明细账为起点选取异常项目追查至相关验收单、供应商发票以及订购单等原始凭证

10. 注册会计师了解到被审计单位的经营形势、内部管理等方面与往年比较,未发生重大变化,且未发生重大重组行为。注册会计师拟对累计折旧结合固

第十五章 采购与付款循环审计

定资产实施实质性分析程序,检查审计年度所计提折旧费用的整体合理性。下列审计程序中,能够获取审计证据实现上述审计目标的有( )。

A. 根据各项固定资产的增减变动及折旧率,重新计算折旧费用

B. 根据各月平均固定资产原值以及综合折旧率,重新计算折旧费用

C. 计算本年度折旧费用与固定资产原值的比率,并与上年度进行比较,分析折旧率是否正常

D. 复核折旧费用分配汇总表,并与总账和明细账进行核对

11. 计算固定资产原值与本期产品产量的比率,并与以前年度相关指标进行比较,注册会计师可能发现( )。

A. 资本性支出和收益性支出区分的错误

B. 闲置的固定资产

C. 增加的固定资产尚未作会计处理

D. 减少的固定资产尚未作会计处理

12. 适当的职责分离有助于防止各种有意的或无意的错误。以下采购与付款业务不相容岗位包括( )。

A. 询价与确定供应商

B. 采购、验收与相关会计记录

C. 付款审批与付款执行

D. 采购合同的订立与审批

13. 函证应付账款时,一般选择金额较大的债权人,以及那些金额不大甚至为零的债权人作为函证的对象,其原因是( )。

A. 为了防止大金额的应付账款中可能存在的高估

B. 金额为零的应付账款可能存在低估

C. 大金额的应付账款从金额方面来说是重要的

D. 防止低估应付账款不是应付账款审计的唯一目的

14. 注册会计师对商誉减值准备的实质性程序恰当的有( )。

A. 检查商誉减值准备计提和转销的批准程序,取得书面报告等证明文件

B. 检查被审计单位是否在期末结合与商誉相关的资产组或资产组组合对商誉进行了减值测试。计提商誉减值准备的依据是否充分,会计处理是否正确

C. 检查商誉减值准备的计算和会计处理是否正确

D. 检查商誉减少时,相应的减值准备是否一并结转,会计处理是否正确

15. 属于固定资产内部控制制度要求的有( )。

A. 资本预算   B. 投保

C. 维护保养 D. 账簿记录制度

(三) 判断题

1. 注册会计师对固定资产进行实地观察时,可以固定资产明细分类账为起点,重点观察本期新增的重要固定资产。（　　）

2. 注册会计师在对固定资产实施实质性测试程序时,常常将固定资产的分类汇总表与累计折旧的分类汇总表合并编制。（　　）

3. 应付账款最好采用消极式函证。（　　）

4. 实施实地检查审计程序时,注册会计师可以以固定资产明细分类账为起点,进行实地追查,以证明会计记录中所列固定资产确实存在,并了解其目前的使用状况;也可以以实地为起点,追查至固定资产明细分类账,以获取实际存在的固定资产均已入账的证据。（　　）

5. 正常使用届满的固定资产经常出现营业外收入,意味着企业在使用过程中少提折旧与固定资产减值准备。（　　）

6. 应付账款初次函证没有结果,应该实施替代程序。（　　）

7. 固定资产内控中最重要的环节是对其资产投保。（　　）

8. 生产用的机器设备折旧计提错误会导致存货与营业成本的失实。（　　）

9. 寻找未记录应付账款的截止测试的重点在于防高估。（　　）

10. 年末货到单未到的采购业务不必暂估入账。（　　）

(四) 简答题

1. 简答注册会计师查找未入账应付账款的审计程序。
2. 请设计应付账款的实质性分析程序。

四、案例分析题

1. 注册会计师负责审计 X 公司 2011 年财务报表。在对 X 公司的应付账款项目进行审计时,根据需要,决定对 X 公司下列四个明细账户中的两个进行函证。

项目	应付账款年末余额	本年度供货总额
A 公司	42 650	66 100
B 公司		2 880 000
C 公司	85 000	95 000
D 公司	289 000	3 032 000

注册会计师应选择哪两位供应商进行函证？为什么？

2. 注册会计师从固定资产明细的其实余额中选取样本,检查采用合同和发票原

第十五章 采购与付款循环审计

始单证,以获取与固定资历产原值的其实余额相关的各项认定的审计证据。假定不考虑其他条件,就给出的固定资产原值的期初余额相关的认定,逐项指出注册会计师实施的审计程序是否要以获取充分、适当的审计证据;如果不能获取充分、适当的审计证据,指出针对这些认定应当实施的一项主要实质性程序和审计路径起点。将答案直接填入相应的表格内。

相关认定	是否可以获取充分、适当的审计证据(是/否)	主要实质性程序	审计路径起点
存在			
完整性			
权利和义务			
计价和分摊			

3. 2012年1月起,X公司开始研发一项产品专利技术,董事会认为研发该项目具有可靠的技术和财务等资源的支持,并且一旦研发成功将显著降低X公司的产品成本,因此予以批准。2012年11月31日,该项专利技术达到预定用途,结转研发支出,确认无形资产。该无形资产的估计使用寿命为5年,净残值为零,并按直线法摊销。X公司在研发过程中发生材料费30 000 000元、工资费用6 000 000元、其他相关费用4 000 000元,共40 000 000元,其中符合资本化条件的支出为18 000 000元。X公司在2012年度作了如下会计处理:在发生研发支出时,借记"研发支出——费用化支出"22 000 000元、"研发支出——资本化支出"18 000 000元,贷记"原材料"30 000 000元、"应付职工薪酬"6 000 000元、"银行存款"4 000 000元;在结转研发支出——费用化支出时,借记"管理费用"22 000 000元,贷记"研发支出——费用化支出"22 000 000元;在确认无形资产时,借记"无形资产"18 000 000元,贷记"研发支出——资本化支出"18 000 000元;在摊销该项无形资产时,借记"制造费用——专利技术"300 000元,贷记"累计摊销"300 000元。审核被审计单位业务处理的正确性,如有错编制相应的审计调整分录(审计调整分录不考虑对X公司2012年度的税费、递延所得税资产和负债、期末结转损益及利润分配的影响)。

4. 甲公司主要从事小型电子消费品的生产和销售。A注册会计师负责审计甲公司2008年度财务报表。

资料一:A注册会计师在审计工作底稿中记录了所了解的甲公司情况及其环境,部分内容摘录如下:

为加快新产品研发进度以应对激烈的市场竞争,甲公司于2008年6月支付500万元购入一项非专利技术的永久使用权,并将其确认为使用寿命不确定的无形资产。

最新行业分析报告显示,甲公司竞争对手乙公司已于2008年年初推出类似新产品,市场销售良好。同时,乙公司宣布将于2009年12月推出更新一代的换代产品。

资料二:A注册会计师在审计工作底稿中记录了所获取的甲公司财务数据,部分内容摘录如下(金额单位:万元)。

项目	未审数(2008)	已审数(2007)
无形资产		
非专利技术	500	0

要求:针对资料一,结合资料二,假定不考虑其他条件,指出资料一所述事项是否可能表明存在重大错报风险。如果认为存在,简要说明理由,并分别说明该风险主要与哪些财务报表项目。

第十六章 生产与存货循环审计

一、概要解析

(一)生产与存货循环的特性

(1) 生产与存货循环是一种综合度较高的业务循环。此循环既与销售与收款循环有联系,又与采购与付款循环有关联,本循环重大错报风险较大。生产与存货循环的最主要的审计目标是防存货高估和防营业成本低估。

(2) 实物循环与价值循环并存。生产与存货循环的复杂性还体现在其实物流转与价值流转的并存性,存货既有客观的业务活动为基础的实物流转,如计划安排生产,发出原材料,生产产品,核算产品成本,储存产品,发出产品,又有存货价值流转计量与计价的会计假定性,如成本会计控制。

(二)存货审计

(1) 存货监盘的审计目标。存货监盘可以实现存在、完整性、权利与义务多项审计认定目标。完整性、权利与义务的认定还要借助于其他审计程序。

(2) 存货监盘程序。存货监盘程序具有双重性,既可以用作控制测试,又可用于实质性程序。存货监盘是一项复合审计程序,涉及观察与检查,具体包括:①评价管理层用以记录和控制存货盘点结果的指令和程序;②观察管理层制定的盘点程序执行情况;③检查存货;④执行抽盘;⑤对特别范围、类型的存货实施审计程序;⑥存货监盘结束实施相应程序。

(3) 存货计价审计和截止测试。存货计价测试主要是审计被审计单位的成本核算流程,存货计价方法,以及存货跌价准备的计提。对于存货账实同期的截止测试,是有效实施存货监盘程序的技术性规范。

(三) 营业成本审计

营业成本是与存货直接对应的财报项目。存货高估往往不是目的而是手段,其最终目的是实现低估营业成本,虚增利润。

(1) 营业成本的审计目标。营业成本的审计目标主要为营业成本的完整性、截止性,准确性(含营业成本与营业收入的配比性),适当关注营业成本的发生性。

(2)营业成本的实质性审计程序。对营业成本实施实质性分析程序,主要是通过编制与审核生产成本及主营业务成本倒扎表加以实现。对于营业成本的细节测试,主要是依据检查程序,检查成本计算流程的规范性,成本结转的准确性,销售退回及其处理的真实性。

二、背景资料

(一)存货监盘审计准则的变化

早在20世纪三四十年代,注册会计师的审计责任一般仅针对会计记录和数字计算审核,审计准则亦不要求审计人员对资产实物的实际存在和实际结存数量的正确性承担责任。但自从1938年发生了著名的麦克逊·罗宾斯"泡沫资产"一案后,这一审计历史才为后人所改写。此后,各国审计准则都强调了注册会计师对资产实物实际存在和实际结存数量正确性进行验证的责任。由此认为,注册会计师实地观察存货盘点是存货审计的重要程序。早期准则,倾向于存货监盘是一项实质性程序,且规定注册会计师必须对被审计单位观察盘点的存货至少抽取10%的比率,认为存货监盘总存在满意的替代程序。存货监盘准则发展至今,规定存货监盘既可以用作控制测试,又可用于实质性程序,取消了抽取监盘的硬性规定,存货监盘可能存在替代程序,但就其审计效果而言,远不及存货监盘本身。存货监盘准则的变化,顺应了风险导向审计的趋势。

(二)生产成本及主营业务成本倒扎表审计体现了业务循环模式的效率性

营业成本失实,往往源于存货造假。存货造假,往往首选生产成本。被审计单位会计人员在会计信息不对称面前,他们自认为比审计人员有更多的优势:更熟悉业务流程,更精通核算规程,更清楚舞弊环节。有鉴于此,注册会计师发明了利用生产成本及主营业务成本倒扎表审计程序,通过它可以在屏蔽生产成本科目的前提下,发现与捕捉存货与营业成本的舞弊,即利用原材料购进之真,来识别营业成本结转之假。

阅读文献

1. 中国注册会计师协会编:《审计》(第十五章生产与存货循环的审计),经济科学出版社2012年版。

2. 秦荣生、卢春泉:《审计学》(第七版)(第十一章生产与存货循环的审计),中国人民大学出版社2011年版。

3. 拉里·F·康里奇:《审计学—项风险分析方法》(第十二章 实质性审计测试:

支出循环)中国人民大学出版社 2004 年版。

三、复习思考题与练习题

复习思考题

1. 生产与存货循环中控制测试的主要内容。
2. 存货监盘程序的主要内涵。
3. 存货盘点与存货监盘的本质区别。
4. 存货计价的必要性和具体内涵。
5. 存货截止测试的关键。
6. 如何利用生产成本及主营业务成本倒轧表实施实质性分析程序?

名词解释

1. 存货监盘　　　　　　　　　　2. 存货重大错报风险
3. 存货的特殊性质　　　　　　　4. 存货计价测试
5. 购货业务截止测试　　　　　　6. 生产成本及主营业务成本倒扎表

练习题

(一) 单项选择题

1. 在实施存货监盘程序时,注册会计师了解到 X 公司存货采用永续盘存制核算,同时注意到某些存货项目实际盘点的数量大于永续盘存记录中的数量。假定不考虑其他因素,最可能导致这种情况的事项是(　　)。

   A. 供应商向 X 公司提供购货折扣

   B. X 公司向客户提供销货折扣

   C. X 公司已将购买的存货退给供应商

   D. 客户已将购买的存货退给 X 公司

2. 注册会计师在对存货实施监盘程序时,已将存货相关的内部控制评估为高风险,以下拟定的审计程序中,注册会计师应当采取的是(　　)。

   A. 增加测试与存货相关的内部控制的范围

   B. 要求公司在 12 月 31 日实施存货盘点

   C. 在期末前实施存货监盘程序,并测试盘点日至期末发生的存货交易

   D. 检查购货、生产、销售的记录和凭证,以确定期末存货余额

3. 注册会计师负责审计 X 公司 2011 年财务报表。如果 X 公司会计记录显示,2011 年 12 月某类存货销售激增,导致该类存货库存数量下降为零。A 注册会计师对该类存货采取的以下措施中,难以发现可能存在虚假销售的是(　　)。

   A. 计算该类存货 2011 年 12 月的毛利率,并与以前月份的毛利率进行比较

B. 进行销货截止测试

C. 将该类存货列入监盘范围

D. 选择2011年12月大额销售客户寄发询证函

4. 注册会计师在具体实施存货监盘程序中,不应该选择的是( )。

A. 对于已作质押的存货,向债权人函证与被质押存货相关的内容

B. 对于受托代存的存货,实施向存货所有权人函证等审计程序

C. 对于因性质特殊而无法监盘的存货,实施向客户或供应商函证等审计程序

D. 待相关人员完成存货盘点后,注册会计师进入存货存放地点对已盘点存货实施检查程序

5. 注册会计师在对存货实施抽盘时,做法正确的是( )。

A. 尽量将难以盘点或隐蔽性较大的存货纳入抽盘范围

B. 事先就拟抽取测试的存货项目与被审计单位沟通,以提高存货监盘的效率

C. 从存货盘点记录中选取项目追查至存货实物,以测试盘点记录的完整性

D. 如果盘点记录与存货实物存在差异,要求被审计单位更正盘点记录

6. 注册会计师在对生产与销售型X公司2011年财务报表进行审计时,发现a产品2011年的毛利率与2010年相比有所上升,X公司提供以下解释说明中,与2011年的毛利率上升不相关的解释事项是( )。

A. a产品的销售价格在2010年基础上升20%

B. a产品的产量与2010年相比增长37%

C. a产品的销售收入占2011年营业收入的比例与2010年相比上升39%

D. a产品使用的主要原材料的价格与2010年相比下降10%

7. 注册会计师拟定的以下有关期末存货的监盘程序中,与其测试存货盘点记录的完整性不相关的是( )。

A. 从存货盘点记录中选取项目追查至存货实物

B. 从存货实物中选取项目追查至存货盘点记录

C. 在存货盘点过程中关注存货的移动情况

D. 在存货盘点结束前,再次观察盘点现场

8. 注册会计师接受委托前,被审计单位已经完成存货盘点工作,对于存货监盘程序的实施,注册会计师不应采取的做法是( )。

A. 在评估存货内部控制的有效性后,对存货进行适当抽盘,并测试期末至抽盘日发生的存货交易

B. 在评估存货内部控制的有效性后,提请被审计单位另择日期重新盘点,并测试期末至重新盘点日发生的存货交易

C. 由于存货内部控制存在重大缺陷,提请被审计单位另择日期重新盘点,并

进行适当抽盘

D. 由于存货内部控制存在重大缺陷,直接确认为审计范围受到限制

9. 注册会计师了解到被审计单位存货采用的是实地盘存制,在复核2012年1月2日对该公司的存货监盘备忘记录及相关审计工作底稿时,注意到以下情况,其中做法恰当的是(   )。

A. 监盘前将抽盘范围告知该公司,以便其做好相关准备

B. 索取全部盘点表并按编号顺序汇总后,进行账账、账实核对

C. 抽盘后将抽盘记录交予该公司,要求公司据以修正盘点表

D. 由于未能监盘期初存货,拟定根据期末监盘结果倒推存货期初余额,并予以确认

10. 注册会计师在对被审计单位存货减值准备进行测试时,发现该公司存在以下事项,其中恰当的是(   )。

A. a材料2011年12月31日的账面成本高于市场价格,按两者的差额计提减值准备

B. b材料2011年12月31日已发生贬值,但因期后以高于账面成本的价格出售给关联方,未计提减值准备

C. c材料2011年12月31日已发生贬值,但因期后市场价格有所回升,未计提减值准备

D. d材料2011年12月31日已发生毁损,直接将其计入当期损益,未计提减值准备

11. 注册会计师拟定的下列对存货实施的审计程序中,恰当的是(   )。

A. 对存货实施监盘程序主要是获取审计证据证实存货的"计价"认定

B. 对难以盘点的存货,应根据被审计单位存货收发制度确认存货数量

C. 存货计价审计的样本应着重选择余额较小且价格变动不大的存货项目

D. 对存货截止测试时,拟定检查存货盘点日前后的存货收发及移动的凭证,以证实库存记录与会计记录是否及时

12. 注册会计师在对X公司存货实施监盘程序前应当确定存货盘点的范围,以下判断中,不恰当的是(   )。

A. 在X公司盘点存货前,注册会计师应当观察盘点现场,确定应纳入盘点范围的存货是否已经适当整理和排列,并附有盘点标识,防止遗漏或重复盘点

B. 对于X公司持有的受托代存存货,应纳入盘点范围

C. 对所有权不属于X公司的存货,注册会计师应当取得其规格、数量等有关资料,确定是否已分别存放、标明,且未被纳入盘点范围

D. 对于 X 公司委托代销的存货,注册会计师应纳入盘点范围,并向委托代销单位获取委托代管的书面确认函

13. 注册会计师在对 X 公司存货实施审计程序时,发现无法在存货盘点现场实施监盘,则以下替代审计程序中,不恰当的是(　　)。

A. 向持有 X 公司存货的第三方函证存货的数量和状况
B. 实施或安排其他注册会计师实施对第三方的存货监盘
C. 委托 X 公司的内部审计人员直接盘点存货
D. 检查与第三方持有的存货相关的文件记录

14. 注册会计师对存货实施监盘程序时,除亲临存货盘点现场观察盘点存货外,注册计师还必须进行适当抽盘,以下关于注册会计师抽盘存货的表述中,不恰当的是(　　)。

A. 抽盘的目的是为了获取有关盘点记录准确性和完整性的审计证据
B. 获取管理层完成的存货盘点记录的复印件有助于注册会计师日后实施审计程序,以确定公司的期末存货记录是否准确地反映存货的实际盘点结果
C. 抽盘时如果发现抽盘差异,注册会计师应当考虑错误的潜在范围和重大程度,在可能的情况下,扩大检查范围以减少错误的发生
D. 注册会计师应尽可能地让被审计单位了解自己将抽取测试的存货项目,以便双方协调提高效率

15. 注册会计师了解到 X 公司 2011 年 12 月 31 日采用成本与可变现净值孰低法对存货进行期末计价,成本与可变现净值按单项存货进行比较,2011 年 12 月 31 日,A、B、C 三种存货的成本与可变现净值分别为:a 存货成本 10 万元,可变现净值 8 万元;b 存货成本 12 万元,变现净值 15 万元;c 存货成本 18 万元,可变现净值 15 万元。A、B、C 三种存货已计提的跌价准备分别为 1 万元、2 万元、1.5 万元。假定该 X 公司只有这三种存货,则注册会计师应当确认 X 公司 2011 年 12 月 31 日应补提的存货跌价准备为(　　)万元。

A. -0.5　　　　B. 0.5　　　　C. 2　　　　D. 5

(二) 多项选择题

1. 生产与存货循环中,计划和安排生产环节的控制活动陈述恰当的有(　　)。

A. 生产通知单应当进行连续编号控制
B. 生产通知单进行连续编号的控制活动能够降低营业成本完整性认定错报风险
C. 生产通知单通过授权审批的控制活动能够降低营业成本完整性认定错报风险

第十六章 生产与存货循环审计

　　D. 生产计划部门编制的生产通知单须经生产计划经理审批后上报总经理批准才能生效

2. 生产与存货循环中,发出原材料环节的控制活动以及与相关认定的对应关系的陈述恰当的有( )。

　　A. 原材料出库单的连续编号控制与营业成本的发生认定相关

　　B. 仓库管理员根据经审批的原材料领用申请单核发材料,并填制连续编号的出库单

　　C. 仓库管理员将原材料领用申请单编号、领用数量、原材料规格等信息输入存货管理信息系统,在仓储经理复核确认后,存货管理信息系统及时更新材料明细账

　　D. 原材料领用申请单,并经车间主任签字批准生产加工指令单应当经生产经理审批才能生效

3. 生产与存货循环中,生产产品环节的控制活动以及与相关认定的对应关系的陈述恰当的有( )。

　　A. 生产完成后,质量检验员检查并签发预先连续编号的产成品验收单,生产小组将产成品送交仓库

　　B. 仓库管理员检查产成品验收单,并清点产成品数量,填写预先编号的产成品入库单

　　C. 产成品验收单的连续编号控制,与存货的发生的认定相关

　　D. 产成品入库单一般一式四联:一联仓库收货、一联仓库留存、一联生产部核对、一联递交财务部作为记账凭证

4. 生产与存货循环中,核算产品成本环节的控制活动以及与相关认定的对应关系的陈述恰当的有( )。

　　A. 生产记录日报表已经进行了连续编号控制,与营业成本的截止认定相关

　　B. 会计主管对存货管理信息系统审核批准后进行产品成本账务处理,与营业成本的准确性的认定相关

　　C. 每月末,生产成本记账员根据存货管理信息系统记录的销售订购单数量,编制销售成本结转凭证,结转相应的销售成本,经会计主管对存货管理信息系统审核批准后进行账务处理

　　D. 生产成本记账员根据原材料出库单,编制原材料领用凭证,与存货管理信息系统自动生成的连续编号的生产记录日报表核对材料耗用和流转信息

5. 生产与存货循环中,储存产成品环节的控制活动以及与相关认定的对应关系的陈述恰当的有( )。

　　A. 成品入库时,须经仓库管理员检查产成品验收单,清点产成品数量,并填

写预先连续编号的产成品入库单

B. 仓库部门签收产成品后,经质检经理、生产经理和仓储经理签字确认后将实际入库数量通知财务部门

C. 仓库管理员负责编制连续编号的产成品验收

D. 产成品验收单已经进行了连续编号控制,与营业成本的完整性认定相关

6. 注册会计师在计划对存货实施监盘程序时,需要从以下方面来制订存货监盘计划(　　)。

A. 存货监盘的目标、范围及时间安排　　B. 存货盘点计划及注意事项

C. 参加存货监盘人员的分工　　　　　　D. 抽盘的范围

7. 注册会计师在与管理层讨论其存货盘点计划,讨论的主要内容包括(　　)。

A. 盘点时间安排

B. 存货收发截止的控制及盘点期间存货移动的控制

C. 存货监盘替代程序

D. 盘点结果的汇总及盘盈盘亏的分析、调查与处理

8. A注册会计师负责审计X公司209年财务报表。在对X公司存货监盘时,应特别关注X公司存货盘点范围。下列事项中对盘点范围的考虑恰当的有(　　)。

A. 对X公司未纳入盘点范围的存货,注册会计师应当实施替代审计程序

B. 即使在X公司声明不存在受托代存存货的情形下,注册会计师也应当关注是否存在某些存货不属于X公司的迹象,以避免盘点范围不当

C. 对所有权不属于X公司的存货,应当取得其规格、数量等有关资料,确定是否已单独存放、标明,且未被纳入盘点范围

D. 在X公司盘点存货前,注册会计师应当观察盘点现场,确定应纳入盘点范围的存货是否已经适当整理和排列,并附有盘点标识,防止遗漏或重复盘点

9. A注册会计师负责审计X公司2011年财务报表。在考虑对X公司委托其他单位保管的存货时,应当拟定的审计程序有(　　)。

A. 向X公司存货的保管人函证

B. 实施监盘

C. 视审计范围受到限制考虑出具非标准审计报告

D. 对存放于外单位存货,通常需要向该单位获取委托代管存货的书面确认函

10. 注册会计师在编制存货监盘计划时,注册会计师应当实施的工作有(　　)。

A. 制定存货监盘的替代审计程序

B. 了解与存货相关的内部控制,评估与存货相关的重大错报风险

C. 了解存货的内容、性质、各存货项目的重要程度及存放场所

D. 考虑是否需要利用专家的工作

11. 注册会计师在编制存货监盘计划时应当实施的工作有( )。
    A. 了解存货的内容、性质、各存货项目的重要程度及存放场所
    B. 审阅以前年度的工作底稿,了解被审计单位的存货情况、存货盘点程序以及其他在以前年度存货审计中遇到的重大问题
    C. 考虑实地查看存货存放场所,熟悉在库存货及其组织管理方式以及潜在问题
    D. 与管理当局讨论存货监盘计划

12. 注册会计师对被审计单位存货监盘时应特别关注的问题有( )。
    A. 注册会计师应当特别关注存货的移动情况,防止遗漏或重复盘点
    B. 注册会计师应当特别关注存货的状况,观察被审计单位是否已经恰当地区分了所有毁损、陈旧、过时及残次的存货
    C. 注册会计师应当获取盘点日前后存货收发及移动的凭证,检查库存记录与会计记录期末截止日期是否正确
    D. 在存货监盘过程中,注册会计师应当获取存货验收入库、装运出库以及内部转移截止等信息,以便将来追查至被审计单位的会计记录

13. 如果由于被审计单位存货的性质或位置等原因导致无法实施存货监盘,注册会计师可实施( )替代审计程序获取有关期末存货数量和状况的充分、适当的审计证据。
    A. 检查资产负债表日后发生的销货交易凭证
    B. 检查进货交易凭证
    C. 检查生产记录以及其他相关资料
    D. 向顾客或供应商函证

14. 注册会计师对诸如辐射性化学物品或气体等特殊性质的存货进行审计而无法监盘时,应当考虑的以下审计程序有( )。
    A. 被审计单位存在值得信赖的内部控制
    B. 审阅购货、生产和销售记录以获取必要的审计证据
    C. 向接触到相关存货项目的第三方检查人员询证
    D. 实施其他替代审计程序,比如追查该批存货的生产、使用和处置等有关报告确定此类存货的存在

15. 注册会计师对于被审计单位委托其他单位保管或已作质押的存货未进行监盘应实施的以下审计程序有( )。
    A. 向保管人或债权人函证
    B. 实施分析程序

  C. 利用其他注册会计师的工作

  D. 对存放于外单位存货注册会计师通常需要向该单位获取委托代管存货的书面确认函

（三）判断题

1. 公司在资产负债表日对一批账面价值为 100 万元、可变现净值为 84 万元的存货计提了跌价准备 16 万元。该批存货在资产负债表日至审计报告日出售了 50%，销售收入为 41 万元。助理人员确认公司对该批存货计提的跌价准备是合理的。（　　）

2. 助理人员于 2008 年 3 月 15 日对 R 公司的存货进行了监盘，监盘中按存货金额 45% 的比例进行了抽盘，抽盘结果显示抽盘日账实相符，据以得出资产负债表日存货真实存在的审计结论。（　　）

3. 尽管实施存货监盘，获取有关期末存货数量和状况的充分、适当的审计证据是注册会计师的责任，但这并不能取代被审计单位管理层定期盘点存货，合理确定存货的数量和状况的责任。（　　）

4. 存货监盘针对的是主要是存货的存在认定、完整性认定以及权利和义务的认定存货监盘作为存货审计的一项核心审计程序，通常可同时实现上述多项审计目标。（　　）

5. 大多数情况下，存货监盘存在满意的替代审计程序。（　　）

6. 存货监盘既可以是控制测试程序，又可能是实质性程序。（　　）

7. 在被审计单位采用永续盘存制情况下，可以提前对存货实施监盘。（　　）

8. 可以借助于"生产成本及主营业务成本倒扎表"实施存货截止测试。（　　）

9. 在产品比原材料更易审计确认。（　　）

10. 存货监盘可以完全实现存货计价测试的审计目标。（　　）

（四）简答题

1. 销售成本率是反映盈利能力的主要指标，用于衡量成本控制及销售价格的变化；存货周转率是用于衡量销售能力和存货是否积压的指标。它们的波动意味着什么？请将可能情况填入下表：

销售成本率波动的可能性	存货周转率波动的可能性

第十六章 生产与存货循环审计

2. 注册会计师了解生产与存货循环的内部控制是为了识别内部控制的重大缺陷,评估存货的重大错报风险。请根据业务循环内容填列所影响的认定。

业务环节	控制目标	关键控制活动	影响认定
(1)计划和安排生产	管理层授权进行生产	生产指令应经适当管理层批准	
(2)发出原材料	发出材料已记录于适当期间	定期由不负责日常存货保管或存货记录的人员来盘点实际存货,发现差异应予以调整	
(3)核算产品成本	产成品入库已被准确地记录于适当期间	验收单均事先连续编号并已记录入账	

3. 注册会计师在实施抽盘程序时,如果发现差异应如何应对?

四、案例分析题

1. X 公司是一家专营空调的生产与销售型上市公司。A 会计师事务所在接受其审计委托后,委派 B 注册会计师担任审计项目合伙人。注册会计师实施风险评估程序后,评估存货的控制风险为高水平,确定存货项目为重点审计领域,同时决定根据财务报表认定确定存货项目的具体审计目标,并选择相应的具体审计程序以保证审计目标的实现。

财务报表认定类别	拟实施的具体审计目标	拟实施的实质性程序
	X 公司对存货均拥有所有权	
	记录的存货数量包括了 X 公司所有的在库存货	
	X 公司已按成本与可变现净值孰低法调整期末存货的价值	
	存货成本计算准确	
	存货的主要类别和计价基础已在财务报表中恰当披露	

财务报表认定:

(1) 完整性。
(2) 存在。
(3) 分类和可理解性。
(4) 权利和义务。
(5) 计价和分摊。

审计程序:
(6) 检查现行销售价目表。
(7) 检查财务报表附注。
(8) 从存货盘点记录中选取项目追查至存货实物,以测试盘点记录的完整性。
(9) 选择一定样本量的存货会计记录,检查支持记录的购货合同和发票。
(10) 在监盘存货时,选择盘点表内一定样本量的存货记录,确定存货是否在库。
(11) 重新计算生产工人的工资及福利费。

2. 注册会计师接受委托,对常年审计客户丙公司 2009 年度财务报表进行审计。丙公司为玻璃制造企业,存货主要有玻璃、煤炭和烧碱,其中少量玻璃存放于外地公用仓库。另有丁公司部分水泥存放于丙公司的仓库。丙公司拟于 2009 年 12 月 29 日至 12 月 31 日盘点存货,以下是注册会计师撰写的存货监盘计划的部分内容。

存货监盘计划

一、存货监盘的目标
检查丙公司 2009 年 12 月 31 日存货数量是否真实完整。

二、存货监盘范围
2009 年 12 月 31 日库存的所有存货,包括玻璃、煤炭、烧碱和水泥。

三、监盘时间
存货的观察与检查时间均为 2009 年 12 月 31 日。

四、存货监盘的主要程序
(1) 与管理层讨论存货监盘计划。
(2) 观察丙公司盘点人员是否按照盘点计划盘点。
(3) 检查相关凭证以证实盘点截止日前所有已确认为销售但尚未装运出库的存货均已纳入
盘点范围。
(4) 对于存放在外地公用仓库的玻璃,主要实施检查货运文件,出库记录等替代程序。

要求:
(1) 指出存货监盘计划中目标、范围、时间存在的错误,并简要说明理由。
(2) 判断存货监盘计划中列示的主要程序是否恰当,若不恰当,请予以修改。

第十六章 生产与存货循环审计

3. A注册会计师负责对常年审计客户甲公司20×8年度财务报表进行审计。甲公司从事商品零售业,存货占其资产总额的60%。除自营业务外,甲公司还将部分柜台出租,并为承租商提供商品仓储服务。根据以往的经验和期中测试的结果,A注册会计师认为甲公司有关存货的内部控制有效。A注册会计师计划于20×8年12月31日实施存货监盘程序。A注册会计师编制的存货监盘计划部分内容摘录如下:

(1) 在到达存货盘点现场后,监盘人员观察代柜台承租商保管的存货是否已经单独存放并予以标明,确定其未被纳入存货盘点范围。

(2) 在甲公司开始盘点存货前,监盘人员在拟检查的存货项目上作出标识。

(3) 对以标准规格包装箱包装的存货,监盘人员根据包装箱的数量及每箱的标准容量直接计算确定存货的数量。

(4) 在存货监盘过程中,监盘人员除关注存货的数量外,还需要特别关注存货是否出现毁损、陈旧、过时及残次等情况。

(5) 对存货监盘过程中收到的存货,要求甲公司单独码放,不纳入存货监盘的范围。

(6) 在存货监盘结束时,监盘人员将除作废的盘点表单以外的所有盘点表单的号码记录于监盘工作底稿。

要求:

(1) 针对上述(1)至(6)项,逐项指出是否存在不当之处。如果存在,简要说明理由。

(2) 假设因雪灾导致监盘人员于原定存货监盘日未能到达盘点现场,指出A注册会计师应当采取何种补救措施。

第十七章 筹资与投资循环审计

一、概要解析

本章主要内容是筹资与投资循环的主要业务活动、涉及的主要凭证；筹资投资循环的内部控制及控制测试；筹资与投资循环涉及科目的实质性测试等。负债筹资的主要科目是短期借款、长期借款、应付债券等；所有者权益筹资涉及的科目是所有者权益的科目，包括股本或实收资本、资本公积、盈余公积和未分配利润等。投资涉及的科目主要有长期股权投资、交易性金融资产、持有至到期投资、可供出售金融资产、投资性房地产、投资收益、应收股利、应收利息等科目。

投资与筹资循环的特点是法律法规性较强，同时具有很强的契约性。所以对该循环的审计应特别注意相关法律法规、公司章程及筹资投资协议等。另外，该循环涉及的业务一般金额大，笔数少，宜采用较详细的实质性测试。由于投资与筹资一般具有较大的经营风险，所以应从经济环境、内部控制、筹资风险与投资风险等多方面对筹资与投资业务的风险进行评估。审计人员要特别对企业投资业务的风险评估和控制作充分的评估与测试，以降低审计风险。

二、背景资料

（一）防范负债筹资的风险的措施

（1）应确定适度的负债数额，保持合理的负债比率。负债经营能获得财务杠杆利益，同时企业还要承担由负债带来的筹资风险损失。为了在获取财务杠杆利益的同时避免筹资风险，企业一定要做到适度负债经营。企业负债经营是否适度，是指企业的资金结构是否合理，即企业负债比率是否与企业的具体情况相适应，以实现风险与报酬的最优组合。

（2）针对由利率变动带来的筹资风险，应认真研究资金市场供求情况，根据利率走势，把握其发展趋势，并以此作出相应的筹资安排。在利率处于高水平时期，尽量少筹资或只筹急需的短期资金。在利率处于由高向低过渡时期，也应尽量少筹资；不得不筹的资金，应采用浮动利率的计息方式。在利率处于低水平时，筹资较为有利。

在利率处于由低向高过渡时期,应积极筹集长期资金,并尽量采用固定利率的计息方式。

(3) 合理安排筹资结构和期限组合方式。确定最佳资本结构。企业应确定一个最佳资本结构,在筹资风险和筹资成本之间进行权衡,使企业价值最大化。力求企业的股权筹资和负债筹资结构、长期筹资与短期筹资的结构的合理。

(4) 金融市场上影响汇率变动的基本因素主要是货币所代表的价值量的变化和货币供求状况的变化,因此从猜测汇率变动趋势入手,制定外汇风险治理战略,规避筹资过程中汇率变动带来的风险。

(5) 应建立有效的风险防范机制。企业必须树立风险意识,即正确承认风险、科学估测风险、预防发生风险、有效应付风险,要明确风险是不可避免的,勇于承担和面对风险,并采取有效措施,降低和防范风险。

(6) 建立风险预测体系。企业必须立足市场,建立一套完善的风险预防机制和财务信息网络,及时地对财务风险进行预测和防范,对事态发展的形式、状态进行监测,定量测算财务风险临界点,及时对可能发生的或已发生的与预期不符的变化进行反映。

(二) 长期股权投资的内部控制

《企业内部控制基本规范》和《企业内部控制应用指引》对长期股权投资的内部控制进行了规范。长期股权投资内部控制的目标是保证长期股权投资符合企业战略发展需求;保证长期股权投资的收益与成本相配比。长期股权投资存在的主要控制风险点是:①长期股权投资是否符合国家的法律规定或产业政策;②长期股权投资的取得是否经过恰当的授权批准;③长期股权投资的会计处理是否正确。

阅读文献

1. 中国注册会计师协会编:《审计》(第一章注册会计师审计概论),经济科学出版社 2012 年版。
2. 秦荣生、卢春泉:《审计学》(第七版)(第一章总论),中国人民大学出版社 2011 年版。

三、复习思考题与练习题

复习思考题

1. 筹集活动的具体审计目标包括哪些?
2. 投资活动的具体审计目标包括哪些?
3. 如何评估企业筹资和投资活动的风险?
4. 企业筹资活动的内部控制有哪些内容?

5. 企业投资活动的内部控制有哪些内容?

6. 短期借款和长期借款的实质性程序有何区别?

7. 简述投入资本和资本公积两个项目的实质性程序。

8. 简述长期股权投资的实质性程序。

9. 简述金融资产项目的实质性程序。

名词解释

1. 筹资与投资循环 2. 筹资活动 3. 投资活动 4. 权益筹资 5. 负债筹资 6. 注册资本 7. 资本公积 8. 出资方式 9. 法定资本 10. 公允价值变动收益

练习题

(一) 单项选择题

1. 当发现记录的债券利息费用大大超过相应的应付债券账户余额与票面利率乘积时,注册会计师应当怀疑(　　)。

   A. 应付债券的折价被低估

   B. 应付债券被高估

   C. 应付债券被低估

   D. 应付债券的溢价被高估

2. 甲注册会计师审计 B 公司"长期借款"业务时,为确定"长期借款"账户余额的真实性,可以进行函证。函证的对象应当是(　　)。

   A. B 公司的律师

   B. 金融监管机关

   C. 银行或其他有关债权人

   D. 公司的主要股东

3. A 注册会计师拟对 H 公司与借款活动相关的内部控制进行测试,下列程序中不属于控制测试程序的是(　　)。

   A. 索取借款的授权批准文件,检查批准的权限是否恰当、手续是否齐全

   B. 观察借款业务的职责分工,并将职责分工的有关情况记录于审计工作底稿中

   C. 计算短期借款、长期借款在各个月份的平均余额,选取适用的利率匡算利息支出总额,并与账务费用等项目的相关记录核对

   D. 抽取借款明细账的部分会计记录,按原始凭证到明细账再到总账的顺序核对有关会计处理过程,以判断其是否合规

4. 授权批准是筹资与投资循环内部控制目标中(　　)的关键内部控制程序。

   A. 存在　　　　B. 完整性　　　　C. 计价和分摊　　　　D. 权利和义务

5. 在对于应付债券进行实质性程序时,注册会计师应当(　　)。

   A. 审查应付债券原始凭证保管人同会计记录人员是否职责分离

B. 审查营业费用明细账
C. 审查债券持有人明细账是否由专人保管
D. 审查应付债券是否已在资产负债表或其附注中分类反映

6. 为分析被审计单位在多大程度上依赖投资收益,从而判断其盈利能力的稳定性,注册会计师应当计算投资收益占(　　)的比例。
   A. 长期投资　　　　　　　　B. 利润总额
   C. 接受投资单位的实收资本　　D. 应收款项

7. 在对 H 公司 2004 年度财务报表进行审计时,A 注册会计师负责筹资与投资循环的审计。在审计过程中,A 注册会计师遇到以下事项,请代为做出正确的专业判断。A 注册会计师拟对 H 公司与借款活动相关的内部控制进行测试,下列程序中不属于控制测试程序的是(　　)。
   A. 索取借款的授权批准文件,检查批准的权限是否恰当、手续是否齐全
   B. 观察借款业务的职责分工,并将职责分工的有关情况记录于审计工作底稿中
   C. 计算短期借款、长期借款在各个月份的平均余额,选取适用的利率匡算利息支出总额,并与账务费用等项目的相关记录核对
   D. 抽取借款明细账的部分会计记录,按原始凭证到明细账再到总账的顺序核对有关会计处理过程,以判断其是否合规

8. A 注册会计师在对 H 公司发生的借款费用进行审计时,注意到以下事项,其中,会计处理错误的是(　　)。
   A. 公司对为购建固定资产而溢价发行的公司债券采用实际利率法分期摊销债券溢价,并以实际利率作为资本化率
   B. H 公司的某项在建工程根据建造工艺的要求需暂停施工 4 个月,在此期间,H 公司停止了借款费用资本化
   C. H 公司将为购建固定资产而发生的金额较小的专门借款手续费,在固定资产达到预定可使用状态前计入期间费用
   D. H 公司将为购建固定资产而发生的外币专门借款的汇兑差额,在固定资产达到预定可使用状态前计入固定资产购建成本

9. 注册会计师在审查长期债券投资的溢价摊销时,不应重点审查的是(　　)。
   A. 摊销方法是否合规
   B. 每期摊销额计算是否正确
   C. 每期投资收益是否为"应计利息"与溢价摊销额之差
   D. 长期债券投资是否采用"权益法"核算

10. 在注册会计师关于投资项目的审计目标中,首要的是(　　)。

A. 投资是否存在

B. 投资是否为被审计单位所拥有

C. 投资的增减变动记录是否完整

D. 投资的会计处理是否正确

11. X公司以下关于借款费用的会计处理中,注册会计师认为需要调整的是(   )。

    A. X公司将发行的股票佣金计入借款费用

    B. X公司将发行的债券佣金计入借款费用

    C. X公司将借款手续费用计入借款费用

    D. X公司将借款利息计入借款费用

12. 下列哪项费用不应计入非同一控制下企业合并的合并成本(   )。

    A. 为进行企业合并而发生的咨询费用

    B. 为进行企业合并而发生的法律服务费用

    C. 为进行企业合并而发生的审计费用

    D. 为进行企业合并而发行权益性证券的佣金

13. A公司2009年12月1日以1 000万元取得X公司30%股权,取得投资时被投资单位可辨认净资产公允价值为3 500万元。A公司能够对X公司施加重大影响,2009年12月31日,A公司对X公司长期股权投资的可收回金额为800万元,则A公司2009年12月31日应计提的长期投资减值准备为(   )万元。

    A. 200   B. 250   C. 350   D. 0

14. 注册会计师对X公司长期股权投资减值准备进行审计时,认为X公司的处理错误的是(   )。

    A. 由于F公司已经破产,尚未清算完毕,X公司对其长期股权投资——F公司500万元全额计提减值准备

    B. 由于I公司已经资不抵债了,X公司对其长期股权投资——I公司1 000万元额计提减值准备

    C. 由于长期股权投资——S公司的市价低于账面价值100万元。X公司计提100万元的长期股权投资减值准备

    D. 由于G公司亏损,X公司对其长期股权投资——G公司1 000万元计提减值准备200万元

15. A注册会计师在审计X公司2008年财务报表时发现,X公司是一家大型机床制造企业,2008年12月1日与甲公司签订了一项不可撤销销售合同,约定于2009年4月1日以300万元的价格向甲公司销售大型机床一台,若不能按期交货,X公司需要按照总价款的10%支付违约金。至2008年12月

31日，X公司尚未开始生产该机床；由于原料上涨等元素，X公司预计生产该机床成本不可避免地升至320万元，企业拟继续履约。假定不考虑其他因素，A注册会计师确认的X公司2008年12月31日正确处理为（　　）。

　　A. 确认预计负债20万元　　　　　B. 确认预计负债30万元
　　C. 确认存货跌价准备20万元　　　D. 确认存货跌价准备30万元

（二）多项选择题

1. 属于筹资活动所涉及的主要凭证和会计记录的有（　　）。
　　A. 股东名册　　　B. 企业的章程　　　C. 承销或包销协议　　　D. 投资协议
2. 对于长期借款在财务报表中的披露，注册会计师应当审查（　　）。
　　A. 一年内到期的长期借款是否列入"一年内到期的非流动负债"
　　B. 借款的种类是否列示
　　C. 借款的目的是否说明
　　D. 借款的担保是否说明
3. 一般来说，应付债券的内部控制包括（　　）。
　　A. 债券的发行要经过董事会批准
　　B. 每种债券的发行都必须签订契约
　　C. 债券承销或包销必须签订有关协议
　　D. 未发行的债券必须由专人保管
4. 为证实被审计单位是否存在未入账的长期负债，注册会计师可选用实质性程序的有（　　）。
　　A. 函证银行存款余额的同时函证负债业务
　　B. 检查借款合同或债券副本
　　C. 向被审计单位索取债务声明书
　　D. 检查其会计处理是否符合会计准则
5. 下列对交易性金融资产实施的实质性程序恰当的有（　　）。
　　A. 对期末结存的相关交易性金融资产，向被审计单位核实其持有目的，检查本科目核算范围是否恰当
　　B. 监盘库存交易性金融资产，并与相关账户余额进行核对，如有差异，应查明原因，并作出记录或进行适当调整
　　C. 向相关金融机构发函询证交易性金融资产期末数量以及是否存在变现限制，并记录函证过程
　　D. 复核与交易性金融资产相关的损益计算是否准确，并与公允价值变动损益及投资收益等有关数据核对
6. 注册会计师对持有至到期投资实施实质性程序时，以下恰当的是（　　）。

A. 检查库存持有至到期投资,并与账面余额进行核对,如有差异,应查明原因,并作出记录或进行适当调整

B. 结合投资收益科目,复核处置持有至到期投资的损益计算是否准确,已计提的减值准备是否同时结转

C. 结合银行借款等科目,了解是否存在已用于债务担保的持有至到期投资

D. 向相关金融机构发函询证持有至到期投资期末数量,并记录函证过程

7. 如果未经注册会计师审计,则应考虑对被投资单位的财务报表实施下列审计或审阅程序(　　)。

A. 复核投资收益时,应以取得投资时被投资单位各项可辨认资产等的公允价值为基础,对被投资单位的净利润进行调整后加以确认

B. 将重新计算的投资收益与被审计单位所计算的投资收益相核对,如有重大差异,则查明原因,并作适当调整

C. 检查被审计单位按权益法核算长期股权投资,在确认应分担被投资单位发生的净亏损时,应首先冲减长期股权投资的账面价值,其次冲减其他实质上构成对被投资单位净投资的长期权益账面价值

D. 检查除净损益以外被投资单位所有者权益的其他变动,是否调整计入所有者权益

8. 对于接受捐赠的资产,注册会计师应当从以下几方面进行审查(　　)。

A. 接受捐赠资产是否经过授权批准

B. 捐赠资产是否办理了移交手续

C. 捐赠资产是否经过验收

D. 捐赠资产是否入账

9. 发行记名股票的公司一般应在股东名册上记载的内容包括(　　)。

A. 股东姓名、名称及住所

B. 所持股票的票面金额、利率、付息方式

C. 取得其股份的日期

D. 所持股份数、所持股票的编号

10. 为了核实被审计单位有关借款和所有者权益的增减变动及其利息和股利会计记录的完整性,注册会计师应作的控制测试通常包括(　　)。

A. 索取借款或股票的批准文件

B. 了解债券持有人明细资料保管制度

C. 检查公司是否与外部机构核对

D. 观察并描述筹资业务的职责分工

11. 下列能证明被审计单位房地产类固定资产所有权的资料包括(　　)。

第十七章 筹资与投资循环审计

  A. 租赁协议   B. 财产账单   C. 保险单   D. 产权证明
12. 注册会计师审查被审计单位有价证券时,实施的测试程序有(　　)。
  A. 向被审计单位证券保管机构发函询证
  B. 审查结账日前后一段时期内的现金收支
  C. 查阅被审计单位管理当局有关证券买卖的会议记录或决议
  D. 审查有价证券的取得是否按实际成本入账
13. 有价证券实质性测试程序一般包括(　　)。
  A. 盘点   B. 函证   C. 审查投资损益   D. 实地观察
14. 审查短期股票投资、长期股权投资的入账价值时,应注意其中包括(　　)。
  A. 税金   B. 手续费
  C. 佣金   D. 已宣告发放但尚未支付的股利
15. H注册会计师计划测试C公司2009年年末长期银行借款余额的完整性。以下审计程序中,可能实现该审计目标的有(　　)。
  A. 了解银行对C公司的授信情况
  B. 检查长期银行借款明细账中本年新增借款的银行进账单
  C. 向提供长期银行借款的银行寄发银行询证函
  D. 重新计算并分析2005年度长期借款利息

(三) 判断题
1. 如果能够对被审计单位的资产和负债进行充分审计,且能证实两者的期初余额、期末余额和本期发生额,注册会计师可不必对所有者权益进行单独审计。(　　)
2. 注册会计师在审查公开发行股票的公司已发行的股票是否真实、是否已收到股款时,应向主要股东函证。(　　)
3. 向银行或其他债权人函证短期借款,是审查短期借款的一个必要的、不可替代的程序。(　　)
4. 如果企业的长期投资证券是委托某些专门机构代为保管,注册会计师应向这些保管机构进行函证,以证实投资证券的存在性和金额的准确性。(　　)
5. 为了解投资证券的真实性,无论其是由被审计单位保管,还是由某些专门机构代为保管,在审计实施阶段,注册会计师都应参与对这些证券的盘点。(　　)
6. 2008年度R公司将账面余额为2 000万元、已全额计提减值准备的长期股权投资以1 000万元予以转让,款项已全部收到,并已办妥股权转让相关法律手续。助理人员在取得R公司及其常年法律顾问关于股权受让方非关联方的说明后,得出可以确认1 000万元投资收益的审计结论。(　　)
7. R公司2008年度企业所得税采用定额交纳方式,助理人员在取得R公司主

209

管税务机关的批文并向其发函确认后,仍然得出其企业所得税的交纳方法不符合国家有关规定的审计结论。   (   )

8. 注册会计师分析企业的投资业务管理报告的目的主要是为了判断企业长期投资业务的管理情况。   (   )

9. 证券交易的会计记录与证券的保管可以由一个人负责。   (   )

10. 对投资业务实施简易抽查是投资业务审计重要的实质性程序。 (   )

(四) 简答题

1. 为什么说注册会计师在执行借款审计时,应将被审计单位是否低估借款作为一个关注的要点?

2. 试述未分配利润实质性测试的一般程序。

3. 简述筹资与投资循环业务特点。

四、案例分析题

1. D股份有限公司是一家上市公司,从事投资、设备制造等方面的业务。XYZ会计师事务所2007年9月份接受了D公司2007年度财务报表的审计业务,并指派注册会计师A和B对D公司2007年度投资业务的相关内部控制进行了解和控制测试,同时对部分财务资料进行了预审。在预审过程中,注册会计师A和B了解到以下情况:

(1) D公司的股票、债券的买卖业务须由董事会批准、经董事长签字后,由财务经理K具体办理股票、债券的买卖业务。但在具体办理的过程中,遇到股票价格大幅波动等的异常情况时,财务经理K可自行决定买进或卖出,并在度过紧急情况后及时向董事长汇报并备案。

(2) 由指定专职财务人员S负责进行会计记录和财务处理,专人T负责股票及债券的保管。

(3) 每月末,由内部审计人员U组织财务经理K、财务人员S、专人T和其他人员共同参与股票、债券的定期盘点以及与账面记录的核对,以确定股票、债券的真实性、完整性、所有权、正确性。

要求:指出D公司股票、债券交易的相关内部控制是否存在缺陷,并说明原因。

2. Z公司所得税税率为25%,法定盈余公积计提比例为10%。注册会计师2008年1月20日对该公司2007年度"长期借款"明细账和借款合同审阅时,发现该公司2007年10月1日因购买设备向银行借入资金1 000万元,借款期限为5年,年利率6%,每年付息一次,到期一次性还本。该公司11月1日用银行借款和自筹资金一次性向供货单位支付1 200万设备价款、运输费、安装费等,该设备12月31日达到预定可使用状态。注册会计师检查该笔借款2007年应计利息费用的记账凭证,

第十七章 筹资与投资循环审计

发现其会计分录为：

  借：财务费用   150 000

    贷：应付利息   150 000

要求：分析存在的问题，提出处理意见，并编制审计调整分录。

3. 注册会计师对 A 公司债券投资进行审计时发现，该公司 2008 年 1 月 1 日以 240 000 元购入 W 公司发行的 4 年期债券，票面利率 10%，面值 240 000 元，到期一次还本付息。其会计分录如下：

(1) 年初取得投资时：

  借：持有至到期投资——成本   240 000

    贷：银行存款   240 000

(2) 年末确认应收票面利息时：

  借：持有至到期投资——应计利息   24 000

    贷：持有至到期投资——成本   24 000

要求：分析存在的问题，提出处理意见，并编制审计调整分录。

4. 注册会计师在对 P 公司 2008 年度财务报表审计时，发现 P 公司 2008 年 9 月 8 日支付价款 100 万元从二级市场购入 A 公司发行的股票 100 000 股，每股价格 10.60 元（含已宣告但尚未发放的现金股利 0.60 元），另支付交易费用 0.1 万元。

P 公司作了如下会计处理：

  借：交易性金融资产——成本   1 000 000

    应收股利   60 000

    财务费用   1 000

    贷：银行存款   1 061 000

注册会计师了解到该股票年末市场价格为每股 15 元，P 公司将持有的 A 公司股权划分为交易性金融资产，且持有 A 公司股权后对其无重大影响。P 公司年末对该股票按公允价作了如下会计处理：

  借：交易性金融资产——公允价值变动   500 000

    贷：资本公积——其他资本公积   500 000

要求：分析存在的问题，提出处理意见，并编制审计调整分录。

5. 注册会计师 X 在审查 ABC 股份有限公司的长期债权投资时，发现该公司按面值认购了 U 公司的一部分债券，按溢价购入了 V 公司的债券若干，又按折价认购了 W 公司的另一部分债券。

要求：在这三种情况下，ABC 公司分别应如何进行相关的会计处理，注册会计师 X 才能予以认可？

第十八章 货币资金审计

一、概要解析

货币资金是流动性最强的资产。货币资金最容易被贪污挪用。因此企业对货币资金都应有严格的内部控制。货币资金包括库存现金、银行存款和其他货币资金。企业的销售收款业务循环、采购与付款业务循环、生产与存货业务循环、筹资与投资业务资循环都涉及货币资金的收支。

验证库存现金账实是否相符重要程序是现金监盘,银行存款要在银行询证函和银行余额调节表审计的基础上确认其是存在,尤其要注意银行未达账项真实性的审计。由于货币资金的收支一般发生的笔数庞大,所以对货币资金审计的程序一般是建立在控制测试基础上的抽样审计,所以货币资金控制风险必须降到可接受水平,对货币资金的收支的抽样审计才可接受。另外,外埠存款、在途资金的风险较大,要严格控制企业在一定时间内无法控制的资金风险。

二、背景资料

(一) 货币资金内部控制目标及环境

1. 货币资金内部控制目标。

内部控制目标是企业管理当局建立健全内部控制的根本出发点。货币资金内部控制目标有四个:①货币资金的安全性。通过良好的内部控制,确保企业库存现金安全,预防被盗窃、诈骗和挪用。②货币资金的完整性。即检查企业收到的货币是否已全部入账,预防私设"小金库"等侵占企业收入的违法行为出现。③货币资金的合法性。即检查货币资金取得、使用是否符合国家财经法规,手续是否齐备。④货币资金的效益性。即合理调度货币资金,使其发挥最大的效益。

2. 货币资金内部控制环境。

所谓货币资金内部控制环境,是对企业货币资金内部控制的建立和实施有重大影响的因素的统称。控制环境的好坏直接决定着企业内部控制能否实施或实施的效果,影响着特定控制的有效性。货币资金内部控制环境主要包括以下因素:①管理决策者。管理决策者是货币资金内部控制环境中的决定性因素,特别在推行企业领导个人负责制的情况下,管理决策者的领导风格、管理方式、知识水平、法制意识、道德观念都直接影响货币资金内部控制执行的效果。因此,管理决策者本人应加强自身约束,同时通过民主集中制、党政联席会等制度加强对其的监督。②员工的职业道德和业务素质。在内部控制每个环节中,各岗位都处于相互牵制和制约之中,如果任何一岗位的工作出现疏忽大意,均可以导致某项控制失效。比如,空白支票、印章应分别由不同的人保管,如果保管印章的会计警惕性不高,出门不关抽屉,将使保管空白支票的出纳有机可乘,由此造成出纳携款潜逃的案件也屡见不鲜。③内部审计。内部审计是企业自我评价的一种活动,内部审计可协助管理当局监督控制措施和程序的有效性,能及时发现内部控制的漏洞和薄弱环节。内部审计力度的强弱同样影响货币资金内部控制的效果。影响货币资金内部控制环境因素还很多,要加强企业内部控制,就必须改善其控制环境。

(二) 支付宝简介

支付宝(alipay)最初作为淘宝网公司为了解决网络交易安全所设的一个功能。该功能为首先使用的"第三方担保交易模式",由买家将货款打到支付宝账户,由支付宝向卖家通知发货,买家收到商品确认后指令支付宝将货款放于卖家,至此完成一笔网络交易。支付宝于 2004 年 12 月独立为浙江支付宝网络技术有限公司,是阿里巴巴集团的关联公司。支付宝公司于 2010 年 12 月宣布用户数突破 5.5 亿。2011 年 9 月 5 日,支付宝收购安卡支付打算深度拓展跨境业务。2012 年 2 月 8 日起,支付宝将关闭信用卡充值服务,但可继续使用信用卡付款。

阅读文献

1. 中国注册会计师协会编:《审计》(第一章注册会计师审计概论),经济科学出版社 2012 年版。

2. 秦荣生、卢春泉:《审计学》(第七版)(第一章总论),中国人民大学出版社 2011 年版。

三、复习思考题与练习题

复习思考题

1. 货币资金的特点是什么?
2. 货币资金审计的具体目标有哪些?
3. 其他货币资金的实质性程序有哪些内容?
4. 如何审计现金收支业务?
5. 如何对银行余额调节表进行审计?

名词解释

1. 库存现金盘点 2. 外埠存款 3. 在途货币资金 4. 收款控制 5. 付款控制
6. 余额控制 7. 电子资金转账 8. 备用金 9. 现金挪用 10. 信用证存款

练习题

(一) 单项选择题

1. N公司某银行账户的银行对账单余额为585 000元,在审查N公司编制的该账户银行存款余额调节表时,A注册会计师注意到以下事项:N公司已收、银行尚未入账的某公司销货款100 000元;N公司已付、银行尚未入账的预付某公司材料款50 000元;银行已收、N公司尚未入账的某公司退回的押金35 000元;银行已代扣、N公司尚未入账的水电费25 000元。假定不考虑审计重要性水平,A注册会计师审计后确认该账户的银行存款日记账余额应是(   )元。

   A. 625 000 B. 635 000 C. 575 000 D. 595 000

2. 针对N公司下列与现金相关的内部控制,A注册会计师应提出改进建议正确的是(   )。

   A. 每日及时记录现金收入并定期向顾客寄送对账单
   B. 担任登记现金日记账及总账职责的人员与担任现金出纳职责的人员分开
   C. 现金折扣需经过适当审批
   D. 每日盘点现金并与账面余额核对

3. 货币资金内部控制的以下关键环节中,存在重大缺陷的是(   )。

   A. 财务专用章由专人保管,个人名章由本人或其授权人员保管
   B. 对重要货币资金支付业务,实行集体决策
   C. 现金收入及时存入银行,特殊情况下,经主管领导审查批准方可坐支现金
   D. 指定专人定期核对银行账户,每月核对一次,编制银行存款余额调节表,使银行存款账面余额与银行对账单调节相符

4. 2008年3月5日对N公司全部现金进行监盘后,确认实有现金数额为1 000元。N公司3月4日账面库存现金余额为2 000元,3月5日发生的现金收支全部未登记入账,其中收入金额为3 000元、支出金额为4 000元,2008年1月1日至3月4日现金收入总额为165 200元、现金支出总额为165 500元,则推断2007年12月31日库存现金余额应为(   )元。

   A. 1 300 B. 2 300 C. 700 D. 2 700

5. 监盘库存现金是注册会计师证实被审计单位资产负债表所列现金是否存在的一项重要程序,被审计单位必须参加盘点的人员是(   )。

   A. 会计主管人员和内部审计人员

B. 出纳员和会计主管人员
C. 现金出纳员和银行出纳员
D. 出纳员和内部审计人员

6. 向开户银行函证,可以证实若干项目标,其中最基本的目标是( )。
   A. 银行存款真实性   B. 是否有欠银行的债务
   C. 是否有漏列的负债   D. 是否有充作抵押担保的存货

7. 审计人员参加现金盘点后,应与审计人员共同在"库存现金盘点表"上签字的人员是( )。
   A. 会计员和出纳员   B. 出纳员和会计主管
   C. 会计主管和总经理   D. 出纳员和总经理

8. 银行存款余额调节表应由( )来调节,以保证资产安定、记录准确。
   A. 采购员   B. 出纳员
   C. 出纳员以外人员   D. 出纳员或记录员

9. 抽查现金日记账记录时,审阅摘要栏一般是为了检查( )。
   A. 现金支付业务的账务处理是否准确
   B. 有无坐支现象
   C. 有无超过规定的库存现金限额现象
   D. 现金收付业务是否合法

10. 以下项目应在资产负债表上银行存款余额中作出处理的是( )。
    A. 决算日下午上班时仍未解缴银行的收入汇票
    B. 决算日下午下班时仍未解缴银行的收入汇票
    C. 决算日下午已知的在途存款
    D. 决算日下午付出的银行存款

11. 在进行年度财务报表审计时,为了证实被审计单位在临近12月31日签发的支票未予入账,注册会计师实施的最有效审计程序是( )。
    A. 审查12月31日的银行存款余额调节表
    B. 函证12月31日的银行存款余额
    C. 审查12月31日的银行对账单
    D. 审查12月份的支票存根

12. 被审计单位银行存款的收款500元错误记录在日记账的贷方。审计人员认为银行存款日记账余额应( )。
    A. 调增1 000元   B. 调减1 000元
    C. 调增500元   D. 调减500元

13. 如果在资产负债表日后对库存现金进行盘点,应当根据盘点数、资产负债表日至( )的库存现金数,倒推计算资产负债表上所包含的库存现金数是否正确。

A. 审计报告日　　　　　　　　　B. 资产负债表日

C. 盘点日　　　　　　　　　　　D. 外勤工作结束日

14. 在对库存现金进行盘点时,时间最好选择在上午上班或下午下班时进行,主要是为了证实( )认定。

A. 完整性　　　　　　　　　　　B. 计价与分摊

C. 存在　　　　　　　　　　　　D. 权利和义务

15. 如果注册会计师已从被审计单位的某开户银行获取了银行对账单和所有已付支票清单,该注册会计师( )。

A. 不需再向该银行函证

B. 仍需再向该银行函证

C. 复核银行对账单

D. 可根据实际需要,确定是否向银行函证

(二) 多项选择题

1. 注册会计师实施的下列各项审计程序中能够证实银行存款是否存在的有( )。

A. 分析定期存款占银行存款的比例　　B. 检查银行存款余额调节表

C. 函证银行存款余额　　　　　　　　D. 检查银行存款收支的正确截止

2. 为了做到银行存款在财务报表上正确截止,对于以下未达账项,注册会计师应当要求被审计单位编制会计分录调整的有( )。

A. 银行已付,企业未入账的支出　　　B. 银行已收,企业未入账的收入

C. 企业已付,银行未入账的支出　　　D. 企业已收,银行未入账的收入

3. 下列审计程序中,属于库存现金、银行存款账户实质性程序的有( )。

A. 盘点库存现金,编制库存现金盘点表

B. 抽查大额现金和银行存款收支

C. 抽取银行存款余额调节表并作检查

D. 向开户银行函证银行存款余额

4. 函证银行存款余额,注册会计师可以证实( )。

A. 银行存款是否存在　　　　　　　B. 银行借款金额

C. 是否存在企业未入账的负债　　　D. 是否存在或有负债

5. 注册会计师寄发的银行询证函( )。

A. 是以被审计单位的名义发往开户银行的

B. 属于积极式、有偿询证函

C. 要求银行直接回函至会计师事务所

D. 包括银行存款和借款余额

6. 资产负债表日后盘点库存现金时,注册会计师应( )调整至资产负债表日的金额。
   A. 扣减资产负债表日至盘点日库存现金增加额
   B. 扣减资产负债表日至盘点日库存现金减少额
   C. 加计资产负债表日至盘点日库存现金增加额
   D. 加计资产负债表日至盘点日库存现金减少额

7. 注册会计师应当注意检查库存现金内部控制的建立和执行情况,并关注( )。
   A. 库存现金的收支是否按规定的程序和权限办理
   B. 是否存在与被审计单位经营无关的款项收支情况
   C. 是否存在出租、出借银行账户的情况
   D. 出纳与会计的职责是否严格分离

8. 注册会计师应按现金的收款凭证分类,选取适当的样本量,作如下的检查( )。
   A. 核对现金日记账的收入金额是否正确
   B. 核对收款凭证与应收账款明细账的有关记录是否相符
   C. 核对实收金额与销货发票是否一致
   D. 函证银行存款

9. 检查货币资金部分不相容职务划分情况时,审查内容包括( )。
   A. 抽查收付款凭证上有无审批授权人的签章
   B. 抽查银行存款调节表,检查编制人签章是否为出纳员以外人员
   C. 抽查现金及银行存款日记账与相应的记账凭证。检查是否由会计人员编制并审核记账凭证
   D. 支票的保管和登记及印章的保管是否分别由两人负责
   E. 各项货币资金的收付程序有无明确的制度规定

10. 审计人员审查银行存款余额调节表时,应对以下( )事项审查。
    A. 验算调节表的计算是否准确
    B. 追查截止日期对账单上的在途存款
    C. 审查截止日仍未提现的大额支票
    D. 追查截止日期对账单已收、企业未收款项
    E. 核对银行存款总账与对账单

11. 评审内部控制时,认为被审计单位以下职务应分离的有( )。
    A. 登记现金日记账与银行存款日记账
    B. 登记银行存款日记账与核对银行账
    C. 登记银行存款日记账与保管支票

D. 保管支票与保管印章

E. 登记现金及银行存款日记账与登记总分类账

12. 审计人员测试现金内部控制的内容及方法有(　　)。

A. 现金收付是否按规定程序及权限办理

B. 有无与本单位经营无关的收支业务

C. 出纳与会计职责是否严格分离

D. 现金是否定期盘点核对

E. 审查现金截止期

13. 货币资金审计目标包括(　　)。

A. 货币资金存在性　　　　　　　B. 收付业务合法性

C. 外币计价准确性　　　　　　　D. 控制措施可行性

E. 账务处理准确性

14. 审查库存现金时,应对库存现金进行清查,正确的清查做法是(　　)。

A. 应由出纳员将现金全部放入保险柜暂行封存

B. 事先通知出纳员做必要准备

C. 盘点库存现金的时间一般安排在营业前或营业后

D. 清点库存现金时。会计主管人员和审计人员在旁观察监督

E. 审计人员编制"库存现金清点表"作为审计工作底稿

15. 审计人员对银行存款询证的主要内容是(　　)。

A. 存款户账号、存款性质　　　　B. 存款余额

C. 借款性质、抵押品　　　　　　D. 借款期限、利率

E. 存款来源及去向

(三) 判断题

1. 如果现金盘点不是在资产负债表日进行的,注册会计师应将资产负债表日至盘点日的收付金额调整至盘点日金额。　　　　　　　　　　　　　　(　　)

2. 即使企业银行存款账户余额为零,只要存在本期发生额,注册会计师就应进行函证。　　　　　　　　　　　　　　　　　　　　　　　　　(　　)

3. 向银行函证企业的银行存款,不仅可以证实企业银行存款的真实性,而且可以核实企业对银行借款的完整性。　　　　　　　　　　　　　　　(　　)

4. 取得银行存款余额调节表后,注册会计师应检查调节表中未达账项的真实性,以及资产负债表日后的进账情况,如果查明存在应于资产负债表日之前进账的,应作出记录并提出适当的调整建议。　　　　　　　　　　　(　　)

5. 被审计单位资产负债表上的银行存款数额,应以编制或取得银行存款余额调节表日银行存款账户数额为准。　　　　　　　　　　　　　　　　(　　)

第十八章　货币资金审计

6. 注册会计师应检查银行存款收支的正确截止,其操作方法是抽查资产负债表日前后若干天的银行存款收支凭证实施截止测试,关注业务内容及对应项目,如有跨期收支事项,应考虑是否应提出调整建议。　　　　　　　　　　　　（　　）

7. 当日收到现金应及时送存银行,以控制现金坐支。　　　　　（　　）

8. 注册会计师对银行存款的函证,一律采用积极式,不能采用消极式。（　　）

9. 函证银行存款余额是证实资产负债表所列银行存款是否存在的重要程序。通过向往来银行函证,注册会计师不仅可了解企业资产的存在,还可了解企业账面反映所欠银行债务的情况,并有助于发现企业未入账的银行借款和未披露的或有负债。
　　　　　　　　　　　　　　　　　　　　　　　　　　　　（　　）

10. 被审计单位一年以上定期存款或限定用途的银行存款不属于流动资产。
　　　　　　　　　　　　　　　　　　　　　　　　　　　　（　　）

（四）简答题

1. 货币资金与业务循环存在什么样的关系?
2. 货币资金循环所涉及的凭证和会计记录主要有哪些?
3. 一套健全的货币资金内部控制制度包括哪些内容?
4. 简述库存现金余额审计的审计程序。

四、案例分析题

1. 甲注册会计师在对 P 公司 2008 年度会计报表进行审计时,对 P 公司的银行存款实施的部分审计程序为:

(1) 取得 2008 年 12 月 31 日银行存款余额调节表。

(2) 向开户银行寄发银行询证函,并直接收取寄回的询证函回函。

(3) 取得开户银行 2009 年 1 月 31 日的银行对账单。

要求:

(1) 请问甲注册会计师向开户银行询证的作用有哪些?

(2) 请问甲注册会计师应采取什么方式才能直接收回开户银行的询证函回函?目的是什么?

(3) 请问甲注册会计师取得银行存款余额调节表后,应检查哪些内容?

(4) 请问甲注册会计师索取开户银行 2009 年 1 月 31 日的银行对账单,能证实 2008 年 12 月 31 日银行存款余额调节表的哪些内容?

2. 甲公司与乙公司分别以各自下属的 A、B 分公司的净资产进行整体置换。A、B 分公司的资产、负债情况如下(金额单位:万元)。

项目	A公司	B公司
资产：	500	400
其中，银行存款	90	60
短期投资	20	10
应收票据	30	20
应收账款	50	40
预付账款	30	20
存货	160	100
固定资产	80	100
长期投资	40	50
负债：	200	100
其中，短期借款	10	0
应付票据	40	20
应付账款	80	30
预收账款	30	30
长期借款	40	20

据此，A公司确定的短期投资、存货、固定资产、长期投资的入账价值分别为10万元、40万元、100万元、75万元；同时，以B公司各负债项目的账面价值作为其负债的入账价值。请指出其中的错误，并提供正确的入账金额。

3．某会计师事务所的注册会计师A和B接受委托，审计XYZ公司2008年度的会计报表。根据以往经验，决定信赖客户的内部控制，为此决定对相关内部控制进行了解和控制测试。通过了解，A和B注册会计师发现以下情况：

(1) 关于银行存款的内部控制：财务处处长负责支票的签署，外出时其职责由副处长代为履行；副处长负责银行预留印鉴的保管和财务专用章的管理，外出时其职责由处长代为履行；财务人员乙负责空白支票的管理，仅在出差期间交由财务处长管理。负责签署支票的财务处长的个人名章由其本人亲自掌管，仅在出差期间交由副处长临时代管。

(2) 关于货币资金支付的规定：部门或个人用款时，应提前向审批人提交申请，注明款项的用途、金额、支付方式、经济合同，或相关证明；对于金额在10 000元以下的用款申请，必须经过财务副处长的审批，金额在10 000元以上的用款申请，应经过财务处长的审批；出纳人员根据已经批准的支付申请，按规定办理货币资金支付手续，及时登记现金和银行存款日记账；货币资金支付后，应由专职的复核人员进行复核，复核货币资金的批准范围、权限、程序、手续、金额、支付方式、时间等，发现问题后及时纠正。

请指出上述内控存在的问题并提出改进建议。

第十九章 特殊项目审计

一、概要解析

(一) 期初余额的审计

首次接受委托时对期初余额的理解要点：①期初余额是期初已存在的账户余额；②期初余额反映了以前期间的交易和事项以及上期采用的会计政策的结果；③期初余额与注册会计师首次审计业务相联系。

(二) 会计估计审计

会计估计是指在缺乏精确计量手段的情况下采用的某项金额的近似值，一般包括存在估计不确定性时以公允价值计量的金额，以及其他需要估计的金额。

(三) 期后事项审计

根据我国《审计准则1332号——期后事项》的表述，期后事项是指财务表日至审计报告日之间发生的事项以及注册会计师在审计报告日后知悉的事实。其中财务报表日是指财务报表涵盖的最近期间的截止日期；而审计报告日则是指注册会计师按照准则规定对财务报表出具的审计报告上签署的日期。具体可以将这一期间划分为三个时段：第一个时段是财务报表日后至审计报告日；第二个时段是审计报告日后至财务报表报出日；第三个时段是财务报表报出日后。其中，财务报表报出日通常是指审计报告和已审财务报表提供给第三方的日期。审计报告的日期向财务报表使用者表明，注册会计师已考虑其知悉的、截至审计报告日发生的事项和交易的影响。

二、背景资料

(一) 期初余额的审计目标

根据我国《审计准则1331号——期初事项》的表述，①期初余额是否含有对本期财务报表产生重大影响的错报；②期初余额反映的恰当的会计政策是否在本期财务报表中得到一贯运用,或会计政策的变更是否已按照适用的财务报告编制基础作出恰当的会计处理和充分的列报与披露。

(二)会计估计审计

根据我国《审计准则1321号——审计会计估计》的表述,注册会计师的目标是获取充分、适当的审计证据以确定:①根据适用的财务报告编制基础,财务报表中确认或披露的会计估计是否合理;②根据适用的财务报告编制基础,财务报表中的相关披露是否充分。为达到审计目标,注册会计师对会计估计的审计程序通常包括:①了解下列内容,以识别和评估会计估计重大错报风险:a 与会计估计相关的适用的财务报告编制基础的规定;b 管理层如何识别可能需要作出会计估计并在财务报表中确认或披露的交易、事项和情况;c 管理层如何作出会计估计,以及会计估计所依据的数据。②复核上期财务报表中会计估计的结果,或者复核管理层在本期财务报表中对上期会计估计作出的后续重新估计。③识别和评估重大错报风险。注册会计师应评价与会计估计相关的估计不确定性的程度,并根据职业判断确定识别出的具有高度不确定性的会计估计是否会导致特别风险。④应对评估的重大错报风险。

(三)期后事项审计

根据我国《审计准则1332号——期后事项》的表述,期后事项包括调整事项和非调整事项两类。

(1)调整事项是指对财务报表日已经存在情况提供了新的或进一步证据的事项。

(2)非调整事项是指表明财务报表日后发生的情况的事项,通常包括:财务报表日后发生重大诉讼、仲裁、承诺;财务报表日后资产价格、税收政策、外汇汇率发生重大变化;财务报表日后因自然灾害导致资产发生重大损失;财务报表日后发行股票和债券以及其他巨额举债;财务报表日后资本公积转增资本;财务报表日后发生企业合并或处置子公司;财务报表日后发生巨额亏损。

三、复习思考题与练习题

复习思考题

1. 在哪些情况下会涉及期初余额的审计?
2. 注册会计师为什么要对会计估计、会计政策变更和前期差错更正等事项予以关注?
3. 注册会计师对关联方和关联方交易的审计目标和程序有哪些?
4. 注册会计师对合并财务报表进行审计时,应注意哪些事项?

第十九章 特殊项目审计

5. 注册会计师为什么要关注期后事项？其审计目标有哪些？
6. 什么叫持续经营假设？如何理解持续经营假设？

名词解释

1. 期初余额
2. 会计估计
3. 独立估计
4. 会计政策
5. 前期差错
6. 债务重组
7. 非货币性交易
8. 关联方
9. 控制
10. 关联方交易
11. 合并财务报表
12. 现金
13. 现金等价物
14. 现金流量表
15. 或有事项
16. 或有资产
17. 或有负债
18. 期后事项
19. 调整事项
20. 非调整事项
21. 资产负债表日
22. 财务报表批准日
23. 财务报表报出日
24. 持续经营假设

练习题

(一) 单项选择题

1. 如果被审计单位存在对其持续经营能力产生重大影响的情况，且没有相应的改善措施，但已在财务报表中进行充分披露，注册会计师应当发表(　　)。
   A. 带说明段的无保留意见
   B. 保留意见
   C. 无法表示意见
   D. 否定意见

2. 注册会计师对期后事项的专门审计，一般应安排在(　　)进行。
   A. 审计的计划阶段
   B. 审计的实施阶段
   C. 临近审计工作结束日
   D. 签约时

3. 如果认为被审计单位在可预见的将来无法持续经营，继续运用持续经营假设编制财务报表将产生严重误导，但被审计单位对此作了充分披露，注册会计师应当发表(　　)。
   A. 带说明段的无保留意见或保留意见
   B. 保留意见或无法表示意见
   C. 保留意见或否定意见
   D. 带说明段的保留意见或否定意见

4. 管理层对持续经营能力进行评估时，所涵盖的期间应该是(　　)。
   A. 自管理层开始评估日起12个月

223

B. 自资产负债表日起的12个月

C. 自资产负债表日起的一个生产经营周期

D. 自当年财务报告批准报出日起12个月

5. 如果被审计单位拒绝对财务报表公布日后获知的重大期后事项作出任何调整或披露,而该期后事项在审计报告日前已经存在,则注册会计师应当(　　)。

A. 提请被审计单位召开临时股东大会予以说明

B. 撤回已经出具的审计报告

C. 修改审计报告

D. 向注册会计师协会作出专项说明

6. 对于截止至审计报告日被审计单位仍未披露的重大或有损失,注册会计师应当首先(　　)。

A. 提请被审计单位予以披露

B. 在审计报告中反映

C. 在审计报告中增设说明段予以反映

D. 编制重要事项说明,并作为审计报告附件

7. 持续经营假设是指被审计单位在编制财务报表时,假定其经营活动在可预见的将来会继续下去,此处的可预见的将来通常是指(　　)。

A. 资产负债表日后12个月

B. 审计报告日后12个月

C. 财务报表报出日后12个月

D. 资产负债表日至财务报表报出日

8. 编制被审计单位财务报表的审计计划时,注册会计师应当从(　　)等方面关注被审计单位在财务方面存在的可能导致对其持续经营能力产生疑虑的事项或情况。

A. 主导产品不符合国家的产业政策

B. 无法获得供应商的正常商业信用

C. 关键财务主管人员离职且无人替代

D. 经营期限即将到期且无意继续经营

9. 如果认为被审计单位在编制财务报表时运用持续经营假设是适当的,但可能导致对持续经营能力产生重大疑虑的事项或情况存在重大不确定性,虽财务报表已充分披露,但注册会计师应当考虑对财务报表应出具(　　)的审计报告。

A. 无保留意见　　　　　　　　B. 保留意见

C. 无法表示意见　　　　　　　D. 无保留意见加强调事项段

10. 如果认为被审计单位将不能持续经营,但财务报表仍然按照持续经营假设编制,注册会计师应当出具( )审计报告。
   A. 无保留意见   B. 保留意见
   C. 否定意见   D. 无法表示意见

11. 注册会计师在实施必要的审计程序后,确认被审计单位存在多项可能导致对其持续经营能力产生重大疑虑的事项或情况存在重大不确定性时,不能就被审计单位持续经营假设的合理性获取必要的审计证据,则发表( )。
   A. 保留或否定意见   B. 无法表示意见
   C. 带强调事项段的保留意见 D. 带强调说明段的无保留意见

12. 注册会计师审计或有事项时尤其关注的是或有事项的( )。
   A. 存在   B. 完整性
   C. 列报   D. 分类和可理解性

13. X公司于2007为Y公司1年期银行借款500万元提供担保,因Y公司不能及时偿还,银行于2008年11月向法院提起诉讼,要求X公司承担连带清偿责任。2008年12月31日,X公司在咨询律师后,根据Y公司财务状况,计提了300万元的预计负债。对上述预计负债,X公司已在财务报表附注中进行了适当披露。截止审计工作完成日,法院尚未对该项诉讼作出判决。假定本情况对X公司2008年度财务报表的影响是重要的,A注册会计师应发表的审计意见类型为( )。
   A. 保留或否定意见   B. 无法表示意见
   C. 常强调事项段的保留意见 D. 带强调说明段的无保留意见

14. 在审查或有事项时,如果认为未决诉讼或未决仲裁案件的结果对财务报表的影响较大且不确定性程度较高,则在下列做法中,注册会计师应当选择的是( )。
   A. 在审计报告的意见段后增加强调事项段予以说明
   B. 发表保留意见、否定意见或无法表示意见审计报告
   C. 视被审计单位的披露情况决定是否在审计报告中说明
   D. 视被审计单位的披露情况决定怎样在审计报告中进行说明

15. X公司于2008年度根据中级人民法院判决结果对其担保责任计提了6 000万元预计负债。2009年5月,经高级人民法院终审裁定X公司应承担赔偿责任总额为2 000万元,X公司据此确认为营业外收入4 000万元。对此注册会计师的正确做法应当是( )。
   A. 无须建议X公司进行调整
   B. 建议X公司进行适当调整

C. 建议 X 公司贷记预计负债 4 000 万元

D. 建议 X 公司借记营业外收入 4 000 万元

(二) 多项选择题

1. 下列属于被审计单位在经营方面存在的可能导致对持续经营假设产生重大疑虑的事项是(　　)。

   A. 无法偿还到期债务

   B. 主导产品不符合国家产业政策

   C. 失去主要市场、特许权或主要供应商

   D. 因自然灾害、战争等不可抗力因素遭受严重损失。

2. 注册会计师应对下列(　　)时段的期后事项承担相应的责任。

   A. 被审计年度内　　　　　　　　B. 资产负债表日至审计报告日

   C. 审计报告日至财务报表公告日　　D. 财务报表公布日后

3. 在确定有关期初余额的审计证据的充分性和适当性时,注册会计师应当考虑(　　)。

   A. 被审计单位运用的会计政策

   B. 上期财务报表是否经过审计;如果经过审计,审计报告是否为非标准审计报告

   C. 账户的性质以及本期财务报表中的重大错报风险

   D. 期初余额对本期财务报表的重要程度

4. 对已发现的对财务报表产生重大影响的期后事项,如果被审计单位不接受调整或披露建议,注册会计师视其具体情况可能发表的审计意见包括(　　)。

   A. 无保留意见　　　　　　　　　B. 无保留意见加说明段

   C. 保留意见　　　　　　　　　　D. 否定意见

5. 以下事项需要提请被审计单位调整财务报表的有(　　)。

   A. 资产负债表日前被审计单位遭到起诉,法院于资产负债表日后审计报告日前作出判决,被审计单位败诉

   B. 被审计单位资产负债表日后,审计报告日前发生一起重大火灾

   C. 被审计单位资产负债表日后月初有大批产成品经验收不合格

   D. 被审计单位资产负债表日后被兼并

6. 与已审财务报表有关的下列勾稽关系中,正确的有(　　)。

   A. 现金流量表中"现金及现金等价物净增加额"栏的数额,应等于其补充资料中"现金及现金等价物净增加额"栏的数额

   B. 现金流量表中的"经营活动产生的现金流量净额"栏的数额,应等于其补充资料中"经营活动产生的现金流量净额"栏的数额

C. 现金流量表补充资料中"现金的期末余额"栏的数额,应等于同期资产负债表"货币资金"项目的期末数

D. 现金流量表补充资料中"待摊费用减少(减:增加)"栏的数额,应等于同期资产负债表"待摊费用"项目的期初数减去期末数的差额

7. 注册会计师应当充分关注被审计单位在财务、经营和其他方面存在的可能导致对其持续经营能力产生重大疑虑的事项或情况及有关的经营风险,以下属于财务方面存在疑虑的事项或情况的是( )。

A. 失去特许权

B. 大股东长期占用巨额资金

C. 累计经营性亏损数额巨大

D. 存在大量长期未作处理的不良资产

8. 如果注册会计师提请被审计单位管理层在财务报表中披露导致对持续经营能力产生重大疑虑的主要事项或情况以及管理层拟采取的改善措施,然后依据披露情况决定其发表的审计意见的类型,意味着注册会计师可能发表( )审计报告。

A. 保留意见   B. 否定意见

C. 无法表示意见   D. 带有强调事项段的无保留意见

9. 如果注册会计师基于被审计单位的持续经营能力决定出具无法表示意见的审计报告,应当提请管理层在财务报表中适当披露( )。

A. 有关法律法规或政策的变化可能造成重大不利影响

B. 投资者未履行协议、合同、章程规定的义务,并有可能造成重大不利影响

C. 导致对被审计单位持续经营能力产生重大疑虑的主要事项或情况,以及管理层拟采取的改善措施

D. 被审计单位持续经营能力存在的重大不确定性,可能无法在正常的经营过程中变现资产、清偿债务

10. 被审计单位因第三方原因可能发生的潜在支付的或有损失业务包括( )。

A. 被审计单位以应收账款作抵押,向银行取得借款

B. 持票方向银行贴现被审计单位签发并承兑的商业汇票

C. 因开出票据的单位信用较差,而由被审计单位背书作为担保人的票据

D. 被审计单位与税务部门针对应税额和纳税额等方面存在分歧意见,尚未最后处理完毕

11. 为发现审计年度必须弄清的截止审计报告日发生的期后事项,下列属于注册会计师向被审计单位管理层询问的事项有( )。

A. 是否计划出售或购进资产

B. 是否发生新的担保、借款或承诺

C. 在风险领域和或有事项方面是否有新进展

D. 是否已发生或可能发生影响会计政策适当性的事项

12. 注册会计师主要通过实施以下审计程序来收集或有事项完整性的审计证据(　　)。

    A. 参与被审计单位董事会会议

    B. 向被审计单位管理层获取书面声明

    C. 向被审计单位的法律顾问和律师进行函证

    D. 了解被审计单位与识别或有事项有关的内部控制

13. 对于被审计单位作出的财务承诺,注册会计师应当核实被审计单位是否按规定应当在财务报表附注中披露以下(　　)内容。

    A. 承诺事项的性质

    B. 承诺的主要内容

    C. 承诺的对象、承诺的金额

    D. 承诺的时间期限、相关的违约责任

14. 在对被审计单位的年度财务报表进行审计时,注册会计师往往要向被审计单位的法律顾问或律师发函询证,以获取他们对(　　)事项的确认证据。

    A. 或有事项   B. 期后事项

    C. 审计意见   D. 会计差错更正

15. 注册会计师对不同时段期后事项承担的责任是有所不同的。以下关于期后事项的各种论断中,你认为正确的是(　　)。

    A. 注册会计师应主动识别截至审计报告日发生的期后事项

    B. 注册会计师应承担被动识别审计报告日至财务报表报出日前发现的期后事项的责任

    C. 注册会计师没有义务识别财务报表报出后的期后事项

    D. 财报报表报出后注册会计师应对财务报表报出前存在的影响审计意见的期后事项采取行动,建议被审计单位管理层修改财务报表

(三) 判断题

1. 如前任会计师出具了带说明段的审计报告,注册会计师应当考虑相关事项对本期财务报表的影响,并在审计报告中予以反映。(　　)

2. 注册会计师获取的管理当局书面声明通常应当包括管理当局的相关会议记录。(　　)

3. 在计划和实施审计程序以及评价其结果时,注册会计师应当考虑管理层在编制财务报表时运用持续经营假设的适当性。(　　)

4. 注册会计师应当考虑期初余额是否反映上期运用恰当会计政策的结果,以及

第十九章 特殊项目审计

这些会计政策是否在本期财务报表中得到一贯运用。（　）

5. 注册会计师对期后事项负有主动查找并审计的责任。（　）

6. 通报可能影响财务报表的期后事项,是注册会计师的责任。（　）

7. 上市公司发生了会计政策变更,但未按财政部规定报上市地证券交易所备案,则上市公司应及时补报。（　）

8. 注册会计师对期初余额进行审计,主要是为了证实期初余额不存在对本期会计报表有重大影响的错报。（　）

9. 如果前任注册会计师对期初余额出具了带说明段的审计报告,只要影响没有消除,后任注册会计师仍然应当出具相同类型的审计报告。（　）

10. 在审计报告日至会计报表公布日期间,注册会计师应当主动与被审计单位管理当局沟通,以获知在此期间的期后事项。（　）

11. 若被审计单位在可预见的将来无法持续经营,继续运用持续经营假设编制会计报表将会对会计报表使用者产生严重误导,注册会计师应当出具无法表示意见审计报告。（　）

（四）简答题

1. 什么叫持续经营假设？注册会计师考虑持续经营假设时的总体要求有哪些？

2. 注册会计师应当针对会计估计实施哪些风险评估程序？

3. 注册会计师在审计过程中识别出以前没有识别的关联方交易时应实施哪些追加审计程序？

四、案例分析题

1. 在对会计估计进行审计时,注册会计师应对被审计单位以前期间所作的会计估计与其实际结果进行比较,以获取有关会计估计程序和方法总体可靠性的审计证据,并考虑是否需要调整会计估计公式,必要时,对会计估计与实际结果之间的差异进行量化,并作适当调整或披露。假设甲单位从20×7年年初起开始生产并销售某类产品,该类产品质量保证期为3年。20×7年至20×9年该产品的销售收入及其发生的维修费用如下表所示。

项目 \ 年份	20×7	20×8	20×9
销售收入(万元)	1 000	1 500	1 200
当年发生的维修费	(2005)8	(2006)18	(2007)18
第二年发生的维修费	(2006)11	(2007)20	(2008)尚未发生
第三年发生的维修费	(2007)9	(2008)尚未发生	(2009)尚未发生

假设甲单位在以上3年年末分别按照当年销售收入的2%计提产品质量保证金,请问注册会计师如何对该会计估计进行比较分析,并作出相应处理意见。

2. 关联方关系的性质可能导致与关联方交易有关的审计证据有限。例如,没有签订交易合同或协议,签订的合同或协议条款过于简单,付款方式随意等。此外,由于关联方交易的供运行难以判断,仅仅从被审计单位内部获取的证据说服力也不强。在关联方交易证据有限的情况下,注册会计师应实施哪些程序?

3. A注册会计师审计×公司2009年度财务报表,审计报告日为2010年3月15日,财务报表公布日为3月20日。×公司在资产负债表日后有如下事项:

(1)×公司应收取甲公司一笔金额较大的货款。2009年12月31日,甲公司经营状况良好,并无财务困难的迹象,但在2010年3月10日,甲公司发生重大火灾,无力偿还×公司的货款。

(2) 2009年5月,由于×公司未能履行供货合同,使乙公司遭受3 000万元损失,乙公司已在2009年10月通过法律途径索赔。2010年3月16日,法院一审判决×公司赔偿乙公司经济损失3 000万元,×公司决定接受判决。

(3)×公司内部审计人员于2010年3月21日发现2009年度已审财务报表存在100万元的重大错报,并向公司最高管理层作了汇报。

要求:

(1) 假定A注册会计师在2010年3月11日获知甲公司发生火灾,并于当日实施了必要审计程序后,应当提请×公司如何处理?

(2) A注册会计师在2010年3月17日获知×公司需要赔偿乙公司经济损失后,于3月18日实施了追加审计程序,并已作适当处理。请简要说明A注册会计师确定的审计报告日期及其理由。

(3) 假定A注册会计师在2010年3月22日获知×公司已审财务报表中存在100万元的重大错报,如不改正,将影响报表使用者的判断,A注册会计师应当采取何种最适当的补救措施?

第二十章 审计报告、审阅报告与审核报告

一、概要解析

(一) 或有事项的含义

或有事项是指过去的交易或事项形成的,其结果须由某些未来事项的发生或不发生才能决定的不确定事项。

常见的或有事项主要包括未决诉讼或仲裁、债务担保、产品质量保证(含产品安全保证)、承诺、亏损合同、重组义务、环境污染整治等。

(二) 期后事项

1. 期后事项的种类

期后事项是指财务报表日至审计报告日之间发生的事项,以及注册会计师在审计报告日后知悉的事项。

财务报表可能受到财务报表日后发生的事项的影响。适用的财务报告编织基础通常专门提及期后事项,将其区分为下列两类:一是对财务报表日已经存在的情况提供证据的事项,即对财务报表日已经存在的情况提供了新的或进一步证据的事项,这类事项影响财务报表金额。需要提请被审计单位管理层调整财务报表及与之相关的披露信息。二是对财务报表日后发生的情况提供证据的事项,即表明财务报表日后发生的情况的事项。这类事项虽不影响财务报表金额,但可能影响对财务报表的正确理解,需提请被审计单位管理层在财务报表附注中适当披露。

2. 财务报表日后调整事项

这类事项即为被审计单位管理层确定财务报表日账户余额提供信息,也为注册会计师核实这些余额提供补充证据。如果这类期后事项的金额重大,应提请被审计单位对本期财务报表及相关余额进行调整。诸如:

(1) 财务报表日后诉讼案件结案,法院判断证实了企业在财务报表日已经存在现时义务,需要调整原先确认的与诉讼案件相关的预计负债,或确认一项新负债。

(2) 财务报表日后取得确凿证据,表明某项资产在财务报表日发生了减值或者需要调整该项资产原先确认的减值金额。

(3) 财务报表日后进一步确定了财务报表日前购入资产的成本或售出资产的收入。

(4) 财务报表日后发现了财务报表舞弊或差错。

3. 财务报表日后非调整事项

这类事项不影响财务报表日财务状况,而不需要调整被审计单位的本期财务报表。但如果被审计单位的财务报表因此可能受到误解,就应在财务报表中以附注的形式予以适当披露。

被审计单位在财务报表日后发生的,需要在财务报表中披露而非调整的事项通常包括:

(1) 财务报表日后发生重大诉讼、仲裁、承诺。

(2) 财务报表日后资产价格、税收政策、外汇汇率发生重大变化。

(3) 财务报表日后因自然灾害导致资产发生重大损失。

(4) 财务报表日后发行股票和债券以及其他巨额举债。

(5) 财务报表日后资本公积转增资本。

(6) 财务报表日后发生巨额亏损。

(7) 财务报表日后发生企业合并或处置子公司。

(三) 书面声明的含义

(1) 书面声明是指管理层向注册会计师提供的书面陈述,用于确认某些事项或支持其他审计证据。

(2) 书面声明不包括财务报表及其认定,以及支持性账簿和相关记录。

(四) 审计报告

1. 审计报告的含义

审计报告是指注册会计师根据中国注册会计师审计准则的规定,在实施审计工作的基础上对被审计单位财务报表发表审计意见的书面文件。

2. 审计报告的类型

审计报告分为标准审计报告和非标准审计报告。标准审计报告是指不含有说明段、强调事项段、其他事项段或其他任何修饰性用语的无保留意见的审计报告。其中,无保留意见是指注册会计师认为财务报表在所有重大方面按照适用财务报告编制基础编制并实现公允反映时发表的审计意见。包含其他报告责任段,但不含有强调事项段或其他事项段无保留意见的审计报告也被视为标准审计报告。

非标准审计报告是指带强调事项段或其他事项段无保留意见的审计报告和非无保留意见的审计报告。非无保留意见的审计报告包括保留意见的审计报告、否定意

第二十章 审计报告、审阅报告与审核报告

见的审计报告和无法表示意见的审计报告。

（五）财务报表审阅的目标

财务报表审阅的目标,是注册会计师在实施审阅程序的基础上,说明是否注意到某些事项,使其相信财务报表没有按照适用的会计准则的规定编制,未能在所有重大方面公允反映被审阅单位的财务状况、经营成果和现金流量。

在财务报表审阅业务中,要求注册会计师将审阅风险降至该业务环境下可接受的水平(高于财务报表审计中可接受的低水平),对审阅后的财务报表提供低于高水平的保证(即有限保证),在审阅报告中对财务报表采用消极方式提出结论。

（六）预测性财务信息的概念

预测性财务信息是指被审核单位依据对未来可能发生的事项或采取的行动的假设而编制的财务信息。

预测性财务信息可能包括财务报表整体(即包含资产负债表、利润表、股东权益变动表和现金流量表以及财务报表附注在内的一套完整的财务报表)或财务报表的一项或多项要素。对于以一套完整的财务报表形式出现的预测性财务信息,通常称为预测性财务报表。

预测性财务信息所涵盖的期间可以有一部分是历史期间,但不能全部是历史期间,必须至少有一部分属于未来期间。

二、背景资料

虽然我国在恢复注册会计师事业的同时也就开始了审计执业规范的建设,但由于市场经济的发育较不成熟,直到1992年,我国才有了第一个真正意义上的审计报告规范,但它并不是一个全国性的规范,同时也不具有强制执行的特征。从20世纪90年代开始,我国进行了具体审计准则的建设。1995年,我国发布了第一批独立审计具体准则,其中包括审计报告准则,这是我国注册会计师审计发展史上的第一个审计报告具体准则。由于它由财政部制定并颁布,在全国范围内通行,从此我国的注册会计师审计执业有了一个统一的规范。随着我国证券市场的发展和注册会计师事业的发展,从1995年开始,审计报告规范暴露了一些问题和缺陷,为此,中国注册会计师协会在2002年发布了新的审计报告准则的征求意见稿。该征求意见稿在许多方面借鉴了国际审计准则的惯例,并考虑了我国审计的实践,从内容和格式上对原有的审计报告准则进行了修订,并于2003年7月1日开始执行。2006年,又对原有的审计报告准则进行了全方位的修订。

三、复习思考题与练习题

复习思考题

1. 期后事项可以分为哪几个阶段？
2. 简述书面声明的含义与特征。
3. 简述发表无保留意见审计报告的条件。
4. 简述导致无法表示意见的事项。
5. 简述导致保留意见的事项。
6. 简述审计报告增加强调事项段的情形。

练习题

(一) 单项选择题

1. 下列期后事项中，注册会计师认为不属于资产负债表日后调整事项的期后事项是（　　）。
   A. 已证实某项资产发生了减损
   B. 已确认销售的货物被退回
   C. 外汇汇率发生较大变动
   D. 已确定将要支付赔偿额大于该赔偿在资产负债表日的估计金额

2. 注册会计师在对被审计单位戊公司2007年度财务报表进行审计过程中，发现2007年11月份戊公司与乙公司签订一项供销合同，由于戊公司未按合同发货，致使乙公司发生重大经济损失，戊公司2007年12月31日在资产负债表中的"预计负债"项目反映了40 000元的赔偿款。2008年3月10日（财务会计报告批准报出日为4月28日）经法院判决，甲公司需偿付乙公司经济损失50 000元。甲公司不再上诉，并假定赔偿款已经支付。在上述情况下，报告年度资产负债表中有关项目的调整应是（　　）。
   A. "预计负债"项目调增10 000元；"其他应付款"项目调增50 000元
   B. "预计负债"项目调减40 000元；"其他应付款"项目调增50 000元
   C. "预计负债"项目调增10 000元；"其他应付款"项目调增10 000元
   D. "预计负债"项目调减50 000元；"其他应付款"项目调增10 000元

3. 在下列事项中，最可能引起A注册会计师对持续经营能力产生疑虑的是（　　）。
   A. 无法获得开发必要新产品所需资金
   B. 投资活动产生的现金流量为负数
   C. 以股票股利替代现金股利
   D. 存在未决诉讼

4. 在财务报表审计中，当注册会计师确定管理层评估持续经营能力的适当性时,下列说法中正确的是( )。
  A. 管理层评估持续经营能力的期间不得少于自资产负债表日起的24个月
  B. 如果被审计单位管理层上一年对持续经营能力作过评估,管理层本期无须针对持续经营能力作出评估
  C. 如果存在超出评估期间但可能对持续经营能力产生疑虑的事项,管理层没有义务确定其潜在的影响
  D. 管理层对持续经营能力作出评估时考虑的信息,应当包括注册会计师实施审计程序获取的信息

5. 在必要时,注册会计师可以在预测性财务信息审核报告中增加说明段,说明段的位置应当是( )。
  A. 意见段之后   B. 意见段之前
  C. 范围段之前   D. 引言段之后

6. 以下属于标准审计报告的是( )。
  A. 带其他事项段的无保留意见的审计报告
  B. 带其他报告责任段的无保留意见的审计报告
  C. 带强调事项段的无保留意见的审计报告
  D. 保留意见的审计报告

7. 如果被审计单位财务报表是按照两个财务报告编制基础进行编制的,注册会计师以下做法不正确的有( )。
  A. 如果财务报表分别符合每个编制基础,注册会计师需要发表两个意见
  B. 在对财务报表形成审计意见时,需要分别考虑每个编制基础,并在审计意见中提及这两个编制基础
  C. 如果财务报表符合其中一个编制基础而没有符合另一个编制基础,注册会计师需要对财务报表按照其中一个编制基础编制发表无保留意见,而对财务报表按照另一个编制基础编制发表非无保留意见
  D. 如果有关财务报表符合另一财务报告编制基础的程度的披露不具有误导性,但注册会计师认为应当提醒财务报表使用者关注,则应当发表保留意见

8. ABC会计师事务所接受委托对戊公司2011年财务报表进行审计,在出具审计报告时除审计准则规定的注册会计师对财务报表出具审计报告的责任外,戊公司因为属于特殊行业,相关法律法规要求注册会计师在出具的审计报告中报告这些其他责任,以下注册会计师做法正确的是( )。
  A. 审计报告应当区分为"对财务报表出具的审计报告"和"按照相关法律法规的要求报告的事项"两部分

B. 针对其他责任单独出具报告

C. 只按照审计准则对财务报表发表审计意见

D. 将其他责任段列示到审计报告的意见段中

9. 如果注册会计师在出具审计报告前发现被审计单位对外报送的财务报表中与其他信息存在重大不一致,需要修改财务报表,而被审计单位管理层拒绝修改,以下注册会计师正确的做法是( )。

A. 要求管理层修改其他信息与财务报表保持一致

B. 在审计报告中增加强调事项段

C. 在审计报告中增加其他事项段

D. 在审计报告中发表非无保留意见

10. ABC 会计师事务所接受委托对戊公司 2011 年度财务报表进行审计,2012年 2 月 5 日外勤工作结束,项目合伙人将审计报告草稿和已审计财务报表草稿提交戊公司管理层,2 月 6 日戊公司管理层批准并签署已审计财务报表,2 月 7 日呈送中国证监会,2 月 8 日在相关媒体披露该审计报告。该业务中注册会计师签署审计报告的日期是( )。

    A. 2月5日   B. 2月6日   C. 2月7日   D. 2月8日

11. ABC 会计师事务所针对甲公司 2011 年度财务报表实施审计,确定的财务报表层次的重要性水平为 100 万元,汇总的管理层未更正错报为高估资产 120 万元,高估负债 150 万元。针对该种情况,注册会计师应当出具审计报告意见的类型是( )。

    A. 标准无保留意见   B. 保留意见

    C. 否定意见   D. 无法表示意见

12. ABC 会计师事务所针对甲公司 2011 年度财务报表实施审计,确定的财务报表层次的重要性水平为 100 万元,汇总的管理层未更正错报为高估资产 55 万元,低估负债 50 万元。针对该种情况,注册会计师应当出具审计报告意见的类型是( )。

    A. 标准无保留意见   B. 保留意见

    C. 否定意见   D. 无法表示意见

13. ABC 会计师事务所针对甲公司 2011 年度财务报表实施审计,确定的财务报表层次的重要性水平为 100 万元。审计后确定甲公司的利润总额为 300 万元,净利润 225 万元。在出具审计意见时,汇总的管理层未更正错报为高估收入 250 万元,则注册会计师应当出具审计报告意见的类型是( )。

    A. 保留意见   B. 无法表示意见

    C. 带强调事项段的无保留意见   D. 否定意见

14. 会计师事务所针对甲公司2011年度财务报表实施审计,确定的财务报表层次的重要性水平为100万元。审计后确定甲公司的利润总额为300万元,净利润225万元。在出具审计意见时,汇总的管理层未更正错报为高估收入250万元,低估成本51万元,则注册会计师应当出具审计报告意见的类型是(　　)。

    A. 保留意见　　　　　　　　　　B. 无法表示意见
    C. 带强调事项段的无保留意见　　D. 否定意见

15. 甲会计师事务所2012年2月5日对常年审计客户戊公司实施财务报表审计业务,在制定总体审计策略时,确定的财务报表整体重要性水平为150万元,2月15日外勤审计工作结束,已确定的戊公司资产总额为2 000万元,但其中戊公司价值1 000万元的存货由中东地区某经销商负责代销,因当地政局不稳定,注册会计师无法实施监盘,也无法委托当地注册会计师代为监盘或实施其他替代审计程序,则注册会计师应当出具的审计报告意见类型是(　　)。

    A. 保留意见　　　　　　　　　　B. 无法表示意见
    C. 带强调事项段的无保留意见　　D. 否定意见

(二) 多项选择题

1. 《中国注册会计师审阅准则第2101号——财务报表审阅》准则中规定注册会计师在执行财务报表审阅业务时包括的内容有(　　)。

    A. 签订业务约定书
    B. 计划审阅工作,确定审阅程序
    C. 记录为审阅报告提供证据的重大事项和证据,形成审阅结论
    D. 出具审阅报告

2. 注册会计师在确定财务报表审阅程序的性质、时间和范围时,应当考虑的因素有(　　)。

    A. 以前期间执行财务报表审计或审阅所了解的情况
    B. 对被审计单位及其环境的了解,包括适用的会计准则和相关会计制度、行业惯例
    C. 出具审阅报告的保证程度
    D. 管理层的判断对特定项目的影响程度

3. 注册会计师在执行完毕审阅业务的外勤工作后,准备出具审阅报告,其中审阅报告范围段的内容应包括(　　)。

    A. 所审阅财务报表的名称
    B. 审阅业务所依据的准则

C. 审阅主要限于询问和实施分析程序,提供的保证程度低于审计

D. 没有实施审计,因而不发表审计意见

4. 注册会计师在执行预测性财务信息审核业务中通常对(　　)提供合理保证。

A. 预测性财务信息的编制与假设的一致性

B. 假设的合理性

C. 是否按适用的会计准则和相关会计制度的规定进行列报

D. 预测性财务信息的结果能否实现

5. 注册会计师在执行预测性财务信息审核时应了解预测性财务信息的编制过程,以下与编制预测性财务信息相关的内部控制主要有(　　)。

A. 有关支持预测性财务信息假设所依据的原始信息的收集、筛选制度及其可靠性的甄别制度

B. 预测性财务信息所依据假设的编制、复核、归类和审核制度

C. 依据假设编制和列报预测性财务信息的操作流程

D. 相关的内部复核、审核和督导制度

6. 注册会计师在形成审计意见前,应当考虑的因素有(　　)。

A. 是否已获取充分、适当的审计证据

B. 未更正错报单独或汇总起来是否构成重大错报

C. 评价财务报表是否在所有重大方面按照适用的财务报告编制基础编制

D. 评价财务报表是否实现公允反映以及恰当提及或说明适用的财务报告编制基础

7. 非无保留意见的审计报告包括(　　)。

A. 保留意见   B. 否定意见

C. 无法表示意见   D. 带强调事项段的无保留意见

8. 审计报告引言段中应当包括的事项有(　　)。

A. 被审计单位的名称

B. 说明财务报表已经审计

C. 指出构成整套财务报表的每一财务报表的名称

D. 提及财务报表附注

9. 以下不属于标准审计报告中管理层责任段中的事项的有(　　)。

A. 按照适用的财务报告编制基础编制财务报表,并使其实现公允反映

B. 选择和运用了恰当的会计政策

C. 已经作出合理的会计估计

D. 设计、执行和维护必要的内部控制,以使财务报表不存在由于舞弊或错误导致的重大错报

10. 标准审计报告中注册会计师的责任段中应当说明的内容有( )。
   A. 注册会计师的责任是在执行审计工作的基础上对财务报表发表审计意见
   B. 注册会计师按照中国注册会计师审计准则的规定执行了审计工作
   C. 审计工作涉及实施审计程序,以获取有关财务报表金额和披露的审计证据
   D. 注册会计师相信获取的审计证据是充分、适当的,为其发表审计意见提供了基础

11. 以下注册会计师在审计报告中的签名不正确的有( )。
   A. 合伙会计师事务所出具的审计报告,应当由一名对审计项目负最终复核责任的合伙人和一名负责该项目的注册会计师签名盖章
   B. 有限责任会计师事务所出具的审计报告,应当由会计师事务所主任会计师或其授权的副主任会计师和一名负责该项目的注册会计师签名盖章
   C. 应由审计项目组中具体执行业务的两名注册会计师签名盖章
   D. 应由项目合伙人和项目质量控制复核人签名盖章

12. 注册会计师在界定财务报表错报时,应当包括( )。
   A. 金额错误
   B. 分类错误
   C. 列报错误
   D. 披露错误

13. 以下属于注册会计师审计范围受到限制的情形有( )。
   A. 被审计单位的会计记录已被毁坏
   B. 政府有关机构无限期地查封了被审计单位的某些重要的会计记录文件
   C. 被审计单位内部控制无效,注册会计师仅实施实质性程序无法获取到充分、适当的审计证据
   D. 被审计单位的存货属于挥发性剧毒产品,注册会计师无法实施现场监盘

14. 注册会计师在承接审计业务后,如果注意到管理层对审计范围施加了限制,且认为这些限制可能导致对财务报表发表保留意见或无法表示意见,注册会计师正确的处理方式有( )。
   A. 注册会计师如果无法要求管理层消除这些限制,也无法实施替代的审计程序,则需要出具无法表示意见的审计报告
   B. 注册会计师应当就此事项与治理层沟通
   C. 如果未发现的错报可能对财务报表产生的影响重大且具有广泛性,以至于发表保留意见不足以反映情况的严重性,如果不属于法律法规禁止情况,注册会计师应当解除业务约定
   D. 如果未发现的错报可能对财务报表产生的影响重大且具有广泛性,以至于发表保留意见不足以反映情况的严重性,如果注册会计师不能解除业务约定,应当发表无法表示意见的审计报告

15. 以下情形中应出具无法表示意见的有(　　)。
   A. 注册会计师无法获取充分、适当的审计证据,未发现的错报对财务报表可能产生的影响重大且具有广泛性
   B. 被审计单位存在多个不确定事项
   C. 注册会计师在获取充分、适当的审计证据后,认为财务报表就整体而言是公允的,但还存在对财务报表产生重大影响的错报
   D. 在获取充分、适当的审计证据后,如果认为错报单独或汇总起来对财务报表的影响重大且具有广泛性

(三) 判断题

1. 资产负债表日后事项期间A公司董事会制定的利润分配方案分配现金股利,注册会计师应提请被审计单位调整会计报表,分配股票股利注册会计师应提请被审计单位披露。(　　)

2. A公司对于待执行合同变成亏损合同的,该亏损合同产生的义务满足或有事项确认预计负债规定的,A公司将其确认为预计负债。(　　)

3. 重分类错误是因企业未按企业会计准则列报财务报表而引起的错误,从性质上讲不如核算错误严重。(　　)

4. 注册会计师对审计报告的审计责任的时间划分为被审计的财务报表报出日,即此前存在或发生的影响财务报表列报与披露的事项,注册会计师应承担审计责任,此后的则不承担审计责任。(　　)

5. 在发生重大不确定事项时,如果被审计单位已在财务报表附注中作了充分披露,注册会计师就应当出具保留意见的审计报告。(　　)

6. 如果被审计单位上期财务报表未经审计,注册会计师应当在审计报告引言段中说明上期比较数据未经审计,以免除注册会计师针对本期的期初余额实施恰当的审计程序的要求。(　　)

7. 注册会计师应当按照中国注册会计师审计准则的规定对财务报表发表审计意见,,但没有责任确定其他信息是否得到适当陈述。(　　)

8. 注册会计师在执行财务报表审阅业务中考虑重要性水平时,应当采用与执行财务报表审计业务相同的标准。(　　)

9. 注册会计师对被审核单位的内部控制进行审核发表了无保留意见的审核报告,则表明在下一次的报表审计中,可将控制风险直接评估为低水平。(　　)

10. 注册会计师在出具保留意见或否定意见的内部控制审核报告时,应在审核报告的范围段之后另设说明段。(　　)

(四) 简答题

1. 2012年2月6日,注册会计师在对ABC公司财务报表审计后,按照企业会计

第二十章 审计报告、审阅报告与审核报告

准则编制的财务报表出具了标准审计报告,请指出该审计报告中的错误之处,并予以纠正。

独立审计报告

ABC股份有限公司全体股东:

我们审计了后附的ABC股份有限公司(以下简称ABC公司)财务报表,包括资产负债表、利润表、股东权益变动表和现金流量表以及财务报表附注。

一、管理层对财务报表的责任

编制和公允列报财务报表是ABC公司管理层的责任,这种责任包括:(1)按照企业会计准则的规定编制财务报表,并使其实现公允反映;(2)设计、执行和维护必要的内部控制,以使财务报表不存在由于舞弊或错误导致的重大错报。

二、注册会计师的责任

我们的责任是在执行审计工作的基础上对财务报表发表审计意见。我们按照中国注册会计师审计准则的规定执行了审计工作。中国注册会计师审计准则要求我们遵守中国注册会计师职业道德守则,计划和执行审计工作以对财务报表是否不存在重大错报获取合理保证。

审计工作涉及实施审计程序,以获取有关财务报表金额和披露的审计证据。选择的审计程序取决于注册会计师的判断,包括对由于舞弊或错误导致的财务报表重大错报风险的评估。在进行风险评估时,注册会计师考虑与财务报表编制和公允列报相关的内部控制,以设计恰当的审计程序,但目的并非对内部控制的有效性发表意见。审计工作还包括评价管理层选用会计政策的恰当性和作出会计估计的合理性,以及评价财务报表的总体列报。

三、审计意见

我们认为,ABC公司财务报表已按照企业会计准则的规定编制,公允反映了ABC公司2010年12月31日的财务状况以及2010年度的经营成果和现金流量。

××会计师事务所

中国注册会计师:

××(盖章)

(签名并盖章)

中国注册会计师:

××

(签名并盖章)

中国××市

2. 乙注册会计师审计B公司2009年度财务报表,审计报告日为2010年3月15日,财务报表公布日为3月20日。B公司在资产负债表日后有如下事项:

(1) B公司应收C公司一笔金额较大的货款,在2009年12月31日,C公司经营状况良好,并无显示财务困难的迹象。但在2010年3月10日,C公司发生火灾,无力偿还B公司的货款。

(2) B公司内部审计人员于3月21日发现2009年度已审计财务报表存在100万元的重大错报,并向公司最高管理层作了汇报。

要求:

(1) 假定乙注册会计师在2010年3月11日获知C公司发生火灾,并于当日实施了必要审计程序后,应当提请B公司如何处理?

(2) 假定乙注册会计师在2010年3月25日获知B公司2009年的财务报表中存在的重大错报,并且被审计单位的管理层已经修改了该财务报表,注册会计师应当采取的措施有哪些?

(3) 假定乙注册会计师在2010年3月25日获知B公司已审计财务报表中存在着100万元的重大错报,并且被审计单位的管理层未采取任何行动,注册会计师应当采取的措施有哪些?

3. 2010年2月1日,华通会计师事务所接受ABC公司委托,对其2009年度财务报表进行审计。在审计过程中注册会计师了解到下列情况,被审计单位在财务、经营以及其他方面存在的某些事项或情况可能导致经营风险,这些事项或情况单独或连同其他事项或情况可能导致对持续经营假设产生重大疑虑。

(1) 无法偿还到期债务。

(2) 存在大额的逾期未缴税金。

(3) 累计经营性亏损数额巨大。

(4) 过度依赖短期借款筹资。

(5) 关键管理人员离职且无人替代。

(6) 人力资源短缺。

被审计单位针对上述问题已积极采取包括准备变卖资产、借款或债务重组、削减或延缓开支以及获得新的投资等应对措施,并提交给注册会计师相关应对计划的书面声明,并保证能够持续经营1年以上。请代注册会计师判断下列问题:

(1) 当注册会计师识别出上述可能导致对持续经营能力产生重大疑虑的事项或情况时应当实施怎样的进一步审计程序?

(2) 注册会计师是否有必要询问管理层超出评估期间的(即1年以后)、可能导致对持续经营能力产生重大疑虑的事项或情况以及相关经营风险?为什么?注册会计师还应采取何种措施?

(3) 如果被审计单位对上述事项在财务报表中已作出充分披露,注册会计师可能针对不同情况出具何种意见的审计报告?如果被审计单位对上述事项在财务报表中未能作出充分披露,注册会计师应当出具何种意见的审计报告?

四、案例分析题

ABC 会计师事务所于 2011 年 12 月 30 日接受了×股份有限公司(以下简称×公司)的审计委托,该公司注册资本为 1 500 万元,审计前财务报表的资产总额为 3 500 万元。

ABC 会计师事务所委派注册会计师 A 和 B 共同承担×公司的审计业务。他们在制定总体审计策略时确定的财务报表层次的重要性水平是 150 万元。审计项目组于 2012 年 2 月 15 日完成了对×公司整套财务报表的审计工作。×公司 2012 年度财务报告于 2012 年 2 月 17 日获董事会批准,并于同日报送证券交易所。在对×公司审计过程中,A 和 B 注册会计师注意到以下事项:

(1)×公司一项自行研发的无形资产,原值 300 万元、预计使用年限为 10 年,采用直线法已计提摊销 90 万元。因竞争对手推出更领先技术,导致该无形资产尚可使用年限缩短为 3 年。经批准,×公司决定自 2012 年起改变计提摊销的时间,并将该事项在 2011 年财务报表附注中进行了披露。

(2)×公司根据合同使用乙公司专利技术生产产品,该合同于 2011 年 1 月到期后双方没有续签。2011 年 3 月,乙公司因×公司在合同期满后没有停止使用该专利技术而起诉×公司技术侵权,此案正在受理中。×公司按规定在 2011 年度财务报表附注中进行了披露。

(3)×公司在国外一家联营企业内据称有 675 万元的长期投资,2011 年投资收益为 175 万元,A 和 B 注册会计师未能取得上面所述的联营企业经审计的财务报表,也未能采取其他程序查明此项长期投资和投资收益的金额是否属实。

(4)×公司 2011 年 12 月份因流动资金紧张,未能及时支付供应商材料款 10 万元。

(5)×公司占资产总额的 60% 的产品存放于某公共仓库,2011 年 12 月该仓库发生火灾,截至审计外勤日结束无法估计损失,也无法实施监盘程序和通过其他程序获取证据。

(6)×公司于 2012 年年初更换了大股东,并成立了新的董事会。继任法定代表人以刚上任不了解以前年度情况为由,拒绝签署 2011 年度已审财务报表和提供管理层声明书。原法定代表人以不再继续履行职责为由,也拒绝签署 2011 年度已审财务报表和提供管理层声明书。

(7)2012 年 2 月 16 日,A 和 B 注册会计师发现×公司在财务报表文件中的其他信息中虚报企业 2011 年度投资收益 160 万元。

要求:如果考虑审计重要性水平,假定被审计单位分别只存在资料的 7 个事项中的1个事项,并且拒绝接受注册会计师针对各事项提出的审计调整建议(如果有),在不考虑其他条件的前提下,指出注册会计师应当针对该7个独立存在的事项分别出具何种意见类型的审计报告。

第二十一章 验资与内部控制审计

一、概要解析

(一) 验资的含义

验资是指注册会计师依法接受委托,对被审验单位注册资本的实收情况或注册资本及实收资本的变更情况进行审验,并出具验资报告。

(二) 注册资本及实收资本的含义

1. 注册资本
注册资本是指被审验单位在公司登记机关依法登记的全体出资者的出资额。
2. 实收资本
实收资本是被审验单位全体股东或者发起人实际交付并经公司登记机关依法登记的出资额或者股本总额。

(三) 验资类型

验资分为设立验资和变更验资。

(四) 验资报告要素

验资报告应当包括下列要素:标题;收件人;范围段;意见段;说明段;附件;注册会师的签名和盖章;会计师事务所的名称、地址及盖章;报告日期。

(五) 内部控制审计的定义

内部控制审计是指会计师事务所接受委托,对特定基准日内部控制设计与运行的有效性进行审计。

(六) 企业内部控制审计针对特定基准日

注册会计师基于基准日(如年末 12 月 31 日)内部控制的有效性发表意见,而不是对财务报表涵盖的整个期间(如 1 年)的内部控制的有效性发表意见。

(七) 企业内部控制审计的范围

我国《企业内部控制审计指引》规定，注册会计师应当对财务报告内部控制的有效性发表审计意见，并对财务报告内部控制审计过程中注意到的非财务报告内部控制的重大缺陷，在内部控制审计报告中增加"非财务报告内部控制重大缺陷描述段"予以披露。

(八) 财务报告内部控制审计与财务报表审计的整合进行

财务报告内部控制审计与财务报表审计是既有联系又有区别的两项审计业务。这两种审计具有相通之处，这也就是需要将两者整合进行。由于两种审计的目的不同，在设计和实施整合审计工作时，注册会计师对内部控制设计和运行的有效性进行测试，要同时实现两个目的：①获取充分、适当的证据，支持其在内部控制审计中对内部控制有效性发表的意见；②获取充分、适当的证据，支持其在财务报表审计中对控制风险的评估结果。

根据整合审计的要求，在内部控制审计与财务报表审计中获取的审计证据应当相互印证，相互利用。

(九) 评价内部控制缺陷

1. 设计缺陷和运行缺陷

内部控制缺陷包括设计缺陷和运行缺陷。设计缺陷是指缺少为实现控制目标所必需的控制，或者现有控制设计不适当，即使正常运行也难以实现控制目标。运行缺陷是指设计适当的控制没有按设计意图运行，或者执行人员缺乏必要授权或专业胜任能力，无法有效实施控制。

2. 重大缺陷、重要缺陷和一般缺陷

内部控制存在的缺陷，按严重程度分为重大缺陷、重要缺陷和一般缺陷。

重大缺陷是指一个或多个控制缺陷的组合，可能导致企业严重偏离控制目标。具体到财务报告内部控制上，就是内部控制中存在的、可能导致不能及时防止或发现并纠正财务报表重大错报的一个或多个控制缺陷的组合。

重要缺陷是指一个或多个控制缺陷的组合，其严重程度和经济后果低于重大缺陷，但仍有可能导致企业偏离控制目标。具体就是内部控制中存在的、其严重程度不如重大缺陷、但足以引起企业财务报告监督人员关注的一个或多个控制缺陷的组合。

一般缺陷是指除重大缺陷、重要缺陷之外的其他缺陷。

第二十一章 验资与内部控制审计

（十）内部控制审计报告

内部控制审计报告分为标准内部控制审计报告和非标准内部控制审计报告。

二、背景资料

1. 新公司法对验资的影响

2005年10月27日，第十届全国人民代表大会常务委员会第十八次会议通过了《中华人民共和国公司法》（简称《公司法》）修订案，并自2006年1月1日起施行。新《公司法》在公司设立、变更、组织机构设置等方面均进行了较大幅度的修改，其中很多方面的修改对注册会计师执行验资业务产生了较大的影响，主要有：①出资方式的变化对验资的影响，比较原《公司法》，出资方式的限制基本取消。②出资比例的变化对验资的影响，新《公司法》规定"全体股东货币出资金额不得低于有限责任公司的30％以上"。无形资产的出资比例由原来的不得超过有限责任公司的20％（高新技术成果为35％）提高到了不得超过有限责任公司注册资本的70％。③出资时间变化。④出资限额变化。⑤非货币性出资价值认定的变化。⑥特殊方式下增资的变化。特殊方式下增资主要是指公司以自身的资本公积、法定公积金、未分配利润转增资本的情形。⑦取消一些情况的变化。(a)取消对外投资比例限制。(b)对设立一人有限责任公司有一定的限制。(c)有限责任公司股东人数的有关规定。(d)其他特殊行为导致的资本变动的验资。(e)有限责任公司变更为股份有限公司的验资。

2. PCAOB5 第 5 号审计准则 6 的颁布

2001年，安然事件及其随后的一系列公司经营失败事件严重地损害了事发公司相关利益者的利益，极大程度地撼动了世人对美国资本市场稳定性和公允性的信念。为了应对这一严重后果，美国国会于2002年7月30日颁布了由其总统签字的《萨班斯-奥克利法案》。该法案还为监督公司独立审计师创立了一个新的委员会——公共公司会计监督委员会（PCAOB），并责成其制定法规将公司执行主管、公司董事、律师和会计师的责任法规化。自 PCAOB 成立起，就对上市公司管理当局的财务报告内部控制评估事宜倾注了极大的关注和努力。PCAOB 于 2004 年 4 月 9 日正式发布了审计准则 No. 2 准则"连同财务报表审计的财务报告内部控制审计"。PCAOB 前主席 William 称：该准则是委员会采用的最为重要、意义最为深远的审计准则。过去，内部控制仅是管理当局考虑的事情，而现在审计人员要对内部控制进行详细的测试和检查。这一过程将对投资者起到重要的保护作用，因为稳固的内部控制是抵御不当行为的头道防护线，是最为有效的威慑舞弊的防范措施。

三、复习思考题与练习题

复习思考题

1. 简述验资的类型。
2. 简述验资的程序。
3. 简述拒绝出具验资报告并解除业务约定的情形。
4. 简述内部控制审计的定义。
5. 如何评价内部控制缺陷。

练习题

(一) 单项选择题

1. 某公司出资者在出资协议中约定的下列出资方式和出资金额,A 注册会计师认为正确的做法是(   )。
   A. 货币出资 1 000 万元,房产出资 3 200 万元,专利权出资 800 万元
   B. 首次出资额 800 万元,其余部分自甲公司成立之日起 2 年内缴足
   C. 出资的房产按国家有关规定进行评估,并承诺自该公司成立之日起 6 个月内办妥财产权转移手续
   D. 出资的专利权按国家有关规定进行评估,并在验资前办妥财产转移手续

2. 注册会计师验资的责任是按照验资准则的要求,对被审验单位的(   )进行审验,并出具验资报告。
   A. 注册资本的实收情况
   B. 注册资本的变更情况
   C. 注册资本的实收或注册资本及实收资本的变更情况
   D. 注册资本的实收或变更情况

3. 在验证货币资金出资时,最主要的验资依据来自于(   )。
   A. 被审验单位的管理当局
   B. 被审验单位的投资者
   C. 被审验单位的开户银行
   D. 被审验单位的会计资料

4. 以下关于审验程序和证据表达中,恰当的是(   )。
   A. 由被审验单位签署的注册资本实收情况明细表或注册资本、实收资本变更情况明细表,代表了被审验单位对其出资者出资情况的认定,是注册会计师获取的可靠性很强的审验证据
   B. 对于变更验资,注册会计师应当关注被审验单位以前的注册资本实收情况,并关注出资者是否按照规定的期限缴纳注册资本

C. 对于以外币出资的,检查实收资本是否按照月末汇率折算为记账本位币

D. 以非货币财产作价出资必须办理财产权转移手续的,注册会计师应当检查出资双方是否承诺在规定期间内办理有关财产权的转移手续

5. 注册会计师执行验资业务时出现( )无需对总体验资计划和具体验资计划做出必要的更新和修改。

A. 未预期事项

B. 条件的变化

C. 验资收费的标准变化

D. 实施审验程序中获取的审验证据的变化

6. 对于变更验资,为了关注被审验单位变更前的注册资本实收情况,注册会计师无需依靠的途径有( )。

A. 查阅前期验资报告

B. 关注前期出资的非货币财产是否承诺办理财产权转移手续

C. 关注被审验单位与其关联方的有关往来款项有无明显异常情况

D. 查阅近期财务报表和审计报告

7. 注册会计师应当向出资者和被审验单位获取与验资业务有关的重大事项的书面声明,下列不属于获取的声明的是( )。

A. 非货币财产的评估和价值确认情况

B. 验资报告

C. 净资产折合实收资本情况及相关手续办理情况

D. 出资者对出资财产在出资前拥有的权利,是否未设定担保等及已办理财产权转移手续

8. 对于设立验资的首次验资,注册会计师应当关注外商投资的有限责任公司股东的首次出资额,是否自公司成立之日起( )内缴足。

A. 6个月   B. 2年   C. 3年   D. 3个月

9. 以下情形中,通常不需要注册会计师进行变更验资的情形是( )。

A. 企业因合并增加实收资本

B. 企业将资本公积、盈余公积、未分配利润等转为实收资本

C. 企业注册资本金额虽保持不变,但出资人和出资比例等发生变化

D. 企业因吸收合并、派生分立、注销股份等减少实收资本

10. 当注册会计师与被审计单位在注册资本及实收资本的确认方面存在异议,且无法协商一致时,注册会计师应当( )。

A. 拒绝出具验资报告

B. 出具无法表示意见的验资报告

C. 在验资报告意见段后增加说明段予以说明

D. 在验资报告意见段前增加说明段

11. 甲会计师事务所承接了A上市公司的2010年度的内部控制审计业务,W注册会计师负责该项目,W注册会计师的下列说法中,正确的是(　　)。

A. 企业内部控制审计针对年末12月31日

B. 在内部控制审计业务中,注册会计师对财务报表涵盖的整个期间的内部控制的有效性发表意见

C. 企业内部控制审计的范围包括财务报告内部控制和非财务报告内部控制

D. 财务报告内部控制审计与财务报表审计可以整合进行

12. 在内部控制审计中,注册会计师应当评价财务报表审计中实施的实质性程序的结果对控制有效性结论的影响。评价内容不包括(　　)。

A. 注册会计师作出的、与选择和实施实质性程序相关的风险评估,尤其是与舞弊相关的风险评估

B. 发现的遵守法规行为

C. 表明管理层在选择会计政策和作出会计估计时存在偏见的情况

D. 实施实质性程序发现的错报

13. 在企业内部控制审计中的计划审计工作时,注册会计师要重视风险评估的作用,下列做法符合这一要求的是(　　)。

A. 在内部控制审计中,注册会计师应当以风险评估为基础,确定重要账户、列报及其相关认定,选择拟测试的控制,以及确定针对所选定控制所需收集的证据

B. 注册会计师对于内部控制的重大缺陷的风险高的特定领域的关注,与对内部控制的重大缺陷风险低的领域的关注一样多

C. 内部控制不能防止或发现并纠正由于舞弊导致的错报风险,通常低于其不能防止或发现并纠正由错误导致的错报风险

D. 注册会计师应当更多地关注高风险领域,即使有缺陷,也不可能导致财务报表重大错报的控制也要测试

14. 在计划W上市公司的企业内部控制审计工作时,A注册会计师的下列做法不正确的是(　　)。

A. 企业内部负责监督、稽核或合规工作的人员,如内部审计人员,通常拥有较高的专业胜任能力和客观性,注册会计师可以考虑更多地利用这些人员的相关工作

B. 在计划内部控制审计工作时,注册会计师应当使用低于财务报表审计的重要性水平

第二十一章 验资与内部控制审计

C. 在内部控制审计中,注册会计师应当以风险评估为基础,确定重要账户、列报及其相关认定,选择拟测试的控制,以及确定针对所选定控制所需收集的证据

D. 注册会计师应当恰当地计划内部控制审计工作,并对助理人员进行适当的督导

15. 注册会计师实施审计工作的过程中,关于识别重要账户、列报及其相关认定的下列考虑中,错误的是( )。

A. 为识别重要账户、列报及其相关认定,注册会计师应当从与账户或列报相关的会计处理及报告的复杂程度的方面评价财务报表项目及附注的错报风险因素

B. 为识别重要账户、列报及其相关认定,注册会计师应当从账户发生损失的风险的方面评价财务报表项目及附注的错报风险因素

C. 注册会计师可通过考虑在特定的重要账户或列报中错报可能发生的领域和原因,确定潜在错报的可能来源

D. 判断某认定是否为相关认定,应当依据其固有风险,同时考虑相关控制的影响

(二) 多项选择题

1. 下列有关验资的表述中正确的是( )。
    A. 验资是注册会计师的法定业务
    B. 验资是一项鉴证业务
    C. 验资的内容包括对被审计单位注册资本的实收情况或注册资本及实收资本的变更情况进行审验
    D. 投资者出资方式包括货币、实物、无形资产、净资产等

2. 被审验单位的出资者以货币出资的,具体审验程序包括( )。
    A. 获取截至验资报告日止的银行对账单,检查与出资者出资货币相关的收款金额、币种、日期等是否与收款凭证一致,并关注被审验单位与出资者的资金往来有无明显异常情况
    B. 检查收款凭证是否加盖银行受理章或转讫章
    C. 直接从被审验单位开户银行获取加盖其业务公章的银行询证函回函,检查出资者是否缴存货币资金,金额是否与收款凭证一致
    D. 被审验单位为外商投资企业的,如果出资者将出资款直接汇入被审验单位在境外开立的银行账户,检查被审验单位注册地外汇管理部门的批准文件

3. 被审验单位的出资者以实物出资的,具体审验程序包括( )。

A. 监盘实物数量并关注其状况,验证其是否与实物出资清单一致
B. 核对实物出资清单与注册资本实收情况明细表或变更情况明细表是否相符
C. 出资实物为房屋、建筑物的,检查其平面图、位置图,验证其名称、坐落地点、建筑结构、竣工时间、已使用年限及作价依据是否符合协议、合同、章程的规定,检查房地产证等产权证明
D. 检查实物是否办理交接手续、交接清单是否得到出资者及被审验单位的确认,实物的交付方式、交付时间、交付地点是否符合协议、合同、章程的规定

4. 通常需要注册会计师进行变更验资的有(   )。
   A. 企业因合并增加实收资本
   B. 企业将资本公积、盈余公积、未分配利润等转为实收资本
   C. 企业注册资本金额虽保持不变,但出资人和出资比例等发生变化
   D. 企业因吸收合并、派生分立、注册股份等减少实收资本

5. 注册会计师在验资前,应当了解被审验单位基本情况,考虑(   )。
   A. 被审验单位的管理人员素质　　B. 注册会计师的自身独立性
   C. 注册会计师的自身专业胜任能力　D. 初步评估验资风险

6. 验资报告具有法定证明效力,其主要用途在于(   )。
   A. 被审验单位表明其持续经营能力
   B. 被审验单位向企业登记机关申请设立登记或变更登记
   C. 被审验单位向出资者签发出资证明
   D. 被审验单位出资者在规定期限内办理财产权转移手续

7. 下列各项中应在验资报告说明段中予以说明的有(   )。
   A. 验资报告的用途和使用责任
   B. 由于严重亏损导致增资前的净资产小于注册资本的
   C. 本次验资以前,已经其他注册会计师审验的注册资本实收情况
   D. 由于被审验单位的阻挠未能实施审验程序的

8. 下列各项中应在验资报告意见段中予以说明的有(   )。
   A. 已审验的被审验单位注册资本的实收情况或注册资本及实收资本的变更情况
   B. 验资报告的用途和使用责任
   C. 对于变更验资,注册会计师仅对本次注册资本及实收资本的变更情况发表审验意见
   D. 对于变更验资,注册会计师对初始注册资本和本次注册资本及实收资本的变更情况发表审验意见

9. 下列情况中,注册会计师应当拒绝出具验资报告的有(   )。
   A. 被审验单位或出资者不提供真实、合法、完整的验资资料的

B. 被审验单位或出资者对注册会计师应当实施的审验程序不予合作

C. 被审验单位的阻挠未能实施审验程序的

D. 被审验单位或出资者坚持要求注册会计师作不实证明的

10. 验资报告的附件主要包括(　　)。

   A. 注册资本实收情况明细表

   B. 注册资本、实收资本变更情况明细表

   C. 验资事项说明

   D. 管理层声明书

11. 下列关于注册资本与实收资本的描述中,正确的选项有(　　)。

   A. 有限责任公司的注册资本是指在公司登记机关依法登记的全体股东认缴的出资额

   B. 发起设立方式的股份有限公司的注册资本是指在公司登记机关登记的全体发起人认购的股本总额

   C. 采取募集设立方式设立的股份有限公司注册资本是指在公司登记机关登记的实收股本总额

   D. 实收资本是被审验单位全体股东或者发起人实际交付并经公司登记机关依法登记的出资额或股本总额

12. 设立验资报告的说明段应当说明(　　)及注册会计师认为应当说明的其他重要事项。

   A. 对以前注册资本实收情况审验的会计师事务所名称及其审验情况

   B. 验资报告的用途

   C. 变更后的累计注册资本实收金额

   D. 验资报告使用责任

13. 对于设立验资,如果出资者分次缴纳注册资本,注册会计师应当关注全体出资者的首次出资额和出资比例是否符合国家有关规定,一般需要关注的有(　　)。

   A. 关注有限责任公司全体股东的首次出资额是否不低于公司注册资本的30%,且不低于法定的注册资本最低限额

   B. 关注有限责任公司全体股东的首次出资额是否不低于公司注册资本的20%,且不低于法定的注册资本最低限额

   C. 关注发起设立的股份有限公司全体发起人的首次出资额是否不低于公司注册资本的25%

   D. 关注发起设立的股份有限公司全体发起人的首次出资额是否不低于公司注册资本的20%

14. 如果被审验单位或其出资者坚持要求注册会计师作不实证明,注册会计师应当采用以下措施( )。
   A. 向股东大会陈述   B. 发表拒绝表示意见
   C. 拒绝出具验资报告   D. 解除业务约定

15. 以下情形中,通常需要注册会计师进行变更验资的有( )。
   A. 企业因合并增加实收资本
   B. 企业将资本公积、盈余公积、未分配利润等转为实收资本
   C. 企业注册资本金额虽保持不变,但出资人和出资比例等发生变化
   D. 企业因吸收合并、派生分立、注销股份等减少实收资本

(三) 判断题

1. 甲公司拟增加注册资本3000万元,某股东根据增资协议投入货币资金1 000万元,A注册会计师获取并审验了甲公司提供的银行收款凭证,银行出具的确认收讫1 000万元投资款的询证函回函,据以确认该股东投入的货币资金已到位。( )

2. 乙公司拟增加注册资本500万元,某股东根据增资协议,投入了房屋资产200万元,但尚未办理产权转移手续,A注册会计师予以验证确认,并依据该股东出具的承诺函在验资报告说明段中说明该股东承诺在半年内办理过户手续。( )

3. 丙公司由于经营不善造成重大亏损,致使2007年12月31日的净资产为400万元。为改善财务状况,缓解经营困难,丙公司股东约定用货币资金1 000万元增加注册资本,经审验,A注册会计师确认丙公司新增注册资本1 000万元,并在验资报告说明段中说明丙公司由于亏损导致增资前的净资产小于注册资本。( )

4. 出资者投入的实物、知识产权、土地使用权等资产的价值难以确定时,注册会计师应出具拒绝表示验资意见的验资报告。( )

5. 如果被审验单位或出资者坚持要求注册会计师作不实证明的,注册会计师应出具拒绝表示意见的验资报告。( )

6. 变更验资与财务报表审计中审验资产、负债完全不同。( )

7. 委托人只有提供必要的验资文件,注册会计师才可以验资。( )

8. 验资工作底稿一般分为综合类、业务类、备查类。( )

9. 发起设立的股份有限公司全体发起人首次出资额不低于公司注册资本的20%。( )

10. 审验过程中拟利用专家的工作时,应评价专家的专业胜任能力和客观性。( )

(四) 简答题

1. 甲会计师事务所的2名注册会计师承接了×有限责任公司的验资业务,在出

具验资报告时,需要在验资报告中说明重要的情况,请你代注册会计师回答注册会计师需要在说明段中说明的事项有哪些?

2. A&B 会计师事务所在接受甲公司 2010 年度财务报表审计业务委托的同时,还接受委托对该公司以 2010 年 12 月 31 日为基准日的内部控制有效性实施审计。为便于节约时间,同时保证两项工作的质量,决定整合审计。A&B 会计师事务所指派小王注册会计师同时负责这两项审计业务,内部控制审计相关情况如下:

(1) 小王注册会计师在计划审计工作时,只安排了解和测试甲公司 2010 年 12 月 31 日的内部控制。

(2) 针对评估的特定错报风险,甲公司设定了多项企业层面控制。对于那些企业层面控制足以应对已评估的错报风险,小王注册会计师决定不再测试与该风险相关的其他控制。

(3) 为配合财务报表审计的计划进度,小王注册会计师决定在 2010 年 10 月 20 日对甲公司期末财务报告流程的相关控制进行测试。

(4) 在形成内部控制审计意见时,小王注册会计师评价对控制的测试结果和内部控制审计过程中已识别的所有控制缺陷。

(5) 在形成内部控制审计意见时,财务报告内部控制存在一项重大缺陷,考虑到只发现了一项重大缺陷,小王注册会计师考虑对约定基准日的内部控制有效性发表保留意见。

要求:

请逐一针对上述每种情况,指出注册会计师在计划和实施内部控制审计工作、出具内部控制审计报告的过程中是否存在不当之处,并简要说明理由。

四、案例分析题

1. ABC 有限责任公司经批准,由甲公司(合资中方)和乙公司(合资外方)共同出资组建。根据经批准的协议、合同和章程的规定,ABC 公司的注册资本为 3 000 万美元,由出资方分两期于 2008 年 6 月 30 日前缴足,其中第一期应于 2007 年 12 月 31 日前缴足。甲公司出资 1 800 万美元,其中,货币出资 200 万美元(应于第一期出资到位),房屋建筑物等出资 1 150 万美元(第一期出资 400 万美元),土地使用权出资 450 万美元(应于第一期出资到位),甲公司的出资按 1 美元兑换 7.30 元人民币折算。乙公司应出资 1 200 万美元,其中货币出资 600 万美元(应于第一期出资到位 450 万美元),机器设备出资 400 万美元(第一期出资 150 万美元),无形资产出资 200 万美元。

甲公司和乙公司已分别在 2007 年 12 月 31 日前办理了第一期出资,并聘请上海东方会计师事务所注册会计师 X 和 Y 验资,注册会计师 X 和 Y 于 2008 年 1 月 18

日出具了编号为"东会审验字第六号"的验资报告,该验资报告的附件如下:

注册资本实收情况明细表

截至 2007 年 12 月 31 日

被审验单位名称:ABC 有限责任公司　　　　　　　　　　　　　　　金额单位:万美元

股东名称	认缴注册资本		实际出资情况				其中:实缴注册资本占注册资本总额比例
	金额	出资比例	货币	实物	无形资产	合计	
甲公司	1 800	60%	150	400	450	1 000	33%
乙公司	1 200	40%	450	150		600	20%
合计	3 000	100%	600	550		1 600	53%

编制单位:上海东方会计师事务所　　　　　　　　　　　　　　　注册会计师:X 和 Y

甲公司于 2008 年 5 月 18 日第二期出资,其中缴存 ABC 公司开户银行 365 万元人民币,出资的房屋、建筑物的会计账面记录为 5 600 万元人民币,评估并经确认的价值为 5 273 万元人民币,乙公司于 2008 年 5 月 25 日汇入 ABC 公司开户银行投资款 150 万美元,于 5 月 29 日到达 ABC 公司的机器设备原始发票价为 280 万美元,商检部门出具的商品价值鉴定书鉴定为 252 万美元,所提供 ABC 公司的专利技术经评估为 205 万美元,假定:

(1) 经出资双方同意,并报经国有资产管理部门和外贸主管机关批准,双方实际出资超出注册资本部分作为资本公积处理。

(2) 甲公司缴付的实物资产和无形资产已办理财产权转移手续。

(3) 2008 年 5 月 18 日市场汇价为 1 美元兑换 7.32 元人民币。

(4) 上海东方会计师事务所注册会计师 X 和 Y 于 2008 年 7 月 1 日进驻 ABC 有限责任公司进行验资,7 月 8 日完成审验工作,7 月 10 日提交了验资报告。

(5) 截至 2008 年 7 月 8 日,ABC 有限责任公司尚未对收到的资本及相关的资产进行会计处理。

要求:

(1) 请根据上述资料代 X 和 Y 填制"注册资本实收情况明细表"。

(2) 请代 X 和 Y 编制验资报告(无需编制验资报告其他说明和附件)。

2. 资料一:通达有限责任公司系拟设立的有限责任公司,根据协议、章程的规定,其申请登记的注册资本为人民币 3 000 万元,投资方华清公司出资注册资本的

第二十一章 验资与内部控制审计

60%、华西公司出资注册资本的40%。双方约定分两期出资,首次出资于2007年2月28日之前缴足,首次出资由华清公司货币出资450万元和华西公司货币出资600万元。2007年2月27日,华清公司450万元货币出资、华西公司600万元货币出资到位。

资料二:华清公司和华西公司约定第二期出资于2007年9月30日前缴足。协议、章程规定,第二期出资中,华清公司机器设备出资1 350万元、华西公司货币出资600万元。华清公司于2007年9月28日完成机器设备出资,华清公司机器设备经资产评估及双方确认的价值为1 500万元,双方约定确认的机器设备价值超过约定机器设备出资金额的部分,计入资本公积。2007年9月29日,华西公司600万元货币出资到位。

要求:

(1) 被审验单位申请的注册资本是否达到国家规定的最低限额,并说明理由。

(2) 假设资料一中被审验单位申请的注册资本没有达到国家规定的最低限额,请说明注册会计师应当如何处理。

(3) 根据资料一,说明被审验单位首次出资额占注册资本的比例是否符合国家规定的最低比例要求,并说明理由。

(4) 根据资料一,说明注册会计师是否需要关注分次出资的首次出资货币出资占注册资本的比例是否符合国家规定的货币出资最低限额。

(5) 根据资料二,请说明被审计单位累计货币出资是否达到国家规定的最低出资比例的要求,并说明理由。

(6) 根据资料二,请说明注册会计师审验机器设备出资时的审验程序有哪些。

(7) 根据资料二,华清公司机器设备经资产评估及双方确认的价值为1 500万元,双方确认的机器设备价值超过约定机器设备出资金额的部分,计入资本公积。请回答出资者的实际出资超过认缴出资的处理情况,是否应当在验资报告中体现,如果需在验资报告中体现,需要在验资报告的何处体现。

(8) 假设出资双方没有约定出资者的实际出资超过认缴出资的处理,被审验单位对实际出资超过认缴出资的部分资金,该如何进行会计处理。并说明理由。

(9) 根据资料二,请编制本期注册资本实收情况明细表。

(10) 根据资料二,请编制累计实收资本实收情况明细表。

第二十二章 非审计服务

一、概要解析

(一)《萨班斯-奥克斯利法案》对非审计服务的主要规定

非审计服务是相对于审计服务而言的。它是指会计师事务所向客户提供服务并收取一定费用的,如税务咨询、管理咨询、法律咨询甚至技术咨询等除鉴证服务以外的多种服务的总称。

(二) 非审计服务的内容

1. 管理咨询

管理咨询是注册会计师接受企业委托,在进行调查分析的基础上,运用科学的方法,诊断企业在经营管理中存在的问题,提出改进措施并指导其实施,以帮助企业改善经营管理、提高经济效益的一种咨询服务活动。

常见的管理咨询业务有经济活动分析、财务管理咨询、管理决策咨询和会计审计顾问、投资咨询等。

2. 其他服务

其他服务如:会计制度设计、代编财务信息、税务代理。

(三) 非审计服务与鉴证业务独立性的矛盾关系

1. 非审计服务与鉴证业务独立性矛盾的理论基础

第一,非鉴证服务的高额收费影响了鉴证的独立性;第二,当非鉴证服务的收费超过鉴证服务的收费时,便会在非鉴证业务与鉴证业务之间形成市场竞争,造成鉴证业务竞争力趋弱,注册会计师会将更多的精力集中于非鉴证业务,对鉴证服务的质量有一定影响;第三,非鉴证服务的提供使事务所与被鉴证单位之间的关系复杂化。

2. 全面禁止非审计服务还是部分禁止非审计服务

《萨班斯-奥克斯利法案》认为并不是所有的非审计服务都会产生利益冲突、损害独立性标准,从而需要加以禁止。证券交易委员会同样也不寻求禁止所有的非审计服务。根据非审计服务与审计服务的关系,可将非审计服务分为:与审计服务密切相

第二十二章 非审计服务

关的非审计服务;与审计服务可以并存的非审计服务。

二、背景资料

在相当长的时间里,审计服务一直是注册会计师行业的核心业务。然而随着市场经济的发展,注册会计师在为客户提供审计服务的同时,还为其提供了包括管理咨询等在内的非审计服务。从20世纪70年代开始,激烈的市场竞争为非审计服务提供了良好的发展机遇,非审计服务逐渐成为最具潜力的增值服务。到20世纪90年代,非审计服务创造的利润更是超过了审计服务,成为会计师事务所的主要盈利手段之一。非审计服务的飞速发展引发了激烈的争论。有些学者认为非审计服务会影响独立性。但也有学者认为非审计服务不会影响独立性。直到今天,仍未达成共识。

三、复习思考题与练习题

复习思考题

1. 什么是非审计服务?
2. 《萨班斯-奥克斯利法案》对非审计服务的主要规定有哪些?

练习题

(一) 单项选择题

1. 下列有关代编业务的描述中,正确的是( )。
   A. 注册会计师运用会计而非审计的专业知识和技能
   B. 代客户编制的一定是一套完整的财务报表
   C. 代为搜集、分类和汇总财务信息不属于代编业务
   D. 注册会计师执行代编业务使用的程序旨在对财务信息提出鉴证结论

2. 美国注册会计师协会认为,注册会计师服务领域分为( )、咨询服务和其他服务。
   A. 投资咨询   B. 鉴证型服务
   C. 交易服务   D. 管理咨询

3. ( )是以提高经济效益为目的,运用财务管理的专门方法,围绕改善企业财务管理工作所提供的咨询服务。
   A. 管理决策咨询   B. 财务管理咨询
   C. 会计审计顾问   D. 投资咨询

4. 可行性研究的内容分为经济和( )两个方面。
   A. 管理   B. 法律   C. 政策   D. 技术

5. 如果注册会计师在代编财务信息时发现存在重大错报仍未得到更正,并且认

为财务信息存在误导,那么注册会计师应该( )。
A. 发表保留意见　　　　　　　B. 发表否定意见
C. 发表无法表示意见　　　　　D. 解除该项业务约定

6. 如果注册会计师的姓名与代编的财务信息相联系,注册会计师应当出具( )。
A. 审计报告　　　　　　　　　B. 管理建议书
C. 代编业务报告　　　　　　　D. 相关的鉴证书

7. 税务代理人是从事税务代理的专业人员和( )。
A. 专门机构　　　　　　　　　B. 业余人员
C. 税务工作人员　　　　　　　D. 领导机构

8. 税务代理档案至少保存( )年。
A. 5　　　　B. 10　　　　C. 15　　　　D. 20

9. 注册会计师承办税务代理业务,由( )统一受理,并与被代理人签订委托代理协议书。
A. 税务局　　　　　　　　　　B. 税务师事务所
C. 其所在的会计师事务所　　　D. 与税务相关机构

10. 税务代理期满,委托协议书届时( )。
A. 依然有效　　　　　　　　　B. 销毁
C. 失效　　　　　　　　　　　D. 具有法律效应

11. 税务策划与偷税、漏税最主要的区别就是在于它( )。
A. 专业人员从事　　　　　　　B. 定期进行
C. 有较大收益　　　　　　　　D. 合法

12. 税务策划是一种有( )的活动。
A. 积极意义　　　　　　　　　B. 消极意义
C. 被动　　　　　　　　　　　D. 违法

13. 一般来说,一个国家的税收政策在地区间和行业间差别越大,税务策划就( )。
A. 形式越少　　　　　　　　　B. 没有必要
C. 应该被限制　　　　　　　　D. 形式越多

14. 税务筹划具有( )。
A. 客观性　　B. 普遍性　　C. 公正性　　D. 区域性

15. 流转税的税基是( )。
A. 应税利润　　　　　　　　　B. 所有收入
C. 应税收入　　　　　　　　　D. 利润总和

16. 当注册会计师执行非审计服务时,对独立性( )。

A. 一定产生影响　　　　　　　　　B. 不会产生影响
　　C. 不一定会产生影响　　　　　　　D. 影响程度视投资人而定
17. 注册会计师通过财务分析,可以找出影响企业经济效益的主要因素及其原因,从而为改善(　　)提供线索。
　　A. 投资决策　　　　　　　　　　　B. 融资决策
　　C. 分配决策　　　　　　　　　　　D. 企业管理
18. 财务管理咨询是以(　　)为目的。
　　A. 管理咨询　　　　　　　　　　　B. 提高经济效益
　　C. 改善投资决策　　　　　　　　　D. 提高资金营运效益
19. 注册会计师接受委托担任会计审计顾问是其承担的一项(　　)业务。
　　A. 管理咨询　　　　　　　　　　　B. 审计
　　C. 会计　　　　　　　　　　　　　D. 管理决策咨询
20. 代编业务对注册会计师的独立性(　　)。
　　A. 提出要求　　　　　　　　　　　B. 不提出要求
　　C. 可能提出要求　　　　　　　　　D. 影响很大

(二) 多项选择题

1. 鉴证服务包括(　　)。
　　A. 审计　　　　　　　　　　　　　B. 审查
　　C. 执行商定性规定　　　　　　　　D. 代编财务信息
2. 管理咨询业务有(　　)。
　　A. 经济活动分析　　　　　　　　　B. 财务管理咨询
　　C. 管理决策咨询　　　　　　　　　D. 会计审计顾问
3. 代编业务报告应当指出(　　)。
　　A. 财务信息是在管理层提供信息的基础上代编的
　　B. 管理层对注册会计师代编的财务信息负责
　　C. 执行的业务既非审计,也非审阅,因此不对代编的财务信息提出鉴证结论
　　D. 注册会计师应当在代编财务信息的每页或一套完整的财务报表的首页明确标示"未经审计或审阅"、"与代编业务报告一并阅读"等字样
4. 我国的税率有(　　)。
　　A. 定额税率　　　　　　　　　　　B. 超额递减税
　　C. 比率税率　　　　　　　　　　　D. 超额累进税率
5. 投资可行性研究的财务分析是从企业角度分析投资项目的经济效果,主要有(　　)。
　　A. 总投资概算　　　　　　　　　　B. 项目资金筹措估算

C. 生产成本估算　　　　　　　　D. 投资的财务效益分析
6. 代编财务信息业务关系人有(　　)。
   A. 预期使用者　　　　　　　　B. 注册会计师
   C. 责任方　　　　　　　　　　D. 注册会计师协会
7. 鉴证业务业务关系人有(　　)。
   A. 预期使用者　　　　　　　　B. 注册会计师
   C. 责任方　　　　　　　　　　D. 注册会计师协会
8. 代编财务信息业务的对象是(　　)。
   A. 历史财务信息　　　　　　　B. 预测性财务信息
   C. 历史管理信息　　　　　　　D. 预测性管理信息
9. (　　)是代编业务报告的内容。
   A. 标题　　　　　　　　　　　B. 收件人
   C. 报告日期　　　　　　　　　D. 注册会计师的签名及盖章
10. 国家对税务师实行(　　)制度。
    A. 外语考试　　　　　　　　　B. 资格考试
    C. 定期讲座　　　　　　　　　D. 认定
11. 在收取高额非鉴证服务费的情况下,事务所很难(　　)地发表鉴证意见。
    A. 受干扰　　　B. 独立　　　C. 客观　　　D. 公正
12. 在《萨班斯-奥克斯法案》的立法过程中,针对非审计服务的问题观点有(　　)。
    A. 禁止提供任何非审计服务　　B. 部分禁止
    C. 无需禁止,只要事先经过批准　D. 无需禁止
13. 委托税务代理人可以进行(　　)。
    A. 全面代理　　　　　　　　　B. 单项代理
    C. 临时代理　　　　　　　　　B. 常年代理
14. 税务代理的程序有(　　)。
    A. 签订委托协议书　　　　　　B. 编制税务报告
    C. 办理税务代理业务　　　　　D. 编制税务计划
15. 除《中国注册会计师相关服务准则第 4111 号——代编财务信息》规定的程序外,注册会计师通常不需要执行下列程序(　　)。
    A. 评价内部控制
    B. 验证任何事项
    C. 验证任何解释
    D. 询问客户管理层,以评价所提供信息的可靠性和完整性
16. 在代编财务信息中,非法定的编制基础有(　　)。

A. 管理层制定的考核要求　　　　B. 会计准则
C. 客户治理层制定的计算规则　　D. 金融机构制定的贷款条款

17. 在代编业务中,应明确客户将哪些信息提供给注册会计师,并对这些信息(　　)承担责任。
A. 完整性　　　B. 真实性　　　C. 及时性　　　D. 公正性

18. 鉴证业务的适用标准是(　　)。
A. 企业的考核要求　　　　B. 会计准则
C. 企业的计算规则　　　　D. 相关会计制度

19. 鉴证业务中要求注册会计师(　　)。
A. 实质上独立　　　　　　B. 形式上独立
C. 不完全独立性　　　　　D. 可以不独立,但要说明

20. 会计核算形式设计是(　　)会计报表总体结构的设计。
A. 会计分录　　　　　　　B. 会计凭证
C. 会计账簿　　　　　　　D. 会计报表

21. ABC会计师事务所A注册会计师负责审计甲公司2011年财务报表。如果ABC会计师事务所为甲公司提供了下列(　　)活动,则很可能被视为代行管理层职责。
A. 负责设计、实施和维护内部控制
B. 指导员工的行动并对其行动负责
C. 确定采纳其他第三方提出的建议
D. 向管理层提供意见和建议,以协助管理层履行职责

22. ABC会计师事务所A注册会计师负责审计甲公司2011年财务报表。如果ABC会计师事务所向审计客户甲公司提供内部审计服务,并在执行财务报表审计时利用内部审计的工作,将因自我评价对独立性产生不利影响。以下情形中属于此类不利影响的业务有(　　)。
A. 回答甲公司内部审计人员对收入确认的会计准则理解的疑惑
B. 为甲公司制定内部审计活动的战略方针
C. 代表管理层向治理层报告内部审计活动的结果
D. 执行构成内部控制组成部分的程序

23. ABC会计师事务所A注册会计师负责审计甲公司2011年财务报表。如果ABC会计师事务所为审计客户甲公司提供信息技术系统服务可能因自我评价产生不利影响。以下服务不会影响注册会计师独立性的有(　　)。
A. 操作由第三方开发的会计软件
B. 设计或操作信息系统,但其生成的信息不构成会计记录重要组成部分

C. 为甲公司设计内部控制信息系统

D. 对甲公司自行设计并操作的系统进行评价

24. ABC 会计师事务所 A 注册会计师负责审计甲公司 2011 年财务报表。如果会计师事务所向审计客户甲公司提供的以下(　　)诉讼支持服务,很可能因自我评价或过度推介产生不利影响。

　　A. 协助管理和检索文件　　　　B. 计算诉讼估计损失

　　C. 查阅有关诉讼信息　　　　　D. 担任专家证人

25. ABC 会计师事务所 A 注册会计师负责审计甲公司 2011 年财务报表。如果 ABC 会计师事务所在审计客户甲公司执行财务报表审计时向审计客户甲公司其提供法律服务,很可能因自我评价对独立性产生不利影响的包括(　　)。

　　A. 为甲公司提供合同起草　　　B. 法律咨询

　　C. 担任甲公司首席法律顾问　　D. 重组服务

(三) 判断题

1. 会计师事务所和注册会计师业务除鉴证服务之外,还可以向社会提供会计咨询和会计服务业务等非审计业务。　　　　　　　　　　　　　　　(　　)

2. 非鉴证服务的收费高低不影响鉴证业务的独立性。　　　　　　　(　　)

3. 《萨班斯-奥克斯法案》规定全面禁止向审计客户提供任何非审计服务。
　　　　　　　　　　　　　　　　　　　　　　　　　　　　　　(　　)

4. 代编业务是审阅业务,因此不包含任何保证成分。　　　　　　　(　　)

5. 经济活动分析的重点是进行财务分析。　　　　　　　　　　　　(　　)

6. 会计政策设计是指对各种经济业务的会计处理规定。　　　　　　(　　)

7. 设立企业不一定要审批可行性研究报告。　　　　　　　　　　　(　　)

8. 为保持审计业务的独立性,会计师事务所必须把同一委托人的审计业务和管理咨询业务分开。　　　　　　　　　　　　　　　　　　　　　　(　　)

9. 内部控制的设计是要建立一种能及时更正错误和舞弊的机制。　(　　)

10. 代编财务信息对证据提出要求。　　　　　　　　　　　　　　　(　　)

11. 许多情况下非审计服务与审计业务的独立性之间存在矛盾。　　(　　)

12. 会计师事务所必须把同一委托人的审计业务和管理咨询业务分开。(　　)

13. 管理决策咨询就是对企业的各项经济活动所提供的咨询服务。　(　　)

14. 会计政策设计是指对各种经济业务的会计规定。　　　　　　　(　　)

15. 代编财务信息一定是历史财务信息。　　　　　　　　　　　　(　　)

16. 鉴证业务对象通常是历史财务报表。　　　　　　　　　　　　(　　)

17. 代编财务信息标准通常是法定的。　　　　　　　　　　　　　(　　)

18. 代编财务信息要在报告中提出鉴证结论。　　　　　　　　　　(　　)

19. 在任何情况下,如果注册会计师的姓名与代编的财务信息相联系,注册会计师应当出具代编业务报告。 ( )

20. 非鉴证服务的高额收费影响了鉴证的独立性。 ( )

(四) 简答题

1. 《萨班斯-奥克斯法案》对会计师事务所和注册会计师的非审计服务有何规定?

2. 简述代编业务与鉴证业务的区别。

3. 可行性研究的内容有哪些?

4. 简述管理咨询。

5. 非审计服务为什么影响审计独立性?

四、案例分析题

1. 利达公司过去的主导产品一直以A产品为主,但近年来随着市场的变化,A产品的市场占有率由最初的90%,现已下降到40%,并且销售单价由原来的100元/件下降到70元/件。这一状况致使企业效益逐年下滑。面对这一严峻形势,利达公司决定投资市场前景看好新产品B,以使企业摆脱困境。为此,特聘请XX会计师事务所的注册会计师王平,就该投资的可行性提出相应的建议。

注册会计师接受委托后,围绕该项目搜集了如下资料:

(1) A、B两产品的财务数据。

项目	A产品(实际数)	B产品(预测数)
销售收入	100	
减:变动成本	50	80
边际贡献	50	50
减:固定成本	20	30
利润	30	

(2) 根据利达公司的现状,若投资生产B产品,A产品的生产将减少50%。

(3) B产品的投资方案。

①本公司技术部门自行研制,1年后投产,试制费为100万元;②从国外引进生产B产品的生产技术,3个月后投产,引进费用为200万元;③与国内科研机构合作研制,6个月后投产,试制费为100万元,并将B产品投产1年内实现利润的20%支付给该科研单位。

根据以上资料,该厂要求注册会计师帮助作出决策,即:要不要发展乙产品?若要发展乙产品,应选择哪种方案?

2. 利丰有限责任公司拟采用吸收、合并的方式购并 G 企业,为确保该决策的成功,特聘请 XX 会计师事务所经验丰富的张三、李四对其可行性进行分析论证,并提出相应的咨询意见。注册会计师针对该项目搜集了如下资料:

(1) G 企业的资产总额为 2 500 万元,负债总额为 800 万元,净资产为 1 700 万元,双方意向,若利丰公司收购 G 企业应向 G 企业的股东支付收购费用 1 800 万元,其中 900 万元在购并时支付,另 900 万元在并购期满 1 年时付清;G 企业的负债由利丰公司向债权人提供担保并于到期时偿还,其中 400 万元 1 年后到期,利润为 10%,300 万元于 2 年后到期,利率为 12%,100 万元于 3 年后到期,利率为 13%。

(2) 市场平均基准收益率为 9%。

(3) 经测算,利丰公司不并购 G 企业情况下当年及未来 5 年的有关财务数据如下表所示。

单位:万元

项目	第零年	第一年	第二年	第三年	第四年	第五年
营业收入	18 00	1 950	2 230	2 560	3 000	3 500
减:营业成本	1 200	1 300	1 400	1 620	1 800	2 000
费用	200	200	250	340	400	500
净收入	400	450	580	600	800	100
减:税金	132	148.50	191.40	198	264	330
税后收益	268	301.5	388.60	402	536	670
加:不付现成本	92	95.5	102.40	120	150	180
现金净流量	360	397	491	522	686	850

第五年后的净现金流量可按第五年的数据计。

(4) 利丰公司若购并 G 企业,购并当年及未来五年的有关财务数据如下表所示。

单位:万元

项目	第零年	第一年	第二年	第三年	第四年	第五年
营业收入	2 100	2 600	3 500	5 850	7 460	9 300
减:营业成本	1 300	1 500	2 000	3 600	4 680	6 000
费用	400	400	650	780	780	900
净收入	400	700	1 000	1600	2 000	2 400
减:税金	132	231	330	528	660	792

(续表)

项目	第零年	第一年	第二年	第三年	第四年	第五年
税后收益		268	468	670	1 072	1 340	1 608
加:不付现成本	204	280	305	340	360	400
减:偿债本息	0	440	376.32	144.29	0	0
现金净流量	472	309	598.68	1267.71	1 700	2 008

第五年后的净现金流量可按第五年的数据计。

(5) 购并全过程需要支付各种手续费用 80 万元。

请问注册会计师还要进一步作什么分析?

3. 飞翔公司是美国业务最多样化的公司之一,其 27 个分部在 4 个业务领域中生产 300 多种产品:工业化学制品、日用化学制品、防卫系统和机械设备。在过去很长的时间里,飞翔公司像多数公司一样,每月都要检查各个业务部的财务绩效。每年年底,对实现了预期财务绩效的分部经理进行奖励。这使得各分部成功地取得了连续的短期财务业绩。

进入 20 世纪 90 年代以后,飞翔公司的高层管理人员意识到他们为了获取短期财务业绩而放弃了一些长期成长的机会。公司未来如何发展,应当从哪里寻求突破,如何进入新领域,这些问题变得越来越不清晰了。飞翔公司成了一家投资回报率很高但发展潜力很小的公司。公司只关注支出和预算的偏差,导致工作中心集中在短期和内部经营活动上。公司决定改变绩效评估体系,以便与公司发展战略保持一致。于是,公司聘请了普勒会计师事务所为其进行管理咨询服务詹姆斯等人组成,研究新的评估体系,引导经理们超越内部目标,在全球市场上寻求突破。新的体系关注对客户服务、市场地位以及能够为企业创造长期价值的新产品进行评估。请问普勒会计事务所会如何作出怎样提供咨询服务?

4. 北京大海股份有限公司为出口型生产企业,采用来料加工方式为国外利豪公司加工一批进口保税料件,价值为 1 000 万元,加工完成后返销利豪公司价值售价 1 800 万元,为加工该批产品耗用辅料、产品备件、动能费等的进项税额为 13%。该公司想通过税收策划来节省部分税款,以保持资金的流动性,于是聘请了吉林长税会计师事务所为其进行税收策划。

答案要点:

5. 某商场为促销,2007 年 1 月拟采用推出山花牌花生油买一赠一的销售方式,即购买一大壶(5 升)花生油赠送同品牌一小瓶(500 克)花生油,花生油的进价是 5 元/500 克,销售价是 8.02 元/500 克。该商场估计若采取促销,平均 1 天便可销售 100 壶。问该商场向 AB 会计师事务所咨询该方法是否可行?

第二十三章 计算机审计

一、概要解析

(一) 信息技术环境下的审计概述

1. 信息技术发展对审计的影响

信息技术发展使会计工作在信息存储介质和存取方式、信息处理流程等方面发生变化,从而对审计产生了更多的影响。主要体现在:①审计范围的扩大。审计业务由较小的区域、特定的行业发展为跨越多个行业,多种经济类型的多元化审计,并将向全球化转变。②审计对象和内容的变化。审计服务对象由传统的单位向"虚拟化"的审计对象变化。③对审计线索的影响。存有数据处理资料的磁盘、磁带、光盘取代了传统纸质记录。④审计风险的加大。审计线索的无形化、审计证据的隐含化以及审计对象的"虚拟化"等都加大了审计风险。⑤对审计准则的影响。审计对象、审计线索、审计方法的变化,需要建立新的审计准则指导审计工作实践。

2. 信息技术发展为审计创新提供了技术支持

信息技术发展对传统审计提出更高要求的同时,也为审计方法和手段的创新提供了技术支持。主要体现在:①内部控制得到了进一步加强。将信息技术运用到会计信息系统中较传统的手工会计处理具有明显的优势,可以改善企业的内部控制。②审计技术方法更加先进。信息技术的发展提供了更加先进的审计技术方法。③审计效率进一步提高。④更好地满足信息需求者的信息需求。

(二) 计算机审计的含义、特征与发展历程

1. 计算机审计的含义

计算机审计主要包括两方面的内容:一是指审计人员利用信息技术对被审计企业的经济活动进行审计,这与传统的审计内容是基本一致的,只是手段发生了变化,一般称为计算机辅助审计;二是针对信息技术环境下产生的风险而产生的信息系统审计,指审计人员对被审计单位的计算机信息系统进行审计并发表意见,包括信息系统的设计和运行两个方面。

2. 计算机审计的特征

和传统审计相比较,计算机审计的特征有:①由结果审计转变为结果审计与过程审计并重;②审计线索从"可视性"向"不可视性"转化;③审计取证的实时性;④审计技术的复杂性和审计数据的差异性。

3. 计算机审计的发展历程

计算机审计的发展经历了绕过计算机审计、穿过计算机审计、利用计算机审计和网络审计四个阶段;①绕过计算机审计是将计算机处理系统看做是一个"黑箱",根据被审计对象计算机数据处理系统输入的原始数据,通过手工操作,将处理结果与计算机处理系统的输出进行对比,检验其是否一致;②与绕过计算机审计不同的是,穿过计算机审计不仅不避开计算机数据处理系统,而且主要是对计算机数据处理系统进行审计;③利用计算机审计是为了实施审计业务而专门开发电子计算机程序,对被审计单位的电子计算机程序的可靠性进行试验的方法;④网络审计是利用计算机和网络技术进行审计管理、建立审计数据库以及审计测试和审计验证。

(三)计算机辅助审计技术

计算机审计发展经历的每个阶段都发展了相应的计算机辅助审计技术。目前审计界广泛使用的计算机辅助审计技术有综合测试工具、平行模拟法以及内嵌审计模块。这些技术都可以在交易或者事项发生时审计。

1. 综合测试工具

综合测试工具是一种自动化技术,能够使审计人员在应用程序的正常操作测试程序的内部逻辑和控制。

2. 平行模拟法

平行模拟法是指审计人员自己或请计算机专业人员编写具有和被审程序相同处理控制功能的模拟程序,用这种程序重新处理以前已经由被审程序处理过的各种交易,并将处理结果与被审程序处理的结果进行比较。

3. 内嵌审计模块

在被审计信息系统开发设计阶段,审计人员在该系统程序中内嵌专门设计的程序,对该系统进行监控,其目标是在重要交易被处理时能够识别它们,并且实时地提取其副本,作为相关的审计证据。目前应用比较广泛的EAM技术有快照法、连续与间歇模拟法、审计钩、系统控制审计评审文件。

(四)计算机舞弊

计算机舞弊是指以计算机及相应设备、程序或数据为对象,通过故意掩盖真相、制造假象或以其他方式欺骗他人、掠取他人财物或为其他不正当目的而施行的任何不诚实、欺诈的故意行为。审查计算机舞弊的总体思路是：首先了解测试被审计单位信息系统内部控制，找出系统内部的突破口，根据计算机舞弊各种手段的特征及其与有关内部控制的关系，确定可能的舞弊手段；然后针对可能的舞弊手段，实施深入的调查取证；最后写出审计报告及建议。

1. 计算机舞弊行为的类型

绝大多数流行的计算机舞弊犯罪是资金分配方面的欺诈，这些舞弊行为包括：①虚假的卖主、供货商或承包商的发票；②虚假的政府福利津贴和不正当要求；③虚假的赔款；④虚假的信贷要求；⑤虚假的工资支出；⑥虚假的费用支出。

2. 计算机舞弊的实现手法

计算机舞弊的实现手法包括输入类计算机舞弊、软件类计算机舞弊、输出类计算机舞弊和接触类计算机舞弊。

3. 计算机舞弊发生的原因

计算机舞弊发生的原因主要有人为方面的原因和计算机自身方面的原因。

4. 计算机舞弊的预防与检查

首先，需要完善和实施相应的法律法规；其次，要进一步完善和健全内部控制系统；同时，需要针对不同的舞弊手法灵活应用不同审计方法。最后，需要提高审计人员计算机应用能力。

二、背景资料

（一）信息技术环境下审计理论的发展

1. 审计目标的发展

审计目标不是一成不变的，主要受社会需求和审计自身能力的影响。传统审计目标主要是揭露会计资料中的错误与舞弊，依托于信息技术的进步，社会需求不断变化，审计自身能力不断提高，审计目标将会有更多的发展，至少包括以下两个方面：首先，通过对被审计单位会计信息系统的持续审计，确保会计信息系统的安全性、可靠性和完整性，实现从根源上防范、杜绝会计错弊现象发生。其次，更加强调信息的及时性、全面性和相关性。

2. 审计范围和对象的变化

传统审计概念所定义的审计范围仅限于财务资料。在网络化的会计信息系统中，审计的范围将会进一步扩大，审计人员所面对的不单是企业的财务报表数据，而是内容极其丰富、宽泛的信息系统。同时，审计能够直接利用电子数据获取更多的有用信息，既包括传统的财务信息，也包括非财务信息、自行组合的新财务信息、财务数据与非财务数据组合的混合型信息。这些类型的信息在传统审计中是无法轻易取得的。

3. 审计报告的变化

与传统审计相比,信息技术环境下,审计报告的时间、内容和传递都有一定的差异。首先,审计报告的时间更加强调审计和报告的及时性。与传统年度审计报告或者半年度审计报告相比,持续审计更加强调审计的及时性,在审计完成后立即提供书面的鉴证意见。其次,传统审计报告的信息内容是针对被审计单位财务报表提供的审计信息,而且是历史性的信息,而持续审计报告针对的是使用者选定的信息,既可以是历史数据,也可以是现时和未来预测性信息。

4. 对审计师的要求进一步提高

新的审计环境不仅需要新的审计方法,而且需要具有更高才能的审计人员。只有掌握更多技能的审计人员才能胜任该方法。因此,审计师不仅要掌握会计审计知识和传统的审计方法,而且更重要的是,必须具备使用及操作信息系统审计的相关信息技术及信息管理方面的知识,熟练把握信息网络技术及持续审计工具软件。

(二) 信息技术环境下的审计新模式——持续审计

传统审计主要是期间审计,如年度审计和半年度审计,其对象是相隔时间较长的历史性信息,影响了审计信息的及时性和可靠性,也给审计职业带来了一定的审计风险。21世纪是信息极度膨胀的经济知识化、全球化的新时代,随着信息社会的到来,对审计时效性提出了较高的要求。"持续审计"(continuous auditing,也称为连续审计)方法应运而生。"持续审计是指独立审计师用以对委托项目的相关事项以一系列实时或短时间内生成的审计报告,对其提供书面认证的一套审计方法(AICPA,CI-CA,1999)",持续审计能够更好地满足信息时代的要求。与传统期间审计相比较,持续审计的创新主要体现在以下几个方面:

(1) 强调审计过程的持续性。审计过程包括审计计划、控制评估、风险评估、审计报告、审计意见跟踪等,在持续审计方法下,这些过程都是连续进行的。

(2) 强调审计实施的即时性。从AICPA/CICA对持续审计的定义上可以看出,持续审计强调在审计事项发生后立即进行审计,也就是要求审计实施的即时性。因此,持续审计可以用"即时审计"(instant auditing)来理解,即时审计增加了审计信息的可靠性和相关性。

(3) 例外事项基础的审计。将自动化审计程序嵌入被审计单位的会计信息系统,在较高程度上实现与被审计单位业务系统和信息系统的集成,当被审计单位的记录与审计程序中定义的规则存在差异时,审计程序就会立即触发报警器,通过电子邮件的形式及时通知审计师。因此,持续审计是一种例外事项基础的审计。

(4) 基于战略系统审计的理念。持续审计是控制风险基础的审计,重点在于被审计单位会计信息系统中内部控制的适当性和有效性,其理念与战略系统审计是一致的。

(5) 强调"自上而下"与"自下而上"方法的结合。战略系统审计是一种"自上而下"的方法;同时,持续审计也强调"自下而上"审计的重要性,将设定的自动化审计程序应用到特定的交易,对所有的交易进行测试,报告审计结果并与被审计单位的应用处理能力或者其他审计标准相比较,同时将其融入更高层次的信息中,例如修正审计计划、更改审计策略等。

(6) 审计活动的整合性。持续审计需要使用数字分析工具和其他审计技巧,审计活动和结果会直接影响管理层的活动,并与管理活动一起形成一个统一的结构或框架。

阅读文献

1. 何芹:《持续审计研究》,立信会计出版社 2008 年版。
2. 中国注册会计师协会编:《审计》(第一章注册会计师审计概论),经济科学出版社 2012 年版。
3. 谢荣等:《审计研究前沿》(第四章审计理论框架结构),上海财经大学出版社 2011 年版。

三、复习思考题与练习题

复习思考题

1. 信息技术的发展对审计产生了哪些影响?
2. 什么是计算机审计?计算机审计具有什么样的特征?
3. 计算机审计的发展经过了哪几个阶段?各阶段的特点是什么?
4. 试对各种计算机辅助审计技术进行比较分析。
5. 计算机舞弊行为有哪些类型?产生的原因是什么?如何进行预防和检查?

名词解释

1. 计算机审计　　　　　　　　2. 绕过计算机审计
3. 穿过计算机审计　　　　　　4. 利用计算机审计
5. 网络审计　　　　　　　　　6. 综合测试工具(ITF)
7. 平行模拟法　　　　　　　　8. 内嵌审计模块(EAM)
9. 计算机舞弊　　　　　　　　10. 软件类计算机舞弊

练习题

(一) 单项选择题

1. 计算机审计的发展历程是(　　)。
   A. 绕过计算机审计—穿过计算机审计—利用计算机审计—网络审计
   B. 穿过计算机审计—绕过计算机审计—利用计算机审计—网络审计

C. 利用计算机审计—绕过计算机审计—穿过计算机审计—网络审计

D. 绕过计算机审计—利用计算机审计—穿过计算机审计—网络审计

2. （　　）要求在应用系统数据库中建立一个虚拟实体。

A. 综合测试工具　　　　　　　　B. 平行模拟法

C. 内嵌审计模块　　　　　　　　D. 网络审计

3. 计算机舞弊的审查的第一步是（　　）。

A. 对被审计单位信息系统内部控制的评审

B. 交易的详细测试

C. 余额测试

D. 分析性程序

4. 下列说法中,不正确的是（　　）。

A. 信息技术的应用增大了审计风险

B. 信息技术的应用提高了审计效率

C. 信息技术的应用扩大了审计范围

D. 信息技术环境下审计对象并没有改变

5. 计算机审计发展的必然趋势是（　　）。

A. 绕过计算机审计　　　　　　　B. 穿过计算机审计

C. 网络审计　　　　　　　　　　D. 利用计算机审计

6. 下列属于内嵌审计模块技术应用的方法是（　　）。

A. 综合测试工具　　　　　　　　B. 平行模拟法连续与间歇模拟法

C. 审计钩　　　　　　　　　　　D. 利用计算机审计

7. （　　）将计算机处理系统看作是一个"黑箱"。

A. 绕过计算机审计　　　　　　　B. 穿过计算机审计

C. 利用计算机审计　　　　　　　D. 网络审计

8. 随着网络技术的广泛使用,审计开始进入了（　　）阶段。

A. 绕过计算机审计　　　　　　　B. 穿过计算机审计

C. 利用计算机审计　　　　　　　D. 网络审计

9. 下列属于综合测试工具技术特点的是（　　）。

A. 客户数据被破坏的风险大　　　B. 信息专家的参与程度

C. 对客户的依赖程度高　　　　　D. 复杂性高

10. 下列不属于计算机舞弊发生人为方面原因的是（　　）。

A. 舞弊者的贪财欲　　　　　　　B. 内部控制制度不完善

C. 相关法律不健全　　　　　　　D. 财务软件存在缺陷

(二) 多项选择题

1. 计算机舞弊的实现手法主要有( )。
   A. 输入类计算机舞弊
   B. 软件类计算机舞弊的审计
   C. 输出类计算机舞弊的审计
   D. 接触类计算机舞弊的审计
   E. 计算机病毒

2. 传统审计方法和手段难以适应信息技术环境的变化,信息技术发展对审计产生了更多的影响,提出了更高的要求。主要体现在( )。
   A. 审计范围进一步扩大
   B. 审计对象和内容的变化
   C. 取证难度加大
   D. 审计风险加大
   E. 对审计人员素质要求进一步提高

3. 计算机审计的发展经历的阶段有( )。
   A. 绕过计算机审计
   B. 穿过计算机审计
   C. 利用计算机审计
   D. 网络审计
   E. 实时审计

4. 计算机辅助审计技术有( )。
   A. 综合测试工具
   B. 平行模拟法
   C. 内嵌审计模块
   D. 穿过计算机审计
   E. 网络审计

5. 内嵌审计模块中目前国外应用比较广泛的技术有( )。
   A. 快照法
   B. 连续与间歇模拟法
   C. 审计钩
   D. 系统控制审计评审文件
   E. 综合测试工具

6. 计算机审计在国外称为( )。
   A. 信息系统审计
   B. 信息技术审计
   C. 信息审计
   D. 系统审计
   E. 技术审计

7. 下列关于计算机审计的说法中,正确的是( )。
   A. 审计技术复杂
   B. 审计取证实时
   C. 审计线索从"可视性"向"不可视性"转化
   D. 由"结果审计"转变为"结果审计"与"过程审计"并重
   E. 重视过程,不重视结果

8. 绝大多数流行的计算机舞弊犯罪是资金分配方面的欺诈,包括( )。
   A. 虚假的政府福利津贴和不正当要求
   B. 虚假的赔款
   C. 虚假的信贷要求
   D. 虚假的工资支出

E. 虚假的费用支出

9. 输入类计算机舞弊的原因可能在于下列控制弱点（　　）。

A. 职责分工　　　　　　　　　　B. 接触控制

C. 操作权限控制　　　　　　　　D. 控制日志

E. 其他输入控制

10. 信息技术发展给为审计创新提供了技术支持,体现在（　　）。

A. 内部控制得到了进一步加强

B. 审计技术方法更加先进

C. 审计效率进一步提高

D. 更好地满足信息需求者的信息需求

E. 审计风险降低

(三) 判断题

1. 计算机辅助审计技术使审计由"结果审计"转变为"结果审计"与"过程审计"并重。（　　）

2. 对企业计算机会计信息系统,审计人员主要是使用各种计算机辅助审计技术进行实质性程序。

3. 审查计算机舞弊应通过对被审计单位信息系统内部控制的评审,找出系统内部的突破口。（　　）

4. 平行模拟不影响客户的实际业务,对客户数据破坏的风险小。（　　）

5. 综合测试工具对信息专家的参与程度要求高,信息专家必须设计程序区分实际业务和 ITF 业务。（　　）

6. 审计人员素质原因是计算机舞弊发生的最主要原因。（　　）

7. 目前计算机审计已经发展到利用计算机审计阶段。（　　）

8. 计算机审计包括电算化审计和审计电算化。（　　）

9. 计算机审计是指对被审计单位计算机信息系统保护资产的安全性、数据的完整性及系统的有效性和效率进行审查、评价并发表审计意见。（　　）

10. 计算机审计重视过程,不重视结果。（　　）

(四) 简答题

1. 信息技术发展为审计创新提供了技术支持是如何体现的?

2. 计算机审计的特征主要有哪些?

3. 计算机审计的发展经历了哪些历程?

4. 简要概述计算机辅助审计技术。

模 拟 试 卷

试卷一
（审计学原理部分）

一、单项选择题（下列各小题备选答案中，只有一个符合题意的正确答案。请将你选定的答案编号用英文大写字母填入括号内。本类题共15分，每小题1.5分）

1. 下列哪一项不属于托马斯·李提出的审计假设（　　）。
   A. 审计必要性假设　　　　　　　B. 审计行为假设
   C. 审计职能假设　　　　　　　　D. 审计目标假设

2. 被审计单位管理当局对会计报表的下列认定中，注册会计师通过分析存货周转率最有可能证实的是（　　）。
   A. 存在　　　　　　　　　　　　B. 权利和义务
   C. 分类和可理解性　　　　　　　D. 计价或分摊

3. 下列提法中，表述正确的是（　　）。
   A. 政府审计是独立性最强的一种审计
   B. 财务报表的合法性是报表使用者最为关心的
   C. 注册会计师审计意见旨在提高财务报表的可信赖程度
   D. 内部审计是注册会计师审计的基础

4. 审计过程中采用恰当的审计流程是十分重要的，如果审计人员忽略了必要的审计步骤，将直接影响到（　　）。
   A. 审计效率　　　　　　　　　　B. 审计效果
   C. 审计效果和效率　　　　　　　D. 审计效率或效果

5. 下列因素中，构成统计抽样与非统计抽样方法的区别因素是（　　）。
   A. 审计过程中运用职业判断
   B. 要求审计人员具有一定的工作经验
   C. 将抽样风险加以量化控制
   D. 存在抽样风险

6. 项目质量控制复核的时间是（　　）。

A. 在出具报告前完成项目质量控制复核

B. 与管理层沟通后完成质量控制复核

C. 与治理层沟通后完成质量控制复核

D. 与审计委员会沟通后完成质量控制复核

7. 以下关于注册会计师过失的说法中,不正确的是( )。

A. 过失是指在一定条件下,缺少应具有的合理的谨慎

B. 普通过失是指注册会计师则没有完全遵循专业准则的要求

C. 重大过失是指注册会计师根本没有遵循专业准则或没有按专业准则的基本要求执行审计

D. 注册会计师一旦出现过失就要赔偿损失

8. 在确定与那些适当人员沟通特定事项时,注册会计师应当利用在了解被审计单位及其环境时获取的有关( )信息。

A. 财务报告过程
B. 治理结构和治理过程
C. 业务约定条款
D. 经营活动和业务流程

9. 如果控制环境存在缺陷,注册会计师在对拟实施审计程序的性质、时间和范围作出总体修改时,应当考虑在( )实施更多的审计程序。

A. 期初
B. 期中
C. 期末
D. 期中或期末

10. 按审计证据的可靠性由高到低的顺序,在注册会计师所获取的下列审计证据中,你认可的顺序排列是( )。

A. 银行存款函证回函、购货发票、销货发票副本、应收账款明细账

B. 购货发票、应收账款明细账、银行存款函证回函、销货发票副本

C. 销货发票副本、购货发票、银行存款函证回函、应收账款明细账

D. 应收账款明细账、银行存款函证回函、销货发票副本、购货发票

二、多项选择题(下列各小题备选答案中,有两个或两个以上符合题意的正确答案。请将你选定的答案编号用英文大写字母填入括号内。本类题共15分,每小题1.5分)

1. 审计动因的主要理论包括( )。

A. 受托责任论
B. 代理理论
C. 信息论
D. 保险论
E. 多因素决定论

2. 特殊目的审计业务一般包括( )。

A. 按照企业会计准则和相关会计制度以外的其他基础(简称特殊基础)编制的财务报表。

B. 财务报表的组成部分 C. 合同的遵守情况
D. 简要财务报表 E. 中期财务报表

3. 著名审计会计学家莫茨和夏拉夫等人认为审计的独立应是(　　)。
   A. 财务利益方面的独立 B. 精神状态方面的独立
   C. 评价依据方面的独立 D. 组织地位方面的独立
   E. 自由调查方面的独立

4. 盘点方式可以分为突击盘点和通知盘点,下列物品不适用于突击盘点方式的有(　　)。
   A. 现金 B. 产成品
   C. 有价证券 D. 固定资产
   E. 在产品

5. 复审的原因,可能是(　　)。
   A. 被审计单位对审计结论提出异议
   B. 审计机关对审计小组的工作进行检查,以保证质量
   C. 法律诉讼引起
   D. 审计业务约定书约定
   E. 其他一些原因

6. 职业怀疑态度有助于降低注册会计师在执业过程中可能遇到的下列风险(　　)。
   A. 忽略了可疑的情况
   B. 在决定证据收集程序的性质、时间和范围时使用了不恰当的假设
   C. 对证据进行了不恰当的评价
   D. 业务范围的限制

7. 注册会计师因为以下(　　)原因可能导致承担法律责任。
   A. 重大过失 B. 欺诈
   C. 行政责任 D. 违约

8. 注册会计师应当根据具体情况判断某一事项是否属于重大事项,重大事项包括(　　)。
   A. 引起特别风险的事项
   B. 导致注册会计师难以实施必要审计程序的情形
   C. 导致出具非标准审计报告的事项
   D. 实施审计程序的结果,该结果表明财务信息可能存在重大错报,或需要修正以前对重大错报风险的评估和针对这些风险拟采取的应对措施。

9. 针对财务报表层次重大错报风险的总体应对措施有(　　)。
   A. 提供更多的督导

B. 向项目组强调在收集和评价审计证据过程中保持职业谨慎态度
C. 选择实质性方案实施进一步审计程序
D. 只在期末实施实质性程序

10. A 公司某项应用控制由计算机自动执行,且在 20×7 年度未发生变化。注册会计师测试该项控制在 20×7 年度运行有效性时,正确的做法有(　　)。
A. 同时考虑信息技术一般控制运行有效性
B. 利用该项控制得以执行的审计证据和信息技术一般控制运行有效性的审计证据,作为支持该项控制在 20×7 年度运行有效性的重要审计证据
C. 确定的测试范围与该项控制由手工执行时的测试范围相同
D. 一旦确定正在执行该项控制,则无须扩大控制测试的范围

三、**判断题**(在每小题后面的括号内填入判断结果。正确的用"对"表示,错误的用"错"表示。本类题共 10 分,每小题 1 分)

1. 我国第一家会计师事务所是谢霖先生创办的"正则会计师事务所"。(　　)
2. 如果不存在某顾客的应收账款,在应收账款试算平衡表中却列入了对该顾客的应收账款,则违反了完整性目标。(　　)
3. 我国政府审计机构共分为四级,即:审计署,各省、自治区、直辖市审计(厅)局,省辖市、自治州、盟、行政公署(省人民政府派出机关)审计局,县、旗、县(市)级审计局。(　　)
4. 审计业务约定书具有经济合同的性质,一经约定双方签字认可,即成为注册会计师与委托人之间在法律上生效的契约。(　　)
5. 在审计抽样中,可靠程度的高低与风险度大小成正比。(　　)
6. 在整个审计过程中,职业怀疑态度十分必要。例如,它有助于降低注册会计师疏忽异常情况的风险,有助于降低注册会计师在确定审计程序的性质、时间、范围及评价由此得出的结论时采用错误假设的风险,有助于注册会计师避免根据有限的测试范围过度推断总体实际情况。(　　)
7. 注册会计师在执业谨慎方面出现问题就构成了过失。(　　)
8. 注册会计师无需了解被审计单位的所有内部控制,而只需了解与审计相关的内部控制。(　　)
9. 检查 M 公司应收账款时,注册会计师张华向 M 公司债务人 N 公司发函询证,回函确认的金额与 M 公司凭证、账面反映的金额之间出现了重大差异。张华认为某项审计证据可能不可靠,追加了审计程序。(　　)
10. 如果注意到可能导致对鉴证对象信息重大修改的某个事项,即使执行的是有限保证鉴证业务,注册会计师也应执行其他足够的程序追踪该事项,以支持其报告。(　　)

四、综合题(共60分)

1. X银行拟申请公开发行股票,委托ABC会计师事务所审计其2006年度、2007年度和2008年度财务报表,双方于2008年年底签订审计业务约定书。

假定ABC会计师事务所及其审计小组成员与X银行存在以下情况:

(1) ABC会计师事务所与X银行签订的审计业务约定书约定:审计费用为1 500 000元,X银行在ABC会计师事务所提交审计报告时支付50%的审计费用,剩余50%视股票能否发行上市决定是否支付。

(2) 2007年7月,ABC会计师事务所按照正常借款程序和条件,向X银行以抵押贷款方式借款10 000 000元,用于购置办公用房。

(3) ABC会计师事务所的合伙人A注册会计师目前担任X银行的独立董事。

(4) 审计小组负责人B注册会计师2005年曾担任X银行的审计部经理。

(5) 审计小组成员C注册会计师自2006年以来一直协助X银行编制财务报表。

(6) 审计小组成员D注册会计师的妻子自2005年度起一直担任X银行的统计员。

要求:请分别上述6种情况,判断ABC会计师事务所或相关注册会计师的独立性是否会受到损害,并简要说明理由。(12分)

2. 某公司出纳员张丽从公司收发室截取了客户给公司的分期付款的12 000元支票,存入了由她负责的公司零用金银行存款户。然后,在该存款户中以支付劳务款为由开了一张以自己为收款人的12 000元支票,签名后从银行兑取了现金。

在与客户对账时,她将"应收账款——李伟"账户余额扣减12 000元后作为对账金额发给李伟对账单,表示12 000元已经收到。

10天后,她编制了一笔会计分录,借:银行存款12 000,贷:应收账款——李伟12 000,将"应收账款——李伟"账户调整到正确余额,但银行存款账面余额却比银行对账单高列12 000元。

月底,在编制银行存款余额调节表时,她在调节表上虚列了未达账项,将银行存款余额调节表调平。

要求:就上述情况分析该公司内部会计控制制度中存在哪些重要的缺陷。(14分)

3. 为了识别和评估Y公司2006年度财务报表的重大错报风险,A和B注册会计师需要了解Y公司及其环境,以评估重大错报风险。为此决定专门实施下列风险评估程序:

(1) 询问被审计单位管理层和内部其他相关人员。

(2) 观察和检查。

要求:(20分)

(1) A和B注册会计师应当从哪些方面对Y公司及其环境进行了解?

(2) 在进行风险评估时,除了实施上述两类专门程序外,A和B注册会计师还可以实施哪些程序?

(3) 在了解Y公司及其环境,以评估重大错报风险时,A和B注册会计师可以向Y公司管理层和财务负责人询问哪些主要情况或事项?

(4) 在了解Y公司及其环境,以评估重大错报风险时,除了询问Y公司管理层和财务负责人外,A和B注册会计师还考虑询问Y公司的其他人员(见下表),以获取对识别重大错报风险有用的信息。请指出:询问这些人员可以对注册会计师了解Y公司及其环境、识别重大错报风险提供哪方面的信息,将你的答案填入下表中。

询问的对象	对注册会计师了解Y公司及其环境、识别重大错报风险提供的信息
治理层	
内部审计人员	
参与异常交易的员工	
内部法律顾问	
销售人员	
采购和生产人员	
仓库人员	

(5) 在了解Y公司及其环境,以评估重大错报风险时,注册会计师实施的观察和检查程序的具体内容包括哪些方面?

4. 某注册会计师在评估被审计单位的审计风险时,分别设计了以下四种情况决定可接受的检查风险水平。

风险类别	情况A	情况B	情况C	情况D
可接受的审计风险	4%	4%	2%	2%
固有风险	100%	80%	100%	80%
控制风险	100%	50%	100%	50%

请回答:(14分)

(1) 上述四种情况下的检查风险水平分别是多少?

(2) 哪种情况需要注册会计师获取最多的审计证据?为什么?

试卷二
（财务收支审计部分）

一、单项选择题（下列各小题备选答案中，只有一个符合题意的正确答案。请将你选定的答案编号用英文大写字母填入括号内。本类题共15分，每小题1.5分）

1. 了解被审计单位及其环境一般在下列（　　）时间内进行。
   A. 在承接客户和续约　　　　　B. 在进行审计计划
   C. 在进行期中审计　　　　　　D. 贯穿于整个审计过程的始终

2. 下列关于特别风险的说法中，不正确的是（　　）。
   A. 针对特别风险，注册会计师实施进一步审计程序仅应采取实质性方案
   B. 舞弊导致的重大错报风险属于特别风险
   C. 特别风险通常与重大的非常规交易和判断事项相关
   D. 对于舞弊导致的特别风险，注册会计师应当专门针对该风险实施实质性程序

3. 为了证实被审计单位销售业务的记录是否及时，将（　　）的日期相核对，看二者是否相近是最有效的。
   A. 发运凭证与销售发票
   B. 销售订单与主营业务收入明细账
   C. 发运凭证与主营业务收入明细账
   D. 顾客发运凭证货单与主营业务收入明细账

4. 固定资产发生的下列各项后续支出的处理方法中不正确的是（　　）。
   A. 固定资产改良支出，应当计入固定资产账面价值，其增计后的金额不应超过该固定资产的可收回金额
   B. 固定资产修理费用，应当直接计入当期费用
   C. 如果不能区分是固定资产修理还是固定资产改良，或固定资产修理和固定资产改良结合在一起，则计入固定资产价值
   D. 固定资产装修费用，在两次装修期间与固定资产尚可使用年限两者中较短的期间内，采用合理的方法单独计提折旧。如果在下次装修时，该项固定资产相关的"固定资产装修"明细科目仍有余额，应将该余额一次全部计入当期营业外支出

5. 有关存货审计的下列表述中，正确的是（　　）。
   A. 对存货进行监盘是证实存货"完整性"和"权利和权利"认定的重要程序

B. 对难以盘点的存货,应根据企业存货收发制度确认存货数量

C. 存货计价审计的样本应着重选择余额较小且价格变动不大的存货项目

D. 存货截止测试的主要方法是抽查存货盘点日前后的购货发票与验收报告(或入库单),确定每张发票均附有验收报告(或入库单)

6. 当发现记录的债券利息费用大大超过相应的应付债券账户余额与票面利率乘积时,注册会计师应当怀疑( )。

   A. 应付债券的折价被低估   B. 应付债券被高估

   C. 应付债券被低估   D. 应付债券的溢价被高估

7. N 公司某银行账户的银行对账单余额为 585 000 元,在审查 N 公司编制的该账户银行存款余额调节表时,A 注册会计师注意到以下事项:N 公司已收、银行尚未入账的某公司销货款 100 000 元;N 公司已付、银行尚未入账的预付某公司材料款 50 000 元;银行已收、N 公司尚未入账的某公司退回的押金 35 000 元;银行已代扣、N 公司尚未入账的水电费 25 000 元。假定不考虑审计重要性水平,A 注册会计师审计后确认该账户的银行存款日记账余额应是( )元。

   A. 625 000   B. 635 000

   C. 575 000   D. 595 000

8. 如果被审计单位存在对其持续经营能力产生重大影响的情况,且没有相应的改善措施,但已在会计报表中进行充分披露,注册会计师应当发表( )。

   A. 带说明段的无保留意见   B. 保留意见

   C. 无法表示意见   D. 否定意见

9. 为测试被审计单位的工薪账项是否均经恰当的批准这一内部控制目标,注册会计师通常应当实施的实质性程序是( )。

   A. 检查工时卡的有关核准

   B. 检查工薪记录中有关内部检查标记

   C. 检查人事档案中的授权

   D. 将工时卡与工时记录进行比较

10. 审计报告中,必须说明管理层对财务报表的责任段。下列不属于管理层对财务报表的责任是( )。

   A. 选择和运用恰当的会计政策

   B. 设计、实施和维护与财务报表编制相关的内部控制

   C. 对财务报表发表审计意见

   D. 作出合理的会计估计

二、多项选择题(下列各小题备选答案中,有两个或两个以上符合题意的正确答案。请将你选定的答案编号用英文大写字母填入括号内。本类题共15分,每小题1.5分)

1. 注册会计师应当根据具体情况判断某一事项是否属于重大事项,重大事项包括(　　)。

    A. 引起特别风险的事项

    B. 导致注册会计师难以实施必要审计程序的情形

    C. 导致出具非标准审计报告的事项

    D. 实施审计程序的结果,该结果表明财务信息可能存在重大错报,或需要修正以前对重大错报风险的评估和针对这些风险拟采取的应对措施

2. 针对财务报表层次重大错报风险的总体应对措施有(　　)。

    A. 提供更多的督导

    B. 向项目组强调在收集和评价审计证据过程中保持职业谨慎态度

    C. 选择实质性方案实施进一步审计程序

    D. 只在期末实施实质性程序

3. 在证实登记入账的销售是否真实这一目标而进行的实质性程序时,注册会计师一般关心的错误有(　　)。

    A. 未曾发货却已登记入账　　　　B. 销货业务重复入账

    C. 向虚构的顾客发货并登记入账　D. 已经发货但未曾入账

4. 根据被审计单位实际情况,选择以下方法对应付账款执行实质性分析程序(　　)。

    A. 将期末应付账款余额与期初余额进行比较,分析波动原因

    B. 分析长期挂账的应付账款,要求被审计单位作出解释,判断被审计单位是否缺乏偿债能力或利用应付账款隐瞒利润;并注意其是否可能无需支付,对确实无需支付的应付款的会计处理是否正确,依据是否充分

    C. 计算应付账款与存货的比率,应付账款与流动负债的比率,并与以前年度相关比率对比分析,评价应付账款整体的合理性

    D. 分析存货和营业成本等项目的增减变动,判断应付账款增减变动的合理性

5. 如果由于被审计单位存货的性质或位置等原因导致无法实施存货监盘,注册会计师可实施(　　)替代审计程序获取有关期末存货数量和状况的充分、适当的审计证据。

    A. 检查资产负债表日前发生的销货交易凭证

    B. 检查进货交易凭证

    C. 检查生产记录以及其他相关资料

    D. 向顾客或供应商函证

6. 为证实被审计单位是否存在未入账的长期负债,注册会计师可选用实质性程序有( )。

   A. 函证银行存款余额的同时函证负债业务

   B. 检查借款合同或债券副本

   C. 向被审计单位索取债务声明书

   D. 审查一年内到期的长期负债是否列示在"一年内到期的非流动负债"

7. 资产负债表日后盘点库存现金时,注册会计师应( )调整至资产负债表日的金额。

   A. 扣减资产负债表日至盘点日库存现金增加额

   B. 扣减资产负债表日至盘点日库存现金减少额

   C. 加计资产负债表日至盘点日库存现金增加额

   D. 加计资产负债表日至盘点日库存现金减少额

8. 注册会计师应对下列( )时段的期后事项承担相应的责任。

   A. 被审计年度内

   B. 资产负债表日至审计报告日

   C. 审计报告日至财务报表公告日

   D. 财务报表公布日后

9. 以下有关人力资源与工薪循环中与工薪相关的内部控制的说法中,不正确的是( )。

   A. 为防止少付员工工薪,应进行适当的职责分离

   B. 为防止漏付员工工薪,应进行独立的专人核查

   C. 为防止错报工薪,工薪应由专职考勤人员发放

   D. 为防止工薪计算差错,应独立验证工薪的计算

10. 向与被审计单位有业务往来的银行寄发要求银行提供被审计单位或有事项的询证函,其内容涉及( )。

    A. 商业票据贴现

    B. 信用证存款

    C. 为其他单位的银行借款进行的担保

    D. 为本单位的银行借款进行的抵押

三、判断题(在每小题后面的括号内填入判断结果。正确的用"对"表示,错误的用"错"表示。本类题共10分,每小题1分)

1. 重大错报风险评估结果一旦确定,不应当再予以更新。 ( )

2. 无论评估的重大错报风险结果如何,注册会计师都应当针对所有重大的各类交易、账户余额、列报实施实质性程序。 ( )

3. 在询证函中列明拟函证的账户余额或其他信息,要求被询证者确认所函证的款项是否正确,通常认为,对这种询证函的回复能够提供可靠的审计证据,但是,其缺点是被询证者可能对所列示信息根本不加以验证就予以回函确认。（　　）

4. 应付账款通常不需函证,如函证,最好采用消极式函证。（　　）

5. 存货监盘针对的是主要是存货的存在认定、完整性认定、权利和义务的认定以及计价与分摊认定,存货监盘作为存货审计的一项核心审计程序,通常可同时实现上述多项审计目标。（　　）

6. 向银行或其他债权人函证短期借款,是审查短期借款的一个必要的、不可替代的程序。（　　）

7. 注册会计师应检查银行存款收支的正确截止,其操作方法是抽查资产负债表日前后若干天的银行存款收支凭证实施截止测试,关注业务内容及对应项目,如有跨期收支事项,应考虑是否应提出调整建议。（　　）

8. 如前任会计师出具了带说明段的审计报告,注册会计师应当考虑相关事项对本期财务报表的影响,并在审计报告中予以反映。（　　）

9. A 公司对于待执行合同变成亏损合同的,该亏损合同产生的义务满足或有事项确认预计负债规定的,A 公司将其确认为预计负债。（　　）

10. 重分类错误是因企业未按企业会计准则列报财务报表而引起的错误,从性质上讲不如核算错误严重。（　　）

四、简答题(本类题共 14 分,第 1 小题 8 分,第 2 小题 6 分)

1. 注册会计师在实务中增强审计程序的不可预见性的方法有哪些?

2. 在人力资源与工薪循环审计中,以风险为起点的控制测试包括哪些方面?

五、综合题(共 46 分)

1. D 股份有限公司是一家上市公司,从事投资、设备制造等方面的业务。XYZ 会计师事务所 2007 年 9 月份接受了 D 公司 2007 年度财务报表的审计业务,并指派注册会计师 A 和 B 对 D 公司 2007 年度投资业务的相关内部控制进行了解和控制测试,同时对部分财务资料进行了预审。在预审过程中,注册会计师 A 和 B 了解到以下情况：(10 分)

(1) D 公司的股票、债券的买卖业务须由董事会批准、经董事长签字后,由财务经理 K 具体办理股票、债券的买卖业务。但在具体办理的过程中,遇到股票价格大幅波动等的异常情况时,财务经理 K 可自行决定买进或卖出,并在度过紧急情况后及时向董事长汇报并备案。

(2) 由指定专职财务人员 S 负责进行会计记录和财务处理,专人 T 负责股票及债券的保管。

(3) 每月末,由内部审计人员 U 组织财务经理 K、财务人员 S、专人 T 和其他人员共同参与股票、债券的定期盘点以及与账面记录的核对,以确定股票、债券的真实性、完整性、所有权、正确性。

要求:指出 D 公司股票、债券交易的相关内部控制是否存在缺陷,并说明原因。

2. ABC 集团公司风险管理部指派的 A 和 B 两人,对全资控股子公司 C 公司及其环境进行了全面了解和记录。相关的工作底稿显示,C 公司 2008 年度存在以下情况:(10 分)

(1) 2008 年 6 月 30 日,C 公司于 2006 年 6 月 30 日从 P 银行借入、金额为 6 000 万元期限为两年的长期借款到期。虽然 C 公司高层管理人员多次与 P 银行信贷部协商,希望延长还款期半年,但 P 银行在委托 K 会计师事务所对 C 公司进行专项审计后,于 2008 年 7 月份收回了款项。

(2) 为扩展业务,C 公司出资 1 000 万元于 2008 年 6 月 30 日成功兼并了西部某省的两家公司,此举增加了 C 公司在西部市场的立足点,降低了该公司在西部市场的竞争程度。

(3) 2008 年 10 月,为开拓国际市场,C 公司董事会决定在中东地区设立分公司。由于该地区除伊拉克以外的各国商家云集,均难以获得市场准入,C 公司董事会决定投入 500 万美元在伊拉克设立分公司。到 2008 年年底,该分公司已正式开始营业,虽然该地区时常发生绑架等刑事案件,但分公司的经营基本上没有受到影响。

(4) 直到 2008 年 11 月底,C 公司一直采用手工记账。为提高财务工作效率和质量,C 公司投资 500 万元于 2008 年 12 月份实现了会计电算化。考虑到这一变化对财务人员的影响,财务部门分期分批对全体财务人员进行了培训,同时还聘请了外部专家进行经常性业务指导。至 2008 年年底,相关的培训工作和计算机信息系统调试工作均已进行完毕。

(5) 2008 年 11 月起,C 公司将原存放于 Q 银行的 2 000 万元款项全部转入 3 名高级管理人员及财务经理的信用卡,与所有客户的往来以及公司职员薪酬的发放均通过信用卡结算。

要求:

(1) 针对上述各种情况,指出该情况是否会导致 C 公司产生重大错报风险,简要说明理由。

(2) 上述情况中,哪些情况很可能会直接导致 C 公司的财务报表产生重大错报?对此,A 和 B 应当如何应对?

(3) 上述情况中,哪些情况很可能意味着 C 公司存在特别风险?A 和 B 应当如何应对?

(4) 上述情况中,哪两种情况最可能导致 C 公司的经营风险增加?

3. A 和 B 注册会计师对 XYZ 股份有限公司中 2006 年度财务报表进行审计。

该公司2006年度未发生购并、分立和债务重组行为,供产销形势与上年相当。该公司提供的未经审计的2006年度合并财务报表附注的部分内容如下:(金额单位:人民币万元)(13分)

(1) 坏账核算的会计政策:坏账核算采用备抵法。坏账准备按期末应收账款余额的5‰计提。

应收账款和坏账准备项目附注:

应收账款/坏账准备2006年年末余额16 553/52.77。

应收账款账龄分析。

账龄	年初数	年末数
1年以内	8 392	10 915
1~2年	1 186	1 399
2~3年	1 161	1 365
3年以上	1 421	2 874
合计	12 160	16 553

(2) 固定资产原价和累计折旧项目附注:

固定资产原价/累计折旧2006年年末余额49580/11296。

类别	固定资产原价			
	年初数	本年增加	本年减少	年末数
房屋及建筑物	20 930	2 655	21	23 564
通用设备	8 612	1 158	62	9 708
专用设备	10 008	3 854	121	13 741
运输工具	1 681	460	574	1 567
土地	472			472
其他设备	389	150	11	528
合计	42 092	8 277	789	49 580

类别	累计折旧			
	年初数	本年增加	本年减少	年末数
房屋及建筑物	3 490	898	31	4 357

(续表)

类别	累计折旧			
	年初数	本年增加	本年减少	年末数
通用设备	863	865	34	1 694
专用设备	3 080	1 041	20	4 101
运输工具	992	232	290	934
土地		15		15
其他设备	115	83	3	195
合计	8 540	3 134	378	11 296

(3) 长期借款项目附注：2006年年末余额13 730元。

贷款单位	金额	借款期限	年利率	借款条件
a 银行第一营业部	1 800	2004年8月~2008年7月	9.72%	抵押借款
b 银行第一营业部	11 650	2003年9月~2007年8月	7.65%	抵押借款
c 银行第二营业部	280	2006年1月~2009年1月	5.925%	担保借款
合计	13 730			

(4) 主营业务收入和主营业务成本项目附注：

主营业务收入/主营业务成本2006年年度发生额61 020/52 819。

品名	主营业务收入		主营业务成本	
	2005年发生额	2006年发生额	2005年发生额	2006年发生额
X 产品	40 000	41 000	38 000	33 800
Y 产品	20 000	20 020	19 000	19 019
合计	60 000	61 020	57 000	52 819

(5) XYZ股份有限公司拥有X有限公司80%表决权资本，故已按规定将该子公司纳入合并财务报表范围。XYZ股份有限公司将其为X有限公司提供货运服务事宜，在2006年度合并财务报表附注的"本公司与关联方的交易"部分披露为：

本公司为X有限公司提供货运服务，收费标准按向外单位提供同样服务所收费用的120%计算。2006年度，本公司从X有限公司获得的货运服务收入为240万元，2005年度该项收入为180万元。

(6) XYZ股份有限公司于2006年10月销售一批y产品，按规定在当月确认收入 1 000 万元、结转成本 900 万元。由于质量问题,该批产品于 2007 年 1 月 15 日被退回。XYZ 股份有限公司 2006 年财务报告批准报出日为 2007 年 1 月 24 日。XYZ 股份有限公司将该项销售退回事宜在 2006 年度合并财务报表附注的"资产负债表日后事项"部分披露为:

本公司于 2006 年 10 月销售一批 y 产品,按规定在当月确认收入 1 000 万元、结转成本 900 万元。由于质量问题,该批产品于 2007 年 1 月 15 日被退回,本公司因此将调整 2007 年 1 月份的主营业务收入和主营业务成本。

要求:假定上述附注内容中的年初数与上年比较数均已审定无误,你作为 A 和 B 注册会计师,在审计计划阶段,请运用专业判断,必要时运用分析程序,分别指出上述附注内容中存在或可能存在的不合理之处,并简要说明理由。

4. 上海东方会计事务所的注册会计师李云、张华对 w 股份有限公司 2008 年度的会计报表进行审计,确定会计报表层次的重要性水平 40 万元。审计工作结束日是 2009 年 3 月 28 日。W 股份有限公司 2008 年度审计前会计报表反映的资产总额为 9 000 万元,股东权益总额为 3 600 万元,利润总额为 800 万元。在审计中发现该公司存在以下五事项:(13 分)

(1) 2007 年年末和 2008 年年末应收账款余额分别为 1 300 万元和 1 700 万元,公司的坏账核算方法一直采用备抵法,但将其坏账比例由 2007 年的 5‰ 变更为 2008 年的 3‰。

(2) 2008 年 7 月 1 日,公司为增加营运资金按面值发行 3 年期、面值为 400 万元、票面利率为 3% 的企业债券,当日筹足了资金并按规定作了会计处理(债券发行费用忽略不计)。但当年未计提债券利息。

(3) 2008 年 11 月 30 日,公司清查成品仓库,发现 X 产品短缺 50 万元,作了借记"待处理财产损溢"账户 50 万元,贷记"产成品"账户 50 万元的会计处理。2009 年 3 月,查清短缺原因,其中属于一般经营损失部分 40 万元,属于非常损失部分 10 万元,由于结账时间在前,公司未在 2008 年度会计报表包含对这一经济业务相应的会计处理。

(4) 2008 年 1 月,公司购买价格为 40 万元的管理部门用轿车一辆并入账,当月启用,但当年未计提折旧,该类固定资产预计使用年限为 5 年,预计净残值为 5%。

(5) 2009 年 1 月 16 日,公司原材料仓库因火灾造成原材料毁损 300 万元,公司于当月按规定进行了相应的会计处理。

要求:

(1) 假定不考虑审计重要性水平,分别针对审计发现的上述五个事项,注册会计师李云、张华应提出何种处理建议?若需提出调整建议,应列示审计调整分录(不考虑审计调整分录对税费、期末结转损益及利润分配的影响)。

(2) 如果 W 股份有限公司拒绝接受注册会计师针对审计发出的五个事项所提出的相应的处理意见,注册会计师应当出具何种意见类型的审计报告?并简要说明理由。

(3) 如果 W 股份有限公司只存在上述第(4)和第(5)这两个事项,并且接受注册会计师对第 5 个事项提出的相应处理意见,注册会计师应当出具何种意见类型的审计报告?并简要说明理由。

(4) 如果 W 股份有限公司只存在上述第(3)、第(4)、第(5)这三个事项,并且接受注册会计师对第(5)个事项提出的相应处理意见,但拒绝接受对第(3)个和第(4)个两个事项的处理意见,请代注册会计师编一份审计报告。(引言段、责任段可省略)

试卷三
(综合)

一、单项选择题(下列各小题备选答案中,只有一个符合题意的正确答案。请将你选定的答案编号用英文大写字母填入括号内。本类题共15分,每小题1.5分)

1. 中国的第一家会计师事务所是( )。
   A. 正则会计师事务所   B. 潘序伦会计师事务所
   C. 谢霖会计师事务所   D. 徐永祚会计师事务所

2. 被审计单位管理当局对会计报表的下列认定中,注册会计师通过分析存货周转率最有可能证实的是( )。
   A. 存在   B. 权利和义务
   C. 分类和可理解性   D. 计价或分摊

3. 审计由三方面关系人构成,他们依次是( )。
   A. 委托人、受托人和被审计单位(受托人)
   B. 注册会计师、委托人和被审计单位(受托人)
   C. 注册会计师、被审计单位(受托人)和委托人
   D. 被审计单位(受托人)、注册会计师和委托人

4. 审计人员在对固定资产及其折旧的审计过程中,重新计算了本期客户应计提的折旧费用,该审计程序的执行目的在于审查被审计单位有关( )。
   A. 固定资产存在的认定   B. 固定资产完整性认定
   C. 折旧估价的认定   D. 固定资产所有权的认定

5. 下列因素中,构成统计抽样与非统计抽样方法的区别因素是( )。
   A. 审计过程中运用职业判断
   B. 要求审计人员具有一定的工作经验
   C. 将抽样风险加以量化控制
   D. 存在抽样风险

6. 注册会计师执行的下列业务中保证程度最高的是( )。
   A. 验资
   B. 财务报表审阅
   C. 内部控制审核
   D. 对财务信息执行的商定程序

7. 以下关于注册会计师过失的说法中,不正确的是( )。

A. 过失是指在一定条件下,缺少应具有的合理的谨慎
B. 普通过失是指注册会计师则没有完全遵循专业准则的要求
C. 重大过失是指注册会计师根本没有遵循专业准则或没有按专业准则的基本要求执行审计
D. 注册会计师一旦出现过失就要赔偿损失

8. 了解被审计单位及其环境一般在下列（　　）时间内进行。
   A. 在承接客户和续约　　　　　B. 在进行审计计划
   C. 在进行期中审计　　　　　　D. 贯穿于整个审计过程的始终

9. 下列关于特别风险的说法中,不正确的是（　　）。
   A. 针对特别风险,注册会计师实施进一步审计程序仅应采取实质性方案
   B. 舞弊导致的重大错报风险属于特别风险
   C. 特别风险通常与重大的非常规交易和判断事项相关
   D. 对于舞弊导致的特别风险,注册会计师应当专门针对该风险实施实质性程序

10. 按审计证据的可靠性由高到低的顺序,在注册会计师所获取的下列审计证据中,你认可的顺序排列是（　　）。
    A. 银行存款函证回函、购货发票、销货发票副本、应收账款明细账
    B. 购货发票、应收账款明细账、银行存款函证回函、销货发票副本
    C. 销货发票副本、购货发票、银行存款函证回函、应收账款明细账
    D. 应收账款明细账、银行存款函证回函、销货发票副本、购货发票

二、**多项选择题**(下列各小题备选答案中,有两个或两个以上符合题意的正确答案。请将你选定的答案编号用英文大写字母填入括号内。本类题共15分,每小题1.5分)

1. 审计动因的主要理论包括（　　）。
   A. 受托责任论　　　　　　　B. 代理理论
   C. 信息论　　　　　　　　　D. 保险论
   E. 多因素决定论

2. 管理层对各类交易和事项运用的认定通常分为（　　）。
   A. 发生　　　　　　　　　　B. 完整性
   C. 准确性　　　　　　　　　D. 截止
   E. 分类

3. 注册会计师应该特别关注可能损害独立性的因素,包括（　　）。
   A. 经济利益　　　　　　　　B. 自我评价
   C. 关联关系　　　　　　　　D. 外界压力

E. 审计收费

4. 审计计划包括( )。
   A. 总体审计计划　　　　　　B. 具体审计计划
   C. 详细审计计划　　　　　　D. 项目审计计划
   E. 简要审计计划

5. 在有关审计抽样的下列表述中,注册会计师不能认同的有( )。
   A. 审计抽样适用于会计报表审计的所有审计程序
   B. 统计抽样的产生并不意味着非统计抽样的消亡
   C. 统计抽样可以减少审计过程中的专业判断
   D. 对可信赖程度要求越高,需要选取的样本量就越大

6. 鉴证业务要素包括( )。
   A. 鉴证对象　　　　　　　　B. 鉴证对象信息
   C. 证据　　　　　　　　　　D. 鉴证报告

7. 注册会计师因为以下哪些原因可能导致承担法律责任( )。
   A. 重大过失　　　　　　　　B. 欺诈
   C. 行政责任　　　　　　　　D. 违约

8. 注册会计师应当根据具体情况判断某一事项是否属于重大事项,重大事项包括( )。
   A. 引起特别风险的事项
   B. 导致注册会计师难以实施必要审计程序的情形
   C. 导致出具非标准审计报告的事项
   D. 实施审计程序的结果,该结果表明财务信息可能存在重大错报,或需要修正以前对重大错报风险的评估和针对这些风险拟采取的应对措施

9. 如果控制环境存在缺陷,注册会计师应当对你实施审计程序的性质、时间和范围作出总体修改时应考虑下列内容( )。
   A. 在期末而非期中实施更多的审计程序
   B. 主要依赖实质性程序获取审计证据
   C. 修改审计程序的性质,获取更具说服力的审计证据
   D. 扩大审计程序的范围

10. 注册会计师应当充分运用各类交易、账户余额、列报与披露认定,作为( )的基础。
    A. 评估重大错报风险　　　　B. 实施进一步审计程序
    C. 形成正确的审计结论　　　D. 确定审计意见类型

三、判断题(在每小题后面的括号内填入判断结果。正确的用"对"表示,错误的用"错"表示。本类题共15分,每小题1.5分)

1. 审计环境是指与审计有关的内部因素的综合。( )

2. 注册会计师的审计意见旨在提高财务报表可信赖程度即是对被审计单位未来生存能力或管理经营效率、效果提供担保。( )

3. 我国地方审计机关实行双重领导体制,同时受本级人民政府行政首长和上一级审计机关领导。( )

4. 误拒风险比误受风险对审计人员的危害更大。( )

5. 审计程序一般包括进驻、实施和报告三个阶段。( )

6. 在整个审计过程中,职业怀疑态度十分必要。例如,它有助于降低注册会计师疏忽异常情况的风险,有助于降低注册会计师在确定审计程序的性质、时间、范围及评价由此得出的结论时采用错误假设的风险,有助于注册会计师避免根据有限的测试范围过度推断总体实际情况。( )

7. 在绝大多数情况下,当注册会计师未能发现重大错报并出具了错误的审计意见时,就可能产生注册会计师是否恪守应有的职业谨慎的法律问题。( )

8. 由于审计中的固有限制影响注册会计师发现重大错报的能力,注册会计师不能对财务报表整体不存在重大错报获取绝对保证。特别是,如果被审计单位管理层精心策划和掩盖舞弊行为,注册会计师尽管完全按照审计准则执业,有时还是不能发现某项重大舞弊行为。( )

9. 如果被审计单位的控制在剩余期间发生了变化,注册会计师可以决定信赖期中获取的审计证据。( )

10. 检查M公司应收账款时,注册会计师张华向M公司债务人N公司发函询证,回函确认的金额与M公司凭证、账面反映的金额之间出现了重大差异。张华认为某项审计证据可能不可靠,追加了审计程序。( )

四、综合题(共55分)

1. V公司系ABC会计师事务所的常年审计客户。2008年11月,ABC会计师事务所与V公司续签了审计业务约定书,审计V公司2008年度财务报表。假定存在以下情形:(12分)

(1) V公司由于财务困难,应付ABC会计师事务所2007年度审计费用100万元一直没有支付。经双方协商,ABC会计师事务所同意V公司延期至2009年底支付。在此期间,V公司按银行同期贷款利率支付资金占用费。

(2) V公司由于财务人员短缺,2008年向ABC会计师事务所借用一名注册会计师,由该注册会计师将经会计主管审核的记账凭证录入计算机信息系统。ABC会计师事务所未将该注册会计师包括在V公司2008年度财务报表审计项目组。

(3) 甲注册会计师已连续 5 年担任 V 公司年度财务报表审计的签字注册会计师。根据有关规定,在审计 V 公司 2008 年度财务报表时,ABC 会计师事务所决定不再由甲注册会计师担任签字注册会计师。但在成立 V 公司 2008 年度财务报表审计项目组时,ABC 会计师事务所要求其继续担任外勤审计负责人。

(4) 由于 V 公司降低 2008 年度财务报表审计费用近 1/3,导致 ABC 会计师事务所审计收入不能弥补审计成本,ABC 会计师事务所决定不再对 V 公司下属的 2 个重要的销售分公司进行审计,并以审计范围受限为由出具了保留意见的审计报告。

(5) V 公司要求 ABC 会计师事务所在出具审计报告的同时,提供内部控制审核报告。为此,双方另行签订了业务约定书。

(6) ABC 会计师事务所针对审计过程中发现的问题,向 V 公司提出了会计政策选用和会计处理调整的建议,并协助其解决相关账户调整问题。

要求:请根据中国注册会计师职业道德规范有关独立性的规定,分别判断上述六种情形是否对 ABC 会计师事务所的独立性造成损害,并简要说明理由。

2. 注册会计师在审查蓝色海洋公司 2008 年度财务报表时,按照审计准则的要求,形成了大量的审计工作底稿,其中有代表性的底稿有以下四张工作底稿,记载的内容分别是:(12 分)

(1) 管理建议书副本:蓝色海洋公司的银行存款、银行借款、投资等业务的规章制度存在严重影响财务报表的缺陷。

(2) 应收账款函证回函:蓝色海洋公司应收账款明细账所记载的内容与该客户记录的金额、日期、商品名称等均一致。

(3) 购货发票复印件:由于漏记了两种材料采购,蓝色海洋公司的应付账款户期末余额低于期末尚未偿还的实际余额,低估的金额接近本账户的可容忍误差。

(4) 审计调整分录汇总表:如被审计单位拒绝调整,财务报表错报总额将远远超过其重要性。

要求:根据上述信息,逐一确定相应的审计证据类型(包括来源和表现形式),四种证据的可靠性排序以及每种证据最适宜证实的两个管理层认定(如果有)。将你的结论填列在下表中。

底稿序号	审计证据的类型	证据可靠性排序	适宜证实的两个管理层认定(如果有)
(1)			
(2)			
(3)			
(4)			

3. 试论述控制测试与实质性程序异同点。

区别点	控制测试	实质性程序
1		
2		
3		
4		
5		
6		
7		
8		
9		
10		

4. 立信审计师事务所注册会计师王晨，李民已于2009年3月10日完成对ABC股份有限公司2008年度会计报表的外勤审计工作，现正草拟审计报告。按审计业务约定书的要求，审计报告应于2009年3月25日提交，在复核审计工作底稿时，王晨、李民发现存在以下几种主要情况：(20分)

(1) 审计工作底稿显示，2008年度利润表重要性水平为85万元，2008年12月31日资产负债表重要性水平为95万元。公司审计前利润总额为200万元。

(2) 2009年3月5日，北京市高级人民法院最终裁定，2009年1月ABC股份有限公司被控告侵权，应赔偿XY股份有限公司125万元。

(3) ABC股份有限公司2008年度计提坏账准备的比例由2007年度按应收账款年末余额3‰提高到5‰。

(4) 在2008年12月31日对ABC股份有限公司A产品进行监盘时，发现数量短缺1000件，A产品单位成本870元，但ABC公司未作调整。

(5) ABC股份有限公司2008年6月购置一台价值50万元的设备，已入账，当月由管理部门启用，但当年并未计提折旧，公司会计政策规定，该设备折旧年限为5年，残值率为10%，按直线法计提折旧。

要求：

(1) 针对上述(1)种情况，王晨，李民应选择的重要性水平为多少？为什么？

(2) 试简述王晨，李民在2009年3月25日前对期后事项审查负有哪些责任，并针对上述第(2)种情况，应对ABC公司提出何种建议？

(3) 针对上述第(3)、第(4)、第(5)种情况,王晨,李民应提出何种建议?若需提出调整建议,应列示调整分录。

(4) 如果只考虑第(2)、第(4)、第(5)种情况,并假定ABC公司未接受调整建议,请代王晨,李民起草一份审计报告。(引言段、管理层和CPA双方责任段可省略)

练习题参考答案

第一章

(一) 单项选择题
1. A 2. D 3. B 4. D 5. A 6. D 7. D 8. A 9. C 10. A 11. A 12. A 13. B 14. D 15. A

(二) 多项选择题
1. ABCDE 2. ABCDE 3. ABCD 4. ABC 5. ABE 6. AB 7. ABCD 8. ABC 9. ABC 10. ABCDE 11. ABCDE 12. ABCDE 13. ABC 14. ABC 15. ABC

(三) 判断题
1. × 2. × 3. √ 4. √ 5. × 6. × 7. × 8. × 9. × 10. ×

(四) 简答题

1. 审计是独立的审计人员通过收集和评价证据,对特定经济实体的各种会计资料和其他资料及所反映的财务收支和其他有关经营管理活动进行审查并对其与既定标准符合程度提出结论,从而提高信息可信性的经济监督、鉴证和评价业务。

该定义的特定点主要有:

(1) 体现了审计的性质——经济监督、鉴证和评价业务。

(2) 体现了审计的主体——独立的审计人员。

(3) 体现了审计的方法——收集和评价证据。

(4) 体现了审计的依据——既定的标准。

(5) 体现了审计的对象——特定经济实体的各种会计资料和其他资料及所反映的财务收支和其他有关经营管理活动。

2. 审计环境,是指与审计有关的内外部因素的综合,是审计赖以存在的各种客观因素。纵观审计的发展历程,审计发展和环境的关系是:审计应环境的变化而产生和发展,不同的审计环境,产生不同的审计理论和实践;同时反过来,审计理论和实践又对环境起着一定的反作用,成熟的审计理论、实践可以大大地改善审计环境,更有利于社会经济的稳定和发展,更好地改进审计执业条件。

3. 本质是一事物区别于其他事物的根本属性,审计本质是审计区别于其他事物的根本属性。对审计本质的不同认识,主要有查账论、方法过程论、经济监督论和经济控制论。

"查账论"认为审计就是"查账",就是对会计资料及财务报表进行的检查。

"方法过程论"认为审计是一种系统的方法和过程。

"经济监督论"认为审计是一种特殊的经济监督。

"经济控制论"认为审计在本质上是应是一种特殊的经济控制。

4. 国外关于审计假设的代表性观点有：

莫茨和夏拉夫的基本假设：(1)财务报表和财务数据是可以验证的；(2)审计人员与被审单位管理者之间没有必然的利害冲突；(3)送审的财务报表和其他资料不存在串通舞弊和其他不正当的舞弊行为；(4)完善的内部控制制度可以减少错弊发生的可能性；(5)公认会计原则的一致运用可使财务状况和经营成果得到公允表达；(6)如无确凿的反证，被审单位过去被认为真实的情况将来仍为真实；(7)审计人员有能力独立地审查财务资料并发表意见；(8)独立审计人员的职业地位负有相应的职业责任。

托马斯·李的审计假设：(1)审计必要性假设；(2)审计行为假设；(3)审计职能假设。

弗林特的审计假设：(1)审计以经济责任关系或公共经济责任的存在为首要前提；(2)经济责任关系内涵十分模糊、复杂，解除经济责任非常重要，而这一切要靠审计予以解释和解除；(3)审计的本质特征在于其地位的独立性和不受约束地进行调查和报告；(4)审计对象的内容，如行为、业绩、成果、业务记录、经济业务或与此有关的事实或说明，都可以通过证据予以证实；(5)可以对行为、业绩、成果和信息质量等确立责任标准，可以对行为、业绩、成果和信息质量的实际情况予以计量，与已确立的标准进行比较，计量与比较过程需要专门的技能，并需要主观判断；(6)应明确财务报表和其他资料的意义、重要性和目的，通过审计可对其可信性作出清晰的表示与传递；(7)审计可产生经济效益和社会效益。

我国审计界对审计假设的理解主要有：(1)审计必要性假设；(2)审计对象可证实性假设；(3)错误与弊端存在性假设；(4)行为衡量标准假设；(5)无反证判定假设；(6)其他方面假设。

第二章

(一) 单项选择题

1. C 2. D 3. C 4. C 5. D 6. D 7. C 8. C 9. A 10. C 11. A 12. D 13. D 14. A 15. B

(二) 多项选择题

1. AD 2. ABCDE 3. ABCD 4. ABC 5. ACE 6. ACE 7. ABC 8. ABCDE 9. ABDE 10. ABC 11. ABCE 12. ABC 13. ABCD 14. ABC 15. ABC

(三) 判断题

1. × 2. × 3. × 4. √ 5. √ 6. × 7. √ 8. × 9. √ 10. √

(四) 简答题

1. 财务报表审计的目标是注册会计师通过执行审计工作，对财务报表的下列方面发表审计意见：①财务报表是否按照适用的会计准则和相关会计制度的规定编制；②财务报表是否在所有重大方面公允反映被审计单位的财务状况、经营成果和现金流量。

2. 认定是指管理层对财务报表各组成要素的确认、计量、列报作出的明确或隐含的表达。管理层在财务报表上的认定有些是明确表达的，有些则是隐含表达的。具体来说认定包括：与各类交易和事项相关的认定；与期末账户余额相关的认定；与列报相关的认定。

3. 所谓审计的特殊目的是指审计人员对被审计单位除对外提供的会计报表以外的会计报表

或其他会计信息进行审计,并发表审计意见,特殊目的审计业务一般包括:①按照企业会计准则和相关会计制度以外的其他基础(简称特殊基础)编制的财务报表;②财务报表的组成部分,包括财务报表特定项目、特定账户或特定账户的特定内容;③合同的遵守情况;④简要财务报表。

4.审计对象或审计客体,即参与审计活动关系并享有审计权力和承担审计义务的主体所作用的对象,它是对被审计单位和审计的范围所作的理论概括。以其定义可知,审计对象包含两层含义:其一是外延上的审计实体,即被审计单位;其二是内涵的审计内容或审计内容在范围上的限定。审计对象可以概括为被审计单位的会计资料、其他资料及其所反映的被审计单位的财务收支和有关经营管理活动。具体来说,应包括以下两个方面的内容:①被审计单位的各种会计资料和其他资料;②被审计单位的财务收支以及其被有关经营管理活动。

四、案例分析题

1.

认定	各类认定的含义	各类认定对应的具体审计目标
发生	记录的交易和事项已发生,且与被审计单位有关	已记录的交易是真实的
准确性	与交易和事项有关的金额及其他数据已恰当记录	已记录的交易是按正确金额反映的
截止	交易和事项已记录于正确的会计期间	接近于资产负债表日的交易记录于恰当的期间
存在	记录的资产、负债和所有者权益是存在的	记录的金额确实存在
权利和义务	记录的资产由被审计单位拥有或控制,记录的负债是被审计单位应当履行的偿还义务	资产归属于被审计单位,负债属于被审计单位的义务
完整性	所有应当记录的资产、负债和所有者权益均已记录	已存在的金额均已记录
计价和分摊	资产、负债和所有者权益以恰当的金额包括在财务报表中,与之相关的计价或分摊调整已恰当记录	资产、负债和所有者权益以恰当的金额包括在财务报表中,与之相关的计价或分摊调整已恰当记录

2.

财务报表审计时分别发现的事项	被审计单位违反的认定
将本期交易推迟至下期记账,或者将下期应当记录的交易提前到本期记录	与各类交易和事项相关的认定:截止
期末少计提累计折旧错误	与期末余额相关的认定:计价和分摊

(续表)

财务报表审计时分别发现的事项	被审计单位违反的认定
在销售明细账中记录了并没有发生的一笔销售业务	与各类交易和事项相关的认定:发生
不存在某顾客,在应收账款明细表中却列入了对该顾客的应收账款	与期末余额相关的认定:存在
财务报表附注没有分别对原材料、在产品和产成品等存货成本核算方法做恰当的说明	与列报相关的认定:准确性和计价
将不属于被审计单位的债务记入账内	与期末余额相关的认定:权利和义务、存在
将出售某经营性固定资产(并非企业的日常交易事项)所得的收入记录为主营业务收入	与各类交易和事项相关的认定:分类
没有将一年内到期的长期负债列为一年内到期的非流动负债	与列报相关的认定:分类和可理解性
发生了一项销售交易,但没有在销售明细账和总账中记录	与各类交易和事项相关的认定:完整性
在销售交易中有如下情况:①发出商品的数量与账单上的数量不符;②开具账单时运用了错误的销售价格;③账单中的乘积或加总有误;④在销售明细账中记录了错误的金额	与各类交易和事项相关的认定:准确性
存在对某客户的应收账款,在应收账款明细表中却没有列入对该客户的应收账款	与期末余额相关的认定:完整性
关联交易类型、金额没有在财务报表附注中作恰当披露	与列报相关的认定:准确性和计价
关联方和关联交易,没有在财务报表中充分披露	与列报相关的认定:完整性
将现销记录为赊销	与各类交易和事项相关的认定:分类

3.

认定	具体审计目标	审计程序
权利和义务	公司对存货均拥有所有权	选择一定样本量的存货会计记录,检查支持记录的购货合同和发票
完整性	记录的存货数量包括了公司所有的在库存货	在监盘存货时,选择一定样本,确定其是否包括在盘点表内
计价和分摊	已按成本与可变现净值孰低法调整期末存货的价值	检查现行销售价目表

(续表)

认定	具体审计目标	审计程序
计价和分摊	存货成本计算准确	测试直接材料、直接人工费用、制造费用的合理性
准确性和计价	存货的计价基础已在财务报表恰当披露	审阅财务报表

4.

序号	认定	具体审计目标	审计程序
(1)	分类	销售收入的分类正确	检查证明销售交易分类正确的原始凭证
(2)	截止	销售收入的入账时间正确	将销售交易登记入账的日期与发运凭证的日期比较核对
(3)	发生	销售收入确实已经发生	追查主营业务收入明细账中的分录至销售单、销售发票副联及发运凭证
(4)	完整性	销售收入没有隐瞒	将发运凭证与相关的销售发票和主营业务收入明细账及应收账款明细账中的分录进行核对

第三章

(一) 单项选择题

1. D 2. A 3. B 4. C 5. C 6. B 7. C 8. B 9. D 10. C 11. C 12. B 13. A 14. B 15. B

(二) 多项选择题

1. BCDE 2. ABCD 3. ABCD 4. ABCD 5. ABC 6. AD 7. ABC 8. AB 9. ABCDE 10. ABC 11. ABC 12. CD 13. BC 14. ABCE 15. ADE

(三) 判断题

1. √ 2. √ 3. × 4. × 5. × 6. × 7. × 8. √ 9. × 10. ×

(四) 简答题

1. 汤姆·李认为:"独立性是审计师个人正直的一种表达。"曾任美国注册会计师协会主席的凯尔和审计准则委员会主席齐格勒认为,"独立性的定义为正直和客观的行为能力"。美国的《职业道德规范》中采纳了这一定义,并将客观性解释为"审计人员对行为守则对所有被检查事项保持公正态度的能力。"

包括精神上的独立和形式上的独立。精神上的独立,也就是实质上独立,要求审计人员与被审计单位之间必须毫无利害关系。形式上独立,指审计人员必须在第三者如社会公众面前表现出一种独立于委托人和被审计人的身份,使外界相信审计人员是独立的。这两种独立性相辅相成,如果审计人员仅有精神上的独立性,而不具有形式上的独立性,那么就无法让人相信审计人员的独立性,精神上的独立也就没有什么现实意义。反过来,如果审计人员没有精神上的独立,那么也很难以形式上的独立呈现在公众面前,更重要的是,仅有形式上的独立而无精神上的独立,就无法客观、公正地执行审计业务,发表审计意见。

2. 内部审计组织是为了满足经营管理的需要,或者说是经营者对下属部门的经营管理进行经济监督的需要,而在部门和单位内部设置的组织机构。内部审计的独立性是最低的,它只是单向独立。

政府审计机关是代表国家这一所有者对受托经管国家财产的经营者进行审计,是满足所有者对经营者进行经济监督的需要。政府审计的独立性总体上看也不是很强,它也是单向独立,但比内部审计的独立性要强得多了。

注册会计师审计组织在组织人事关系上、经济利益上和工作上都独立于被审单位和委托人,是双向独立,因此注册会计师审计的独立性是最强的。

3. 如何衡量审计独立性应该从审计机构设置和审计工作过程两个方面考虑,包括审计组织独立和审计人员独立。作为审计人员工作的机构,如果审计组织不能独立于被审计单位之外,审计人员就无独立性。审计组织独立于被审单位之外,而审计人员则可能与被审单位有着各种正式和非正式的联系,这种联系也可能会妨碍审计组织的独立性。审计人员个人的独立性影响着审计组织的独立性。同时,审计组织和审计人员是两个彼此密切相关的审计主体层次。具体的审计是由审计人员进行的。审计组织的独立必须通过对审计人员独立性的影响,间接地对审计过程与审计结果产生作用。审计的独立性是通过审计人员的独立性来实现的。

4. 注册会计师应该特别关注可能损害独立性的因素,包括经济利益、自我评价、关联关系和外在压力等。

其中,可能损害独立性的经济利益因素主要包括:①与鉴证客户存在专业服务收费以外的直接经济利益或重大的间接经济利益;②收费主要来源于某一鉴证客户;③过分担心失去某项业务;④与鉴证客户存在密切的经营关系;⑤对鉴证业务采取或有收费的方式;⑥可能与鉴证客户发生雇佣关系。

可能损害独立性的自我评价因素主要包括:①鉴证小组成员曾是鉴证客户的董事、经理、其他关键管理人员或能够对鉴证业务产生直接重大影响的员工;②为鉴证客户提供直接影响鉴证业务对象的其他服务;③为鉴证客户编制属于鉴证业务对象的数据或其他记录。

可能损害独立性的关联关系因素主要包括:①与鉴证小组成员关系密切的家庭成员是鉴证客户的董事、经理、其他关键管理人员或能够对鉴证业务产生直接重大影响的员工;②鉴证客户的董事、经理、其他关键管理人员或能够对鉴证业务产生直接重大影响的员工是会计师事务所的前高级管理人员;③会计师事务所的高级管理人员或签字注册会计师与鉴证客户长期交往;(4)接受鉴证客户或其董事、经理、其他关键管理人员或能够对鉴证业务产生直接重大影响的员工的贵重礼品或超出社会礼仪的款待。

可能损害独立性的外在压力因素主要包括：①在重大会计、审计等问题上与鉴证客户存在意见分歧而受到解聘威胁；②受到有关单位或个人不恰当的干预；③受到鉴证客户降低收费的压力而不恰当地缩小工作范围。

四、案例分析题

1．（1）对独立性构成不利影响。A注册会计师是审计项目合伙人之一，与其在财务部从事会计核算工作的哥哥属于其他近亲属，并且其所处职位能够对鉴证对象产生重大影响。

（2）对独立性构成不利影响。审计项目组成员D注册会计师的主要近亲属从事的工作对年报审计对象的财务报表有直接重大影响。

（3）对独立性构成不利影响。审计项目组合伙人B在财务报表涵盖期间担任审计客户的高级管理人员，将产生自我评价导致的不利影响。

（4）对独立性构成威胁。如果会计师事务所的合伙人及其直系亲属从审计客户获得直接经济利益或重大间接经济利益，不允许拥有这些利益，故产生对独立性的威胁。

（5）不对独立性构成不利影响。向客户提供政策选用和会计处理建议的调整，协助客户解决相关账户的调整问题，均属于审计业务应提供的常规工作。

2．（1）对独立性构成威胁。项目组合伙人低于市场价格购买房屋，与甲公司之间存在经济利益关系，对独立性产生威胁。

（2）对独立性构成威胁。项目组合伙人的直系亲属的直接经济利益，视同注册会计师本人的直接经济利益，对独立性产生威胁。

（3）对独立性构成威胁。会计事务所的员工同时担任审计客户的独立董事，所产生的自我评价、经济利益威胁非常重大，以致没有防范措施能够将其降至可接受的水平，所以即使调离项目组，对独立性的威胁也非常重大。

（4）对独立性构成不利影响。根据审计结果相应调整支付属于或有收费，影响独立性。

（5）对独立性不构成威胁。项目组成员D的堂兄不属于其直系亲属，且堂兄的工作与财务报表的编制没有直接的关系，所以对项目组成员D不构成独立性的威胁。

3．（1）对独立性产生威胁。A注册会计师不能为甲公司制定财务战略。

（2）对独立性产生威胁。审计项目组成员的主要近亲属（其妻子）是审计客户的高级管理人员，其岗位职责对财务报表产生重大影响，因密切关系违反职业道德守则。

（3）对独立性不产生威胁。项目组成员C与审计客户甲公司的财务经理是校友关系，但不构成密切关系，所以不构成对独立性的影响。

（4）对独立性不产生威胁。项目组成员D的朋友拥有甲公司的债券，并不能够视同是D拥有审计客户的经济利益关系，也没有说是密切的朋友，所以不构成对独立性的影响。

（5）对独立性不产生威胁。原会计师事务所行政部经理E进入审计客户担任办公室主任的职务。由于E在会计师事务所没有具体从事过对甲公司的审计业务，同时在审计客户担任的职务对财务报表审计业务也没有影响，而且时间已经相隔4年，所以不构成对独立性的影响。

第四章

（一）单项选择题

1．B 2．C 3．C 4．D 5．B 6．D 7．C 8．A 9．C 10．C 11．B 12．A 13．B 14．C 15．C

（二）多项选择题

1．AB 2．ABCD 3．ABCD 4．ABCD 5．ABCD 6．BCD 7．AB 8．AC 9．ABCD 10．BD 11．AD 12．ABC 13．ABC 14．ABCD 15．ABC

（三）判断题

1．√ 2．× 3．× 4．√ 5．× 6．× 7．√ 8．√ 9．× 10．×

（四）简答题

1．(1) 战略风险分析。战略分析是风险导向审计的核心环节，其基本思路在于：战略失败很可能引发经营失败问题，进而导致企业整体业绩下滑。

(2) 经营环节问题分析。审计人员借助于客户经营能力分析，可以从更宽广的视野剖析客户潜在风险，进而寻找可能对客户经营业绩产生不利影响的各种某企业2008年因素。

(3) 经营业绩评价。审计人员可以在对客户战略风险和经营环节问题分析的基础上，对客户经营业绩形成合理预期，进而为评估总体审计风险提供依据。

(4) 财务报表重大错报的剩余风险评估。审计人员可以结合以上的环节，分析哪些剩余风险会转化为重大错报风险，合理评估财务报表中的重大错报风险水平。

(5) 可接受的检查风险水平的估计。

(6) 实质性审计测试时间、性质和范围的确定。

2．分析程序曾称分析性复核。现代风险导向审计以分析程序为中心，分析程序成为最重要的审计程序。分析程序是指审计人员通过研究不同财务数据之间以及财务数据与非财务数据之间的内在关系，对财务信息作出评价。分析程序还包括调查识别出的、与其他相关信息不一致或与预期数据严重偏离的波动和关系。审计人员实施分析程序可以使用不同方法，包括从简单的比较到使用高级统计技术的复杂分析。在实务中，可使用的方法主要有趋势分析法、比率分析法、合理性测试法和回归分析法。为了适应审计功能扩大的要求，分析程序开始走向多样化，不仅对财务数据进行分析，而且对非财务数据进行分析；分析工具充分借鉴了现代管理方法，将现代管理方法运用到融合分析程序中去。

3．根据调节法原理，现金结存数调节计算如下：

结存日现金数＝盘点日金额＋结存日至盘点日支出数－结存日至盘点日收入数

12 000＋9 750－12 600＝9 150（元）

经过上述调节表计算，2009年12月31日现金实有数应为9 150元，与账面记录的现金数7 500元不一致，账面缩小1 650元。对此，审计人员要求现金出纳说明低估原因，并进行审查核实，如有故意隐瞒现金等违法行为，应进一步查明责任人，并追究责任。

四、案例分析题

1．客户企业发生的1 200户应收账款，是因销售产成品、材料、委托加工等业务，应向购货单位或接受劳务单位收取的款项。为了达到审计预期目的和提高审计效率，可以运用审计的常用方法，确定本案审查4个重点和1个不可忽视。

(1) 从审计对象来分析，应以外地乡镇企业、外地集体企业为重点。相对于本市企业和国有企业而言,外地乡镇企业情况比较复杂,往往催款难度较大,催讨时间会长,收账成本也会较高。

(2) 从欠款时间分析,应以1年以上(占10%欠款),依次是3个月至1年(占20%)为重点。拖欠时间一长,可能发生错弊和舞弊,或是产生经济纠葛和坏账损失。收账风险与欠款时间成正比例。

(3) 从欠款金额分析,应以欠款金额大的为重点。不论何种原因被对方占用货币资金,对企业产生经营和流动资金周转的影响是较大的。

(4) 从列作应收账款的经济事项的内容分析,应以不合法、不真实、不合理关联交易事项为重点,还要分析客户与被审计单位业务上是否相关联系,有无非法的私下交易。

(5) 从欠款的销售内容分析,受托加工、材料销售(占20%)不可忽视。相比较而言,受托加工、材料销售单位往往是临时的、非固定紧密型。对于合作的新客户,业务合作财务信誉难以说清。

根据上述不同情况,应分别采用不同的审计技术和方法。

(1) 对列作重点和不可忽视的户头,主要采用审阅法。即认真仔细审查应收账款明细账、经济合同及其他有关业务资料,与具体业务结合起来,查应明应收账款的发生原因、数额是否正确、真实、合理合法。特别要审查是否属于与本企业正常的业务往来,这种业务的发生是否正常,是否存在违反国家法令法规的情况;审查是否存在错误和舞弊。

(2) 对审查中发现的疑点、异处,主要采用核对法和分析法。核对法主要核对证证、证账、账账、账表、表表之间是否勾稽相符,有无不相符。分析法主要采用账户分析法、账龄分析法、分析性复核等,来作进一步审查。

(3) 对账龄1年以上的应收账款,主要采用查询法,如函询法。如未得到答复或审计人员认为有必要,可进一步采取派员外调,亲自询清事实真相,或采取替代程序来取得审计证据。

2.

银行存款余额调节表

被审计单位:＊＊   20＊＊年6月30日   单位:元

项目	金额	项目	金额
企业银行存款账面	133 750	银行对账单存款余额	127 000
加:银行已收 企业未收	12 500	加:企业已收 银行未收	16 000
……	……	……	……
减:银行已付 企业未付	250	减:企业已付 银行未付	400
调整后存款余额	146 000	调整后存款余额	142 600

从调节表中可以看出:错误金额为3 400元,属于企业漏记银行存款减少、虚增货币资金、虚增总资产和净资产的错误。6月30日企业银行存款账面的正确余额130 350元(133 750－3 400)。

3. 1～15日完工产品耗用材料＝1 900÷0.95＝2 000(千克)

6月15日盘存在产品耗用材料＝480÷0.96＝500(千克)

5月31日盘存在产品耗用材料＝500＋2 000－2 200＝300(千克)

5月31日盘存在产品数量＝300×0.98＝294(千克)

经审查5月31日在产品盘存数应为294千克(加工程度为40%)，而不是原账面400千克，如果5月份生产出来的产成品已经被销售并计入产品销售成本的话，那么该企业5月份就存在多计在产品成本，少计产成品成本，虚减产品销售成本，虚增销售利润的问题。

第五章

(一)单项选择题

1. C 2. C 3. C 4. C 5. B 6. D 7. A 8. B 9. B 10. B 11. C 12. D 13. D 14. C 15. D

(二)多项选择题

1. BC 2. AB 3. ACD 4. AD 5. ABCD 6. ABCD 7. ABCD 8. CD 9. ABC 10. AC 11. AB 12. ACD 13. BD 14. AC 15. ABCD

(三)判断题

1. √ 2. × 3. × 4. × 5. × 6. √ 7. × 8. × 9. √ 10. × 11. ×

(四)简答题

1. 通过采取适当的质量控制政策和程序，对审计工作进行适当的指导、监督和复核，以及对注册会计师实务的适当改进，可以将非抽样风险降至可以接受的水平。

2. (1)选择的总体不适合于测试目标；例如，确认应收账款的漏记却把应收账款明细账作为总体。

(2)未能适当地定义控制偏差或错报，导致注册会计师未能发现样本中存在的偏差或错报。例如，现金支付的业务流程不清楚导致未识别出内部控制的缺陷；或对重要性水平的估计偏高。

(3)选择了不适于实现特定目标的审计程序。例如，注册会计师通过观察固定资产来证实其所有权。

(4)未能适当地评价审计发现的情况。例如，注册会计师错误解读审计证据可能导致没有发现误差。注册会计师对所发现误差的重要性的判断有误，从而忽略了性质十分重要的误差，也可能导致得出不恰当的结论。

3. (1)可容忍误差越大，需要的样本量就越少。

(2)注册会计师愿意接受的抽样风险越低，样本量越大。

(3)预计总体误差越大，需要的样本量就越多。

(4)预计总体偏差率越大，需要的样本量就越多。

四、案例分析题

1. (1) 1448,1675,1796,3490,3631(按小到大排列)。

(2)抽样间隔数＝2 800÷100＝28。以1007为1个随机起点，最初5个样本号码为1007，1035,1063,1091,1119。

(3)以1007、1035、1063、1091、1119这5个随机起点的随后5个样本号码分别为1035,1063, 1091,1119,1147。

2. (1) 计算样本量 $n'=(1.96×0.015×2\,000÷5)^2≈138$

$n=138÷(1+138÷2\,000)≈129$

(2) 样本平均差额 $=(450-500)÷129≈-0.3\,876$(万元)

(3) 推断的总体差额 $=-0.3\,876×2\,000=-775.2$(万元)

(4) 推断的总体实际余额 $=-775.2+10\,000=9\,224.8$(万元)

3. (1) 在总计 8 个错报中,高估的错报数为 3,低估的错报数为 5,查表,得样本错报分别为 0, 1,…,5 时总体中可能存在的高估和低估的最大百分比依次为 2.9,4.8,6.6,8.2,9.8,11.3。整理如下:

错报数	表中的偏差率上限	由各项错报引起的偏差率上限的增加额(层)
0	0.029	0.029
1	0.048	0.019
2	0.066	0.018
3	0.082	0.016
4	0.098	0.016
5	0.113	0.015

(2) 对于发现错报的每一个样本,以发现的错报除以该样本的账面金额,得到该样本的单位错报。

债权人	应收账款账面金额	审定的应收账款金额	发现的错报金额	单位平均错报
A	560	500	60	0.107
B	3 050	2 260	790	0.259
C	8 760	8 180	580	0.066
D	45 000	45 360	(360)	(0.008)
E	80 066	80 251	(185)	(0.002)
F	7 709	9 044	(1 335)	(0.173)
G	1 000	2 569	(1 569)	(1.569)
H	30 000	37 920	(7 920)	(0.264)

(3) 按下表格式计算初始高估错报上限和总体高估的点估计:

错报数	偏差率上限部分	账面价值	单位高估错报	错报界限部分
(1)	(2)	(3)	(4)	(2)×(3)×(4)
0	0.029	17 600 000	1.0	510 400

(续表)

错报数	偏差率上限部分	账面价值	单位高估错报	错报界限部分
1	0.019	17 600 000	0.259	86 609.6
2	0.018	17 600 000	0.107	33 897.6
3	0.016	17 600 000	0.066	18 585.6
	偏差率上限＝0.082			初始高估错报上限 ＝649 492.8

总体高估点估计：$UCL=(0.259+0.107+0.088)\div 80\times 17\ 600\ 000=99\ 880$(元)

(4) 按下表格式计算初始错报下限和总体低估的点估计：

错报数 (1)	偏差率上限部分 (2)	账面价值 (3)	单位高估错报 (4)	错报界限部分 (2)×(3)×(4)
0	0.029	17 600 000	1.0	510 400
1	0.019	17 600 000	1.569	524 673.6
2	0.018	17 600 000	0.264	83635.2
3	0.016	17 600 000	0.173	48716.8
4	0.016	17 600 000	0.008	2252.8
5	0.015	17 600 000	0.002	528.0
	偏差率上限＝0.113			初始高估错报上限 ＝1 170 206.4

总体高估点估计：$LCL=(1.569+0.264+0.173+0.008+0.002)\div 80\times 17\ 600\ 000=443\ 520$(元)

(5) 对总体错报上限与下限进行调整：

调整后的总体高估错报上限 $U=649\ 492.8-443\ 520=205\ 972.8$(元)

调整后的总体低估错报下限 $L=1\ 170\ 206.4-99\ 880=1\ 070\ 326.4$(元)

(6) 由于 L 大于可容忍错报 $1\ 760\times 5\%=88$(万元)，注册会计师不能应收账款接受总体。注册会计师应提请 W 公司调整错报，扩大审计程序并考虑其对审计报告的影响。

第六章

(一) 单项选择题

1. A 2. B 3. B 4. A 5. A 6. A 7. B 8. A 9. C 10. D 11. B 12. A 13. A
14. C 15. C 16. B 17. A

(二) 多项选择题

1. ACD　2. AD　3. ABCD　4. ABC　5. ABCD　6. ABCD　7. AB　8. ABCD　9. ABCD　10. ABC　11. AD　12. ABCD　13. BCD　14. AC　15. ABD

(三) 判断题

1. ×　2. √　3. √　4. √　5. √　6. √　7. √　8. √　9. √　10. ×

(四) 简答题

1. 注册会计师应当考虑下列五个环节来搜集证据：①了解鉴证对象及其他的业务环境事项，在适用的情况下包括了解内部控制；②在了解鉴证对象及其他的业务环境事项的基础上，评估鉴证对象信息可能存在的重大错报风险；③应对评估的风险，包括制定总体应对措施以及确定进一步程序的性质、时间和范围；④针对已识别的风险实施进一步程序，包括实施实质性程序，以及在必要时测试控制运行的有效性；⑤评价证据的充分性和适当性。

2. 注册会计师对鉴证业务只能合理保证或者有限保证，不能绝对保证。其原因简言之是将鉴证业务风险降至零几乎不可能，也不符合成本效益原则。具体来说是由于：①选择性测试方法的运用；②内部控制的固有局限性；③大多数证据是说服性而非结论性的；④在获取和评价证据以及由此得出结论时涉及大量判断；⑤在某些情况下鉴证对象具有特殊性。

3. (1) 职业怀疑态度是指注册会计师以质疑的思维方式评价所获取证据的有效性，并对相互矛盾的证据，以及引起对文件记录或责任方提供的信息的可靠性产生怀疑的证据保持警觉。

(2) 职业怀疑态度有助于降低以下风险：①忽略了可疑的情况；②在决定证据收集程序的性质、时间和范围时使用了不恰当的假设；③对证据进行了不恰当的评价。

4. 会计师事务所的质量控制制度应当包括七项要素：①对业务质量承担的领导责任；②职业道德规范；③客户关系和具体业务的接受与保持；④人力资源；⑤业务执行；⑥业务工作底稿；⑦监控。

5. (1) 所有应当保持独立性的人员，将注意到的违反独立性要求的情况立即告知会计师事务所。

(2) 会计师事务所将已识别的违反这些政策和程序的情况，立即传达给需要与会计师事务所共同处理这些情况的项目负责人，以及需要采取适当行动的会计师事务所内部其他相关人员和受独立性要求约束的人员。

(3) 项目负责人、会计师事务所内部的其他相关人员，以及需要保持独立性的其他人员，在必要时，立即向会计师事务所告知他们为解决有关问题采取的行动，以便会计师事务所能够决定是否应当采取进一步的行动。

6. (1) 在接受委托前，注册会计师应当初步了解业务环境。

(2) 在初步了解业务环境后，注册会计师应当考虑承接该业务是否符合独立性和专业胜任能力等相关职业道德规范的要求。

(3) 在初步了解业务环境后，只有认为符合独立性和专业胜任能力等相关职业道德规范的要求，并且拟承接的业务具备下列所有特征时，注册会计师才能将其作为鉴证业务予以承接：①鉴证对象适当；②使用的标准适当且预期使用者能够获取该标准；③注册会计师能够获取充分、适当的证据以支持其结论；④注册会计师的结论以书面报告形式表述，且表述形式与所提供的保证程度相适应;⑤该业务具有合理的目的。

7. (1)第(1)项合伙人的晋升与考核以业务量为主要考核指标违反了质量控制准则的规定。根据质量控制准则的规定,事务所应当树立质量至上的意识,建立以质量为导向的业绩评价、工薪及晋升的政策和程序,以提高业务质量和遵守职业道德规范作为主要考核指标。

(2)第(2)项业务的承接以部门经理根据收费的高低自行决定违反了质量控制准则的规定。会计师事务所在制定有关客户关系和具体业务的承接与保持的政策和程序时,以合理保证只有在满足三个条件的情况下,才能够接受或保证客户关系和具体业务,三个条件:已考虑客户的诚信,没有信息表明客户缺乏诚信;具有执行业务必要的素质、专业胜任能力、时间和资源;能够遵守职业道德规范。不应该将收费作为衡量的唯一标准或关键标准。

(3)第(3)项审计工作底稿应当在业务完成后90日内整理归档违反了质量控制准则的规定。按照会计师事务所质量控制政策和程序的规定,及时将审计工作底稿归整为最终审计档案,审计工作底稿的归档期限是审计业务报告日后60天内,如果未完成审计工作的业务,应当在审计业务中止日后60日内归档。

(4)第(4)项会计师事务所以尚未取得上市公司审计资格为借口,不执行项目质量控制复核制度违反了质量控制准则的规定。会计师事务所并不是仅仅对上市公司的审计业务执行项目质量控制复核制度,会计师事务所还应当自行建立判断标准,确定对那些涉及公众利益的范围较大,或已识别出存在重大异常情况或较高风险的特定业务,实施项目质量控制复核。

(5)第(5)项即使项目组内部分歧未得到解决,审计项目组必须保证按时出具审计报告违反了质量控制准则的规定。项目组内部的分歧没有解决的,不得出具审计报告。

(6)第(6)项检查对象仅为当年度考核等级位列后3名的项目负责人违反了质量控制准则的规定。会计师事务所周期性的选取完成业务进行检查,3年符合了法定的周期最低标准,但是检查的对象不恰当,应当是对每个项目负责人的业务至少取一项进行检查。

四、案例分析题

1. (1)中国注册会计师执业准则体系包括鉴证业务准则、相关服务准则和会计师事务所质量控制准则这三个组成部分。其中,鉴证业务准则与相关服务准则分别规范注册会计师的各种鉴证业务与服务业务,均属于专业准则;质量控制准则是为了确保注册会计师执行鉴证业务与相关服务业务时确实遵守专业准则,由会计师事务所制定的配套管理标准。

(2)鉴证业务准则是中国注册会计师执业准则体系的核心,它由鉴证业务基本准则统领。按照鉴证业务提供的保证程度和鉴证对象的不同,鉴证业务准则可分为审计准则、审阅准则和其他鉴证业务准则。其中,审计准则是整个执业准则体系的核心。

(3)在审计准则体系中,与审计风险相关的准则属于核心准则。这些准则具体包括:《中国注册会计师审计准则第1101号——财务报表审计的一般目标和原则》《中国注册会计师审计准则第1211号——了解被审计单位及其环境并评估重大错报风险》《中国注册会计师审计准则第1231号——针对评估的重大错报风险实施的程序》《中国注册会计师审计准则第1301号——审计证据》。

(4)按要求填列下表。

执业准则体系的组成部分		规范的业务对象	提出结论的方式和提供的保证程度
鉴证业务准则	审计准则	注册会计师执行的历史财务信息的审计业务	以积极方式提出结论并对所审计提供合理保证
	审阅准则	注册会计执行的历史财务信息的审阅业务	以消极方式提出结论并对所审阅信息是否不存在重大错报提供有限保证
	其他鉴证业务准则	计师执行的历史财务信息审计或审阅以外的其他鉴证业务	根据鉴证业务的性质和业务约定的要求,提供有限保证或合理保证
相关服务准则		注册会计师执行的代编财务信息、执行商定程序,提供管理咨询等服务	在提供相关服务时,不提供任何程度的保证
质量控制准则		会计师事务所在执行各类业务时应遵守的质量控制政策和程序	不适用

2.（1）损害独立性。ABC 会计事务所将 2007 年审计费用收入 100 万元延期至 2009 年年底可以达到继续承接 M 公司 2009 年年报审计委托,同时,对 M 公司以前年度尚未支付的审计费用收取资金占用费,与 M 公司存在除审计收费以外的直接经济利益关系。

（2）不损害独立性。该注册会计师从事的记账凭证输入工作不属于编制鉴证业务对象的数据和其他记录,不会产生自我评价对独立性的威胁。

（3）损害独立性。甲注册会计师尽管不再担任签字注册会计师,但还担任 M 公司 2008 年度财务报表外勤审计负责人,并没有消除关联关系对独立性的威胁。

（4）损害独立性。由于 ABC 会计师事务所受到 M 公司降低收费的压力而不恰当地缩小工作范围,形成外界压力对独立性的威胁。

（5）损害独立性。内部控制审核与审计报表业务是不相容的工作,会对独立性造成威胁。

（6）不损害独立性。为 M 公司提出会计政策选用和会计处理调整的建议,并协助其解决相关账户调整问题,属于审计过程中的正常工作。

3.（1）合伙人的考核和晋升制度不符合规定。会计师事务所制定的业绩评价、工薪及晋升的政策和程序应当强调,以质量为导向,提高业务质量及遵守职业道德规范是晋升更高职位的主要途径,而不应当以业务收入额作为标准和途径。

（2）内部业务检查制度不符合规定。在确定检查范围时,会计师事务所可以考虑外部独立检查的范围或结论,但这些检查不能替代自身的内部监控。

（3）项目质量控制复核制度不符合规定。项目质量控制复核,是指会计师事务所挑选不参与该业务的人员,在出具报告前,对项目组作出的重大判断和在准备报告时形成的结论作出客观评价的过程。因此审计项目组负责人不能作为复核人员执行本项目的质量控制复核工作。

(4) 工作底稿的保管制度不符合规定。事务所应当按照规定的保存期限保存纸质工作底稿，即使原纸质记录经电子扫描后存入业务档案，会计师事务所应当保留已扫描的原纸质记录。

(5) 独立性政策不符合规定。会计师事务所应当每年至少一次向所有受独立性要求约束的人员获取其遵守独立性政策和程序的书面确认函，而不是仅仅要求高级经理以上（含高级经理）的人员每年签署遵守独立性要求的书面确认函。

(6) 分所管理制度不符合规定。事务所应当制定统一的质量控制制度。会计师事务所在制定质量控制政策和程序时，应当考虑自身规模和业务特征等因素。并且相关的质量控制制度是事务所整体（含分所）都要遵守的。

第七章

（一）单项选择题

1. B 2. D 3. D 4. C 5. A 6. A 7. A 8. C 9. C 10. C 11. D 12. C 13. B 14. B 15. A

（二）多项选择题

1. ABD 2. AD 3. ABD 4. ABD 5. ABCD 6. AD 7. ABC 8. ABD 9. CD 10. BC 11. AB 12. ABC 13. ABD 14. ACD 15. BCD 16. ABCD 17. ABCD

【解析】《司法解释》第五条明确了六种典型的可能被追究连带责任的情形，以上四个选项均属于将被追究连带责任的情形。

（三）判断题

1. √ 2. √ 3. √ 4. √ 5. √ 6. √ 7. √ 8. √ 9. √ 10. √ 11. √ 12. √ 13. √ 14. √ 15. √

（四）简答题

1. 从目前看，注册会计师涉及法律诉讼的数量和金额都呈上升趋势，除了法律因素外，还有以下原因：

(1) 财务报表使用者对注册会计师的责任日趋了解。

(2) 政府监管部门保护投资者的意识日益加强，监管措施日益完善，处罚力度日益增大。

(3) 由于审计环境发生很大变化，企业规模扩大，业务全球化以及企业经营的错综复杂性，使会计业务更加复杂，审计风险变大。

(4) "深口袋"理论的盛行。社会日益赞同受害的一方向有能力提供赔偿的一方提起诉讼，而不论错在哪一方。

(5) 注册会计师败诉的案例日益增多。民事法庭在审理起诉会计师事务所的案件中，会计师事务所败诉的案例日益增多。这便促使律师以或有收费为基础提供法律服务，无论是否有道理，都将会计师事务所作为起诉的对象。

(6) 许多会计师事务所宁愿在庭外和解法律问题，以避免高昂的法律费用和公开的负面影响，而不愿通过司法程序来解决这些问题。

(7) 法庭在理解专业性事项方面存在困难。

2.（1）因违约、过失会使注册会计师和会计师事务所承担行政责任,根据情形轻重,注册会计师可能被判负警告、暂行执业或吊销注册会计师证书;会计师事务所可能被判负警告、没收违法所得、罚款、暂停执业、撤销等。

（2）因违约、过失或欺诈会计师事务所可能承担民事责任。

（3）因欺诈注册会计师可能承担刑事责任,当然同时会承担行政责任并处罚金。

3. 会计师事务所能够证明存在以下情形之一的,不承担民事赔偿责任:

（1）已经遵守执业准则、规则确定的工作程序并保持必要的职业谨慎,但仍未能发现被审计的会计资料错误。

（2）审计业务所必须依赖的金融机构等单位提供虚假或者不实的证明文件,会计师事务所在保持必要的职业谨慎下仍未能发现其虚假或者不实。

（3）已对被审计单位的舞弊迹象提出警告并在审计报告中予以指明。

（4）已经遵照验资程序进行审核并出具报告,但被验资单位在注册登记后抽逃资金。

（5）为登记时未出资或者未足额出资的出资人出具不实报告,但出资人在登记后已补足出资。

四、案例分析题

1.

判断标准	普通过失	重大过失
专业准则遵守情况	没有完全遵守	完全没有遵守
合理谨慎保持情况	没有保持应有的职业谨慎	连最起码的职业谨慎都不保持
内部控制情况	内部控制良好未发现报表重大错报	内部控制失效未发现报表重大错报
重大错报构成情况（重要性）	重大错报由许多小错误累积而成	重大错报由重大错误引起

2. 注册会计师将被视为重大过失。因为监盘属于公认的审计程序,如果注册会计师没有执行必要的程序,就属于根本没有遵守专业准则,或没有按专业准则的基本要求来进行审计,所以可能被认定为重大过失。

3.（1）李民对查明 ABC 公司可能存在的重大错误与舞弊的责任为:① 评估 ABC 公司可能发生的错误与舞弊导致财务报表严重失实的风险;② 在规划审计工作时,提供能查明财务报表中可能存在重大错误与舞弊的合理保证;③ 在编制和实施审计计划时,应以应有的职业怀疑态度取得查明导致财务报表严重失实的重大错误与舞弊的合理保证。

（2）李民对 ABC 公司存在的重大错误与舞弊的报告责任为:① 李民应以适当方式向 ABC 公司管理当局告知审计过程中发现的重大错误及所有舞弊,并详细记录于工作底稿;② 对于涉嫌管理当局重大错误或舞弊的人员,李民应当向 ABC 公司治理层报告;③ 当怀疑 ABC 公司治理层涉及舞弊时,李明应当考虑采取适当的措施。必要时,应当征求律师意见或解除业务约定。

第八章

（一）单项选择题

1. D 2. B 3. D 4. B 5. C 6. C 7. B 8. B 9. A 10. B 11. D 12. D 13. A 14. C 15. A

（二）多项选择题

1. ABCD 2. ABCD 3. ABC 4. ABD 5. BCD 6. ABD 7. ABD 8. BCD 9. AC 10. ABC 11. BCD 12. BCD 13. ABC 14. CD 15. ABD

（三）判断题

1. × 2. √ 3. × 4. √ 5. √ 6. × 7. × 8. √ 9. √ 10. √ 11. √ 12. √ 13. √ 14. √ 15. √

（四）简答题

1. 在实际工作中，注册会计师应根据被审计单位具体情况和职业判断，了解和评价被审计单位整体层面的内部控制，具体从内部控制五要素的内容入手了解和评价：

（1）控制环境。在了解和评价控制环境时，注册会计师需要考虑与控制环境有关的各个要素及其相互关系，控制环境的任一构成要素存在重大缺陷，都会影响其他要素的有效性。

（2）被审计单位的风险评估过程。包括识别与财务报告相关的经营风险，以及针对这些风险所采取的措施。

（3）与财务报告相关的信息系统与沟通。考虑的主要因素可能包括与财务报告相关的信息系统和沟通两个方面。

（4）控制活动。注册会计师主要是针对被审计单位的一般控制活动，特别是信息技术的一般控制进行了解和评估。

（5）对控制的监督。

（6）在整体层面对内部控制了解和评估进行总结

2.（1）注册会计师应当从下列方面了解被审计单位的行业状况：所处行业的市场供求与竞争；生产经营的季节性和周期性；产品生产技术的变化；能源供应与成本；行业的关键指标和统计数据。

（2）

目标与战略涉及的内容	可能导致被审计单位面临的经营风险的种类
（1）行业发展	不具备足以应对行业变化的人力资源和业务专长等风险
（2）开发新产品或提供新服务	产品责任增加等风险
（3）业务扩张	对市场需求的估计不准确等风险
（4）新颁布的会计法规	执行法规不当或不完整，或会计处理成本增加等风险
（5）监管要求	法律责任增加等风险
（6）本期及未来的融资条件	由于无法满足融资条件而失去融资机会等风险
（7）信息技术的运用	信息系统与业务流程难以融合等风险

(3)最有可能影响财务报表的内容颁布新的会计法规。

3.(1)

业务的特点或控制的目的	适用的控制方式
存在大额、异常或偶发的交易	人工
在处理大量交易或数据时,一贯运用确定的规则进行复杂的运算	自动
提高信息的及时性、可获得性及准确性;	自动
监督控制的有效性	人工
有助于对信息的深入分析	自动
存在难以定义、防范或预见的错误	人工
加强对政策和程序执行情况的监督	自动
降低控制被规避的风险	自动
为应对情况的变化,经常需要对控制进行调整	人工
通过实施安全控制,提高不相容职务分离的有效性	自动

(2)注册会计师应当从以下三个方面了解人工控制产生的特定风险:人工控制可能更容易被规避、忽视或凌驾;人工控制可能不具有一贯性;人工控制可能更容易产生简单错误或失误。

(3)通常情况下应当实施的程序:询问被审计单位的人员;观察特定控制的运用;检查文件和报告;追踪交易在财务报告信息系统中的处理过程(穿行测试)。

4.

事项或情形	对影响控制风险的简要解释
监管及经营环境变化	监管和经营环境的变化会导致竞争压力的变化以及重大的相关风险
招聘新员工	新员工可能对内部控制有不同的认识和关注点
使用新的信息系统	信息系统的重大变化会改变与内部控制相关的风险
业务快速发展	快速业务扩张可能使内部控制难以应对,从而增加失效的可能性
引进新技术	新技术运用于生产过程和信息系统可能改变与内部控制相关的风险
生产新产品	生产新的产品和发生新的交易可能带来新的与内部控制相关的风险
进行企业重组	重组可能带来裁员以及管理职责的重新划分,影响控制风险
发展海外经营	海外扩张或收购会带来新的特别风险,进而可能影响内部控制
颁布新的会计准则	采用新的会计准则可能会增大财务报告发生重大错报的风险

四、案例分析题

1. 第(1)种情况表明C公司的融资能力受到限制,很可能导致流动资金不足,增加重大的错报风险。

第(2)种情况表明C公司发生了重大的购并行为,很可能占用大量资金,增加重大错报风险。

第(3)种表明C公司在经济不稳定的国家开展业务,很可能难以收回成本,从而增加重大错报风险。

第(4)种情况表明C公司的信息技术环境发生变化,很可能导致相当一段时期内的信息技术难以与经营活动融合,从而增加重大的错报风险。

第(5)种情况属于重大的异常情况,很可能意味着C公司与Q银行之间有纠纷,增加重大的错报风险。

情况(4)最有可能导致C公司财务报表产生重大错报。对此,A和B注册会计师应当要求会计师事务所聘请电算化方面的专家参与审计工作。

情况(5)属于重大的异常情况,最有可能意味着C公司存在特别风险。该情况意味着C公司的资金运作脱离了银行的监管,为舞弊行为提供了客观条件。对此,A和B注册会计师应当向Q银行询问,并要求C公司提供全部信用卡结算的清单,以便作进一步调查。

情况(2)和(3)最可能导致C公司的经营风险上升。前者是在经济不发达的地区开展业务,后者是在经济不稳定的地区开展业务,很可能导致难以收回成本的情况发生,影响公司的经营成果。

2. 首先应确定不相容的职务,并将其分离:
(1) 记录总账与记录明细账。
(2) 记录总账与记录日记账。
(3) 开具支票与调节银行对账单。
(4) 记录应付应收明细账与开具退货拒付通知书。

根据以上不相容职务分工相分离原则,并考虑七项工作的工作量大小,可作如下分工:

会计人员A: (1) 记录总账。
(总账)   (5) 开具退货拒付通知单。
                    (6) 调节银行对账单。
会计人员B: (2) 记录应付款明细账。
(明细账)   (3) 记录应收明细账。
会计人员C: (4) 开具支票,以便主管人员签章,并记录现金日记账。
(出纳)   (7) 处理并送存所收入的现金。

3. 缺陷:
(1) 不应由销售经理审核。
(2) 销售单不应由仓库部门编制,也不能代替装运凭证。
(3) 货物的发货与装运的职责不应由同一部门承担。
(4) 会计部门开具销售发票时,没有核定装运凭证、销售单和商品价目表。
(5) 负责销售账和收款两项不相容职务不应由1人办理。
(6) 没有对销售收款循环进行独立稽核。

改进措施如下:
(1) 销售部门必须根据批准的订单编制一式多联连续编号的销售通知单,分别用于批准赊销、审核、发货与装运货物、记录发货数量及向顾客开具账单。

(2) 货物的发货与装运,由仓库和运输部门分别办理。

(3) 运输部门必须根据已批准的销售单一式多联连续编号提货单,装运货物;仓库部门核对经批准的销售单与提货单后发货。

(4) 会计部门必须在核对装运凭证(提货单)、销售单和商品价目表无误的情况下,才能开具发票。

(5) 将收款业务和负责销售账的业务分开。

(6) 设置独立稽核人员,专门审核销售发票的单价、加总、入账日期等。

第九章

(一) 单项选择题

1. A 2. C 3. A 4. D 5. D 6. B 7. D 8. A 9. B 10. C 11. A 12. A 13. D 14. B 15. D

(二) 多项选择题 1. ABCD 2. AB 3. ABCD 4. ABCD 5. BCD 6. AB 7. ABD 8. ABCD 9. ABCD 10. AB 11. BD 12. BCD 13. AD 14. ABD 15. AC

(三) 判断题

1. × 2. √ 3. √ 4. √ 5. √ 6. √ 7. √ 8. √ 9. √ 10. √

(四) 简答题

1. 注册会计师增加审计程序不可预见性的方法有:

(1) 对某些以前未测试的低于设定的重要性水平或风险较小的账户余额和认定实施实质性程序。

(2) 调整实施审计程序的时间,使其超出被审计单位的预期。

(3) 采取不同的审计抽样方法,使当年抽取的测试样本与以前有所不同。

(4) 选取不同的地点实施审计程序,或预先不告知被审计单位所选定的测试地点。

2. (1)ABD。特别风险通常与非常规的交易和判断事项有关,对于收入而言,注册会计师会认为其存在舞弊的风险非常大,所以选项 ABD 会认为其存在特别风险。

(2) ABD。对特别风险,注册会计师应当评价相关控制的设计情况,并确定其是否已经得到执行,选项 A 正确;如果注册会计师拟信赖针对特别风险的控制,那么所有关于该控制运行有效性的审计证据必须来自当年的控制测试。相应地,注册会计师应当在每次审计中都测试这类控制,选项 B 正确;如果管理层未能实施控制以恰当应对特别风险,注册会计师应当认为内部控制存在重大缺陷,并考虑其对风险评估的影响。在此情况下,注册会计师应当考虑按照审计准则的规定,就此类事项与治理层沟通,选项 D 正确。

(3) AB。如果针对特别风险仅实施实质性程序,注册会计师应当使用细节测试,或将细节测试和实质性分析程序结合使用,以获取充分、适当的审计证据。作此规定的考虑是,为应对特别风险需要获取具有高度相关性和可靠性的审计证据,仅实施实质性分析程序不足以获取。

3. (1)ABCD。在确定进一步审计程序的性质时,注册会计师首先需要考虑的是认定层次重大错报风险的评估结果。除了从总体上把握认定层次重大错报风险的评估结果对选择进一步审计程序的影响外,在确定拟实施的审计程序时,注册会计师接下来应当考虑评估的认定层次重大错报风险产生的原因,包括考虑各类交易、账户余额、列报的具体特征以及内部控制。另外,因为不同的审计程序应对特定认定错报风险的效力不同,在确定进一步审计程序的性质时也应当考虑。

(2) ACD。注册会计师在确定何时实施审计程序时应当考虑的几项重要因素:①控制环境;②何时能得到相关信息;③错报风险的性质;④审计证据适用的期间或时点。

(3) ABCD。在确定审计程序的范围时,注册会计师应当考虑下列因素:①确定的重要性水平;②评估的重大错报风险;③计划获取的保证程度。需要说明的是,随着重大错报风险的增加,注册会计师应当考虑扩大审计程序的范围。但是,只有当审计程序本身与特定风险相关时,扩大审计程序的范围才是有效的。

四、案例分析题

1.

情况	是否存在缺陷以及存在缺陷的理由
(1)	缺陷:①出纳人员同时登记产成品总账与明细账,不相容职务未进行分离,无法保证存货、营业成本项目的存在、发生、完整性、计价、准确性认定
	建议:由不同的财务人员登记产成品明细账与总账
(2)	缺陷:②开具发票后未在传递给财务部门的销售发票后附上发运凭证,不能防止未经发货就登记入账的错误,很可能违背营业收入、应收账款的发生、存在认定
	建议:开具销售发票后,将销售单、发运凭证一同附在销售发票后传递给财务部门
(3)	缺陷:③付款单的编制依据中没有包括供应商发票,无法保证应付账款及存货余额的计价认定
	建议:根据订购单、验收单及供应商发票开具付款单
	缺陷:④应付凭单部门次月月初才将上月开具的付款凭单及其汇总表交财务部门,未能及时付款并将应付账款记录在适当的期间,无法保证(采购业务的截止认定及)应付账款和存货项目的完整性认定
	建议:应付凭单部门每日将付款凭单交财务部门
(4)	不存在缺陷
(5)	缺陷:⑤仓库只向财务部门传递一联领料单,无法保证与直接材料相关的实物流转成本核算分开进行,难以保证存货与营业成本项目的计价和准确性认定
	建议:仓库向财务部门传递两联领料单,分别用作实物流转记录和成本核算的依据

(续表)

情况	是否存在缺陷以及存在缺陷的理由
(6)	缺陷:⑥投资记账员根据投资交易员交来的原始凭证编制记账凭证,在未经审核的情况下登记相应的投资明细账,无法确保交易性金融资产及可供出售金融资产项目的计价认定和投资交易的分类认定
	建议:投资记账员编制记账凭证后,交财务主管审核,并根据经审核的记账凭证登记入账
(7)	缺陷:⑦交易员与记账员每月末进行核对,不利于及时发现差错;核对结果交由投资经理与财务经理共同调查,不相容职务未能分离;核对内容未包括资金统计。这些缺陷可能影响交易性金融资产与可供出售金融资产(以及货币资金)项目的计价认定
	建议:交易员与记账员应于每周末进行核对;核对内容除了投资类别外,还应包括资金统计;无论核对有无差异,均应将核对表分别交给投资经理及财务经理复核签字
(8)	不存在缺陷
(9)	缺陷:⑧银行出纳编制银行存款余额调节表,不相容职务未分离,无法保证货币资金(银行存款)项目的完整性和计价认定(银行存款日记账系由出纳员自己登记的,在发生贪污的情况下,不会出现违背存在性的错误)
	建议:由出纳员以外的其他财务人员取得对账单并编制银行存款余额调节表
(10)	缺陷:⑨由财务部门审核费用报销单,难以发现费用的真实性和超限额报销的问题;财务主管在批准支付后,未经独立复核便交由出纳员办理支付。这些缺陷可能影响管理费用与销售费用的发生和准确性认定
	建议:费用报销单应由各部门分管财务的主管签字,然后到财务部办理。财务经理只负责是否准予支付,批准后须经独立人员复核方能办理支付

2. A和B注册会计师通过内部控制测试所注意到的各种情况均实际构成了存货内部控制的缺陷(见下表)。

情况	是否构成缺陷	简明理由
(1)	以前年度未对盘点存货,构成缺陷	保证存货账实相符是内部控制的重要目标,定期盘点是实现该目标的关键措施
(2)	不按顺序记录发出产成品,构成缺陷	可能导致销售业务记录不真实或不完整,进而导致销售业务提前或推后入账
(3)	不记录代管材料的变动情况,构成缺陷	不记录C材料的收发业务,既不能保证C材料的安全、完整,又不能保证存货成本的正确性

(续表)

情况	是否构成缺陷	简明理由
(4)	财会部门不记录材料发出,构成缺陷	发出材料只由仓储部门记录而财会部门不记录,导致记录无法核对,不能保证账实相符
(5)	不按既定的计价方法核算,构成缺陷。	导致财务处理方法不一致的现象,不能保证存货成本和期末存货价值的正确性
(6)	将受托保管材料入账,构成缺陷	将不属于甲公司的存货计入甲公司明细账,导致存货记录及期末余额不真实

3. 注册会计师针对销售收入、应收账款余额和坏账准备实施的风险评估和进一步审计程序如下:

(1) 被审计单位在20×8年度以放宽授信额度来增加销售收入,导致货款回收速度放缓,应收账款余额大幅上升,但坏账准备余额基本与去年持平,可认为应收账款的计价认定存在特别风险,即年末坏账准备计提可能不足。

(2) 注册会计师根据职业判断及对公司的了解,应从以下方面采取进一步审计程序:

首先,控制测试。注册会计师从销售流程选取一些关键的控制进行测试,如销售主管每月审核按客户分列的销售收入和应收账款汇总表,对其中的重大差异和异常情况进行跟进分析,编制分析报告并呈报销售经理和总经理,由总经理和销售经理审阅后讨论解决措施,针对该项月度控制,注册会计师抽取几个月进行测试,并分别与总经理和销售经理对所抽取月份的分析报告进行讨论,证实他们确实审阅了该报告并对重大差异和异常情况进行了调查和跟进;对每一笔销售收入,销售部专职秘书将客户订单、客户已签收的送货单以及发票上的客户名称、货物品种、数量、价格进行核对,并在发票记账联盖"核对确认无误"章,交给财务部作为确认销售收入的凭证,对于数据不符的交易进行调查并调整,针对该人工控制,注册会计师抽取每月5个共60个样本进行测试,核对客户订单、客户已签收的送货单以及发票,以检查有关信息是否一致,发票记账联上是否有"核对确认无误"章,以及入账金额是否准确;订单分为"待批准"、"已批准"和"已执行"三种状态,订单已经批准就会自动生成相应的送货单,已发货的订单在系统中被设置为"已执行"状态,每月末系统会自动配比当月的"已执行"订单、送货单和当月入账的销售收入(均有订单号索引),对未确认收入的订单生成"已执行订单未入账报告",财务人员对该报告进行跟踪调查,补记漏记的销售收入,针对该项自动化应用控制,注册会计师应查阅上年测试记录,并了解到该控制在本年度有无变化,并结合信息技术一般控制的运行有效性测试,决定是否进行自动化控制测试。

其次,评估针对特别风险的控制。注册会计师了解企业针对应收账款账龄增长及由此带来的坏账增加的风险,发现公司管理层采取了与账龄逾期1年以上的客户签订还款协议的方式,要求客户对归还旧账的时间和金额作出书面承诺,如果客户未按照协议执行,则暂停供货。注册会计师应对该项控制进行评估,以决定其设计是否恰当,并得到有效执行。

最后,实质性程序。根据前述两个程序的结果,注册会计师对销售收入及应收账款实施实质性程序,包括对销售收入及应收账款实施实质性分析程序;对应收账款和坏账准备实施细节测试

(如应收账款函证;回函的处理;未回函的替代审计;没有函证的,结合控制测试和实质性分析程序,判断其重大错报风险;验证账龄分析报告的准确性;向总经理和销售经理询问他们对应收账款可收回性的评估;重新计算坏账准备的计提;对账龄较长且未计提坏账准备的应收账款余额,查看还款协议和实际付款记录,并在必要时建议作审计调整并向管理层报告有关事项;销售截至测试等)。

第十章

(一) 单项选择题
1. C 2. D 3. C 4. A 5. B 6. D 7. C 8. A 9. D 10. D 11. C 12. D 13. D 14. B 15. C

(二) 多项选择题 1. BD 2. ABD 3. AC 4. BCD 5. ACD 6. ABCD;7. BD;8. CD 9. ACD 10. ABC 11. AC 12. ABC 13. ABD 14. BCD 15. ABC

(三) 判断题
1. × 2. √ 3. √ 4. √;5. × 6. √ 7. × 8. × 9. √ 10. ×

(四) 简答题
1. 注册会计师应当考虑通过下列方式,应对舞弊导致的认定层次重大错报风险:
(1) 改变拟实施审计程序的性质,以获取更为可靠、相关的审计证据,或获取其他佐证性信息,包括更加重视实地观察或检查,在实施函证程序时改变常规函证内容,询问被审计单位的非财务人员等。
(2) 改变实质性程序的时间,包括在期末或接近期末实施实质性程序,或针对本期较早时间发生的交易事项或贯穿于本会计期间的交易事项实施测试。
(3) 改变审计程序的范围,包括扩大样本规模,采用更详细的数据实施分析程序等。
2. 注册会计师应当就下列事项向管理层和治理层(如适用)获取书面声明:
(1) 管理层和治理层认可其设计、执行和维护内部控制以防止和发现舞弊的责任。
(2) 管理层和治理层认可已向注册会计师披露了管理层对由于舞弊导致的财务报表重大错报风险的评估结果。
(3) 管理层和治理层已向注册会计师披露了已知的涉及管理层、在内部控制中承担重要职责的员工以及其他人员(在舞弊行为导致财务报表出现重大错报的情况下)的舞弊或舞弊嫌疑。
(4) 管理层和治理层已向注册会计师披露了从现任和前任员工、分析师、监管机构等方面获知的、影响财务报表的舞弊指控或舞弊嫌疑。
3. 被审计单位治理层和管理层对防止或发现舞弊负有主要责任:
(1) 管理层在治理层的监督下,高度重视对舞弊的防范和遏制是非常重要的。
(2) 对舞弊进行防范可以减少舞弊发生的机会。
(3) 对舞弊进行遏制,即发现和惩罚舞弊行为,能够警示被审计单位人员不要实施舞弊。
4. 注册会计师对发现舞弊方面的责任界定:
(1) 在按照审计准则的规定执行审计工作时,注册会计师有责任对财务报表整体是否不存在由于舞弊或错误导致的重大错报获取合理保证。

(2)由于审计的固有限制,即使注册会计师按照审计准则的规定恰当计划和执行了审计工作,也不可避免地存在财务报表中的某些重大错报未被发现的风险。因此,注册会计师不能对财务报表整体不存在重大错报获取绝对保证。

串通舞弊可能导致原本虚假的审计证据被注册会计师误认为具有说服力。

四、案例分析题

1.
(1)紫鑫药业财务舞弊的动机可能是推高股价,便于控股股东高价套现。
(2)通过股本账户识别与其有关联交易的母公司;通过长期股权投资账户识别与其有关联关系的子公司;通过对子公司长期股权投资的延伸审计,识别出与其有关联交易的孙公司。
(3)销售收入与利润 2010 年增速过快;销售的前几大客户占比过大;媒体报道。

2.
(1)该案例中舞弊的动机或压力是:保险业务员是非正式员工,无底薪或底薪极低,工作不稳定,收入不稳定等等压力;舞弊的机会:保险费直接用现金交给保险业务员,贪污保险费不会受到严厉惩罚等;舞弊的借口可能是:业务员认为保险公司对我不公,贪污保险费是正常的。
(2)注册会计师没有责任发现此类雇员舞弊,但注册会计师在了解到保险收费存在内控缺陷时,有责任与治理层和管理层沟通,建议从人事制度、员工待遇、内部控制、惩罚制度等方面对保险业务员的控制。

3.
(1)属管理层舞弊,应完善会计估计变更制度,审计师要检查会计估计变更是否合理、合法以及会计处理是否正确。
(2)属管理层舞弊,应完善存货管理特别是存货损失的确认、存货跌价准备计提等内部控制制度,审计师要追加对存货可变现净值的计量以及确认存货损失或计提存货跌价准备的实质性测试程序。
(3)属雇员舞弊,应完善实物管理以及出入公司的门卫检查制度,审计师要有针对性地扩大实物监盘范围。
(4)属管理层舞弊,应完善公司会计信息披露制度,审计师要了解管理层的意图,并针对债券投资组合追查其价值情况,并根据会计准则提出处理建议。

第十一章

(一)单项选择题
1. C 2. A 3. D 4. D 5. D 6. C 7. C 8. A 9. B 10. A 11. B 12. B 13. D 14. B 15. A

(二)多项选择题 1. ABD 2. ABD 3. ABCD 4. ACD 5. BCD 6. ACD 7. ACD 8. BC 9. AC 10. ABD 11. ABCD 12. ABC 13. ABD 14. ABC 15. ABC

(三)判断题
1. √ 2. √ 3. × 4. √ 5. √ 6. √ 7. √ 8. √ 9. √ 10. √ 11. × 12. √ 13. √ 14. × 15. ×

四、案例分析题

1.

证据代码	第1组		第2组		第3组		第4组		第5组	
	a	A	b	B	c	C	d	D	e	E
可靠性高的证据	√			√	√		√			√
相关性高的证据	√		√		√		√	√		

解析：

(1) 函证汇总表(a)是依据函证回函编制的，明细表是根据应收账款账簿记录编制的，从编制依据上比较，前者的可靠性更高；函证回函可以证实销售业务的实物转移情况、价值流转情况各所有权转移情况，账簿记录本身只能证实价值流转情况。因此，函证汇总表对于应收账款的存在性提供的证据更全面，相关性更高。

(2) 关联方的函证回函(b)直接来自被审计单位的关联方，银行对账单间接来自开户银行。从形式上看，两者均属于外部证据，似乎前者的可靠性更高。但事实上，关联方并非独立的外部机构，因此前者在本质上更接近于内部证据，所以后者列为可靠；就相关性来说，前者提供了关联方交易的全面信息，后者只能反映被审计单位与其关联方之间的资金往来，并不能反映交易的具体内容，故前者的相关性高于后者。

(3) 存货盘点清单(c)来自实物，具备了实物的属性，且经过注册会计师的现场观察予以佐证，它比作为书面证据的卖方发票(C)具有更高的可靠性；但前者仅提供了原材料的数量，不能直接证实原材料的计价，后者则与原材料计价直接相关，相对于计价目标来说具有更高的相关性。

(4) 应付账款的完整性受到相关内部控制的影响。就审计证据的可靠性来说，观察是直接的，询问是间接的，故观察记录(d)的可靠性高于询问记录(D)；对相关性来说，由于采购业务的内部控制涉及整个会计期间，而观察只能证明观察当时的有效性，询问则不受时间限制，故询问记录能提供更加全面的内部控制执行情况信息，作为证据的相关性更高。

(5) 沟通记录(e)是通过询问程序获取的，其可靠性远低于直接来自独立外部机构的函证回函(E)；但具体到分类目标来说，因为交易性金融资产与可供出售金融资产的分类完全取决于被审计单位的持有目的，而沟通记录直接提供了分类依据，与审计目标之间具有较高的相关性，交易流水单则不能提供有关当前持有的有价证券的分类信息，其相关性远低于前者。

2.

项目	审计目标	最恰当的审计程序	获取的关键证据
固定资产	存在	从明细账中追查到实物	检查、观察、询问记录
	计价和分摊	检查减值准备与累计折旧的计提	账簿记录
存货	存在	从明细账追查到存货汇总表	存货汇总表
	权利和义务	向债权人询证担保低押情况	函证回函

3.

(1) 决策不当。除了应收账款的存在认定与营业收入的发生认定外,函证程序不足以证实 A 注册会计师所罗列的其他项目及其相关认定。

(2) 决策不当。采用消极式函证时,注册会计师应当向客户提供 X 公司的账簿记录以供客户核对。由于 12 月 15 日之前寄出发的询证函无法提供 X 公司记载的 12 月 31 日应收账款余额,导致客户无法核对,进而导致无法回函。而且采用消极式工式函证,客户只有在认为核对不符时才加函,A 注册会计师要求客户认为应收账款余额正确时回函不符合规定。

(3) 决策不当。注册会计师不能同意部分债务人将询证函直接寄给 X 公司的要求,因为即使 X 公司直接转交给会计师事务所,也不符合审计准则的规定。

(4) 决策不当。按规定,会计师事务所应以被审计单位的名义向客户寄发询证函。A 注册会计师以会计师事务所名义实施函证的做法不符合审计准则的规定。

(5) 决策不当。注册的会计师不能认可 X 公司的账面记录,应建议 X 公司调整 2009 年 12 月 31 日的应收账款余额,并相应调整营业收入、营业成本和存货等到项目。

(6) 决策不当。在无法收到回函的情况下,A 注册会计师应当考虑实施函证替代程序或其他审计程序,在此之前更不能确定审计意见。

4.

账户	银行存款	应收账款	营业收入	应付账款
认定	计价与分摊	存在	发生	完整性
要求被函证者提供信息				√
要求被函证者确认信息	√	√	√	

5.

底稿序号	审计证据的类型	证据可靠性排序	适宜证实的管理层认定
(1)	自行编制的外部证据	第四	无
(2)	直接获取的外部证据	第一	存在,计价和分摊
(3)	客户持有的外部证据	第二	完整性,计价和分摊
(4)	自行编制的外部证据	第三	计价和分摊

6.

实质性分析程序的运用包括以下几个步骤:①识别需要运用分析程序的账户余额或交易;②确定期望值;③确定可接受的差异额;④识别需要进一步调查的差异;⑤调查异常数据关系;⑥评估分析程序的结果。

第十二章

（一）单项选择题

1. B 2. B 3. A 4. B 5. C 6. C 7. A 8. A 9. C 10. C 11. C 12. D

（二）多项选择题

1. ABC 2. AD 3. ABD 4. ABCD 5. BD 6. AD 7. BD 8. AB 9. BD 10. ABC 11. AB 12. AD

（三）判断题

1. × 2. × 3. √ 4. × 5. × 6. × 7. √ 8. × 9. √ 10. √ 11. × 12. × 13. ×

四、案例分析题

1.

（1）没有设计"页次"栏目。

（2）编制者没有填写姓名与日期。

（3）"消极式函证"比例10%错误，应为1%。

（4）"寄发询证函小计"金额相对应的百分比计算错误，应为14%。

（5）"选定函证但客户不同意函证的应收账款"一项没有列示金额和百分比。

（6）"选择函证的合计"没有列示金额和百分比。

（7）发出的108封积极式询证函中，共收回92封，没有列示未回函的16家债务人。

（8）没有从样本回函差额推断至整体错报就形成公允的结论是错误的。

解析：这是一个综合性很强的应用型命题。有些内容简直令人防不胜防，例如编制人、复核人这样的栏目，审题时看见"编制人"、"复核人"这样的字眼，知道这属于工作底稿的要素，认为是正确的，但问题是在"编制人"后的空格中没有人签名，不符合工作底稿的要求。还有，有的百分比算错了，不少审计人员没有看出来，其原因不是大家不会算数，而是想不到这样的内容竟然会错！不经历这样的题，一般都难以真正理解什么才叫"审题要仔细"。

2.

情况（1）符合规定。如果工作底稿具有连续的索引号，可以统一签名，不必在每张底稿上签名。

情况（2）不符合规定。查清事实、解决矛盾后，不应保留结论不正确的工作底稿。

建议（1）存在问题。由电子形式的工作底稿打印形成的工作底稿并不能代替原电子形式的工作底稿，两者都应当归入审计档案。

建议（2）存在问题。自行复印不是必须的。如是自行复印，复印件与原件的核对更无必要。

建议（3）存在问题。管理建议书指出了被审计单位内部控制的重大缺陷，是以后年度的控制测试的重点，应作为永久性档案，保存期限不应低于10年。

3.

（1）不符合。按规定，审计工作底稿编制应使未曾接触该项审计工作的有经验的专业人士清楚地了解所实施的审计程序的性质、时间和范围。

（2）不符合。项目质量控制复核人对审计工作底稿的复核不是逐张复核，故只需在所复核的工作底稿上签字,无需逐张签字。

(3)不符合。项目质量控制复核的重点内容是项目组做出的重大判断和项目在准备审计报告时得出的结论。

(4)符合。注册会计师可能会以实施审计程序的范围作为识别特征。

(5)不符合。当审计程序结果表明不仅需要修正对重大错报风险的评估,而且要修改相应的应对措施时,才将该结果列为重大事项。

(6)符合。注册会计师应当及时记录与管理层、治理层和其他人员对重大事项的讨论,包括讨论的内容、时间、地点和参加人员。

4.

审计工作底稿的十大要素:①被审计单位名称;②审计项目名称;③审计项目时点或期间;④审计过程记录;⑤审计结论;⑥审计标识及其说明;⑦索引号及编号;⑧编制者姓名及编制日期;⑨复核者姓名及复核日期;⑩其他应说明事项。

5.

审计档案的保管年限如下:①当期档案自审计报告签发之日起至少保存10年;②永久性档案应长期保存;③不再继续审计的被审计单位,永久性档案的保管年限与最近一年当期档案的保管年限相同。

6.

在审计报告日后,如果发现例外情况要求注册会计师实施新的或追加的审计程序,或导致注册会计师得出新的结论,注册会计师应当记录:

(1)遇到的例外情况。

(2)实施的新的或追加的审计程序,获取的审计证据以及得出结论。

(3)对审计工作底稿作出变动及其复核的时间和人员。

例外情况主要是指审计报告日后发现已审财务信息相关,且在审计报告日已经存在的事实,该事实如果被注册会计师在审计报告日前获知,可能影响审计报告。

第十三章

(一) 单项选择题

1. D 2. B 3. C 4. D 5. A 6. B 7. D 8. B 9. B 10. B 11. C 12. C 13. C 14. B 15. D

(二) 多项选择题 1. ABCE 2. AB 3. ABCDE 4. ABCDE 5. ABC 6. AB 7. ABCE 8. ABCDE 9. ABD 10. ABC 11. ABD 12. ABC 13. ABC 14. BC 15. ABD

(三) 判断题

1. √ 2. √ 3. × 4. √ 5. √ 6. √ 7. × 8. × 9. √ 10. ×

(四) 简答题

1. 为了更清楚地理解重要性的概念,需要注意把握以下几点:

(1)重要性概念中的错报包含漏报。财务报表错报包括财务报表金额的错报和财务报表披露的错报。

(2) 重要性包括对数量和性质两个方面的考虑。所谓数量,使之错报金额大小,性质则指错报的性质。一般来说,金额大的错报比金额小的错报更重要。在某些情况下,某些金额的错报从数量上看并不重要,但从性质上考虑,则可能是重要的。

(3) 重要性概念是针对财务报表使用者决策的信息需求而言的。判断一项错报重要与否,应视其对财务报表使用者依据财务报表作出经济决策的影响程度而定。如果财务报表中的某项错报足以改变或影响财务报表使用者的相关决策,则该项错报就是重要的否则就不重要。

(4) 重要性的确定离不开具体环境。由于不同的被审计单位面临不同的环境,不同的宝贝使用者有着不同的信息需求,因此注册会计师确定的重要性也不相同。某一金额的错报对某被审计单位的财务报表来说是重要的,而对另一个被审计单位的财务报表来说可能不重要。例如,错报10万元对一个小公司来说可能是重要的,而对另一个大公司来说则可能不重要。

(5) 对重要性的评估需要运用职业判断。影响重要性的因素很多,注册会计师应当根据被审计单位面临的环境,并综合考虑其他因素,合理确定重要性水平。不同的注册会计师在确定同一被审计单位重要性水平时,得出的结果可能不同。主要是因为对影响重要性的各因素的判断存在差异。因此,注册会计师需要运用职业判断来合理评估重要性。

2. 国际审计准则对审计风险所下定义为:"审计风险是指当财务报表存在重大错误时,审计人员对其发表不恰当意见。"我国注册会计师审计准则对审计风险的定义与国际准则基本相同,即"审计风险是指财务报表存在重大错报而注册会计师法表不恰当审计意见的可能性。"具体内容包括:

(1) 重大错报风险。重大错报风险是指财务报表在审计前存在重大错报的可能性。在设计审计程序以确定财务报表整体是否存在重大错报时,注册会计师应当从财务报表层次和各类交易、账户余额、列报认定层次考虑重大错报风险。

其中,认定层次的重大错报风险又可以进一步细分为固有风险和控制风险。固有风险指假设不存在相关的内部控制,某一认定发生重大错报的可能性。控制风险是指某项认定发生了重大错报,而该错报没有被企业的内部控制及时防止、发现和纠正的可能性。

(2) 检查风险。检查风险是指某一认定存在错报,该错报单独或连同其他错报是重大的,但注册会计师未能发现这种错报的可能性。

审计风险、重大错报风险和检查风险之间的关系用模型表示为:审计风险＝重大错报风险×检查风险;若将重大错报风险细分为固有风险和控制风险,则该模型可转换为:审计风险＝固有风险×控制风险×检查风险。

3. 单独地看,一笔小金额的错报无论是在性质上,还是在数量上都是不重要的。但会计报表是一个整体,如果企业每个项目均出现同样的小金额错报,原本几百元的错报,全部累计起来,就有可能成为上万元的错报;企业许多账户或交易均存在小金额的错报,所有账户或交易累计起来,就有可能变成大金额的错报,在这种情况下,必然会对会计报表产生重大影响。所以,注册会计师应当对此予以充分的关注。

4. 注册会计师在出具审计报告之前,评估尚未更正错报单独或累积的影响是否重大。具体地说:①如果尚未更正错报汇总数低于重要性水平,对财务报表的影响不重大,注册会计师可以发表无保留意见的审计报告。②如果尚未更正错报汇总数超过了重要性水平,对财务报表的影响可能是重大的,注册会计师应当考虑通过扩大审计程序的范围或要求管理层调整财务报表降低审计风

329

险。在任何情况下,注册会计师都应当要求管理层就已识别的错报调整财务报表。如果管理层拒绝调整财务报表,并且扩大审计程序范围的结果不能使注册会计师认为尚未更正错报的汇总数不重大,注册会计师应当考虑出具非无保留意见的审计报告。③如果已识别但尚未更正错报的汇总数接近重要性水平,注册会计师应当考虑该汇总数连同尚未发现的错报是否可能超过重要性水平,并考虑通过实施追加的审计程序,或要求管理层调整财务报表降低审计风险。

四、案例分析题

1.
(1) 根据资产总额、净资产、营业收入和净利润计算的重要性水平分别是:1 800(360 000×0.5%)、1 760(176 000×1%)、2 400(480 000×0.5%)、2 412(48 240×5%)。

财务报表层次重要性水平应选金额最低的一个数,因此是1 760。

(2) 财务报表层次的重要性水平:主要作审计意见考虑。

财务报表项目重要性水平:主要调整与披露考虑。

2.
(1) 计算确定XYZ股份有限公司2008年度会计报表层次的审计重要性水平。

判断基础	金额(万元)	固定百分比数值(%)	乘积(万元)	财务报表此次的重要性水平(万元)
资产总额	180 000	0.5	900	
净资产	88 000	1	880	880
主营业务收入	240 000	0.5	1 200	
净利润		5	1 206	

(2) 重要性水平与审计风险之间的关系:重要性水平与审计风险之间成反向关系。也就是说,重要性水平越高,审计风险越低;反之,重要性水平越低,审计风险越高。

(3) 重要性水平与审计证据之间的关系:重要性水平与审计证据之间成反向关系。也就是说,重要性水平越低,应获取的审计证据越多;反之,重要性水平越高,应获取的审计证据越少。

3. 初步估计的报项目表层次重要性水平为总资产的0.75%(即15÷2 000)。如下表所示。

项 目	金额(万元)	比例(%)	重要性水平(万元)
货币资金	20	0.75	0.15
应收账款	300	0.75	2.25
存 货	700	0.75	5.25
固定资产	800	0.75	6
无形资产	180	0.75	1.35
总 计	2 000	0.75	15

按各项资产占总资产的比例确定各报表项目的重要性水平时存在缺陷。其理由是：在确定各类交易、账户余额、列报认定层次的重要性水平时，注册会计师应当考虑以下主要因素：①各类交易、账户余额、列报的性质及错报的可能性；②各类交易、账户余额、列报的重要性水平与财务报表层次重要性水平的关系。因此，按各项资产占总资产的比例来确定各报表项目的重要性水平时存在缺陷。

4.

（1）B公司财务报表层次的重大错报风险应评估为高水平，其主要理由如下：

第一，从以前年度审计的结果来看，B公司被出具了带强调事项段的无保留意见，负责审计的DEF会计师事务所在强调事项段中表达了对其持续经营能力的关注；而且，其收入在2007年被调减1 200万元，占原报告收入的30%，这些都是B公司2008年财务报表可能存在重大错报的信号。

第二，从B公司基本情况及其环境的了解来看，其2008年度的财务报表重大错报风险较高，表现在：多行业经营，业务复杂性和会计处理的复杂性均较高；生产药品，面临的竞争激烈且监管压力较大；缺少审计委员会，治理结构不健全；缺少内部审计部门，会计信息的可靠性将存在问题；与顾客的诉讼将使其持续经营能力面临威胁等。

（2）B公司财务报表可能存在重大错报的领域包括收入确认、存货计价、银行存款。

第十四章

（一）单项选择题

1．A 2．C 3．B 4．B 5．A 6．B 7．D 8．D 9．A 10．C 11．C 12．C 13．C 14．A 15．B

（二）多项选择题 1．ABCD 2．ABCD 3．ACD 4、BD 5．BD 6．ACD 7．BCD 8．AC 9．ABC 10．ABD 11．AC 12．ABCD 13．ABCD 14．ACD 15．ABC

（三）判断题

1．× 2．√ 3．× 4．× 5．× 6．× 7．√ 8．× 9．√ 10．×

（四）简答题

1.

高估收入主要的三类情形	相应的程序
未曾发货却已将销售交易登记入账	注册会计师可以从主营业务收入明细账中抽取若干笔分录，追查有无发运凭证及其他佐证，借以查明有无事实上没有发货却登记入账的销售交易
销售交易重复入账	注册会计师可以检查企业销售交易记录清单以确定是否存在重号的情况
向虚构的客户发货并登记入账	注册会计师应当检查主营业务收入明细账中与销售分录相应的销货单，以确定销售是否履行赊销批准手续和发货审批手续

2.

截止测试路线	测试起点	实施的截止测试程序	实施的主要目的
1	账簿记录	从资产负债表日前后若干天的账簿记录查至记账凭证,检查发票存根与发运凭证,目的是证实记入账收入是否在同一期间已开具发票并发货,有无多记收入	主要是为了防止多计收入
2	销售发票	从资产负债表日前后若干天的发票存根查至发运凭证与账簿记录,确定已开具发票的货物是否已发货并于同一会计期间确认收入	主要是为了防止少计收入
3	发运凭证	从资产负债表日前后若干天的发运凭证查至发票开具情况与账簿记录,确定主营业务收入是否已记入恰当的会计期间	主要是为了防止少计收入

3. 针对要求(1):

事项(1)与销售收入的发生认定直接相关。

事项(2)与销售收入的发生认定直接相关。

事项(3)与销售收入的发生认定直接相关。

事项(4)与销售收入的发生认定不直接相关。

事项(5)与销售收入的发生认定直接相关。

事项(6)与销售收入的发生认定不直接相关。

针对要求(2):

注册会计师最应当选择事项(5)进行控制测试。因为甲公司是以"客户验货签收"作为销售收入的确认时点的,核对销售合同、客户签收单和销售发票能够降低虚构销售收入的风险。

四、案例分析题

1. 可能存在的错误有:

(1) 年初数 1~2 年的 1186 元与年末数 1365 元勾稽关系有问题,因为后者大于前者。

(2) 年初数 2~3 年的 1161 元与>3 年的 1421 元之和与年末数>3 年的 2874 元勾稽关系有问题,因为后者大于前两者之和。

2.

(1) 检查银行存款日记账、收款凭证及银行对账单,查明是否收到该笔金额,以及如何进行会计处理等。

(2) 检查销售合同及与销货退回相关的增值税发票、入库单,查明退回货物是否已验收入库等。

(3) 检查代销合同和代销清单,查明是否存在编制虚假代销清单、虚增本期收入和应收账款的情况等。

(4) 考虑与丁公司取得联系,确定正确的地址,第二次寄发询证函。

3. 针对事项(1)：

将应付账款中的借方余额通过会计报表重分类分录调整至预付款项,作会计分录如下(金额单位为万元)：

借：预付款项——B　　　　　　　　　　　　　　　　　　　　　　　　1500
　　贷：应付账款——B　　　　　　　　　　　　　　　　　　　　　　　1500

将预收账款中的借方余额通过会计报表重分类分录调整至应收账款,作会计分录如下：

借：应收账款——H　　　　　　　　　　　　　　　　　　　　　　　　2000
　　贷：预收款项——H　　　　　　　　　　　　　　　　　　　　　　　2000

编制审计调整分录如下：

借：资产减值损失[(21 000+1 260+2 000)×6%－1 260]　　　　　　　195.6
　　贷：应收账款　　　　　　　　　　　　　　　　　　　　　　　　　195.6

针对事项(2)：

应建议Y公司调整2011年度的内部虚假销售相关的会计报表项目,作以下调整分录：

借：营业收入——主营业务收入　　　　　　　　　　　　　　　　　　1 000
　　应交税费——应交增值税(销项税额)　　　　　　　　　　　　　　　170
　　其他应收款　　　　　　　　　　　　　　　　　　　　　　　　　　117
　　贷：应交税费——应交增值税(进项税额)　　　　　　　　　　　　　187
　　　　存货　　　　　　　　　　　　　　　　　　　　　　　　　　　1 100

借：存货　　　　　　　　　　　　　　　　　　　　　　　　　　　　　900
　　贷：营业成本——主营业务成本　　　　　　　　　　　　　　　　　900

借：资产减值损失[(1692+6+117)×6%－6]　　　　　　　　　　　　　102.9
　　贷：其他应收款　　　　　　　　　　　　　　　　　　　　　　　　102.9

4. 运用分析程序,具体分析过程如下：

(1) 结合营业收入与营业成本分析毛利率。2007年度已审数中A产品的毛利率=(40 000－34 000)÷40 000=15%,但是2008年度未审数A产品的毛利率=(50 000－40 000)÷50 000×100%=20%,但是根据资料二显示"替代产品面市使A产品的市场需求减少,市场竞争激烈,导致销售价格明显下跌",所以很可能存在虚增收入的情况。(营业收入—发生,营业成本—完整性)

(2) 结合市场行情看库存。因为市场竞争激励,A产品的市场需求减少,但是A产品2008年度收发存记录显示该产品年末余额为0,很可能该存货被低估。(存货—完整性)

(3) 结合应收账款分析赊销。从"与销售A产品相关的应收账款变动记录"中可以看出2008年12月9日赊销产生的应收账款在2009年1月31日都没有收回,但是"产品销售采用赊销方式,正常信用期为20天",所以应收账款很可能存在坏账计提不足或虚构收入等重大错报风险。(应收账款—存在、计价与分摊)

(4) 结合库存商品分析成本。因为汇率因素导致a原材料采购成本大幅上涨,将会导致A产品的成本上升,但是A产品2008年的入库单价却下降,很可能表明存货成本存在重大错报风险。(存货—计价与分摊)

(5) 结合库存商品分析销售出库。因为X公司无明显产销淡旺季,但A产品在12月份却有

大量的出库,很可能表明存在虚构销售的重大错报风险。(营业收入—发生,营业成本—发生,存货—完整性)

第十五章

(一) 单项选择题

1. C 2. C 3. A 4. C 5. C 6. C 7. C 8. A 9. B 10. A 11. B 12. B 13. D 14. B 15. A。

(二) 多项选择题 1. ABC 2. ABC 3 ABD、4. BCD 5. ABC 6. BD 7. BCD 8. AC 9. ABC 10. ABC 11. BCD 12. ABCD 13. BCD 14. ABCD 15. ACD

(三) 判断题

1. √ 2. √ 3. × 4. √ 5. × 6. × 7. × 8. √ 9. × 10. ×

(四) 简答题

1.

(1) 检查被审计单位债务形成的相关原始凭证,如供应商发票、验收报告或入库单等,查找有无未及时入账的应付账款,确认应付账款期末余额的完整性。

(2) 检查财务报表日后应付账款明细账贷方发生额的相应凭证,关注其供应商发票的日期,确认其入账时间是否合理。

(3) 获取被审计单位与其供应商之间的对账单,并将对账单和财务记录之间的差异进行调节(如在途款项、在途商品、付款折扣、未记录的负债等),查找有无未入账的应付账款,确定应付账款金额的准确性。

(4) 针对财务报表日后付款项目,检查银行对账单及有关付款凭证(如银行汇款通知、供应商收据等),询问被审计单位内部或外部的知情人员,查找有无未及时入账的应付账款。

(5) 结合存货监盘程序,检查被审计单位在财务报表日前后的存货入库资料(验收报告或入库单),检查是否有大额货到单未到的情况,确认相关负债是否计入了正确的会计期间。

2. 应付账款设计以下的实质性分析程序。

(1) 将应付账款余额与期初余额进行比较,分析波动原因。

(2) 分析长期挂账的应付账款,要求被审计单位作出解释,判断其是否缺乏偿债能力或利用应付账款隐瞒利润,并注意其是否可能无需支付。对确实无须支付的应付款的会计处理是否正确,依据是否充分;关注账龄超过 3 年的大额应付账款在财务报表日后是否偿还,检查偿还记录、单据及披露情况。

(3) 计算应付账款与存货的比率,应付账款与流动负债的比率,并与以前年度相关比率对比分析,评价应付账款整体的合理性。

(4) 分析存货和营业成本等项目的增减变动,判断应付账款增减变动的合理性。

四、案例分析题

1. A 注册会计师应选择 B 公司和 D 公司进行函证。因为应付账款函证对象的确定时应当考虑选择那些可能存在较大余额(D 公司)或财务报表日金额不大,甚至为零,但为 X 公司重要供应商的债权人(B 公司)。函证的目的在于查实 X 公司有无未入账负债。本年度 X 公司从 B、D 两家公司采购了大量商品,存在漏记负债错报风险比较高。

2.

相关认定	是否可以获取充分、适当的审计证据(是/否)	主要实质性程序	审计路径起点
存在	否	从固定资产明细账的期初余额中选取样本,检查至固定资产实物	固定资产明细账的期初余额
完整性	否	选取固定资产实物,检查至固定资产明细账的余额	固定资产实物
权利和义务	否	从固定资产明细账的期初余额中选取样本,检查至产权证明文件等相关原始单证	固定资产明细账的期初余额
计价和分摊	是		

3. 无形资产实际摊销计算错误,应为 2 个月的摊销,建议补记摊销。

借:存货/营业成本　　　　　　　　　　　　　　　　　　　300 000
　　贷:无形资产——累计摊销　　　　　　　　　　　　　300 000

4.

是否可能表明存在重大错报风险(是/否)	理由	财务报表项目名称	财务报表项目的认定
是	甲公司新购入的无形资产由于竞争对手新产品的上市以及更新一代产品的即将推出,已经发生了资产减值,但甲公司尚未针对该无形资产计提减值准备,可能存在无形资产计价方面的重大错报风险。	无形资产	计价和分摊

第十六章

(一) 单项选择题
1. D　2. B　3. A　4. D　5. A　6. C　7. A　8. D　9. B　10. D　11. D　12. B　13. C　14. D　15. B。

(二) 多项选择题
1. ABD　2. BCD　3. ABD　4. BCD　5. ABCD　6. ACD　7. ABD　8. BCD　9. ABD　10. BCD　11. ABC　12. ABCD　13. ABCD　14. ABCD　15. ACD

(三) 判断题

1. √ 2. × 3. √ 4. × 5. × 6. √ 7. × 8. √ 9. × 10. ×

(四) 简答题

1.

销售成本率波动的可能性	存货周转率波动的可能性
1. 销售成本发生大幅度变动	1. 销售产品总体结构发生变动
2. 存货管理或控制程序发生变动	2. 销售单价发生变动
3. 存货成本项目发生变动	3. 单位产品成本发生变动
4. 存货核算方法发生变动	4. 固定制造费用比重较大时销售数量发生变动
5. 存货跌价准备计提基础或冲销政策发生变动	
6. 有意或无意增减存货储备	

2.

业务环节	控制目标	关键控制活动	影响认定
(1) 计划和安排生产	管理层授权进行生产	生产指令应经适当管理层批准	存在
(2) 发出原材料	发出材料已记录于适当期间	定期由不负责日常存货保管或存货记录的人员来盘点实际存货,发现差异应予以调整	存在、完整性
(3) 核算产品成本	产成品入库已被准确地记录于适当期间	验收单均事先连续编号并已记录入账	计价和分摊

3. 注册会计师实施抽盘程序时如果发现差异,则应考虑以下事项:

(1) 注册会计师在实施抽盘程序时发现差异,很可能表明被审计单位的存货盘点在准确性或完整性方面存在错误。

(2) 由于检查的内容通常仅仅是已盘点存货中的一部分,所以在检查中发现的错误很可能意味着被审计单位的存货盘点还存在着其他错误。

(3) 注册会计师应当查明原因,并及时提请被审计单位更正;同时,应当考虑错误的潜在范围和重大程度,在可能的情况下,扩大检查范围以减少错误的发生。

(4) 注册会计师还可要求被审计单位重新盘点,重新盘点的范围可限于某一特殊领域的存货或特定盘点小组。

四、案例分析题

1.

财务报表认定类别	拟实施的具体审计目标	拟实施的实质性程序
(4)	X公司对存货均拥有所有权	(9)
(1)	记录的存货数量包括了X公司所有的在库存货	(8)
(5)	X公司已按成本与可变现净值孰低法调整期末存货的价值	(6)
(5)	存货成本计算准确	(11)
(3)	存货的主要类别和计价基础已在财务报表中恰当披露	(7)

2.

存货监盘计划内容	目标、范围、时间中存在错误的理由(若没有错误写"正确",无须写理由) 主要程序不当的修改(若没有不当写"恰当",无须写理由)
一、存货监盘目标	应该是获取丙公司2009年12月31日有关存货数量和状况证据,检查存货的数量是否真实完整,是否归属被审计单位,存货有无毁损、陈旧、残次和短缺等状况
二、存货监盘范围	应该是2009年12月31日库存的玻璃、煤炭和烧碱,并不应该包括其他公司存放在本公司的水泥
三、存货监盘时间	应该包括实地察看盘点现场的时间、观察存货盘点的时间和对已盘点存货实施检查的时间等,应当与被审计单位实施存货盘点的时间相协调,所以应为2009年12月29日至12月31日
四、存货监盘程序	
1. 讨论	应该是与被审计单位管理层复核或讨论其存货盘点计划
2. 观察	恰当
3. 检查	应该是检查所有在截止日前已确认为销售但尚未装运出库的存货均未纳入盘点范围
4. 替代	应该主要通过函证或利用其他注册会计师工作等替代程序来进行查验

3.

(1) 事项(1)不存在不当之处。

事项(2)存在不当之处。在甲公司开始盘点存货前,监盘人员不应当在拟检查的存货项目上作出标识,注册会计师检查的范围不应该让被审计单位知道。

事项(3)存在不当之处。注册会计师应当对标准规格包装箱包装的存货进行开箱查验。以防止内装存货弄虚作假。

事项(4)不存在不当之处。

事项(5)存在不当之处。存货监盘的时间定在12月31日,所以对存货监盘过程中收到的存货,需要纳入存货监盘的范围。

事项(6)存在不当之处。注册会计师应当将所有盘点表单的号码记录于监盘工作底稿,包括作废的盘点表单。

(2)注册会计师应当考虑改变存货监盘日期。对资产负债表日与改变后的存货监盘日之间发生的交易进行测试,倒扎出资产负债表日存货的数量。

第十七章

(一) 单项选择题

1. C 2. C 3. C 4. A 5. D 6. B 7. C 8. B 9. D 10. A 11. A 12. D 13. B 14. A 15. A

(二) 多项选择题(15题)

1. AC 2. ABD 3. ABCD 4. ABC 5. ABCD 6. ABCD 7. ABCD 8. BCD 9. ABD 10. BCD 11. BCD 12. ACD 13. ABC 14. ABC 15. ACD

(三) 判断题

1. × 2. × 3. × 4. × 5. × 6. × 7. √ 8. √ 9. × 10. ×

(四) 简答题

1. 借款是企业承担的一项经济义务,是企业的负债项目,在一般情况下,被审计单位不会高估负债,因为这样于其自身不利,且难以与债权人的会计记录相互印证,其次,除少数情况下,负债的金额都是真实的。因为,对借款一般不会高估,被审计单位低估债务经常伴随着低估成本费用,从而能达到其高估利润的目的,因此,低估债务不仅影响财务状况的反映,而且还会极大地影响企业财务成果的反映,所以,注册会计师在执行借款审计时,应将被审单位是否低估负债作为一个关注的要点。

2. 未分配利润实质性测试的一般程序为:①检查利润分配比例是否符合合同、协议、章程以及董事会纪要的规定,利润分配数额及年末未分配利润是否正确;②根据审计结果调整本年损益数,直接增加或减少未分配利润,确定调整后的未分配利润数;③确定未分配利润是否已在资产负债表上恰当披露。

3.

(1)审计年度内筹资与投资循环的交易数量较少,而每一笔交易的金额通常都很大。

(2)遗漏或不恰当地对一笔业务进行会计处理,都将导致重大错误,从而对企业会计报表的公允反映产生较大的影响。

(3)出资与投资循环的交易比其他循环的交易受到国家更多的法律、法规的规范和更多的协议、契约的制约。

四、案例分析题

1. D公司股票、债券买卖业务的内部控制中存有两处缺陷：

(1) 在紧急情况下由财务经理K自行决定并实施,这实际上使得财务经理K失去制约,董事会的批准流于形式,无法保证股票、债券的安全完整。

(2) 每月末由内部审计人员U组织财务经理K、财务人员S、专人T参与股票及债券的盘点违反了不相容职务分离的基本要求。股票、债券的盘点工作应由不参与股票、债券业务的独立人员进行,不应有股票、债券的经办人员、记录人员及保管人员参与。

2.

(1) 存在的问题:根据企业会计准则规定,该笔借款是购建固定资产而专门借入的款项,其11月份、12月份的利息费用符合资本化条件应予资本化,应计入固定资产成本。而该公司将10月份、11月份、12月份该笔借款的利息费用全部计入财务费用,违反了规定,虚减了资产,增加了费用,虚减了当期利润,属于偷漏所得税的行为。

(2) 审计建议:注册会计师应提请该公司调整会计处理,并及时补交所得税。

(3) 调整分录：

① 冲减多计的财务费用和补计固定资产：

借:固定资产　　　　　　　　　　　　　　　　　　　　　　100 000
　　贷:财务费用　　　　　　　　　　　　　　　　　　　　　100 000

② 补提所得税费用：

借:所得税费用　　　　　　　　　　　　　　　　　　　　　25 000
　　贷:应交税费——应交所得税　　　　　　　　　　　　　25 000

③ 补提盈余公积：

借:提取法定盈余公积　　　　　　　　　　　　　　　　　　7 500
　　贷:盈余公积——法定盈余公积　　　　　　　　　　　　7 500

3.

(1) 存在的问题:该公司年末确认确认应收债券票面利息时应确认投资收益,而不应冲减持有至到期投资的成本。

(2) 审计建议:注册会计师应提请该公司调整会计处理。

(3) 调整分录：

借:持有至到期投资　　　　　　　　　　　　　　　　　　　24 000
　　贷:投资收益　　　　　　　　　　　　　　　　　　　　　24 000

同时调整财务报表其他项目。

4.

(1) 存在的问题:根据企业会计准则,作为交易性金融资产的股票,在购买时支付交易费用应记入"投资收益"科目;年末对该股票按公允价调整时,产生的收益应记入"公允价值变动收益"科目。

(2) 审计建议:注册会计师应建议该公司调整会计处理。

(3) 调整分录：

① 调整投资收益和财务费用

借:投资收益 1 000
　　贷:财务费用 1 000
② 调整资本公积和公允价值变动收益
借:资本公积——其他资本公积 500 000
　　贷:公允价值变动收益 500 000
同时调整财务报表其他项目。

5. 对于债券投资的业务,会计处理的总原则是,应以企业实际支付的价款入账。具体而言:
(1) 对于按面值认购的 U 公司的债券,ABC 公司应将实际支付的价款借记"长期投资——长期债权投资"科目,贷记有关货币资金科目,但若实际支付的价款中包含应计利息,由于债券的利息是到期一次还本付息,因此应将应计利息借记"长期投资——应计利息"科目。
(2) 对于按溢价购入的 V 公司的债券,应采用直线法或实际利率法予以摊销,每期摊销的溢价是对债券应计利息的扣除,此时,每期投资收益应为应计利息与溢价摊销额之差。
(3) 对于按折价认购的 W 公司的债券,应采用直线法或实际利率法予以摊销,每期摊销的折价是对债券应计利息的追加,此时,每期投资收益应为应计利息与折价摊销额之和。

第十八章

(一) 单项选择题
1. B 2. B 3. C 4. B 5. B 6. A 7. B 8. C 9. D 10. D 11. D 12. A 13. D 14. C 15. B

(二) 多项选择题
1. BCD 2. AB 3. ABCD 4. ABCD 5. ABCD 6. AD 7. ABCD 8. ABC 9. ABCD 10. ABCDE 11. BCDE 12. ACD 13. ABCE 14. ACDE 15. ABCD

(三) 判断题
1. × 2. √ 3. √ 4. √ 5. × 6. √ 7. √ 8. √ 9. √ 10. ×

(四) 简答题
1. 货币资金是企业流动性最强的资产,货币资金的收支包含在企业的经济业务循环中,其增减变动及余额受各个业务循环中经济业务的共同影响。①货币资金和销售与收款循环之间的关系。销售与收款循环中的现销收款业务、赊销回款业务和预收账款业务是企业货币资金增加的主要渠道。此外,销售过程中发生的现金折扣业务、销货退回与折让业务会通过抵减货币资金的增加而影响货币资金的余额。②货币资金和购货与付款循环之间的关系。购货与付款循环中的现购存货或固定资产业务、应付账款偿还业务和预付账款业务会引起货币资金的减少。此外,购货过程中获得的现金折扣以及发生的购货退回与折让会通过抵减货币资金减少而影响货币资金余额。③货币资金和生产与存货循环之间的关系。生产循环中的支付工资业务和支付相关的生产费用业务引起货币资金的减少。④货币资金和筹资与投资循环之间的关系。筹资与投资循环中有些业务会引起货币资金增加,有些业务又会引起货币资金的减少。能引起货币资金增加的业务主要有:发行债券或股票筹集货币资金;取得短期或长期借款;证券投资转让或到期收回;收到利息和股利。能引起货币资金减少的业务主要有:用货币资金购买股票或债券;用货币资金归还债券或借款筹资本金和利息；发放现金股利。

2. 货币资金循环所涉及的凭证和会计记录主要有：①原始凭证：销售合同、收款单据、收款结算凭证、货物票据、采购合同、支出和报销单据、付款结算凭证和票据、交款单、库存现金日报表、银行对账单、银行存款余额调节表、现金盘点表等；②记账凭证：现金收付凭证、银行存款收付凭证等；③现金日记账；④银行存款日记账；⑤现金总账、银行存款总账；⑥其他货币资金账户；⑦其他相关账户。

3. 一套健全的货币资金内部控制制度主要分为三部分：收款控制、付款控制以及余额控制。收款内部控制主要包括现金销售、电子销售、赊销回收、锁箱系统和电子转账等。付款内部控制体现在企业主要采取支票和电子转账方式支付货币资金，如果支出的金额很小，则可以直接从库存现金中支付。货币资金余额内部控制的主要方法包括银行存款余额调节、现金盘点和备用金控制。

4. 库存现金余额审计的审计程序有：①检查现金日记账，核对现金日记账与总账的余额是否相符保证库存现金账面余额的正确性；②盘点库存现金，确定被审计单位库存现金的实存数额；③检查外币资金的折算；④检查现金在资产负债表上的披露。

四、案例分析题

1.
(1) 甲注册会计师通过向开户银行函证，不仅可以查明 P 公司银行存款、借款的存在性，而且还可发现企业未登记入账的银行存款、借款。

(2) 在询证函内指明回函请直接寄往甲注册会计师所在的会计师事务所，或在询证函内附上贴足邮票的以甲注册会计师所在的会计师事务所为回函地址的信封，甲注册会计师直接收回开户银行询证函的目的是防止 P 公司截留或更改回函。

(3) 甲注册会计师应检查银行存款余额调节表中未达账项的真实性，以及资产负债表日后的入账情况。

(4) 甲注册会计师索取开户银行 2009 年 1 月 31 日的银行对账单，可以证实列示在银行存款余额调节表上的在途存款和未兑现支票的真实性。

2. 按照非货币性交易中有关两个分公司净资产整体置换的相关规定，A 公司置换后的资产、负债的金额见下表。

项目	置换前 B 公司的各项金额	置换后 A 公司的各项金额
资产：	400	500
其中，银行存款	60	60
短期投资*	10	15
应收票据	20	20
应收账款	40	40
预付账款	80	80
存货*	40	80
固定资产*	100	150
长期投资*	50	75

(续表)

项目	置换前B公司的各项金额	置换后A公司的各项金额
负债:	100	100
其中,短期借款	0	0
应付票据	20	20
应付账款	30	30
预收账款	30	30
长期借款	20	20

上表中不带＊的项目应按照置换前在B公司的原值记入A公司置换后的对应账户中;置换前B公司带＊项目的金额之和为200万元,短期投资、存货、固定资产、长期投资金额所占的比例分别为5％、20％、50％、25％。A公司原资产的账面原值减去应按B公司账面原值入账的项目金额后,余额为300万元。据此,置换后A公司的短期投资、存货、固定资产、长期投资的入账价值分别为15万元(300×5％)、60万元(300×20％)、150万元(300×50％)和75万元(300×25％)。

3.

(1) 有严重缺陷:如果财务处长与财务人员乙同时出差,则空白支票、签署支票的个人名章、财务专用章、银行预留印鉴将全部落入副处长之手。同样地,如果副处长与财务人员乙同时出差,空白支票、签署支票的个人名章、财务专用章、银行预留印鉴将全部落入处长之手,这就违反了签发支票的全部印鉴不能由一人掌管的规定,难以防止银行存款被贪污的情况。

建议:财务处长、副处长外出期间,分别指定与货币资金支付无关的专门人员掌管印鉴。

(2) 货币资金的支付制度存在严重缺陷:一是未对财务处长的审批权限规定任何限制,违反了"对重要货币资金支付业务,应当实行集体决策"的规定,无法防范贪污、侵占、挪用货币资金的行为;二是货币资金支付在前,复核在后,至多能及时发现问题,而无法防止问题的发生。

建议:经董事会指定财务处长的审批权限,对超过权限的货币资金支付业务,实行集体决策;支付货币资金之前,应由专职的复核人员进行复核,复核货币资金的批准范围、权限、程序、手续、金额、支付方式、支付单位等是否妥当。复核无误后交由出纳员办理支付业务。

第十九章

(一) 单项选择题

1. B 2. C 3. C 4. B 5. C 6. A 7. A 8. B 9. D 10. C 11. B 12. B 13. D 14. D 15. B

(二) 多项选择题

1. BCD 2. BC 3. ABCD 4. CD 5. AC 6. ABCD 7. BCD 8. ABD 9. CD 10. AC 11. ABCD 12. BCD 13. ABCD 14. AB 15. ABC

(三) 判断题

1. × 2. √ 3. √ 4. √ 5. × 6. × 7. × 8. √ 9. × 10. × 11. ×

(四)简答题

1.(1)持续经营假设是指被审计单位在编制财务报表时,假定其经营活动在可预见的将来会继续下去,不拟也不必终止经营或破产清算,可以在正常的经营过程中变现资产、清偿债务。可预见的将来通常是指资产负债表日后 12 个月。

(2)注册会计师考虑持续经营假设的总体要求包括以下三个方面:

① 对持续经营假设适当性的考虑贯穿整个审计过程。

在计划审计工作和实施风险评估程序时,注册会计师应当考虑是否存在可能导致对持续经营能力产生重大疑虑的事项或情况及相关的经营风险,评价管理层对持续经营能力作出的评估,并考虑已识别的事项或情况对重大错报风险评估的影响。

在实施阶段,注册会计师应当针对已经识别出的可能导致对持续经营能力产生重大疑虑的事项或情况,实施进一步的审计程序,以获取充分、适当的审计程序。

在评价审计结果时,注册会计师需要确定导致对持续经营能力产生重大疑虑的事项或情况是否存在重大不确定性,并考虑对审计报告的影响。

② 职业判断。

在考虑管理层编制财务报表时运用持续经营假设的适当性时,注册会计师需要运用职业判断。有时,注册会计师在连续几年的审计中,可能均对被审计单位在编制财务报表时运用持续经营假设的适当性存在重大疑虑,但被审计单位并没有终止经营,这并不意味着注册会计师的职业判断必然存在错误。

③ 不得对未来事项的可实现程度作出保证。

由于管理层对持续经营能力的评估以及针对评估结果作出的应对计划,多是对某些事项或情况的未来结果作出的判断,因而具有较大的不确定性。注册会计师在执行财务报表审计业务时,不得对被审计单位是否具有持续经营能力和管理层作出应对计划的可实现程度作出保证。

2.注册会计师可以针对会计估计实施下列风险评估程序:

(1)了解适用的会计准则和会计制度中有关会计估计的要求。

(2)了解管理层如何识别需要做出会计估计的交易、事项和情况。

(3)了解管理层做出会计估计的过程。

(4)复核前期财务报表中做出会计估计的结果。

3.注册会计师在审计过程中识别出以前没有识别的关联方交易时应考虑实施下列追加审计程序:

(1)立即将这一情况传达给项目组其他成员,使其确定该情况是否影响到已实施审计程序所得出的结果。

(2)要求管理层在最新识别的关联方的基础上识别与该关联方的其他所有交易,以便注册会计师进行进一步评价。

(3)了解被审计单位对于关联方交易的控制,并调查被审计单位以前没有识别或没有披露关联方交易的原因。

(4)如果发现管理层有意不予识别或不予披露关联方交易的情形注册会计师应将这一情况告知被审计单位的治理层,并评价这一情况对审计工作其他方面的影响,尤其要考虑管理层提供的有关关联方信息完整性的声明是否可靠。

四、案例分析题

1.
(1) 计算甲单位已经计提的产品质量保证金：

20×7 年：1 000×2‰=20(万元)

20×8 年：1 500×2‰=30(万元)

20×9 年：1 200×2‰=24(万元)

(2) 与实际结果进行比较：20×7 年销售的产品所计提的产品质量保证金为 20 万元，而 3 年实际发生的维修费为 28 万元(8+11+9)，可以发现，该产品所计提的质量保证金不能弥补其质量保证期内发生的维修费用。

(3) 进一步分析：在 20×7 年至 20×9 年间，每年发生的当年维修费用与销售收入比率分别为 8‰、12‰、15‰，呈逐年上升趋势；20X8 年销售的产品已经发生的维修费用高达 38 万元，占当年销售收入的比重为 2.53‰，已经超过被审计单位估计的 2‰水平，说明被审计单位的会计估计存在过低嫌疑。

(4) 建议：根据以上分析，注册会计师应当提请被审计单位提高对产品质量保证金的计提比例。

2. 关联方关系的性质可能导致与关联方交易有关的审计证据有限，在这种情况下，注册会计师可以考虑实施下列审计程序：

(1) 向关联方函证交易的条件和金额。交易条件包括交货时间、付款条件、担保条件等，交易金额包括已结算交易金额和未结算交易金额。

(2) 检查关联方拥有的信息。注册会计师可以将该信息与对被审计单位实施审计程序所获取的信息进行核对，如果一致则增强证据的说服力，如果不一致，则有助于注册会计师发现其中存在的风险，采取进一步的措施。

(3) 向与交易相关的人员和机构(如银行、律师、担保人或代理商等)函证或预知套路相关信息。

3. (1) 该事项于资产负债表日后、审计报告日前发生，不影响 2009 年度财务报表的金额，但可能影响对财务报表的正确理解，应提请 X 公司在财务报表中予以适当披露。

(2) A 注册会计师应当更改报告日期，即将原定审计报告日期 2010 年 3 月 15 日推迟至完成追加审计程序时的报告日期 2010 年 3 月 18 日。这是因为，审计报告的日期是注册会计师完成审计工作的日期，其中就包括"应当实施的审计程序均已实施"这一条件。既然注册会计师在 3 月 18 日实施了审计程序，审计报告的日期应当改为 3 月 18 日。

(3) 因为发现的错报影响了 2009 年度财务报表，A 注册会计师应要求 X 公司立即发布一个修改后的财务报表，并解释修改原因，然后根据 X 公司的反应作进一步决策。

第二十章

(一) 单项选择题

1. C 2. B 3. A 4. D 5. B 6. B 7. D 8. A 9. D 10. B 11. B 12. A 13. A 14. D 15. B

（二）多项选择题

1. ABCD 2. ABD 3. BCD 4. AC 5. ABCD 6. ABCD 7. ABC 8. ABCD 9. BC
10. ABCD 11. CD 12. ABCD 13. ABC 14. BCD 15. AB

（三）判断题

1. √ 2. √ 3. × 4. × 5. × 6. × 7. √ 8. √ 9. × 10. ×

（四）简答题

1.（1）标题错误，"独立审计报告"应为"审计报告"。

（2）在引言段中没有指明构成整套财务报表的每一财务报表的日期或涵盖期间。正确说法应为"包括2011年12月31日的资产负债表，2011年度的利润表、股东权益变动表和现金流量表以及财务报表附注"。

（3）注册会计师的责任段不完整，缺少"我们相信，我们获取的审计证据是充分、适当的，为发表审计意见提供了基础"。

（4）审计意见段中，缺少"财务报表在所有重大方面按照企业会计准则的规定编制"的说明，应修改为"我们认为，ABC公司财务报表在所有重大方面按照企业会计准则的规定编制"。

（5）缺少报告日期。审计报告日期应为"二〇一二年二月六日"。

2.（1）该事项是在资产负债表日后、审计报告日前发生的，虽不影响2009年度财务报表的金额，但可能影响报表使用者对财务报表的正确理解，乙注册会计师应当提请B公司在财务报表中给予适当披露。

（2）注册会计师采取的措施有：

①实施必要的审计程序。

②复核管理层采取的措施能否确保所有收到原财务报表和审计报告的人士了解这一情况。

③针对修改后的财务报表出具新的审计报告。新的审计报告应增加强调事项段。

（3）注册会计师应当采取措施防止财务报表使用者信赖该审计报告，并将拟采取的措施通知治理层。通常，针对上市公司客户，注册会计师可以考虑在中国证券监督管理委员会指定的媒体上刊登公告，指出审计报告日已存在的、对已公布的财务报表存在重大影响的事项及其影响。

注册会计师决定采取的具体措施取决于自身的权利和义务以及所征询的法律意见。

3.（1）当识别出可能导致对持续经营能力产生重大疑虑的事项或情况时，注册会计师应当实施下列进一步审计程序：

①复核管理层依据持续经营能力评估结果提出的应对计划。

②通过实施必要的审计程序，包括考虑管理层提出的应对计划和其他缓解措施的效果，获取充分、适当的审计证据，以确认是否存在与此类事项或情况相关的重大不确定性。

③向管理层获取有关应对计划的书面声明。

（2）注册会计师应当询问管理层是否知悉超出评估期间的、可能导致对持续经营能力产生重大疑虑的事项或情况以及相关经营风险。因为，可能存在管理层现已知悉的、在评估期间以后将会发生的事项或情况。这些事项或情况可能对注册会计师考虑管理层运用持续经营假设编制财务报表的适当性产生重大影响。在考虑超出管理层评估期间的事项或情况时，注册会计师应当确定这些事项或情况对持续经营能力的影响。如果影响重大，注册会计师应当考虑采取进一步措施，应当考虑提请管理层确定这些事项或情况对评估持续经营能力的潜在影响。但除实施询问程序外,注册会计师没有责任设计其他审计程序,以测试是否存在超出评估期间的、可能导致对持续经营能力产生重大疑虑的事项或情况。

(3)如果财务报表已作出充分披露,注册会计师应当出具无保留意见的审计报告,并在审计意见段之后增加强调事项段,强调可能导致对持续经营能力产生重大疑虑的事项或情况存在重大不确定性的事实。并提醒财务报表使用者注意财务报表附注中对有关事项的披露。在极端情况下,如同时存在多项重大不确定性,注册会计师应当考虑出具无法表示意见的审计报告,而不是在审计意见段之后增加强调事项段。如果财务报表未能作出充分披露,注册会计师应当出具保留意见或否定意见的审计报告。

四、案例分析题

事项	审计意见类型
(1)	标准无保留意见
(2)	无保留意见加强调事项段
(3)	保留意见
(4)	标准无保留意见
(5)	无法表示意见
(6)	无法表示意见
(7)	无保留意见加其他事项段

第二十一章

(一)单项选择题

1. D 2. C 3. C 4. B 5. C 6. B 7. B 8. D 9. C 10. C 11. D 12. B 13. A 14. B 15. D

(二)多项选择题

1. ABCD 2. ABCD 3. ABCD 4. ABD 5. BCD 6. ABCD 7. ABCD 8. ABCD 9. ABCD 10. ABC 11. ABCD 12. BD 13. BD 14. CD 15. ABD 16. ABCD 17. ABD 18. ABCD 19. ABCD 20. AC 21. ABCD 22. ABCD 23. ABC 24. ABCD 25. ABCD

(三)判断题

1. × 2. × 3. √ 4. × 5. × 6. × 7. √ 8. √ 9. √ 10. √

(四)简答题

1. 验资报告的说明段应当说明验资报告的用途、使用责任及注册会计师认为应当说明的其他重要事项。对于变更验资,注册会计师还应当在验资报告说明段中说明对以前注册资本实收情况审验的会计师事务所名称及其审验情况,并说明变更后的累计注册资本实收金额。

注册会计师认为应当说明的其他重要事项包括:

(1)注册会计师与被审验单位在注册资本及实收资本的确认方面存在的异议。如果在注册资本及实收资本的确认方面与被审验单位存在异议,且无法协商一致,注册会计师应当在验资报告说明段中清晰地反映有关事项及其差异和理由。

(2)已设立公司尚未对注册资本的实收情况或注册资本及实收资本的变更情况做出相关会计处理。

(3)被审验单位由于严重亏损而导致增加注册资本前的净资产小于实收资本。

(4)验资截止日至验资报告日期间注册会计师发现的影响审验结论的重大事项。

(5)注册会计师发现的前期出资不实的情况以及明显的抽逃出资迹象。

(6)其他事项。

2.

(1)存在不当之处。虽然对基于基准日内部控制的有效性发表意见,但这并不意味着注册会计师只关注基准日当天的内部控制。对有些内部控制,需要考察足够长的运行时间,才能得出是否有效的结论。

(2)没有不当之处。

(3)存在不当之处。由于期末财务报告流程发生在管理层评估日之后,注册会计师一般只能在该日之后测试相关控制。

(4)存在不当之处。注册会计师需要评价从各种来源获取的证据,包括对控制的测试结果、财务报表审计中发现的错报以及已识别的所有控制缺陷,以形成对内部控制有效性的意见。注册会计师不能只考虑对控制的测试结果和内部控制审计过程中已识别的所有控制缺陷,还要考虑财务报表审计中发现的错报和财务报表审计中已识别的所有控制缺陷。

(5)存在不当之处。在内部控制审计意见中,不存在保留意见这一类型。如果财务报告内部控制存在

四、案例分析题

1.

(1)本期注册资本实收情况明细表。

注册资本实收情况明细表

截至 2008 年 6 月 30 日止

公司名称:ABC 有限责任公司　　　　注册资本币种:美元　　　　金额单位:万美元

股东名称	本期认缴注册资本金额	本期实际出资情况							其中:实缴注册资本	
		货币		实物		无形资产		其他	合计	
		原币金额	按注册资本币种折算的金额	原币金额	按注册资本币种折算的金额	原币金额	按注册资本币种折算的金额		(注册资本币种)	金额	占本期认缴注册资本比例
甲	750	RMB 365	50	RMB 5 475	750				800	800	106.67%
乙	600		150		250		200		600	600	100%
合计	1 350		200		1 000		200		1 400	1 400	103.70%

累计注册资本实收情况明细表
截至 2008 年 6 月 30 日

公司名称：ABC 有限责任公司　　　　注册资本币种：美元　　　　金额单位：万美元

股东名称	认缴注册资本总额		前期累计实缴注册资本		本期实缴注册资本		累计实缴注册资本	
	金额	占注册资本总额比例	金额	占注册资本总额比例	金额	占注册资本总额比例	金额	占注册资本总额比例
甲	1 800	60%	1 000	33.33%	800	26.67%	1 800	60%
乙	1 200	40%	600	20%	600	20%	1 200	40%
合计	3 000	100%	1 600	53.33%	1 400	46.67%	3 000	100%

（2）验资报告

ABC 有限责任公司：

我们接受委托，审验了贵公司截至 2008 年 6 月 30 日止已登记的注册资本第 2 期实收情况。按照法律、法规以及协议、章程的要求出资，提供真实、合法、完整的验资资料，保护资产的安全、完整是全体股东及贵公司的责任。我们的责任是对贵公司注册资本第 2 期的实收情况发表审验意见。我们的审验是依据《中国注册会计师审计准则第 1602 号——验资》进行的，在审验过程中，我们结合贵公司的实际情况，实施了检查等必要的审验程序。

根据协议、章程的规定，贵公司申请登记的注册资本为美元 3 000 万元，由甲公司（以下简称甲方）、乙公司（以下简称乙方）分 2 期于 2008 年 6 月 30 日之前缴足。本次出资为第 2 期，应于 2007 年 6 月 30 日之前缴足，经我们审验，截至 2008 年 6 月 30 日止，贵公司已收到甲方、乙方第 2 期缴纳的注册资本合计美元壹千肆佰万元整。各股东以货币出资 200 万美元，实物出资 1 000 万美元，非专利技术出资 200 万美元，非专利技术出资金额占注册资本的比例为 6.70%。

同时，我们注意到，第 1 期出资美元 1 600 万元，其中甲方出资美元 1 000 万元，乙方出资美元 600 万元，已经上海东方会计师事务所审验，并由该所于 2008 年 1 月 18 日出具"东会审验字第六号"验资报告。截至 2008 年 6 月 30 日止，连同第 1 期出资贵公司共收到全体股东缴纳的注册资本美元 3 000 万元，占已登记注册资本的 100%。此外，甲乙双方缴付的实物资产和无形资产在审验日前已办理财产转移手续。另外，截至 2008 年 7 月 18 日，贵公司尚未对收到的资本及相关的资产进行会计处理。

本验资报告供贵公司申请办理实收资本变更登记及据以向全体股东签发出资证明时使用，不应被视为是对贵公司验资报告日后资本保全、偿债能力和持续经营能力等的保证，因使用不当造成的后果，与执行本验资业务的注册会计师及本会计师事务所无关。

上海东方会计师事务所(公章)

地址：

中国注册会计师 X:(签章)

中国注册会计师 Y:(签章)

2008 年 7 月 8 日

2.

(1)根据资料一,被审验单位申请的注册资本已达到国家规定的最低限额,因为有限责任公司注册资本的最低限额为人民币 3 万元。

(2)假设资料一中被审验单位申请的注册资本没有达到国家规定的最低限额,注册会计师应当拒绝出具验资报告并解除业务约定。

(3)资料一中被审验单位首次出资额占注册资本的比例符合国家规定的最低比例要求,因为首次出资额不得低于注册资本的 20%,被审验单位的首次出资额达注册资本的 35%。

(4)资料一注册会计师不需要关注分次出资的首次出资货币出资占注册资本的比例是否符合国家规定的货币出资最低限额。

(5)根据资料二,被审计单位累计货币出资达到了国家规定的最低出资比例的要求,因为国家规定货币出资的金额不得低于注册资本的 30%,而被审验单位累计货币出资占注册资本的 55%。

(6)注册会计师审验机器设备出资时的审验程序有：

① 检查机器设备出资清单填列的机器设备的品质、数量、作价、出资日期等内容是否符合协议、章程的规定。

② 检查机器设备出资是否按国家规定进行资产评估,查阅其评估报告,了解评估目的、评估范围与对象、评估基准日、评估假设等有关限定条件是否满足验资的要求,关注评估报告的特别事项说明和评估基准日至验资报告日期间发生的重大事项是否对验资结论产生影响;检查机器设备作价是否存在显著高估或低估;检查投入机器设备的价值是否经各出资者认可。

③ 观察、检查机器设备数量并关注其状况,验证其是否与机器设备出资清单一致。

④ 检查机器设备的购货发票、货物运输单、保险单等单证,验证其权属及作价依据。

⑤ 检查机器设备是否办理交接手续,交接清单是否得到出资者及被审验单位的确认,实物的交付方式、交付时间、交付地点是否符合协议、章程的规定。

⑥ 检查机器设备是否办理财产权转移手续,验证其出资前是否归属出资者,出资后是否归属被审验单位。

⑦ 检查相关文件确认出资的机器设备是否设定担保。

⑧ 核对机器设备出资清单与注册资本实收情况明细表是否相符。

(7)出资者的实际出资超过认缴出资的处理情况,应当在验资报告中体现,应当在验资报告附件中的验资事项说明中体现。

(8)假设出资双方没有约定出资者的实际出资超过认缴出资的处理,被审验单位应当将实际出资超过认缴出资的部分资金记入其他应付款科目中。实际出资超过认缴出资的部分资金,双方约定记入资本公积的,则记入资本公积;双方约定记入其他应付款的,则记入其他应付款;没有约定的也记入其他应付款。

(9) 本期注册资本实收情况明细表。

本期注册资本实收情况明细表

截至 2007 年 9 月 30 日

被审验单位名称:通达公司　　　　　　　　　　　　　　　　金额单位:人民币万元

股东名称	认缴注册资本		本期认缴注册资本		本期实际出资情况						实收资本	
	金额	出资比例	金额	占注册资本总额比例	货币	实物	知识产权	土地使用权	其他	合计	金额	占注册资本总额比例
华清公司	1 800	60%	1 350	45%		1 350				1 350	1 350	45%
华西公司	1 200	40%	600	20%	600					600	600	20%
合计	3 000	100%	1 950	65%	600	1 350				1 950	1 950	65%

(10) 累计实收资本实收情况明细表。

累计实收资本实收情况明细表

截至 2007 年 9 月 30 日

被审验单位名称:通达公司　　　　　　　　　　　　　　　　金额单位:人民币万元

股东名称	认缴注册资本		前期累计实收资本		本期新增实收资本		累计实收资本		其中:货币出资	
	金额	占注册资本总额比例	金额	占注册资本总额比例	金额	占注册资本总额比例	金额	占注册资本总额比例	金额	比例

(续表)

华清公司	1 800	60%	450	15%	1 350	45%	1 800	60%	—	—
华西公司	1 200	40%	600	20%	600	20%	1 200	40%	—	—
合计	3 000	100%	1050	35%	1 950	65%	3 000	100%	1 650	55%

第二十二章

(一) 单项选择题

1. A 2. B 3. B 4. D 5. D 6. C 7. A 8. A 9. C 10. C 11. D 12. A 13. D 14. B 15. C 16. C 17. D 18. D 19. A 20. B

(一) 多项选择题

1. ABC 2. ABCD 3. ABCD 4. ACD 5. ABCD 6. BC 7. ABC 8. AB 9. ABCD 10. BD 11. BCD 12. ABC 13. ABCD 14. AC 15. ABCD 16. ACD 17. AB 18. BD 19. AB 20. ABC 21. ABC 22. BCD 23. ABD 24. ABD 25. ABCD

(三) 判断题

1. √ 2. × 3. × 4. × 5. √ 6. √ 7. × 8. √ 9. √ 10. × 11. √ 12. √ 13. × 14. × 15. × 16. √ 17. × 18. × 19. √ 20. √

(四) 简答题

1. 法案在《会计师的独立性》一章中明确规定,会计师事务所和注册会计师在向公众公司(即公开发行证券的公司)提供审计服务时不得提供以下非审计服务:①涉及被审计客户的会计记录及财务报表的簿记或其他业务;②设计及执行财务信息系统;③评估或估价业务、公证业务或出具实物捐赠报告书;④精算业务;⑤内部审计外部化业务;⑥代行使管理或人力资源职能;⑦作为客户的经纪人或经销商,投资顾问,或提供投资银行服务;⑧提供与审计无关的法律服务或专家服务;⑨任何公众公司会计监督委员会所规定的未被许可的业务。

2. 代编业务既非审计业务也非审阅业务,不包含任何保证成分,因此不属于鉴证业务。

区别 \ 业务类型	代编财务信息	鉴证业务（以历史财务信息审计为例）
业务关系人	只涉及注册会计师和责任方两方关系人	涉及注册会计师、责任方和预期使用者三方关系人
业务关注的焦点	财务信息的收集、分类和汇总	财务信息的质量
保证程度	不对财务信息提供任何程度的保证	对财务报表不存在重大错报提供合理的保证

(续表)

区别 \ 业务类型	代编财务信息	鉴证业务（以历史财务信息审计为例）
独立性的要求	不对独立性提出要求,但如果不独立,应当在代编业务报告中说明这一事实	要求注册会计师从实质上和形式上独立于被审计单位
对象	可能是历史财务信息,也可能是预测性财务信息	历史财务信息,通常是历史财务报表
标准	客户指定的编制基础,可以是法定的,也可以是非法定的	适用的会计准则和相关会计制度
证据	对证据未提出要求	获取足以支持结论的充分、适当的证据
报告	如果注册会计师的姓名与代编财务信息相关联,需要出具代编业务报告,但在报告中不提出鉴证结论	以书面形式提供审计报告,并在报告中就财务报表整体是否不存在重大错报提出鉴证结论

3. 可行性研究的内容可分为经济和技术两个方面,具体对以下内容进行研究和论证:投资项目的基本情况和生产条件;市场需求;投资能力和投资规模;技术、工艺、设备和土建工程;厂址选择和环境污染的防治措施;投资概算和筹资来源;财务和经济效益分析等。由于可行性研究的工作涉及面广,难度较大,投资者通常要委托给咨询机构完成,而注册会计师通常接受的是经济方面的研究。

4. 管理咨询是注册会计师接受企业委托,在进行调查分析的基础上,运用科学的方法,诊断企业在经营管理中存在的问题,提出改进措施并指导其实施,以帮助企业改善经营管理、提高经济效益的一种咨询服务活动。为保持审计业务的独立性,会计师事务所必须把同一委托人的审计业务和管理咨询业务分开。常见的管理咨询业务有:经济活动分析、财务管理咨询、管理决策咨询和会计审计顾问、投资咨询等。

5. 非审计服务就其本质而言产生了利益冲突——注册会计师担任的不同角色之间的利益冲突,即当注册会计师执行审计服务时,他应当站在社会公众的角度,为他们的利益服务;而当注册会计师执行非审计服务时,他应当站在审计客户的角度,为审计客户的利益服务,但是这两种角色之间存在着根本的利益冲突。当会计师为一家客户同时提供审计服务和非审计服务时,注册会计师在执行审计服务时就可能为了自身的利益而偏向审计客户最终损害社会公众的利益,或者至少社会公众不相信此时注册会计师还能保持独立性标准。具体原因可以归纳为以下:第一,非鉴证服务的高额收费影响了鉴证的独立性。第二,当非鉴证服务的收费超过鉴证服务的收费时,便会在非鉴证业务与鉴证业务之间形成市场竞争,造成鉴证业务竞争力趋弱,注册会计师会将更多的精力集中于非鉴证业务,对鉴证服务的质量有一定影响。第三,非鉴证服务的提供使事务所与被鉴证单位之间的关系复杂化。第四,如果审计人员提供了管理决策的咨询意见并且这种意见为被审计单位的管理当局所采纳,那么审查财务报告同时也是对管理决策的结果的评价。

四、案例分析题

1.
(1) 是否发展乙产品。

项目	甲产品(减产50%)	乙产品(预计数)	合计数
1. 销售收入	50	80	130
2. 变动成本	25	50	75
3. 边际贡献	25	30	55
4. 固定成本			20
5. 利润			35

由以上计算可以看出,投产乙产品会使该企业的利润由投产前的30万元增加至投产后的35万元,所以该企业应选择发展乙产品。

(2) 选择哪种方案发展乙产品(从1年内企业的相关成本收益角度考虑)。

方案一:由本厂技术部门研制,1年之内本企业发生试制费100万元。

方案二:国外引进先进设备,1年之内本企业发生试制费200万元,因3个月后即投产,故剩余9个月乙产品可产生边际贡献270万元,1年之内本企业可取得净收益为70万元。

方案三:与国内科研机关协作,1年之内本企业发生试制费100万元,因6个月后即投产,故剩余6个月乙产品生产可产生边际贡献180万元,其中20%(即36万元)需支付给科研机构,1年之内本企业可取得净收益44万元。

根据以上分析,应选择第二种方案。

2.
(1) 针对该项目的基本特点,制定适当的咨询程序;

(2) 采用有效的分析方法,提出恰当的咨询意见,并模拟咨询报告。

不并购G企业情况下5年现金净流量:

$360+0.9174\times397+0.8417\times491+0.7722\times522+0.7084\times686+0.6499\times850=2\,578.95$

并购G企业情况下5年现金净流量:

$472+0.9174\times309+0.8417\times598.68+0.7722\times1\,267.71+0.7084\times1\,700+0.6499\times2\,008=4\,747$

$4\,747-2\,579=2\,168$

考虑收购费和负债后,应该可以收购。

3. 1992年年初,普勒会计事务所组织了一个工作组,工作组把平衡计分卡作为讨论的核心。由普勒会计事务所的詹姆斯小组完成飞翔公司的平衡计分卡体系花费了几个月的时间,并在其中一个部门进行了试点工作。由于试点的成功,飞翔公司在它所有的27个分部中都实现了平衡计分卡。该系统能够在短期财务绩效和长期发展机会之间取得平衡。

过去,飞翔公司有两个部分负责制定战略;财务部保存历史纪录,编制预算和评估短期绩效。发展战略家们制定出 5 年和 10 年计划,财务部制定一年预算方案,并进行短期预测,两个群体之间不存在什么联系。而现在,平衡计分卡在两者之间架起了一座桥梁。财务指标是在由财务部执行的传统职能的基础上建立起来的,其他三个维度的指标使发展部的长期战略目标具有了可评估性。战略开发和财务控制的强有力结合,为经理们提供了有效的业绩衡量工具。

4. 吉林长税会计师事务所注册税务师根据上述给出的内容进行分析,该企业出口退税＝进项税额－(出口销售额－保税进口材料)×(17%－13%)＝20－(1 800－1 000)×4%＝－12(万元),即该企业应纳税额 12 万元。

于是,注册税务师建议该企业改为进料加工方式。由于来料加工方式实行免税(不征税也不退税),则比来料加工方式少纳税 12 万元。销售价格如果改为 1300 万元,其他条件不变,按进料加工方式:

出口退税＝进项税额－(出口销售额－保税进口材料)×(17%－13%)＝20－(1 300－1 000)×4%＝8(万元)

显然,采用进料加工方式可退税 8 万元,比来料加工方式的不征不退方式更优惠,应选用进料加工方式。

5. 2007 年 1 月 AB 会计师事务所王二对其进行了测算。他们以一天共销售花生油 100 壶,适用的增值税率为 17% 进行分析。

对于正价销售商品按照正常销售商品处理,并不需要特别考虑。

对于赠品,会计处理如下:

借:营业费用　　　　　　　　　　　　　　　　　　　　　　　　　　616.5
　　贷:库存商品　　　　　　　　　　　　　　　　　　　　　　　　500.0
　　　　应交税费——应交增值税(销项税额)[8.02×100÷(1+17%)×17%]　116.5

应该注意的是,因为利用这种方法促销商品,本来就是企业的一种让利行为,用此会计处理方法虽符合税法的规定,企业却要对赠出的商品按其正常销售价格缴纳税金,这无疑加重了企业的负担。该商场规模不大,因为周围超市较多,其他商品的利润并不高,使用这种方法并不能为企业增加利润,所以建议商场不要促销。

第二十三章

(一)单项选择题

1. A　2. A　3. A　4. D　5. C　6. C　7. A　8. D　9. C　10. D

(二)多项选择题

1. ABCD　2. ABCDE　3. ABCD　4. ABC　5. ABCD　6. AB　7. ABCD　8. ABCDE　9. ABCDE　10. ABCD

(三)判断题

答案:1. √　2. √　3. √　4. √　5. √　6. ×　7. ×　8. √　9. ×　10. ×

(四)简答题

1. 信息技术发展为审计方法和手段的创新提供了技术支持,主要体现在:①内部控制得到了进一步加强;②审计技术方法更加先进;③审计效率进一步提高;④更好地满足信息需求者的信息需求。

2. 较之传统的手工审计,计算机辅助审计存在以下主要特点:①由"结果审计"转变为"结果审计"与"过程审计"并重;②审计线索从"可视性"向"不可视性"转化;③审计取证的实时性;④审计技术的复杂性和审计数据的各异性。

3. 计算机审计的发展经历了绕过计算机审计、穿过计算机审计、利用计算机审计和网络审计四个阶段。

4. 目前审计界广泛使用的计算机辅助审计技术有综合测试工具(ITF)、平行模拟法以及内嵌审计模块(EAM)。ITF是一种自动化技术,能够使审计人员在应用程序的正常操作测试程序的内部逻辑和控制。平行模拟法是指审计人员自己或请计算机专业人员编写具有和被审程序相同处理控制功能的模拟程序,用这种程序重新处理以前已经由被审程序处理过的各种交易,并将处理结果与被审程序处理的结果进行比较,为推断程序处理和控制的质量提供一个基础。EAM是审计人员在被审会计信息系统开发设计阶段,在被审的会计信息系统程序中内嵌为执行特定审计功能而专门设计的程序,对系统进行监控,其目标是在重要交易被处理时能够识别它们,并且实时地提取其副本,作为相关的审计证据。

模拟试卷参考答案

试卷一(审计学原理部分)试题解答和评分标准

一、单项选择题(每小题1.5分,共15分)

1. D 2. D 3. C 4. B 5. C 6. A 7. D 8. B 9. C 10. A

二、多项选择题(每小题1.5分,多选和少选均不给分,共15分)

1. ABCDE 2. ABCD 3. ABDE 4. BDE 5. ABC 6. ABC 7. ABD 8. ABCD 9. AB 10. ABD

三、判断题(正确的打"√",错误的打"×")(每小题答对给1分,空格扣1分,答错扣2分,共10分)

1. 对 2. 错 3. 对 4. 错 5. 错 6. 对 7. 对 8. 对 9. 对 10. 对

四、综合题(60分)

1. (2分×6分=12分)

[题解]

(1) 会损害独立性。因为ABC会计师事务所的部分审计收费与X银行股票发行上市目标挂钩,已构成或有收费方式承办业务。

(2) 会损害独立性。因为虽然ABC会计师事务所按照正常程序和条件,以抵押贷款方式获得借款,但1 000万对银行和事务所均构成金额重大,与X银行之间存在非正常的直接经济利益或间接重大经济利益。

(3) 会损害独立性。A注册会计师目前担任X银行的独立董事,所产生的自我评价、经济利益威胁非常重大,以致没有防范措施能够将其降至可接受水平。

(4) 会损害独立性。审计小组负责人B注册会计师在ABC会计师事务所审计的财务报表最早期间(2006年)前两年内担任X银行审计部经理。

(5) 会损害独立性。审计小组成员C注册会计师协助X银行编制财务报表,产生自我评价、关联关系威胁非常重大,只有将注册会计师调离审计小组。

(6) 不会损害独立性。审计小组成员D注册会计师的妻子不是X银行的高级管理人员,对年报审计对象没有直接重大影响。

2. [题解](2分×7分=14分)

(1) 印章与支票应分开存放加强控制,付款审核和支票签发没有分离。

(2) 应收账款对账程序不应由出纳员执行,应由会计员执行。

(3) 出纳员不应具备编制记账凭证的权利,这项工作应由会计员完成。

(4) 登记现金、银行存款日记账的出纳员不应负责银行存款余额调节表的编制。

(5) 每一笔付款都要经过审核、审批、结算、复核、记账、核对、对账这几个必要步骤，其中审核、核对、对账尤为重要，应对其加强管理，由专人负责，以此形成有效的内部控制制度和体系。

(6) 张丽的这种行为也说明了该企业内部控制中的人员自身素质差的原因，单位内部会计控制体系不完整，应提高职员专业、素质各方面的需求。

(7) 应加强对大额现金收付审核力度，对由出纳员负责的公司零用现金、银行存款户以及大笔现金流动加大日常审计监督。

3. (20分)
[题解]
(1) (4分)
① 行业状况、法律环境与监管环境以及其他外部因素。
② 被审计单位的性质。
③ 被审计单位对会计政策的选择和运用。
④ 被审计单位的目标、战略以及相关经营风险。
⑤ 被审计单位财务业绩的衡量和评价。
⑥ 被审计单位的内部控制。

(2) (4分)
A和B注册会计师还可以实施分析程序。

(3) (4分)
询问如下事项：
① 管理层所关注的主要问题。如新的竞争对手、主要客户和供应商的流失、新的税收法规的实施以及经营目标或战略的变化等。
② 被审计单位最近的财务状况、经营成果和现金流量。
③ 可能影响财务报告的交易和事项，或者目前发生的重大会计处理问题。如重大的购并事宜等。
④ 被审计单位发生所有权结构、组织结构的变化，以及内部控制的变化等的其他重要变化。

(4) (4分)

询问的对象	对注册会计师了解Y公司及其环境、识别重大错报风险提供的信息
治理层	理解Y公司账务报表编制的环境
内部审计人员	了解其针对公司内部控制设计和运行有效性而实施的工作以及管理层对内部审计发现的问题是否采取适当的措施
参与异常交易的员工	评估Y公司选择和运用某项会计政策的适当性
内部法律顾问	了解有关法律、法规的遵循情况，产品保证和售后责任，与业务合作伙伴的安排，合同条款的含义以及诉讼情况等

(续表)

询问的对象	对注册会计师了解 Y 公司及其环境、识别重大错报风险提供的信息
销售人员	了解 Y 公司的营销策略及其变化、销售趋势以及与客户的合同安排
采购和生产人员	了解 Y 公司的原材料采购和产品生产等情况
仓库人员	了解 Y 公司原材料、产成品等存货的进出、保管和盘点等情况

(5)(4 分)

① 观察被审计单位的生产经营活动。
② 检查文件、记录和内部控制手册。
③ 阅读由管理层和治理层编制的报告。
④ 实地查看被审计单位的生产经营场所和设备。
⑤ 追踪交易在财务报告信息系统中的处理过程。

4.(14 分)

[题解]

(1) A:检查风险＝4%/100%×100%＝4%(2 分)
　　B:检查风险＝4%/80%×50%＝10%(2 分)
　　C:检查风险＝2%/100%×100%＝2%(2 分)
　　D:检查风险＝2%/80%×50%＝5%。(2 分)

(2) 情况 C。(2 分)　因检查风险与审计证据成反向关系。(4 分)

试卷二(财务收支审计部分)试题解答和评分标准

一、单项选择题(每小题1.5分,共15分)
1. D 2. A 3. C 4. C 5. D 6. C 7. D 8. B 9. D 10. C

二、多项选择题(每小题1.5分,多选和少选均不给分,共15分)
1. ABCDE 2. ABCD 3. ABDE 4. BDE 5. ABC 6. ABC 7. ABD 8. ABCD 9. AB 10. ABD

三、判断题(正确的打"√",错误的打"X")(每小题答对给1分,空格扣1分,答错扣2分,共10分)
1. 错 2. 对 3. 对 4. 错 5. 错 6. 错 7. 对 8. 错 9. 对 10. 错

四、简答题(14分)
1. 注册会计师在实务中增强审计程序的不可预见性的方法有哪些?
[题解]:
注册会计师增加审计程序不可预见性的方法有:
(1) 对某些以前未测试的低于设定的重要性水平或风险较小的账户余额和认定实施实质性程序。(2分)
(2) 调整实施审计程序的时间,使其超出被审计单位的预期。(2分)
(3) 采取不同的审计抽样方法,使当年抽取的测试样本与以前有所不同。(2分)
(4) 选取不同的地点实施审计程序,或预先不告知被审计单位所选定的测试地点。(2分)
2. 在人力资源与工薪循环审计中,以风险为起点的控制测试包括哪些方面?
[题解]:
(1) 员工的雇用、解雇以及固定数据的变更。(1分)
(2) 记录工作时间或提供的服务。(1分)
(3) 工薪的编制和记录。(1分)
(4) 记录工薪交易。(1分)
(5) 工薪的发放。(1分)
(6) 工薪监控。(1分)

五、综合题(46分)
1. [题解]:
D公司股票、债券买卖业务的内部控制中存有两处缺陷:
(1) 在紧急情况下由财务经理K自行决定并实施,这实际上使得财务经理K失去制约,董事会的批准流于形式,无法保证股票、债券的安全完整。(5分)
(2) 每月末由内部审计人员U组织财务经理K、财务人员S、专人T参与股票及债券的盘点违反了不相容职务分离的基本要求。股票、债券的盘点工作应由不参与股票、债券业务的独立人员进行,不应有股票、债券的经办人员、记录人员及保管人员参与。(5分)

2. [题解]：

(1) (2.5分)

第(1)种情况表明C公司的融资能力受到限制，很可能导致流动资金不足，并导致重大的错报风险。

第(2)种情况表明C公司发生了重大的购并行为，很可能占用大量资金，增加重大错报风险。

第(3)种情况表明C公司在经济不稳定的国家开展业务，很可能难以收回成本，从而增加重大错报风险。

第(4)种情况表明C公司的信息技术环境发生变化，很可能导致相当一段时期内的信息技术难以与经营活动融合，从而增加重大的错报风险。

第(5)种情况属于重大的异常情况，很可能意味着C公司与Q银行之间有纠纷，增加重大的错报风险。

(2) (2.5分)

情况(4)最有可能导致C公司财务报表产生重大错报。对此，A和B应当要求聘请电算化方面的专家进行经常性业务指导。

(3) (2.5分)

情况(5)属于重大的异常情况，最有可能意味着C公司存在特别风险。该情况意味着C公司的资金运作脱离了银行的监管，为舞弊行为提供了客观条件。对此，A和B应当向Q银行询问，并要求C公司提供全部信用卡结算的清单，以便作进一步调查。

(4) (2.5分)

情况(2)和(3)最可能导致C公司的经营风险上升。前者是在经济不发达的地区开展业务，后者是在经济不稳定的地区开展业务，很可能导致难以收回成本的情况发生，影响公司的经营成果。

3. [题解]

事项(1)中可能存在两处不合理：一是坏账准备年末余额52.77万元÷应收账款年末余额16 553万元＝3.2‰，与会计政策规定的5‰的坏账准备计提比例不符；二是应收账款账龄分析中，"2～3年"和"3年以上"这两部分的年初数之和仅2 582万元，而"3年以上"的年末数却为2 874万元，通常，在公司2001年度未发生购并、分立和债务重组行为等的前提下是不可能的。(2.5分)

事项(2)中可能存在两处不合理之处：一是"累计折旧——土地"的本年增加数为15万元，这与国家规定土地不提折旧的要求相悖；二是"固定资产原价——房屋及建筑物"的本年减少数为21万元，小于"累计折旧——房屋及建筑物"的本年减少数(31万元)。而根据会计核算的基本原理，考虑固定资产净残值率这一因素，即便这些减少的房屋及建筑物已提足折旧，其累计折旧数也应小于相应的固定资产原价。(2.5分)

事项(3)中可能存在1处不合理之处：公司向b银行第一营业部借入的11 650万元长期借款的借款期限为"2003年9月～2007年8月"，按照《股份有限公司会计制度》的规定，在编制财务报表时，应对其进行财务报表重分类调整，并入"一年内到期的长期负债"项目。(2.5分)

事项(4)中可能存在1处不合理之处：X产品2006年的销售毛利率为17.56%，大大高于2005年的5%，既然公司2006年的供产销形势与上年相当，通常应维持大致相当的销售毛利率水平。(2.5分)

事项(5)中可能存在1处不合理之处:在公司2006年度合并财务报表附注的"本公司与关联方的交易"部分,不需要披露公司为X有限公司提供货运服务这一关联交易。这是因为,在合并财务报表中,企业集团作为一个会计主体看待,集团内的交易应在正确编制合并财务报表时予以抵销,无需予以披露。(2.5分)

事项(6)可能存在1处不合理之处:该项销售退回事宜不应在2006年度合并财务报表附注的"资产负债表日后事项"部分披露,而应调整2006年度财务报表的主营业务收入和主营业务成本。因为,根据《企业会计准则第4号——资产负债表日后事项》的规定,这类销售退回属于"调整事项"。(2.5分)

4.[题解]:

1. (1)审计发现的上述第一个事项属于《企业会计准则——会计政策和会计估计》中的会计变更的内容,应建议公司在会计报表附注中披露会计估计的内容和理由,以及会计估计变更的影响数。(1分)

(2)审计发现的上述第(2)个事项影响利润总额6万元(400×3‰×1/2),应建议公司调整审计调整分录为:(1分)

借:财务费用   60 000

   贷:应付债券——应计利息   60 000

(3)审计发现的上述第(3)个事项属于《企业会计准则——资产负债表日后事项》规定的资产负债表日后事项中的调整事项,该事项影响利润总额50万元,应建议公司调整。审计调整分录为:(1分)

借:管理费用   400 000

    营业外支出   100 000

   贷:待处理财产损溢   500 000

(4)审计发现的上述第(4)个事项影响利润总额6.97万元[40×(1-5%)/5×11/12],应建议公司调整。审计分录为:(1分)

借:管理费用   69 700

   贷:固定资产——累计折旧   69 700

(5)审计发现的上述第5个事项属于资产负债表日后非调整事项,应建议公司在会计报表附注中披露。(1分)

2.注册会计师应出具保留意见的审计报告。因为:公司未调整或披露的第1、第2、第3、第4、第5这五个事项,均属于不符合国家颁布的《企业会计准则》和相关会计制度的规定,但没有达到出具否定意见的程度。(2分)

3.注册会计师应出具无保留意见的审计报告。因为:第(4)个事项仅影响利润总额6.97元,远远小于会计报表层次的重要性水平,仅就该事项而言,注册会计师应出具无保留意见的审计报告。(2分)

4.审计报告(略)(4分)

试卷三(综合)试题解答和评分标准

一、单项选择题(每小题1.5分,共15分)
1. A 2. D 3. C 4. C 5. C 6. A 7. D 8. D 9. A 10. A

二、多项选择题(每小题1.5分,多选和少选均不给分,共15分)
1. ABCDE 2. ABCDE 3. ABCD 4. AB 5. AC 6. ACD 7. ABD 8. ABCD
9. ABCD 10. AB

三、判断题(正确的打"√",错误的打"X")(每小题答对给1.5分,共15分)
1. 错 2. 错 3. 对 4. 错 5. 错 6. 对 7. 对 8. 对 9. 错 10. 对

四、综合题(55分)

1.(12分)

(1) 损害独立性。ABC会计师事务所将2007年审计费用收入100万元延期至2009年年底可以达到继续承接L公司2009年年报审计委托,同时,对V公司以前年度尚未支付的审计费用收取资金占用费,与V公司存在除审计收费以外的直接经济利益关系。(2分)

(2) 不损害独立性。该注册会计师从事的记账凭证输入工作不属于编制鉴证业务对象的数据和其他记录,不会产生自我评价对独立性的威胁。(2分)

(3) 损害独立性。甲注册会计师尽管不再担任签字注册会计师,但还担任V公司2008年度财务报表外勤审计负责人,并没有消除关联关系对独立性的威胁。(2分)

(4) 损害独立性。由于ABC会计师事务所受到V公司降低收费的压力而不恰当地缩小工作范围,形成外界压力对独立性的威胁。(2分)

(5) 不损害独立性。内部控制审核与审计报表业务不是不相容的工作,不会对独立性造成威胁。(2分)

(6) 不损害独立性。为V公司提出会计政策选用和会计处理调整的建议,并协助其解决相关账户调整问题,属于审计过程中的正常工作。(2分)

2.(15分)(1分×12格=12分)

底稿序号	审计证据的类型	证据可靠性排序	适宜证实的管理层认定
(1)	自行编制的外部证据	第四	无
(2)	直接获取的外部证据	第一	存在,计价和分摊
(3)	客户持有的外部证据	第二	完整性,计价和分摊
(4)	自行编制的外部证据	第三	计价和分摊、准确性和计价(列报披露)

3.(11分)

控制测试主要测试被审计单位内部控制政策和程序设计的适当性及其运行的有效性;(1分)而实质性程序主要是交易和余额的详细(细节)测试及对会计信息和非会计信息应用的实质性分

析程序。运用实质性程序可取得证明管理当局在财务报表上的各项认定是否公允的证据。(1分)控制测试的方法一般有:①检查;②询问;③重新执行;④观察四种以及穿行测试(复合方法)。(1分)实质性程序的方法一般有交易和余额的详细(细节)测试及对会计信息和非会计信息应用的分析程序两大类,六小种,即通过检查、观察、查询及函证、监盘、计算和分析程序等方法,获取充分、适当的审计证据,以便对被审计财务报表发表意见提供合理的基础。(1分)

控制测试与实质性程序的联系:控制测试为实质性测试打基础,控制测试的结果为确定实质性程序的性质、时间、范围提供依据;实质性程序是在控制测试的基础上进行的,实质性程序取决于控制测试的结果。(2分)

两者区别具体见下表。(5分)(0.5×10=5)

区别点	控制测试	实质性程序
1. 测试对象	内部控制	会计数据(余额、交易、列报等)
2. 测试目的	确定内部控制的设计和执行是否有效	确定财务报表项目认定的合法性和公允性
3. 程序性质	询问、观察、检查、重新执行	检查记录或文件、检查有形资产、观察、询问、函证、重新计算、分析程序等
4. 测试时间	期中、期末为主	期末、期后为主
5. 实施要求	选择进行	必须进行
6. 证据类别	间接证据	直接证据
7. 程序种类	同步、额外、计划控制测试三种	余额、交易、分析性测试三种
8. 计量性质	偏差率	错报金额
9. 测试风险	控制风险	检查风险
10. 抽样类型	属性抽样	变量抽样

4. (20分)

(1) ①王晨、李明应选择的重要性水平为85万。因为按照注册会计师审计准则的规定,当不同财务会计报表的重要性水平不同时,CPA应选择最低的重要性水平,重要性水平越低,审计风险越高,注册会计师就应执行更充分的审计测试,以将审计风险降低至可接受水平。(3分)

(2) ②在3月10日前王晨、李明应实施必要的审计程序,获取充分适当的审计证据,以确认期后事项的发生及处理是否合规,在3月10日至25日,王晨、李明应对已知晓的期后事项予以关注,并实施相应的审计程序,上述情况属于第二期后事项,应建议ABC股份有限公司在会计报表附注中予以披露。(3分)

(3) ③会计准则允许企业变更会计政策,且ABC调整后的计提坏账准备比例在规定范围内,但应提请ABC股份有限公司在会计报表附注中予以披露。(3分)

④影响利润总额为870 000,应建议调整:

借:管理费用　　　　　　　　　　　　　　　　　　　　　　　　870 000
　　贷:存货(库存商品)　　　　　　　　　　　　　　　　　　　　870 000
或　借:主营业务成本　　　　　　　　　　　　　　　　　　　　　870 000
　　贷:存货(库存商品)　　　　　　　　　　　　　　　　870 000(3分)

⑤需补提折旧并影响利润总额 45 000 元$[50\times(1-10\%)\div 5\times\frac{6}{12}=4.5]$,建议企业调整:

借:管理费用　　　　　　　　　　　　　　　　　　　　　　　　45 000
　　贷:固定资产——累计折旧　　　　　　　　　　　　　　45 000(3分)

(4)审计报告(略)。(5分)